U0456321

胡希东／著

学巴蜀 的 另类叙事

本书为国家社科基金一般项目『袍哥文化与巴蜀现当代文学书写研究』最终成果

（项目批准编号：12BZW097 ；项目结题编号：20192025）

本书研究报告曾荣获四川省第十九次社会科学优秀成果二等奖

四川大学出版社
SICHUAN UNIVERSITY PRESS

图书在版编目（CIP）数据

文学巴蜀的另类叙事 / 胡希东著 . — 成都 : 四川
大学出版社，2023.8
ISBN 978-7-5690-5332-6

Ⅰ . ①文… Ⅱ . ①胡… Ⅲ . ①巴蜀文化－研究 Ⅳ .
① K297.1

中国版本图书馆 CIP 数据核字（2022）第 016730 号

书　　名：文学巴蜀的另类叙事
　　　　　Wenxue Bashu de Linglei Xushi
著　　者：胡希东

选题策划：张伊伊
责任编辑：张伊伊
责任校对：罗永平
装帧设计：墨创文化
责任印制：王　炜

出版发行：四川大学出版社有限责任公司
　　　　　地址：成都市一环路南一段 24 号（610065）
　　　　　电话：（028）85408311（发行部）、85400276（总编室）
　　　　　电子邮箱：scupress@vip.163.com
　　　　　网址：https://press.scu.edu.cn
印前制作：四川胜翔数码印务设计有限公司
印刷装订：成都金阳印务有限责任公司

成品尺寸：170 mm×240 mm
印　　张：17.75
字　　数：327 千字

版　　次：2023 年 8 月　第 1 版
印　　次：2023 年 8 月　第 1 次印刷
定　　价：68.00 元

本社图书如有印装质量问题，请联系发行部调换

扫码获取数字资源

四川大学出版社
微信公众号

目　录

绪　论

文学的江湖想象是文学创作的重要表征之一，也是现当代中国文学的重要表征。巴蜀现当代文学中的袍哥书写即是其重要表现。本书从江湖文化、袍哥文化、文学的江湖表征等角度引入，主要探讨袍哥文化对巴蜀近现代社会的影响，以及巴蜀现当代文学的袍哥文化表现等。具体涉及袍哥文化与江湖文化的相互关系，袍哥文化这一独特文化的形成及其重要特征，袍哥文化对巴蜀近现代社会的影响，巴蜀现当代作家创作中袍哥文化的具体表现，以及巴蜀现当代作家在他们的创作中对袍哥文化的疏离、反思与批判等。

近代巴蜀，袍哥作为江湖隐秘组织有重要发展，特别是打洋教运动、四川保路运动，巴蜀袍哥更得到前所未有的发展。进入民国后，袍哥这一江湖隐秘组织公开化，并进一步渗透于民国社会各阶层中，表现出强烈的影响力。袍哥及袍哥文化成为巴蜀近现代社会独特的社会现象与文化现象，这对巴蜀现当代作家产生了重要影响，并成为巴蜀现当代文学书写的重要表现内容。

江湖文化、袍哥文化、民间权力与文学表征是本书的关键词，它们是切入全书中心的重要视角。文学创作是作家对客观现实世界的描绘与想象。主流社会一般是作家关注的重要领域，而游离于主流社会之外的江湖社会，也是一些作家关注的重要领域，这成为作家文学想象的重要天地，他们创作的文本成为江湖文化的重要表征，但这并未引起学界足够的重视。江湖社会相对远离主流社会而趋于边缘，但又与主流社会有着千丝万缕的联系。不同于主流社会，江湖社会是一个自由、独特而神奇的领域，它自由自在，不受主流社会束缚。江湖道义是江湖社会秉承的价值观念，但其精神特征照样渗透于主流社会政治、经济、文化等各个领域，并对社会历史的发展产生一定影响。因此，在中国各阶层、各领域，带"江湖"字眼或与"江湖"有关的词汇比比皆是，以江湖人物、江湖事迹为题材的各种文学样式历来为民众喜闻乐见，"江湖道义的迷人魅力、江湖人物的传奇色彩、江湖生涯的波诡云谲、江湖方术的玄妙莫测、江湖组织的无孔不入，始终挑动着中国人的好奇心和神秘感"①。由此可见江湖社会的独特性、神秘性，江湖文化的影响力，江湖道义的渗透力，以及文学的江湖书写所带来的神奇、独特的魅力。正是因为这样，文学的江湖想象成为文学创作的重要表征。

江湖社会、江湖文化等常成为作家创作反映的主要对象。中国古代不少诗歌、小说，近现代以来的各种武侠小说等，就是作家对江湖世界的独特描绘。在中国现当代文学史上，江湖世界也成为作家创作关涉的领域，诸如东北作家群的"土匪"书写，沈从文的湘西"土匪"书写，巴蜀现当代作家的"袍哥"书写，以及当代作家莫言、贾平凹、陈忠实、苏童、杨争光、尤凤伟等的"土匪"书写等，这成为现当代中国文学的独特景观。作家笔下的江湖人物成为现当代中国文学人物画廊中的独特存在，他们的行为、他们秉承的价值观念与江湖道义、他们活动的江湖社会等，形成与主流文化相异的江湖亚文化形态。这两种相互对峙又相互渗透的文化形态共同构成现当代中国文学的文化表征，但这种文化现象与文学现象还未引起学界的足够重视。袍哥文化是江湖文化在巴蜀近现代社会的独特表现，这对巴蜀现当代作家产生了重要影响，并具体表现在他们的文学创作中。本书主要对滋生于近现代巴蜀社会的江湖亚文化形态——袍哥文化进行具体探讨，对袍哥这一特殊社会群体为代表的江湖民间势力在巴蜀近现代社会的具体表现与重要影响进行具体探讨，并对巴蜀现当代文学的袍哥文化表征进行系统而深入的探讨。

一、江湖文化：江湖与江湖社会

江湖文化是有别于主流文化的亚文化形态，它形成于江湖社会。江湖就字面含义而言，是自然世界中的江河湖泊、五湖四海的总称，但随着历史的发展，江湖的自然地理属性渐渐隐去，而逐渐演化延伸为一种具有独特人文内涵的社会空间。这种独特社会空间形态常远离主流显性社会，或作为隐性社会与显性主流社会相对立。因此，江湖是指与主流显性社会，如朝廷、传统宗法制主流社会等相对的人文社会空间。庄子的"相呴以湿，相濡以沫，不如相忘于江湖"借处于干涸状态的鱼的生存处境来意指不在朝廷为官，身处江湖社会而无拘无束自由自在的生存状态。庄子的"身在江海之上，心居乎魏阙之下"，其中的"江海"即指"江湖"，它与"魏阙"即"朝廷"相对。这句话后来逐渐衍生为"身在江湖，心存魏阙"的名句。再看高适："天地庄生马，江湖范

---

① 易水寒：《中国江湖揭秘》，社会科学文献出版社 1993 年版，第 1 页。

蠡舟。"与其身在朝廷过钩心斗角宠辱沉浮的日子，倒不如去江湖逍遥自在，朝廷与江湖两相对照。而杜牧："落魄江湖载酒行，楚腰纤细掌中轻。"官场落魄失意，江湖以酒为伴，秦楼楚馆，掌中美女，放浪形骸。由此可见，诗人笔下的江湖既是人生自由自在的地方，也是官场失意之人精神皈依之地。以上叙及的"江湖""江海"，主要指那些脱离主流社会，不被主流社会所用，或被主流社会离弃的失意之人流落、皈依的社会空间，即所谓的"江湖"；而"魏阙"，包括范仲淹《岳阳楼记》中所写的"庙堂"，则喻指主流社会，如"朝廷"等。因此，"江湖"与"朝廷"是两个对峙的社会空间。以此演绎，"朝廷"意指主流社会，"江湖"意指远离主流社会，或与主流社会对峙的社会空间。

　　江湖社会的形成一般源于主流社会失序。主流社会有自己的运转结构与运转方式，一旦主流社会失序，一些离弃主流社会之人的主要去处就是江湖。班固在《汉书·游侠传》中指出："古者天子建国，诸侯立家，自卿、大夫以至于庶人，各有等差，是以民服事其上，而下无觊觎。"这就是上及君臣下及百姓所组成的传统的中国主流社会。而一旦主流社会秩序失衡，游侠产生，其活动的空间即是江湖社会。由班固对游侠形成原因的叙述可知，主流社会失序是江湖社会形成与游侠兴盛的重要原因。陈平原也曾叙及侠客产生于"制度不立，纲纪废弛""道德规范失落，秩序混乱"[①] 的社会环境。

　　中国传统主流社会与江湖社会并非泾渭分明，它们有各自复杂的运行结构，并以显性社会与隐性社会、主流社会与边缘社会的形态表现出来。江湖与朝廷对立，江湖远离朝廷，但在它们之间有一重要的纽带。中国传统社会不仅包括朝廷与江湖这一对峙的空间形态，它们之间还有以君为本位、以父权制为基础的传统宗法制社会，这是江湖与朝廷之间的纽带，也是朝廷至高无上权力的运行基础。人类社会根据其运行形态可分成显性社会与隐性社会，人类社会的发展正是显性社会与隐性社会激荡、张弛合力作用的结果。就一个国家而言，国体、政体，以及为国体、政体服务的不同层次的行政机构、行政组织等，是该国家运行的显性社会形态；相反，与显性社会相对，在其国家权力无法到达的边缘地带，或显性社会权力无法到达的边缘地带，往往形成隐性社会。

　　在中国传统社会中，其最初的社会形态是主要通过血缘和亲缘关系形成的宗族社会形态，比如夏、商、周，这是宗法制社会形态的基础；而自秦以后，

---

① 　陈平原：《千古文人侠客梦》，人民文学出版社 1992 年版，第 4 页。

逐渐形成以君为本位的宗法制社会。在以君为本位的宗法制社会中，君王是权力的象征，他在整个国家范围内拥有至高无上的权威及绝对的权力，其强权渗透至社会的各个角落。以血缘联聚，以家族为本位的宗法制乡村社会则是这一至高无上权力运行的基础。所谓"君君臣臣父父子子"即很形象地显示了中国传统等级社会运行的主体结构。而父权制宗族乡村社会则是这一主流社会的基础形态。父权制宗族乡村社会的主体是中国农民，有学者指出："中国的农民不仅依附于土地，而且要依靠家族。他们所居住的邻里乡党往往也就是他们的族亲或姻亲。他们之间不仅有地缘关系，而且血缘相关。农民的生存、发展、事业和社会关系都在他们所居住的地方。因此，我国农民的最大特性就是安土重迁，不肯轻易离土背乡。"① 传统中国农民安土重迁，不肯轻易离土背乡，因为他们依赖于所生存的土地与家族。土地与家族是联聚农民，形成一个生活群体的重要媒介，这种依赖土地与家族形成的宗族乡村社会有两大社会效益："一方面是环境要求人们以群体活动方式去应付大自然的挑战；另一方面统治者也有意识地把治下的百姓分门别类按照血缘群体的亲疏远近组织起来，以便实现有效的社会控制。"② 这种自上而下由朝廷到宗法制乡村社会，即家国同构，君权与族权、君统与宗统融合在一起的结构，是传统中国社会的主要结构，也是显性结构。

因此，家国同构，以君为本位的宗法制社会、以父权制为基础的宗法家族社会是传统中国社会运行的显性结构，而与这种显性社会相对峙的则是隐性社会，即江湖社会。江湖社会是远离显性正统主流社会之外的社会空间，它与君权宗法制社会权力对峙。江湖社会的形成源于对稳定状态——主流宗法显性社会秩序的打破，一些朝廷重要人物，或依托于主流社会的人物，比如传统知识分子，被迫脱离他们依存的主流社会而最终流落江湖。再则是安土重迁的农民离开他们生活的家园，这可能是战争、天灾人祸造成，或人口与土地的矛盾激化，有限的土地无法承载过多的人口。他们被迫离乡背井，寻找、重建新的家园，传统安土重迁的宗法制乡土社会的文化形态被打破。有学者指出："定居生活支撑的社会模式——宗族、宗法、纲常、礼俗开始瓦解，儒教制度逐渐被抛弃。"③ 这些逐渐脱离于主流社会的个体、群体成员游离于主流社会之外，被称为"游民"，他们是江湖社会成员的重要来源与组成部分。李慎之指出，

---

① 王学泰：《游民文化与中国社会》，学苑出版社 1999 年版，第 49 页。

② 王学泰：《游民文化与中国社会》，学苑出版社 1999 年版，第 31 页。

③ 于洋：《江湖中国：一个非正式制度在中国的起因》，当代中国出版社 2006 年版，第 15 页。

游民是在主流社会失去容身之地的人，他们托命的空间称为江湖。他们朝不保夕，轻生忘死，"大秤分金银，大碗吃酒肉"是他们的最高理想。他们英雄豪迈，却鱼肉善良平民。他们有无法无天的自由，有"哥不大，弟不小"的平等。他们的纪律严格而残酷，"欺师灭祖，三刀六洞"。他们以"义气"为道德标准，"在家靠父母，出外靠朋友"，而代表义气的尊神就是"义气千秋的关羽"。[①] 这就是江湖人物以及他们生活的江湖社会。

经过社会的演化，游民变成了江湖人物。他们主要有两种存在形态：一是行侠仗义、除暴安良的侠客，以及江湖骗子、江湖术士、江湖郎中等。二是以异姓结盟，以虚拟血缘关系而形成规模较为庞大的江湖组织，如啸聚山林的土匪，以及各种隐秘的帮派组织或宗教团体，如近代中国社会的"青帮""洪帮"，宗教秘密组织白莲教、青莲教，以及本书所关注的巴蜀袍哥等。

江湖社会在其发展过程中逐渐形成具独特文化内涵的社会空间与社会形态，并形成一套具有独特文化内涵的文化系统。正是这些形形色色的江湖人物，与此相联系的各种隐秘帮会组织、隐秘宗教团体，以及在其不停演化过程中形成的江湖规矩、江湖道义、江湖礼仪、江湖语言（隐语、切口、春点）等，共同形成江湖文化这一独特的文化系统。就江湖人物看，他们是游离于主流社会之外，靠非正常职业（传统农工商之外）营生的特殊群体，即所谓的神仙方士、江湖郎中、江湖骗子、乞丐，以及被逼上梁山，或占山为王的绿林好汉（土匪、强盗），行侠仗义、除暴安良的江湖侠客等。个体的力量是微弱的，要在社会上生存，就要尽可能拉帮结派，或异姓结拜，甚至歃血为盟，逐渐形成应对主流社会打击、镇压的各种隐秘社会群体，即各种江湖帮派、宗教隐秘组织等。其中的江湖帮派、宗教隐秘组织为应对主流社会的打击，在其发展过程中逐渐形成自己的组织观念与组织制度、组织原则等。江湖人物有自己通行的语言，即行话、切口、春点（春典、唇典），这对他们在江湖社会中生存非常重要。而作为江湖组织的秘密语言，隐语更为重要，它是江湖帮派组织内部相互交流的重要手段。江湖道义则是江湖人物立身行事所依从的准则，比如"士为知己者死""为朋友两肋插刀""路见不平，拔刀相助""锄强扶弱"等。因此，江湖社会在其发展过程中，逐渐形成一套带有神奇色彩的独特而复杂的江湖文化系统。正是江湖文化的系统性、独特性、神秘性，使江湖社会与江湖人事成为作家们关注和描绘的重要对象，而这些也正是读者津津乐道的重要

---

① 参见李慎之：《发现另一个中国·〈游民文化与中国社会〉序》，王学泰：《游民文化与中国社会》，学苑出版社 1999 年版。

对象。

本书的重要研究对象——巴蜀袍哥，以及由其演绎发展的袍哥文化正是江湖文化在巴蜀的地域表现，它既有江湖文化的一般特性，也有江湖文化地域表现的独特性。袍哥文化在其发展过程中，其袍哥器物、组织制度、秘密语言、伦理规范、精神心理等已经形成一套严密的文化体系，这是它对巴蜀近现代社会造成深远影响的重要原因。有关袍哥文化的具体内涵与特征将在后面章节中做专门论述，此处不赘言。

二、民间权力：江湖威力的凸显

正如前文所述，江湖是指与主流显性社会相对的人文社会空间，因此，江湖社会与主流社会一般成对立形态，江湖侠客被韩非子指责为"以武犯禁"，司马迁不讳言其"不轨于正义"，班固也指责其"不入于道德"，而土匪、江湖骗子等对主流社会秩序造成破坏，结盟的帮派组织、宗教团体更是给主流社会带来潜在的威胁。因此，主流社会常对江湖社会给予打击、镇压，而江湖社会则常对主流社会形成反拨，甚至打击、破坏。江湖社会是与主流社会对峙的社会空间，它蕴含着强大威力，这威力实际是民间权力的强烈表现。在中国传统主流社会的运行中，君权至高无上，以君为本位的宗法社会一般处于超稳定状态，而一旦这种超稳定社会失衡，其社会秩序常受到江湖社会的威胁，江湖社会就显示出它独特的威力，并对主流社会造成打击、破坏。

在传统中国社会中，权力一般为统治阶级所独有，如"君权神授"，而在君权之下则是宗法制社会，家国同构是这种政治权力运行的重要方式，它照样存在强大威力，这实际是君权威力的进一步延伸与显现。民间权力源自江湖民间组织，尤其是江湖隐秘组织，它是对主流社会政治秩序的对峙、疏离，是对主流社会秩序的挑战与破坏，它常与主流社会的权力形成对立。有学者曾叙及："每当社会黑暗、政治腐败、王朝更迭、人民流离失所的动荡年代，这些江湖势力就可能在社会上掀起轩然大波，震动官府和朝廷，直至推翻一个政权。它们如同割不完、烧不尽的野草，此消彼长，绵延不绝。"[①] 就一般社会状况而言，大多数人生活在主流社会规定的秩序中，当主流社会失衡，社会处于无序状态，为了生存与发展，江湖秘密组织就成了一些人的选择，最终形成与主流社会相对峙的江湖民间社会力量，成为民间权力实施者。脱序的人们是民间权力的阶级基础和力量源泉。有学者指出："秘密社会的基本成员大多是

---

① 易水寒：《中国江湖揭秘》，社会科学文献出版社 1993 年版，第 4 页。

社会下层群众，下层群众本来是孤立分散的，他们对社会虽有不满，但是难以对统治者构成威胁。可是，下层群众一旦被秘密社会这种民间秘密组织所控制，便会凝聚成一股强大的社会势力，成为中央和地方政权的一种异己力量。"① 江湖结盟帮会可以说是民间权力最有力的体现，在中国历史发展中曾扮演重要角色，中国古代历史上改朝换代的推动力量之一即是民间权力。中国历史上的多次起义，诸如盗跖、瓦岗军、梁山好汉、太平天国农民起义等，对中国历史发展起到重要推动作用。

民间权力主要有如下表现：一是一呼百应的农民（游民）起义。他们有政治口号，有严密的政治组织制度与行动纲领，常对主流社会形成强烈的打击力量，甚至成为改朝换代的历史主角。二是民间结盟帮派所形成的江湖秘密社会组织，在其发展过程中，逐渐形成一套严密规范的组织制度、伦理规范、精神信仰等，它的存在与行动对主流社会构成潜在的威胁，对主流社会给予打击、破坏，并对民间社会形成一定的影响。三是绿林土匪、强盗等，他们或啸聚山林，或三五成群游荡于城镇乡村，其烧杀抢掠等行为本身即对主流有序社会造成极大的破坏，他们的存在与行动对主流社会构成强大的威胁。以上三种表现形式在社会黑暗、政治腐败、纲纪废弛、秩序失衡时更为明显。本书探讨的主要是第二种形式，相对于第一种农民起义与第三种绿林土匪、强盗，民间江湖结盟帮派所形成的秘密社会组织。其运行更为隐蔽，对主流社会的威胁、破坏力度更大。

本书探讨的巴蜀袍哥即是在清代巴蜀地区社会失序的情况下，逐渐形成的江湖隐秘帮派组织。巴蜀袍哥在其形成与发展过程中，表现出民间政治的威力。其形成之初的游民结拜组织"啯噜"即对当时清政府构成严重威胁，清政府对其进行了残酷镇压，但最终并没能将其消灭。"啯噜"在吸收借鉴天地会、白莲会等隐秘组织基础上，最终形成巴蜀独特的江湖帮派组织。袍哥这一江湖帮派组织在近现代巴蜀社会中起着重要历史作用，比如，以余栋臣为代表的袍哥力量发起的对洋教的打击，袍哥参与保路运动等。保路运动波澜壮阔，能够自上而下快速推行至整个巴蜀，甚至影响全国，与袍哥组织的渗透力、影响力不无关系。郭沫若叙及保路运动中袍哥的威力时说："就是他们，在竹竿头上绑的菜刀，手里拿着的吊刀子，不已成为推倒赵尔丰的原动力，杀死端方的原动力，乃至送葬了清廷的原动力吗？"② 阳翰笙也曾说："清朝末年，哥老会的

---

① 秦宝琦等：《中国秘密社会》第一卷，福建人民出版社 2002 年版，第 122 页。
② 郭沫若：《反正前后》，《郭沫若全集》第十一卷，人民文学出版社 1992 年版，第 265 页。

力量实际上大到可以在基层与清廷平分天下，是一种民间政权。"而在反正前后："哥老会对清朝的统治政权和经济基础是一种破坏力。"① 由此可见当时袍哥组织的威力。

中华民国成立后，袍哥的力量渗透于巴蜀社会政治、经济、文化等方方面面，上自政府军政要人的钩心斗角、权力相争，党政要员竞选，下至平民百姓的日常生活，无不受到袍哥势力的影响。新中国成立后，袍哥作为非法组织被取缔。

袍哥有自己的组织结构。它通过结盟（歃血为盟）、开山立堂等方式形成严密的组织形式与规章制度，有自己的政治目标，并提出政治口号，有自己的信仰与习俗，有一系列入会要求、誓词、隐语等。因此，袍哥文化实际是一种隐秘的江湖帮会文化，它的隐秘性是为了躲避清代官府的追查。袍哥势力对当时社会各阶层施予影响，这种影响可能是正面的，也可能是负面的。由于民国政府基层政权的无力，袍哥在一定程度上起到了维护民间社会的秩序、干预市民百姓的纠纷等作用。我们不能否认其正面积极意义，但也不能忽略其反动性，它在一定时期可能成为地方邪恶势力的代表，扰乱社会，鱼肉百姓，干扰、影响百姓的日常生活。

袍哥所形成的江湖民间势力在近现代巴蜀社会主要有两方面的表现：一是对清代主流社会的打击力、破坏力；二是对巴蜀近现代社会的渗透力、影响力。这两方面的表现对巴蜀社会造成了深远影响。袍哥文化也对巴蜀现当代作家产生了重要影响。李劼人亲身经历了保路运动，深感其波澜壮阔；也经历了真实的袍哥人事，深感其强烈的社会力量，这种力量甚至严重干扰了他的日常生活，影响了他的身心。② 这就不难理解李劼人为何要在他的小说创作中关注袍哥人事，并对反洋教、保路运动进行着力表现。沙汀的成长经历也与袍哥相关，其舅父郑慕周流落市井，加入袍哥，岳父是家乡著名的袍哥大爷，他亲眼所见家乡袍哥之间的火并，亲身经历了袍哥群体中的许多事。因此，他在小说创作中对袍哥在川西北农村社会的影响，以及袍哥势力与民国基层权力的相互制衡尤其关注。阳翰笙的父亲曾参加袍哥，谙熟家乡袍哥人事，深知袍哥在家乡的影响力，阳翰笙对保路运动中流传于家乡的罗选青抗清事迹十分热衷，并将之创作成话剧《草莽英雄》。该剧作写出了草莽英雄罗选青对清政府统治的打击破坏，显示出袍哥民间政治的威力。马识途作为巴蜀当代著名作家，对袍

---

① 阳翰笙：《风雨五十年》，人民文学出版社 1986 年版，第 11 页。
② 李劼人的儿子曾遭到土匪绑架，是袍哥大爷邝瞎子出面解决了此事。

哥群体极为熟悉，特别是他在地下革命工作中，很好地利用了袍哥的力量，其作品中对此也多有体现。《盗官记》中，绿林好汉张牧之以买官的方式渗透于主流社会中，并惩治贪官污吏，为百姓申冤。而在《魔窟十年》《西昌行》等小说中，因为袍哥在当地的影响力，袍哥身份成了地下革命工作者的重要掩护。魏明伦亲身经历了袍哥作为地方一霸为非作歹、迫害川剧艺人的种种事情，这也具体表现在他的《易胆大》《好女人·坏女人》等剧作中。

三、文学江湖表征：文学的江湖想象

在中外文学创作中，主流社会是文学创作反映的对象，而江湖社会这一独特领域，也给作家的创作带来神奇遨游的想象空间。江湖文化影响的广泛性、深远性，特别是江湖文化本身的神秘性、传奇性，引领着中外作家，不少作家把江湖世界的人和事作为他们创作描绘的对象。西方的骑士传奇，民间文学中的侠盗、侠客书写，中国传统文学中的部分唐传奇、侠客诗，侠义小说，近现代以来的武侠小说，现当代文学中的土匪叙事，以及巴蜀现当代作家的袍哥书写等，都展现了神奇的江湖世界。相对于正统文学而言，这些作品散发出独特的魅力。

西方骑士文学中，主人公为了爱情、荣誉而战，他们面对残暴专制、邪恶不平时所表现出的见义勇为、锄强扶弱、英勇善战，与东方文化推崇的侠义精神相契合。塞万提斯的《堂吉诃德》是对骑士文学的反讽与戏谑，但其笔下的堂吉诃德与他的随从在游侠途中，匡扶正义，锄强扶弱，其行为无不体现英雄主义。西方民间文学中的侠盗罗宾汉、侠客佐罗等，也是锄强扶弱、劫富济贫、行侠仗义的英雄。这些作品唤醒了潜存于读者心灵深处的英雄主义情结。"正义"与"邪恶"的较量，"杀富济贫""路见不平，拔刀相助"等，这种英雄主义精神正是人类集体无意识的一部分，也是该类文学具有独特魅力而吸引读者的潜在原因。唐君毅先生从中西文学比较的角度指出："中国文学不长于英雄之歌颂、社会之写实，而尚豪侠以代英雄。"[①] 确实如此，传统中国文学中的豪侠书写与江湖想象并不鲜见。在庄子笔下："盗跖从卒九千人，横行天下，侵暴诸侯，穴室枢户，驱人牛马，取人妇女……"[②] 在中国正统社会秩序的维护者孔子眼中，盗跖是十恶不赦的土匪强盗。盗跖被正统社会称为土匪强盗，但他遵循江湖伦理观，讲求"盗亦有道"（《吕氏春秋·仲冬纪卷十一·当

---

① 唐君毅：《中国文化之精神价值》，广西师范大学出版社 2005 年版，第 242 页。
② 郭庆潘：《庄子集释》，王孝鱼点校，中华书局 1961 年版，第 990 页。

务》）。庄子笔下的盗跖是传统文学江湖想象的重要形象，他的行为与主流社会认可的价值观念相对立。干宝《搜神记》中干将、莫邪为楚王铸剑，三年乃成，王怒杀之。眉间尺为父报仇，将自己的头颅与剑托付给侠客。侠客持眉间尺的头颅与剑面见楚王，以此剑砍掉楚王头后也砍下了自己的头。侠客秉持的江湖道义与王道、王权形成对立。鲁迅感于眉间尺与侠客的舍生取义精神，以此为题材铺写成历史小说《铸剑》。

盗跖、眉间尺及侠客等，都是江湖人物，他们一般与主流社会对峙。而江湖游侠的产生，主要源于主流社会的失衡，他们常以武力影响主流社会，因此韩非子对"侠以武犯禁"给予指责，但司马迁对游侠给予肯定与赞美："其行虽不轨于正义，然其言必信，其行必果，已诺必诚，不爱其躯"[①]，并认为他们品德高尚、仗义疏财，其笔下的侠客朱家以侠闻，剧孟以侠显，他们的侠义行为深得民心。司马迁还为刺客曹沫、豫让、聂政和荆轲等立传，写他们扶弱济危，不畏强暴，士为知己者死，将生死置之度外，对他们的刚烈精神极力赞颂。不同于司马迁，班固站在主流社会的立场对游侠给予指责："以匹夫之细，窃杀生之权，其罪已不容于诛矣。"[②]但班固对游侠们仗义疏财、为人谦恭等品德也予以客观叙述与肯定。

不同于历史叙述，文学中的江湖想象更充满着浪漫与激情，这尤其表现在诗歌书写中。陈平原认为魏晋至盛唐时期是侠客诗书写的抒情阶段，侠客形象中加入了诗人的想象，并日益英雄化和符号化。[③]诗歌对侠客的描写较多，汉代张华所写侠客"雄儿任气侠，声盖少年场"，"生从命子游，死闻侠骨香"（张华《博陵王宫侠曲二首》），诗人笔下的侠客轻死生，侠义精神千古留香。曹植《白马篇》写侠客武功高强，共赴国难，将生命置之度外的豪气。唐代是中国尚侠的重要时代，也是诗歌的黄金时代，许多诗人写下了尚侠诗。曹正文将唐代咏游侠的诗分为两类：一类是歌颂游侠的言志诗，另一类是歌颂侠士英雄的边塞诗。[④]唐代因边塞战争不断，诗人们把建功立业、仗剑行侠作为诗歌的重要内容。李白重义、尚侠，他的《侠客行》是写游侠的重要诗篇，该诗从侠客的外貌装束起笔，写其坐骑急速如飞，武功何其了得，写侠客拯危济难，淡泊名利，并引用信陵君、侯嬴、朱亥等游侠故事来进一步歌颂侠客们，突出他们重然诺、轻死生的人生态度。该诗既是对侠客的实写，也是诗人豪情壮志

---

① 司马迁：《史记》第十册，中华书局 1963 年版，第 3181 页。
② 班固：《汉书》第十一册，中华书局 1962 年版，第 3698 页。
③ 陈平原：《千古文人侠客梦》，人民文学出版社 1992 年版，第 23—24 页。
④ 曹正文：《中国侠文化史》，上海文艺出版社 1994 年版，第 41—42 页。

的抒发。王维《少年行》写出了少年游侠重义疏财、使酒任性、意气风发、纵死犹闻侠骨香的凌厉气概。此外，杨炯、崔颢、高适、钱起、孟郊、元稹、温庭筠等，均写有侠客诗。这些诗作表现出诗人们的江湖观，朝廷与江湖并非水火不容，诗人的仗剑行侠与为国家（朝廷）从军立功并不矛盾，但江湖与朝廷的统一融合有赖于明主（朝廷）的赏识，侠客们的行为则是为了"气盖当世，义动明主"（李德裕《豪侠论》）。这种江湖观念也反映在后世文学的江湖想象上。因此，文学虚拟的江湖世界与现实江湖世界截然不同。

　　除诗歌外，唐代小说也描绘了江湖世界、江湖侠客，并辅以一定的故事情节。唐传奇《虬髯客传》讲述了隋朝权臣杨素的侍妓红拂女，她倾慕布衣李靖，称"丝萝非独生，愿托乔木"，甘愿与李靖浪迹江湖，并与豪侠虬髯客结为兄妹的故事。其他如《柳氏传》《谢小娥传》《聂隐娘传》《无双传》《红线传》等唐传奇中的主人公与红拂女一样为女性，且无不充满侠义、豪情。唐代是一个尚侠的时代，李德裕的《豪侠论》对豪侠的品格进行了总结论述。该文叙及豪侠爰盎、汲黯等，指出他们"任气节，善灌夫"，并探讨了"侠"与"义"的关系，认为"义非侠不立，侠非义不成"，"士之无气义者，虽为桑门，亦不足观矣"①。这对后世文学江湖书写，尤其是文学中豪侠重"义"的书写有重要影响。唐传奇成为后代戏曲的重要题材，仅《虬髯客传》的改编，就有明代张凤翼《红拂记》、张太和《红拂记》、凌初成《虬髯翁》等戏曲，而那些驰骋在中国历史上的游侠，也成为一代又一代作家们重新书写的主要对象。在文学作品中，侠客们仗剑行走江湖，行侠仗义，共赴国难，最终与国家民族的安危相联系，侠客以及他们行走的江湖与朝廷有着紧密的依存关系，朝廷是侠客们建功立业的目的与归宿，这种文学的江湖想象影响了后来文学的江湖书写。

　　明代小说《水浒传》《三国演义》是文学江湖想象的集大成之作，这些小说与唐代文学的江湖想象截然不同。《水浒传》虽成书于明代，但有关水浒的故事在宋元时即以民间故事、话本、戏曲等形式传播，由此可见"绿林"江湖好汉在当时的流行。该小说初名《江湖豪客传》，描绘了一群侠肝义胆的江湖绿林英雄，他们锄强扶弱、打家劫舍、仗义疏财，而替天行道、图王霸业则是这些江湖中人的共同追求与终极理想。罗贯中的《三国演义》中充满了对江湖义气的颂赞，以及对江湖中人图王霸业的书写。刘、关、张桃园结义之前，他

---

　　① 李德裕：《豪侠论》，董诰等：《全唐文》卷七百零九，中华书局1983年版（影印），第7276－7277页。

们身在江湖，刘备为汉室之后，却穷困潦倒，不甚好读书，性宽和寡言，喜怒不形于色，但素有大志，好交天下豪杰；张飞卖酒屠猪，也喜结天下豪杰；关羽因杀了人而逃难江湖。共同的志向使刘、关、张"桃园结义"，而"桃园结义"则成为江湖文化最核心的关键词，其影响深远而多维，诸如江湖文化相关的"异姓结拜""歃血盟誓""义结金兰"都是"桃园结义"的演绎，对中国政治、经济、文化，尤其是对文学的江湖想象产生了深远影响。清代侠义小说风行，《三侠五义》《儿女英雄传》《小五义》《七剑十三侠》等均是江湖想象的代表之作，行侠仗义、急人之难、扶危济困是小说中所描写的侠客义士们的共同特征。江湖与朝廷本是对立的，但在作家的江湖书写中，江湖侠客要匡扶正义、图谋霸业须归趋于"清官"麾下，这是文学江湖想象的极端发展，作品中的"清官"即是"朝廷"的指代符号。由此可见这些作品对《水浒传》《三国演义》等传统江湖书写的继承，匡扶正义与图谋霸业在该类作品中显示为江湖与朝廷的合流之势。

现当代以来，武侠小说盛极一时，著名作家有王度庐、平江不肖生、还珠楼主、梁羽生、金庸、古龙等。在这些武侠小说中，作家创造了神奇的江湖世界与江湖人物。现当代中国文学出现了"土匪"叙事，代表作家有沈从文、萧军、端木蕻良、莫言、贾平凹、苏童、尤凤伟、杨争光、田中禾等，他们的"土匪"叙事既是江湖文化与地域文化的突出表现，也是对人性的讴歌和对原始生命力的张扬。巴蜀现当代作家李劼人、沙汀、阳翰笙、马识途、魏明伦等的"袍哥"书写，对巴蜀江湖帮派文化——袍哥文化进行了多角度的展现。作家们笔下神奇的武侠世界、"土匪"叙事以及"袍哥"书写，共同构成现当代中国江湖文化的文学表征。

综上所述，劫富济贫、行侠仗义、除暴安良、惩恶扬善、匡扶正义、替天行道、图王霸业等成为江湖文学的重要关键词，这些作品或客观写实，或虚幻浪漫，它们共同组成中外文学江湖想象的重要内容。本书中论述的袍哥文化属于江湖文化，它是江湖帮派文化在巴蜀近现代社会的地域表现，既有江湖文化的一般特性，也有与巴蜀文化相融合的独特属性。巴蜀现当代作家的袍哥书写即是文学的江湖想象的具体表现之一，它既有文学江湖想象的一般特性，也有巴蜀地域的独特属性。本书以江湖文化、文学江湖想象为总体参照背景，对袍哥文化与巴蜀近现代社会，袍哥文化对巴蜀现当代作家的影响，以及巴蜀现当代文学中的袍哥文化表现等进行系统而深入的探讨。

四、研究方法与途径

本书主要对巴蜀近现代地域亚文化，即袍哥文化进行研究。历史上素有"天下未乱蜀先乱"之说，由此可见巴蜀民风的强悍。清代巴蜀移民社会，由于民族矛盾与社会矛盾的激化，江湖隐秘帮派组织袍哥滋生其中，它与巴蜀近现代社会各种权力相激相荡，对近现代巴蜀社会产生了重要影响，这也反映在巴蜀现当代作家李劼人、沙汀、阳翰笙、马识途、魏明伦等人的创作中。本书主要对袍哥文化系统、袍哥文化的文学表征、袍哥文化及民间权力在巴蜀现当代社会与文学中的具体表现等内容进行探讨等。

袍哥文化属于江湖帮派文化，袍哥江湖帮派组织与当时的政府常成对立形态，并成为官府打击的对象，它常以隐秘方式存在于巴蜀民间。因此，有关巴蜀袍哥的相关资料遗留较少，只能以官方档案、地方志，以及年龄相对较大的民间老人通过口述记录的相关资料为对象，在前人相关研究的基础上对袍哥文化以及巴蜀现当代文学中的袍哥书写进一步展开深入研究。

本书主要涉及袍哥文化、民间权力与巴蜀现当代文学等领域，最终落脚点是巴蜀现当代文学中的袍哥书写。本书是文学与文化学、政治学、社会学、人类学、历史学、地理学等多学科跨学科综合研究的尝试，以袍哥文化这一复杂系统、巴蜀现当代作家作品为对象，通过文本细读，对袍哥文化与巴蜀现当代文学进行全面、系统而深入的研究。

书中具体涉及以下研究方法：

首先，采取跨学科综合研究的方法。本书将涉及文化学、政治学、社会学、人类学、地理学、历史学等学科理论，是对以上各学科理论方法进行跨学科综合研究的尝试，是对具体的袍哥相关文献资料进行多学科的阅读与分析，也是对具体作家作品做多学科分析阐释。

其次，注重宏观与微观研究的紧密结合。本书涉及的主要范围虽然主要是巴蜀文化与巴蜀现当代文学，但在宏观上对传统中国文化与文学、20世纪以来的中国文学、巴蜀现当代文学、江湖文化、袍哥文化等均有涉及。同时，在微观上将对各地方文献资料、袍哥相关的文献资料、巴蜀现当代具体作品进行细读、阐释、引证，见微知著，做到宏观研究与微观研究的结合。

再次，文献的收集与田野考察紧密结合。本书研究相关的文献资料主要涉及晚清与民国时期有关袍哥文化的书籍、期刊资料、档案资料等，来源主要为重庆图书馆、四川省图书馆、中国国家图书馆、中国国家数字图书馆，以及四川省档案馆、重庆市档案馆。同时，笔者到四川省、成都市地方志办公室查阅四川省各地方志，查阅四川省文史资料，收集、查阅各地有关袍哥发展的情况的具体资料，还参考了巴蜀现当代文学相关的文献资料。

本书的研究注重田野考察。袍哥文化相关内容涉及晚清、民国时期历史，为增进对晚清民国时期袍哥发展情况的了解，以走访问卷形式对经历过民国时期、尚健在、年龄 70 岁以上的巴蜀民间老人展开调查，约 150 人次，较为直观地了解巴蜀近现代社会袍哥的存在情状，尽量还原巴蜀民国时期袍哥活动的大致情形。经过走访调查了解到袍哥在民国后期对巴蜀政治、经济、社会、文化，以及人们生活的影响，进而推知袍哥文化对巴蜀现当代作家的重要影响。本书就是在查阅以上文献资料、走访民间老人，以及参考前人研究的基础上进行撰写的。

本书注重文本的细读与阐释，书中涉及袍哥相关文献与巴蜀现当代作家的作品。笔者在收集大量文献资料基础上，对之进行阅读梳理，归纳并找出有价值的资料。采用文本细读法，广泛而深入地阅读巴蜀现当代作家有关袍哥书写的作品，探析其袍哥书写的思想及其文化意义，在此基础上建立了本书的写作框架。

本书绪论部分主要探讨江湖文化的人文内涵，江湖文化的文学想象等，最后引入袍哥文化与巴蜀现当代文学书写这一论题。全书分为上、下两编。上编主要探讨袍哥文化与巴蜀近现代社会，以及袍哥文化与文学表征等相关问题，下编主要以袍哥文化为视角，以李劼人、沙汀、阳翰笙、马识途、魏明伦等作家的文学创作为对象，具体探讨他们在作品中对袍哥的书写，分析袍哥文化、以袍哥为代表的民间权力在这些作品中的具体表现等。

上编　巴蜀近现代社会、袍哥文化与文学表征

巴蜀袍哥及袍哥文化是巴蜀近现代重要的社会现象与文化现象，在一定程度上影响了近现代巴蜀社会与一般民众的生活。袍哥文化及其精神特质影响着巴蜀现当代作家，但作为精英知识分子，他们对巴蜀袍哥的认识超越一般民众，他们既能看清巴蜀袍哥曾有的历史进步性，也深知其反动性，并反映在他们的文学创作中。

　　本编主要对袍哥文化与巴蜀近现代社会情状，以及袍哥文化的巴蜀现当代文学表征做总体性论述，是对袍哥文化、巴蜀近现代社会与文学表征等相关问题进行的跨学科多元化综合研究。具体包括：清代移民的异姓结拜所带来巴蜀袍哥的兴起与繁荣；袍哥势力对清主流社会的打击、破坏，以及对民国社会的控制、渗透与影响；袍哥文化系统的生成，袍哥文化的精神特质与巴蜀文化性格；袍哥文化与文学的相互关系，袍哥文献的文学表征；袍哥文化对巴蜀现当代作家的影响，巴蜀现当代作家对袍哥文化的接受、认识、疏离与批判。

第一章　巴蜀近现代社会与巴蜀袍哥

袍哥文化是巴蜀近现代社会的文化现象，它影响了巴蜀近现代社会，并成为巴蜀现当代作家文学书写的重要资源。在探讨这些之前，有必要梳理与探讨如下问题：巴蜀袍哥究竟是怎样形成的？为何袍哥在巴蜀近现代社会如此兴盛？巴蜀袍哥的形成固然有政治、经济、社会、历史等多种因素的影响，但清代巴蜀移民社会的异姓结拜是巴蜀袍哥形成的重要因素。本章主要对巴蜀清代移民所带来的传统宗族社会的解体，以及异姓结拜所带来的袍哥兴盛进行探讨，也对巴蜀近现代社会情状展开研究。

第一节　清代移民的异姓结拜与巴蜀袍哥的兴盛

一、有关巴蜀袍哥起源的臆测

袍哥作为隐秘江湖帮会组织，由于清代官府的打压，加上资料的缺乏等原因，有关袍哥起源以及具体的历史形成一直困扰着学界，至今还没有定论。目前可以将巴蜀袍哥形成的各种臆测大致归为两类：一类将袍哥归属于"洪门"帮会组织，突出其民族革命性，并与"反清复明"的思想相联系；另一类则将其与巴蜀清代形成的游民组织啯噜相联系，认为袍哥起源于啯噜。

第一类说法多见于民国时期与袍哥有关的著作及发表的文章。袍哥作为巴蜀哥老会成员的称呼，人们把它归属于"洪门"（洪帮、红帮），为"天地会"一支，并把它的起源与天地会"反清复明"的宗旨联系起来。李子峰在《海底》中指出："'哥老会'或称'哥弟会'，亦为'天地会'之一支、其成立在乾隆年间。"[①] 康熙以后，"天地会"为避免清政府注意而改名为"洪门"，其名称还有"三合会""三点会""添弟会""哥老会""阁老会"等，它们均同源

---

① 李子峰：《海底》，《民国丛书》第一编（16），上海书店 1989 年版，第 33 页。

于"天地会"。① 因此,"洪门"为"天地会"之异名,与"三合""三点""哥老"等为同一组织。② 由李子峰《海底》所载可看出,哥老会是天地会之一支,属于"洪门"组织,袍哥作为巴蜀哥老会的名称,同属"洪门"组织。

卫聚贤写有《袍哥入门》(署名卫大法师),这是他为新加入的袍哥成员而写的启蒙小书,在民国时期的巴蜀流传较广。袍哥出自巴蜀民间下层民众互助组织,该书将袍哥的历史上溯至战国时期墨子设立的"巨子"制度及秦汉以后的"侠",下至明末的东林党、复社、几社等,从事反清复明工作,他们认为,郑成功曾加入该组织,占浙闽沿海及台湾,设"金台山令",开山立堂,抗击清廷(如图1-1所示)。在四川,陈近南奉郑成功之命赴缅甸拜谒永历皇帝,因道路不畅而在雅安开山立堂。③ 以上论述对袍哥历史溯源较为久远,将袍哥的历史上溯至墨子,沙铁帆也有此种说法:"考诸历史,此风殆开始于春秋时之墨翟欤? 史载墨翟有弟子三百,皆可使之赴汤蹈火,具有一种扶弱抑强,急人之急的精神,今之哥老会徒,亦以之相号召,相策励。又墨徒有所谓巨子,代相传授,统帅徒众,此巨子殆即隐然今哥老会中之坐堂大爷也。"④ 卫聚贤也把袍哥归为"洪门",指出在巴蜀袍哥被称为"红帮"。清代对天地会监管甚严,乃取"洪"字的三点名为"三点会"。⑤ 这样的说法与李子峰《海底》有关哥老会的说法有些类似。郑成功去世后,福建与两广会员成立天地会、三合会、哥老会继续抗清,被称为红帮。孙中山为革命曾加入红帮,且辛亥革命成功得到各地哥老会的帮助。青帮、红帮、理门是民国时期盛行的三大帮会,红帮主要分布在四川,云贵次之。在四川,红帮被称为"汉留""袍哥"。⑥ 以上有关袍哥起源的说法在民国时期的袍哥文献中较为多见,主要是突出袍哥的民族性、革命性。

---

① 李子峰:《海底》,《民国丛书》第一编(16),上海书店1989年版,第1页。
② 李子峰:《海底》,《民国丛书》第一编(16),上海书店1989年版,第4页。
③ 卫大法师:《袍哥入门》,说文社1947年版,第3页。
④ 沙铁帆:《四川之哥老会》,《四川县训》1936年第3卷第6、7期。
⑤ 卫大法师:《袍哥入门》,说文社1947年版,第4页。
⑥ 卫大法师:《袍哥入门》,说文社1947年版,第3页。

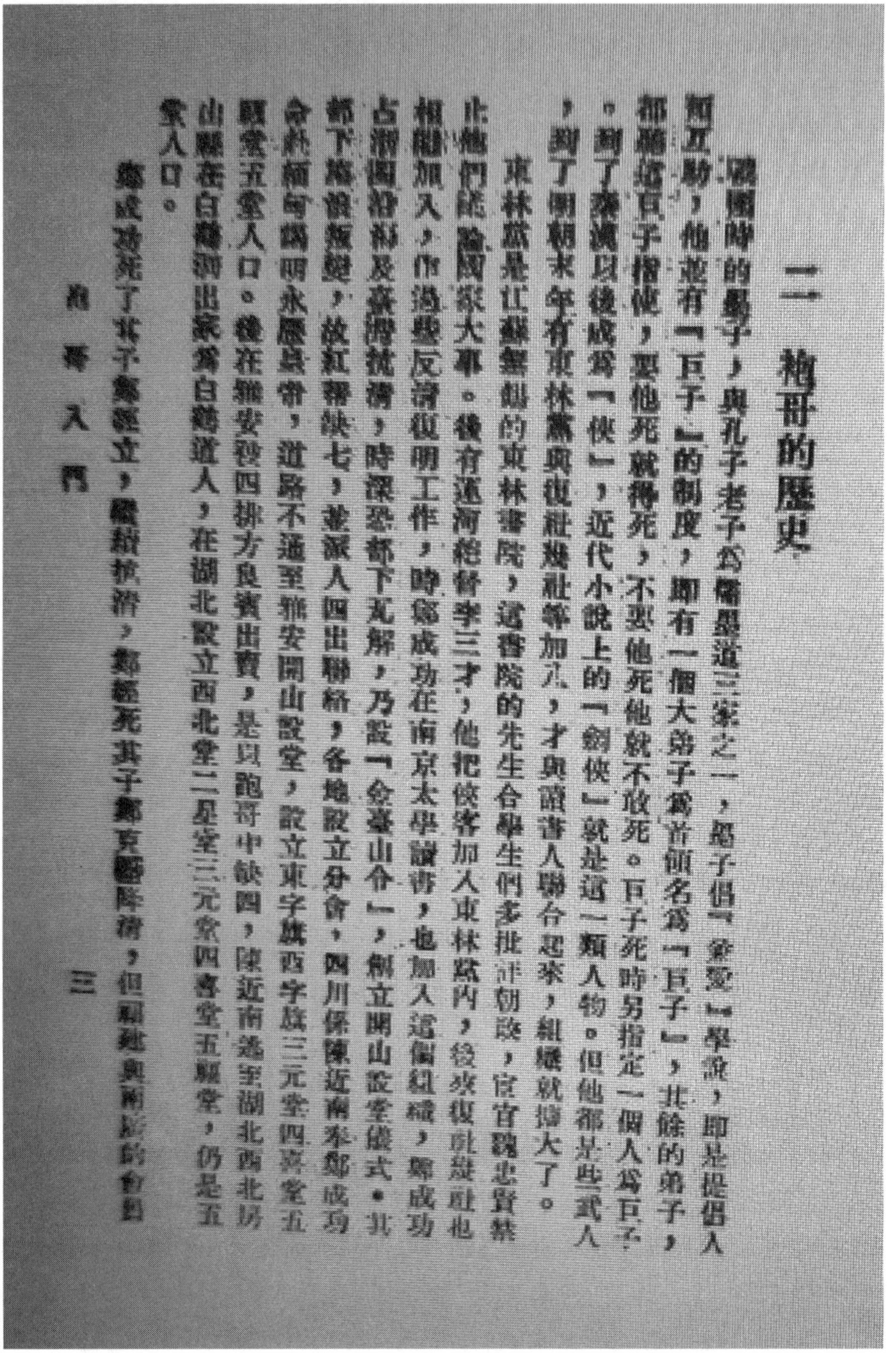

二　袍哥的歷史

戰國時的墨子，與孔子老子爲儒墨道三家之一，墨子倡「兼愛」，摩頂，即是提倡人類互助，他遂有「巨子」的制度，即有一個大弟子爲首領名爲「巨子」，其餘的弟子，都願這巨子指使，要他死就得死，不要他死他就不敢死。巨子死時另指定一個人爲巨子，到了漢滿員後成爲「俠」，近代小說上的「劍俠」就是這一類人物。但他都是些武人，到了明朝末年有東林黨與復社等加入，才與讀書人聯合起來，組織就擴大了。

東林黨是江蘇無錫的東林書院，這書院的先生合羣生們多批評朝政，官宦魏忠賢禁止他們談論國家大事。後有運河總督李三才，他把做奉加入東林黨内，後來復社也相繼加入，作過反清復明工作，時欲成功在南京太學讀書，他加入這個組織，竟成功占洞閬首科及嘉湖拢渷，時深恐都下瓦解，乃設「金臺山令」，倡立閬山設堂德式。其都下陳浪做變，故紅幣缺七，並派人四出聯絡，各地股立分舍，四川保陳近南奉郎成爲命林酮每幽明永歷爲带，進路不通至雅安開山設堂，欽立東字集西字集五字集中缺四，陳近逃至湖北西北房顧堂五堂人口。後在雄芝殺四排方良賓出賣，是與鮑哥中缺四，陳近南逃至湖北西北房山縣在白鶴洞出家爲白鶴道人，在湖北聚立西北堂二星堂三元堂四喜堂五題堂，仍是五蒙入口。

鄭成功死了其子鄭經歷立，艦艇抗清，鄭經死其子鄭克爽降清，但關祉與兩粤的會黨

袍哥入門

三

图1-1　《袍哥入门》内文

刘师亮的《汉留全史》则将袍哥起源与郑成功国恨家仇相联系。[①] 顺治十八年（1661），郑成功与其兵将结为弟兄，将其驻兵之金台山作为会盟之所，定名金台山明远堂，并遣其部将蔡德英等"洪门"五祖向中原发展。郑成功还派精明干练者分赴内地，宣传民族主义，组织汉留秘密结社，开山立堂。[②] 因此，袍哥又称"汉留"，这种称呼极具民族精神与革命思想，并将袍哥与刘、关、张桃园三结义相联系。邓潮浚的《汉留研究》在叙及郑成功的思想时把郑成功作为汉留创始人："他创立的汉流遍及全国，由而保存了民族精神，民族思想，民族意识，及民族革命的组织。"[③] 此书流传于民国时期巴蜀民间。署名萧吉成的《补续汉留海底书》也将袍哥称为汉留，突出其反清的民族革命性，认为汉留始自明末国运渐衰，其时人民共敬英雄暗藏革命以兴汉室，以推翻清廷为宗旨。[④] 在巴蜀，汉留称袍哥、光棍等，他说："凡袍哥称光棍者，光者明也，棍者直也，一尘不染为之光，直而不屈为之棍，有弯曲者为之拐，不然为之杖，何以能称棍哉？"[⑤] "汉留称袍哥者，系同袍色之哥弟也，如军校称袍泽者然。"[⑥]

上述观点在民国时期较为普遍，在民国报刊文献中亦较为常见。任乃强指出："哥老会，一曰袍哥，亦曰汉留，为川、滇、康、黔、陕间秘密结社之名称，与江浙闽广之天地会，三点会，洪门，帮会同出一源。由其发展之基地与历史之不同，而异名尔。其起源距今约二百八十余岁，即明末清初之世（永历末年）。其创始人为郑成功。"[⑦] 他叙及郑成功创立天地会的情况："郑成功乃退保台湾，创立天地会。打破贵族，平民，君臣上下，绅民文野之阶级观，以天为父，以地为母，藉示生于其间之人，一律平等，如兄弟然。统分十排，排各有所司掌。手订律例，规定新的德行标准，运用宗教仪式，开山结盟，以忠

---

① 郑成功的父亲郑之龙，天启时据海岛为盗，崇祯元年为明室招抚，授归德将军。顺治二年，郑之龙奉唐王帮帝于福州，顺治三年，清兵取福建，杀唐王，郑之龙降清。郑成功耻父降清，乃率其亲信数百人遁入海岛，桂王称帝于肇庆，封郑成功为延平郡王招讨大将军，连攻舟山及福建等处，军势大振，复取台湾为根据地。清帝诏郑之龙唤子归降，郑成功拒之，清帝怒斩郑之龙，并夷三族。郑成功既悼明室之亡，复痛生父之死，更切三族之冤。于是与他部下开山立堂，结为兄弟。参见李耘夫：《汉留全史》，星星书报杂志社 1938 年版，第 1—2 页。

② 李耘夫：《汉留全史》，星星书报杂志社 1938 年版，第 2 页。

③ 邓潮浚：《汉留研究》，说文社 1947 年版，第 6 页。

④ 萧吉成：《补续汉留海底书》，（出版印刷名不详）1946 年版，第 1 页。

⑤ 萧吉成：《补续汉留海底书》，（出版印刷名不详）1946 年版，第 7 页。

⑥ 萧吉成：《补续汉留海底书》，（出版印刷名不详）1946 年版，第 7 页。

⑦ 任乃强：《哥老会之策源地——雅州》，《新西康》1946 年第 4 卷第 5、6 期。

义相激。欲从平民社会，从新建设革命力量。是为我国秘密结会之始。"① 四川袍哥正是郑成功派人入川秘密活动的结果，并把活动地点选在嘉雅一带：因保宁一隅为清朝川督驻扎处，驻军多，防范严，人心从清已久，不复思明，不能进行秘密工作。故专力于嘉雅一隅。② 有关雅安袍哥的形成有如下背景：

> 先是嘉定为明蜀王刘文秀根据地。顺治十四年文秀回滇，留咸宁侯高承恩镇嘉雅。十五年清军大举三路入滇，永历帝走缅甸。蜀中清军循地至嘉，高承恩退雅州，拒守不降。其义子郝承裔，川边人也。谓大势已去，苦守无益，劝承恩降。不允。遂杀承恩，率其众迎降清军。清帅任为总兵，令仍帅众留守雅安。其众皆思故明，憎清师。地方民众尤不服。但苦力弱，不能相抗。此时有郑近南者（或云郑所南。郑为陈之音误，所为近之字误。）衔郑成功命抵此，游说承裔雅与部将，及附近民众，组织天地会。初请军民团结，则可保持禄位，不易调移。迨开山结盟后，乃以忠义之气激励之。诸将士与民众皆愿抗清。承裔思想亦为之转移，更名承义（谓将承绍高氏之义烈）举义兵于雅州，遥应台湾。仍奉永历年号。更出兵东下嘉定，逐杀满官。川督李国英时驻保宁，以大军来攻。苦战踰年，承义败死，已是顺治十八年。③

---

① 任乃强：《哥老会之策源地——雅州》，《新西康》1946 年第 4 卷第 5、6 期。
② 任乃强：《哥老会之策源地——雅州》，《新西康》1946 年第 4 卷第 5、6 期。
③ 任乃强：《哥老会之策源地——雅州》，《新西康》1946 年第 4 卷第 5、6 期。

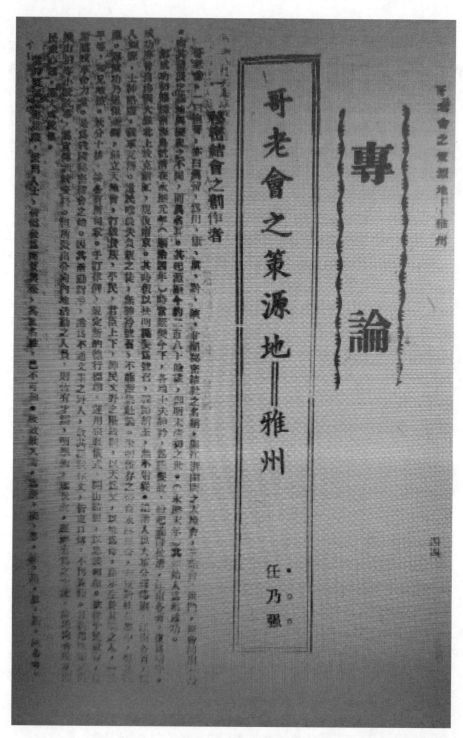

图 1-2　任乃强原文

郝承裔死后，哥老会成员多向深山野林逃匿，之后才慢慢从深山野林走出，或耕垦于雅州附近，或进入城市为商人，但他们仍以帮会暗相联络。当时清廷以嘉定为府，雅安为州，俱驻重兵把守。官吏从北方来，垦民从外省来，皆不习本地民情风俗，而本地人都加入帮会，不曾将其情泄于官府；帮会中人也严守秘密，暗相掩护："不用天地会名义，但相呼以哥弟，故曰哥老会。会党称为在袍，亦取诗经'与子同袍，同仇'之义，故又曰袍哥。不敢在言扶明，但以满汉示别，故曰汉流，一作汉留也。"① 以上是任乃强叙及袍哥由天地会演变而来并在雅安的形成与创立情况。

李沐风在《略谈四川的"袍哥"》一文中指出："'袍哥'就是'洪帮'，又称'汉留'，全国都有，而以四川为尤盛。"② 诸葛吾指出江南一带的"洪门"（红帮）到了四川就变成袍哥："哥老会就是袍哥，洪门的组织，以大哥为最高权威，到了四川，他们应用'刘关张桃园结义共同袍'这一句话，洪门的弟兄就变成袍哥。"③ 并引用徐彬彬的一段话："袍哥者，哥老会在长江上游之名称，效刘备关羽张飞结异姓兄弟，共赋同袍之意也。"④

以上观点，将袍哥起源与"反清"相联系，将之归属于天地会、哥老会，并注重其民族性、革命性。与这些观点不同，一些学者把袍哥的起源归为巴蜀清代产生的游民组织啯噜。前面曾述及，在学界，较早提出"啯噜"是初期哥老会观点的是胡珠生，他分别以如下证据说明哥老就是啯噜。首先就地域言，二者同发生于四川；其次，"啯噜"之读音与"哥老"相似；更重要的是组织的相似，"啯噜"分"红钱"与"黑钱"，并以"红钱"为正统，"哥老"分"红帮"与"黑帮"，并以"红帮"为正统，"红钱""皆不为盗"与"红帮""戒盗戒贼"较类似，且"啯噜"头领称"冒顶""大帽顶""坐堂冒顶"，与哥老会首领名称相似，若有差异，那就是"哥老"是"啯噜"的进一步发展形式，并以此得出结论："啯噜"只是哥老会之音译，啯噜正是初期的哥老会。⑤日本学者酒井忠夫认为，哥老会来源于四川啯噜，其来源可以追溯到明末清初外省向四川的大规模移民。移民入川后，一部分被客民共同体所吸收，多数则沦为流民，被啯噜所接纳。啯噜的发展与天地会入川有关。道光、咸丰年间，万云龙、少林寺的传说也融入哥老会的传说之中。乾隆时期，四川的移民社会

①　任乃强：《哥老会之策源地——雅州》，《新西康》1946 年第 4 卷第 5、6 期。
②　李沐风：《略谈四川的"袍哥"》，《茶话》1947 年第 12 期。
③　诸葛吾：《四川袍哥》，《巨型》1947 年第 1 期（创刊号）。
④　诸葛吾：《四川袍哥》，《巨型》1947 年第 1 期（创刊号）。
⑤　参见胡珠生等：《哥老会起源初探》，《新史学通讯》1952 年第 12 期。

形成两种社会关系：会馆和啯噜。酒井忠夫还认为啯噜与白莲教也有关系，在白莲教起义时期，啯噜中许多人投效于教军，而被清政府征调的乡勇中，很多是下层农民，这些人在中途转变为啯噜，不少与教军合流。在此期间，啯噜在教军与清军的激烈冲突中，初次经历山寨战，并由此加深了与农工商兼业的单帮经济共同体的体验，从而在啯噜的组织内，形成了继承"水浒"传统的山堂组织。就这样，在与天地会、白莲教等的接触交流中，哥老会的山堂组织逐渐被固定下来。而哥老会名称的出现，大约在清咸丰末年。哥老会组织（内外八堂）龙头等称呼也似乎出现在咸同年间。① 酒井忠夫较详细地阐明了啯噜作为哥老会起源，以及其吸收天地会、白莲教等组织形式向哥老会演变的复杂过程。

与以上观点类似，蔡少卿认为哥老会是以啯噜为胚型，吸收、融合了天地会、白莲教的某些特点，在当时特定社会条件下迅速发展起来的游民组织。② 吴善中指出啯噜在吸收其他秘密宗教组织活动的基础上形成哥老会："哥老会实际上是以啯噜为胚型，广泛吸收了青莲教等秘密社会团体的若干组织、活动特点，在新的历史条件下，逐步'整合'而成的一个新型秘密合党。"③ 有关袍哥的起源，啯噜是其最初源头，是目前大多数学者的共识，王纯五亦指出，啯噜是以川移民为主的游民群众为求生存、谋互助而自发结成的民间秘密组织。④

啯噜为匪，成为清代巴蜀严峻的社会问题，啯噜究竟是怎样演变为哥老会，并最终改称为袍哥？以上观点多为臆测，还不具备较强的说服力。在流传于四川资阳一带的有关袍哥礼仪规范的文献中就明文指出要严加防范啯噜的加入，如《外巡风令》中袍哥龙头大爷对五排管事吩咐道："内巡必要外巡风，贤弟巡风必秉公。关口紧要须守重，恐防啯匪到此中。"⑤ 如果啯噜真是袍哥的起源与原型，袍哥组织对其应该是不会排斥的，但袍哥文献中却出现了防范啯匪、拒绝啯噜加入的内容，由此推知，啯噜作为哥老会起源的观点，其合理性、准确性令人怀疑。

　① 参见秦宝琦等：《秘密结社与清代社会》，天津古籍出版社 2008 年版。
　② 蔡少卿：《中国近代会党史研究》，中华书局 1987 年版，第 205 页。
　③ 吴善中：《晚清哥老会研究》，吉林人民出版社 2003 年版，第 14 页。
　④ 王纯五：《袍哥探秘》，巴蜀书社 1993 年版，第 8 页。
　⑤ 王洪林：《四川方言会通》，巴蜀书社 2008 年版，第 19 页。

二、清代巴蜀移民与宗族社会的解体

清代巴蜀社会是一个移民社会，从顺治元年（1644）到康熙十九年（1680），巴蜀战争连绵不绝，先后经历了张献忠入川、清军入川与农民起义军的战争、清军与南明王朝的战争以及清军平定"三藩之乱"等。连绵不绝的战争使当时的四川尸横遍野，瘟疫流行，再加上虎患、干旱、饥荒等自然灾害，四川人口锐减。过去人口繁多的"天府之国"变得"百里荒无人烟"。战争、自然灾害给巴蜀大地造成毁灭性破坏。平定"三藩之乱"之后，动荡不安的巴蜀才逐步趋于稳定。面对满目疮痍、破败不堪、荒无人烟的巴蜀，清政府采取了"移民垦荒"的重要举措，即"湖广填四川"。清政府一系列的安民、稳民、裕民等治蜀方针，对巴蜀经济的恢复、移民在巴蜀安居乐业，以及巴蜀逐渐走向兴盛与繁荣起了巨大作用。

可以说，清代四川人口从逐渐恢复到迅猛增长是清政府移民政策所带来的结果，清代巴蜀移民有利有弊。有学者指出移民带来的好处："招抚移民入川垦荒的多方面的优惠政策和奖励地方官招民政策的实施，对清初四川人口的增长和四川社会经济的复苏起到了巨大推动作用。保甲法在四川的实施与移民关系密切，它不仅通过户籍编审使移民身份合法化，并在移民人口管理和维持地方秩序中发挥了重要作用。与此同时，州县地方官员在清代四川移民进程中的积极促进作用发挥得非常充分，移民在地方建设和文教事业发展中的贡献也极为突出。"[1] 但移民亦带来巴蜀居民结构的改变，王笛先生指出，清代移民造成了四川人口结构的改变，"这种变化的标志是各地土著少，客民多"[2]。因此，移民在四川人口构成中占了举足轻重的地位。移民入川带来了四川人口的急剧增长，有助于四川经济的进一步恢复与发展，以及社会组织的重建。而在川安居乐业这一总体情势使来川移民认同与逐渐适应巴蜀这一独特的自然环境与人文环境所形成的巴蜀文化。移民为巴蜀文化增加了新的特质，这使巴蜀文化带有移民文化的特征，这一特征在清代巴蜀社会中表现尤为突出。

清代"湖广填四川"固然对巴蜀创伤的恢复与进一步发展有巨大促进作用，但也带来了一系列严重的社会问题。事实上，移民入川打破了传统宗法制乡土社会结构，这一社会结构的改变带来了一系列社会问题。传统中国社会，

---

① 谭红：《巴蜀移民史》，巴蜀书社 2006 年版，第 457 页。

② 王笛：《跨出封闭的世界：长江上游区域社会研究 1644—1911》，中华书局 2001 年版，第 59 页。

是以血缘为纽带，以家族为基础的宗法制乡土社会。安土重迁是中国农民的本性，一般农民是不愿离乡背井的，因此，他们离开家乡前往巴蜀有不得已的原因与苦衷。前往巴蜀实际是对原有社会结构的打破，而到了巴蜀，以家族为基础的宗族乡土社会的形成尚需一定时间。

有学者将清代移民入川迁移规模分为三种形式："一是少数家人单独的迁移，或者独身一人迁移入川；二是举家迁移；三是族人大家庭的迁移。"① 前两种是巴蜀移民的主要方式，"由于清初的移民入川是与社会战乱分不开的，从资料上看，少数或独身一人的迁移，是比较多的一种迁移方式"②。除这种"少数或独身一人"迁移入川而娶妻生子安居乐业之外，"举家迁徙入川，应该是清朝移民入川的主流形式"③。"从众多的已经获得的资料看，全家迁徙入川是主要的入川形式。""举家迁徙入川，应该是清朝移民入川的主流形式。"④但这里的"举家""全家"相对于第一种"少数或独身一人"的数量也只是稍微多一些，一般指年轻夫妻，或妻子随夫家迁移入川，因此这种迁移方式的单位人口数量一般在3—5人。第三种族群迁移方式，这里"并非指那种族长或族中长辈一呼百应率众迁徙入川"，而"是指核心家庭以外还有近亲一并迁移入川的那种最宽泛的形式"⑤。以上三种迁移方式均表明，清代移民入川人口的总体数量巨大，但个体规模较小，因此，由移民方式形成的家庭人口数量较全国少。王笛先生指出，清代由于移民，造成了长江上游（四川）家庭规模较之其他地区要小。《四川通志》中有关嘉庆中期四川各区域户均人口数据统计显示，成都府仅3.3人，重庆府3.4人，叙州府3.6人，较高的是嘉定府4.9人，雅州府5.3人，当时全川人均4.1人，远低于全国水平，这即是当时巴蜀移民的结果。一方面是小家庭有利于迁徙，另一方面是迁徙拆散了大家庭。在这种情势下，移民入川势必打破原来以血缘关系凝聚的宗族乡土社会结构。因此，在清初，移民入川人口总体数量巨大，但到了巴蜀大地后，他们一般失却了原乡以血缘关系凝聚的宗族群体性社会特征。

离乡背井的移民到了巴蜀大地，面对的并不是他们想象中的"天府之国"与乐土，当时巴蜀社会有诸多问题急需这些离乡背井的移民去解决。这些移民将面对宗族乡土社会解体的失序所带来的混乱与动荡。严如熤叙及川陕楚边地

---

① 谭红：《巴蜀移民史》，巴蜀书社2006年版，第570页。
② 谭红：《巴蜀移民史》，巴蜀书社2006年版，第570页。
③ 谭红：《巴蜀移民史》，巴蜀书社2006年版，第571页。
④ 谭红：《巴蜀移民史》，巴蜀书社2006年版，第572页。
⑤ 谭红：《巴蜀移民史》，巴蜀书社2006年版，第573页。

各地移民带来传统宗族乡土社会失序的具体状况："五方杂处，无族姓之联缀，无礼教之防维，呼朋招类。动称盟兄姻娅之外，别有干亲往来。住宿内外无分，奸拐之事，无日不有。人理既灭，事变所以频仍也。"① 传统的宗族乡土社会被打破，传统的伦理规范在此已无作用，代之而起的是盟兄婚姻连襟干亲等生存态势，而"盟兄"这种超越血缘伦理关系的异姓结拜，实际是当时移民在巴蜀之地生存立足的重要方式，这也是巴蜀袍哥形成的重要方式。

　　清代巴蜀移民带来宗法乡土社会的解体，更带来了巴蜀人地之间的矛盾，并引发了严重的社会问题。"移民的蜂拥而至使四川人口剧增，到乾隆一朝已经饱和"②，这无疑会带来人口与土地的矛盾，由此引发动荡。人口的饱和，以及土地的有限，使得巴蜀流民增加。流民是社会不安定的重要因素。流民们在异乡，为了基本的生存需要，常常会铤而走险沦为盗匪。清代巴蜀之地啯匪猖獗，而啯匪是巴蜀袍哥形成的重要来源之一。根据移民的行为可将其分为两类：一类为良善之民，一类为狡黠之民。狡黠之民是社会不安定因素："古称'蜀民好乱，楚人轻剽'，良善之民烧荒垦田，渐成饶裕。黠者邀结朋党，稽防少疏，便生事端"③，狡黠之民"邀结朋党"一般成为啯匪："啯匪之在山内者较教匪为劲悍，往往于未辟老林之中，石木架棚，操习技艺，各有徒长，什佰为群，拜把之后，不许擅散，有散去者，辄追杀之。"④ 啯噜分为红钱客、黑钱客："黑钱者为鬼为蜮，换包设骗，行踪诡秘，多以术愚人；红钱则作会结党，持刀执枪白日市廛"。⑤ 严如熤叙及狡黠之民的啯噜通过"拜把"异姓结拜形成朋党，成群结队形成红钱客、黑钱客贻害社会。由于清政府无力惩治失序移民，良善之民为了在巴蜀之地生存，对付强暴的啯匪，他们会选择异姓结拜增强自我力量而以暴制暴。这是巴蜀移民社会异姓结拜风行，以及巴蜀袍哥形成与盛行的重要原因。

三、异姓结拜与巴蜀袍哥的兴起与繁盛

　　由于江湖帮派组织的隐秘性，加上相关资料的缺乏，袍哥的起源被罩上了一层神秘的面纱，至今多为主观臆测。有关袍哥的起源不是本书的重点，也无意纠缠于该问题，但要探知为何巴蜀近现代袍哥如此兴盛，其如何对巴蜀现当

---

① 严如熤：《三省边防备览》卷十一（出版地、出版时间及页码标注不详）。
② 谭红：《巴蜀移民史》，巴蜀书社 2006 年版，第 498 页。
③ 严如熤：《三省边防备览》卷十一（出版地、出版时间及页码标注不详）。
④ 严如熤：《三省边防备览》卷十一（出版地、出版时间及页码标注不详）。
⑤ 严如熤：《三省边防备览》卷十一（出版地、出版时间及页码标注不详）。

代作家形成影响，这是一个不可回避的问题。笔者认为，在袍哥的起源与形成以及最终走向兴盛的过程中，异姓结拜起了相当重要的作用。异姓结拜是超越血缘关系的结拜方式，是历史久远的独特民俗。有学者指出："以'歃血盟誓'而论，在文献中，始见于西周，它的起源当可追溯到更早的时期。"① 而"四海之内，皆兄弟也！"是中国人隐藏于内心的集体无意识，也是异姓结拜的内在心理与原动力。异姓结拜已经成为中国民间的重要习俗。有学者指出："结拜是我国传统文化中的独特现象。从汉代晚期到民国时期，结拜行为出现在下至民间百姓、上至帝王将相的各类人群当中。"②

在此要探讨的异姓结拜，是与一定的功利目的甚至政治意图有重要关联的结拜方式。这种异姓结拜多出现在社会动荡、国家权力削弱、社会失序的时候。清代巴蜀社会即是如此。入川移民数量巨大，到了巴蜀大地后，他们大多失却了原乡以血缘关系凝聚而成的宗族群体性特征。要在异乡独自生存并谋求发展，打破血缘关系的"异姓结拜"是他们的最佳选择。根据其性质、动机等的差异，"异姓结拜"主要有如下两种方式：一种是由于移民过分膨胀所造成的人地矛盾，导致一部分没有土地的移民变成了游民，他们与地方无赖及游手好闲之徒通过"异姓结拜"的方式，逐渐形成靠暴力手段为生的啯噜，这是当时啯噜形成的重要方式。他们三五成群、铤而走险，从事偷盗、抢劫、绑架勒索等活动。有学者指出："康熙、乾隆时期的大量移民是啯噜的重要来源。"③另一种"异姓结拜"方式则是，拥有土地而离乡背井的移民，在清政府力量薄弱、社会失序的情况下，为了在巴蜀生存，也会选择异姓结拜的方式，互济互助以"自保"，或"以暴制暴"以抗衡外在暴力。可以说，以上两种"异姓结拜"，促进了巴蜀袍哥的兴起。袍哥在巴蜀的兴起、发展与兴盛，必定进一步带动外来移民加入袍哥组织。这就不难解释为何袍哥在巴蜀那样兴盛。因此，异姓结拜是袍哥兴起与兴盛的重要原因。此外，那些不依靠土地为生的肩挑负贩者、开小店铺者、摆地摊者，根据当时的境况与自己的具体情形，纷纷选择加入以上两种秘密组织，以求得保护而生存。以上情形可以说是当时巴蜀移民社会的具体情形，这是巴蜀袍哥形成的温床，而两种"异姓结拜"方式所形成的秘密组织则是"浑水"袍哥与"清水"袍哥的雏形。

在中国第一历史档案馆军机处所藏奏折中，光绪二年（1876）七月初六，

① 何正清：《天地会的歃血盟誓与结拜兄弟历史渊源》，《贵州师范大学学报》（社会科学版）1985年第4期。
② 李祥文：《结拜风俗研究》，《山西师大学报》（社会科学版）2009年第6期。
③ 秦宝琦等：《中国秘密社会》第一卷，福建人民出版社2002年版，第45页。

四川总督文格有关会党的奏折称："奴才伏查，会匪以哥老为名，从烧会结盟而起，间有入会而不为匪者，断无为匪而不入会者。川省各处之咽匪无非一时之会匪，该匪等成群结党，扰害闾阎，甚至殷实之家势难孤立，有不能不入会中者"①，光绪二十九年（1903）十月十四日，陕西道监察御史王乃征奏川省拳会复炽请严课吏治奏折称："臣维川省盗匪起于拈香烧会，其始无赖子弟结党联盟，不必皆匪，而一啸即聚，有令必行，则人人可以为匪。驯至富家大室借入会保身家，乡团保甲冀联会以免仇害。遍地有会，即遍地有匪。故欲治其源，不问匪不匪，但问会不会，能禁会而匪乃可戢。其中为盗魁称帽顶者，消息最灵，护身最密。"② 以上两档案资料所谓的"会匪"主要指哥老会，"拈香烧会""烧会结盟"的异姓结拜是当时四川"会匪"形成的重要方式。入会有"为匪"与"不为匪"者，有"借入会保身家者"，这是当时巴蜀隐秘组织会党存在的主要方式。

　　从袍哥的最初组织成员看，主要是下层民众，他们异姓结拜形成组织，或以"暴力"抢劫为生，即咽噜，或是为了互济互助而"自保"，采取"以暴制暴"的方式生存。这两种情形是巴蜀袍哥的雏形。因此，这些下层民众结成的江湖隐秘帮会组织并非一开始即带有"反清复明"的色彩，只是"为了通过互济互助和自卫抗暴，或通过结盟拜把结伙抢劫来求得生存与发展"③。除以上互济互助和自卫抗暴情形外，来巴蜀的外地移民还要面临与巴蜀原有居民的竞争与冲突。为了增强自己的力量，他们通过"异姓结拜"的方式形成袍哥组织，或以"异姓结拜"的方式加入袍哥组织，这成为当时移民在巴蜀生存立足的重要方式。郭沫若的家世即很好地说明了这一问题。郭沫若的祖先从福建迁往乐山沙湾，作为移民与本土势力杨家发生冲突。在这种情势下，郭沫若的祖父与四叔祖以"异姓结拜"方式加入了袍哥，并以舵爷的身份执掌沙湾码头，在铜、雅、府河一带有响亮的名声。其父辈因为参加袍哥而仗义疏财，到郭沫若这一代，家业凋零。④ 郭沫若家乡土匪猖獗，他曾把自己的家乡称为"土匪的巢穴"。他说："嘉定的土匪大多出自铜河……而铜河的土匪头领大多出在我们沙湾。"⑤ 土匪多为"浑水"袍哥，郭沫若的家庭成员对是否加入袍哥的态

----

① 《暂护四川总督文格为复陈不必因会党而另立傅章程事奏折》，参见方裕谨：《光绪初年哥老会史料选辑》，《历史档案》1998年第3期。

② 中国第一历史档案馆等：《辛亥革命前十年间民变档案史料》下册，中华书局1985年版，第754—755页。

③ 秦宝琦等：《中国秘密社会》第一卷，福建人民出版社2002年版，第48页。

④ 郭沫若：《我的童年》，《郭沫若全集》第十一卷，人民文学出版社1992年版，第23页。

⑤ 郭沫若：《我的童年》，《郭沫若全集》第十一卷，人民文学出版社1992年版，第12页。

度很不一样。郭沫若曾叙及他父亲年轻时做云土（鸦片烟）生意的情况，有一次在离他们家三十里路远的千佛崖遭到土匪的抢劫。当土匪知晓是抢了郭家的云土后，第二天清早，被抢劫的十几担云土原封不动地被送回他们家。[①] 郭沫若家的情形在当时巴蜀移民中带有普遍性，离乡背井的移民要在巴蜀这块陌生之地立足，多以"异姓结拜"的方式形成袍哥组织，或借助"异姓结拜"参加袍哥以"自保"或"以暴制暴"而生存发展，这是清代巴蜀社会的真实情形，也是巴蜀袍哥的兴起与兴盛的重要背景。

　　以上论及的"异姓结拜"组织只是袍哥组织的初期形式，其组织较为松散，还不是具有严厉的规章制度、组织形式的江湖隐秘组织。袍哥组织由初期的松散形式到后来成熟繁盛的江湖帮派组织，经过了一段复杂的演变过程。在清代，由于民族矛盾尖锐，整个社会处于动荡之中，因此，异姓结拜之风甚炙。歃血为盟，异姓结拜，尤其是天地会等隐秘"反清"组织无疑是对清政府权力的威胁。相对于其他地域而言，清代巴蜀移民社会更是如此。清政府为了阻止"反清"秘密组织的扩大，对歃血为盟、异姓结拜立法惩处，规定"凡异姓人但有歃血订盟、焚表结拜弟兄者，照谋叛未行律，为首者拟绞监候，为从减一等。"并对异姓结拜规模、首从、年龄予以不同惩戒：绞立决、绞监候、发配烟瘴之地等，处决相当严厉。雍正三年（1725）所颁律例更加严厉："凡异姓人歃血订盟焚表结拜弟兄，不分人数多寡，照谋叛未行律，为首者拟绞监候；其无歃血盟誓焚表事情，止结拜弟兄，为首者杖一百，为从者各减一等。"[②] 乾隆四十六年（1781）十二月底，清政府颁发了从重惩治啯匪条例。乾隆四十七年（1782）三月十五，巴县出示了根据犯案人数多少与情节轻重严惩啯噜新例，其内容包括啯匪犯案人数多少、轻重程度、是否伤人等，分别予以斩立决、绞监候、发烟瘴充军、发遣为奴等惩戒。[③]

　　从以上相关资料看出，清政府对当时巴蜀啯噜的处置方式非常残忍。再看清代其他资料，道光年间，张集馨曾叙及清地方官吏对啯噜的残忍处决："前任刘燕庭廉访，凡各属解到啯匪，不问真伪，先责小板四百，然后讯供，其中供情不得，而罪名莫定，即于大堂杖毙。后因大堂黑夜鬼啸，差役每被迷惑，因将犯人押至城隍庙，于神前撰笤，若阳笤则免死，若阴笤则立毙，官踞于

---

　　① 郭沫若：《我的童年》，《郭沫若全集》第十一卷，人民文学出版社 1992 年版，第 17 页。

　　② 马建石等：《大清律例通考校注》，中国政法大学出版社 1992 年版，第 661 页。

　　③ 参见四川省档案馆：《清代巴县档案汇编·乾隆卷》，档案出版社 1991 年版。

上，犯置于下，严刑惨酷，脑裂骨折者不知凡几。乌呼惨矣！"① "候补县毛震寿在双流捉获咽匪，吊拷刑求，所不待言，并闻因情节可恶者用镬煮之。"② 咽噜是清代巴蜀社会痼疾之一，也是近代巴蜀社会的不稳定因素之一。从张集馨的叙述可窥当时的种种措施并没能禁绝咽噜，反而促使清代巴蜀移民社会初期松散的异姓结拜组织（尤其是咽噜）更加严密化。他们借鉴运用当时江湖帮派组织的组织制度、组织形式等，巴蜀袍哥组织开始兴起与迅猛发展。

巴蜀袍哥的兴起与繁盛有一个渐进的复杂过程。为了躲避清政府的严厉打击，初期巴蜀异姓结拜组织，特别是游民组织咽噜，开始改变过去明目张胆的暴力方式，而是寻找隐秘的生存方式。他们开始创造性借鉴、吸收江湖隐秘组织如天地会、白莲教、青莲教、边钱会等的入会方式、组织结构、组织制度、交流语言等。巴蜀袍哥初期的组织形式、组织制度等均可从以上隐秘组织中找到相同与相似之处。当然，巴蜀袍哥并非简单模仿其他组织，而是有创造性借鉴、吸收与转化。袍哥与巴蜀地域文化、巴蜀民风民情、巴蜀方言等相融会，并能与巴蜀不同时期社会环境相适应，且向近现代主流社会各阶层渗透，最终形成巴蜀近现代社会势力强盛、影响深广的帮会组织。在称谓上，巴蜀称为袍哥，既是与其他地域称谓上的差异，也更强调"异姓"兄弟情谊，袍哥又称"汉留"，这是强调其"反清"的民族革命性。袍哥隐语极具巴蜀地域特色，这也是它极具生命力的重要原因，一些隐语至今还活跃在巴蜀民众语汇之中。因此，前面论及的巴蜀袍哥形成的两种臆测：一是将袍哥归属于"洪门"帮会组织，突出其民族革命性，二是认为袍哥起源于咽噜，这两种说法均不确切。只能说，巴蜀袍哥的起源与这两个组织有重要关系。巴蜀袍哥在形成过程中，借鉴与吸取了"洪门"帮会组织的入会方式、组织结构、组织制度、交流语言等，并在一定历史时期表现出民族革命性，而巴蜀游民组织咽噜只能说是巴蜀"浑水"袍哥的源头，与"清水"袍哥并无多大关系。"异姓结拜"在巴蜀袍哥的兴起与兴盛过程中起着重要作用。

---

① 张集馨：《道咸宦海见闻录》，中华书局 1981 年版，第 96 页。
② 张集馨：《道咸宦海见闻录》，中华书局 1981 年版，第 101－102 页。

第二节　袍哥民间势力与晚清民国巴蜀社会

前面曾论及，江湖民间权力主要有如下表现：一是一呼百应的农民（游民）起义，他们有政治口号、政治组织制度与行动纲领，常对主流社会形成较强的打击力量，甚至是改朝换代推动历史进程的主角。二是江湖民间结盟帮派所形成的秘密社会，在发展过程中，逐渐形成一套严密的组织制度、伦理规范、精神信仰、隐秘语言等，它的存在与行动对主流社会本身即形成潜在的威胁，并对主流社会产生破坏。三是绿林土匪、强盗等，他们或啸聚山林，或三五成群游行于城镇乡村，烧杀抢掠，其行为本身即对主流社会形成强大的破坏。以上三种表现在社会黑暗、政治腐败、纲纪废弛、主流社会失序时更为普遍。巴蜀袍哥作为隐秘的帮会组织，以其为代表的民间权力在巴蜀近现代社会有着强烈表现，主要表现在对当时主流社会的打击力、破坏力，以及对当时民间社会的渗透力、控制力与影响力上。

一、袍哥民间势力与晚清巴蜀社会

在晚清巴蜀社会，民间势力主要通过如下历史事件表现出来：一是啯噜问题，二是李蓝起义，三是打洋教运动，这严重影响了巴蜀近代社会及一般民众的生活，并对巴蜀袍哥的形成壮大、巴蜀近代社会的历史进程有较大影响。首先看啯噜问题，它是困扰清政府的严峻的社会问题。明末清初的巴蜀长期处于战火之中，加上自然灾害，巴蜀人口锐减，号称天府之国的巴蜀大地荒无人烟。"湖广填四川"的移民运动，在给巴蜀大地带来生机的同时，也带来严重的社会问题。随着移民的不断增多，巴蜀有限的土地无法承载太多人口，致使巴蜀产生大量游民，他们是啯噜的重要来源。再加上清代社会的失序，大量游民为了在巴蜀大地上生存，通过异姓结拜的方式形成了啯噜。巴蜀近现代社会"匪患"猖獗，而骚扰巴蜀近代社会的正是"啯匪"。"啯匪"是清政府对啯噜的贬称，有关它的记载多见于清代一些官方档案、奏折、文书之中。从这些资料可窥见巴蜀近代社会啯噜的具体情状，他们对清代主流社会的威胁，以及对一般老百姓生活的骚扰、影响。张集馨对巴蜀游民为生计所困而流于匪的情状有过记载："川省游民极众，皆因地方食用较贱，而水路之短纤，旱道之杠夫，一经到此，便不思归，无计谋生，流而为匪。"① 由游民结拜成的松散组织啯

---

① 张集馨：《道咸宦海见闻录》，中华书局 1981 年版，第 92 页。

噜常常成群结队，主要靠抢劫为生。乾隆四十六年（1781）六月初二，《湖广提督李国梁报利川县拿获啯噜蔡友应事奏折》中，被捕获的啯噜棚头（头目）蔡友应交代："小的同伙郭小四等共一百四人一路同行，欲到贵州地方去的还有刘胡子、金小二、罗和尚、周驼子……他们名下也亦各有附合之人。"① 由以上资料可知，巴蜀游民是啯噜的重要来源，他们靠抢劫为生，成群结队，作奸犯科，贻害社会。棚头蔡友应麾下已达百人，而他手下之人亦各自有下属，由此可见啯噜的声势及他们为匪的嚣张情状。

啯噜是清代巴蜀社会的痼疾，对巴蜀社会的危害非常严重。乾隆时期，有张汉《请禁四川啯匪疏》云："闻四川有暴民一种，绰号啯噜子，扰害良善，不可胜言。臣曾道过川中，亲见其事。近闻为患渐烈，间有啸聚山中者……时于集上纠众行强，酗酒打降，非赌即劫，杀人非梃即刃，甚至火人房屋，淫人妇女，常有其事。贫弱之民，莫敢谁何，有司亦俱凶强，只图无事……本地住民，近来亦有附入其党者。"② 李调元对家乡啯噜作乱情状有如下叙述："盖啯噜种类甚多，大约始乎赌博，终于窃劫。其中酗酒打降，勒索酒食，奸拐幼童，杀人放火。"③ 乾隆四十七年（1782）二月二十七，重庆府札巴县文有如下记载："至于近年川省啯匪肆扰，立有棚头名号，结党蔓延，多至百十余人，打抢轮奸，不计其数，尤为罪大恶极。"④

啯噜对清主流社会构成威胁，更对巴蜀一般民众造成了影响与危害。清政府对啯噜的捕拿与剿灭成为抑制啯噜发展的重要手段。乾隆四十六年（1781）是清政府集中捕拿剿灭啯噜的一年，相关档案繁多。由此可见，清廷对巴蜀啯噜问题大伤脑筋。当时官者认为啯噜是"良民之蟊贼也"⑤。李调元对家乡啯噜之害甚为忧虑，作为土生土长的四川人，他对啯噜情状甚为了解，分别在《与严暑州论蜀啯噜第一书》《与严暑州论蜀啯噜第二书》两文中具体提出通过清甲、清窝、捕役等方法对啯噜除根清源。在他看来："清甲为清匪之源，清窝为清甲之根，窝线既清，捕役又防，斯根株可尽也。"⑥ 乾隆四十六年十二

---

① 王澈：《乾隆四十六年清政府镇压啯噜史料选编》（上），《历史档案》，1991年第1期。

② 邓之诚：《骨董琐记全编》，中华书局2008年版，第549—550页。

③ 李调元：《与严暑州论蜀啯噜第一书》，《童山文集》卷十，商务印书馆（出版时间不详），第129页。

④ 四川省档案馆：《清代巴县档案汇编·乾隆卷》，档案出版社1991年版，第106页。

⑤ 李调元：《与严暑州论蜀啯噜第一书》，《童山文集》卷十，商务印书馆（出版时间不详），第129页。

⑥ 李调元：《与严暑州论蜀啯噜第二书》，《童山文集》卷十，商务印书馆（出版时间不详），第132页。

月底，清政府颁发了从重惩治川省啯匪条例，其处罚分在场市抢劫与在野拦截两种情况："其在场市抢劫者凡五人以上，不论得财不得财，为首斩决枭示，在场加功者俱绞决，同谋未在场者，绞监候等语。其在旷野拦截，止二三人者，除实非死罪外，未经伤人犯，该徒罪以上，不分首从，俱发烟瘴充军。"① 由此可见清政府对啯噜惩治的严厉，但严厉惩治并没能根绝啯噜，这一社会痼疾让清廷坐立难安，一直到道光年间啯噜还十分猖獗。道光二十七年（1847）六月，张集馨亲见当时蜀地啯匪情状："地方啯匪横行，杀人于市，掳抢勒索之案，无日无之，逼近省城，肆无忌惮。前任宝相诸事废弛，而于地方工事，莫不留心，遂至蜀中材官，亦皆通匪；一经缉捕，盗亦先知，养痈贻害者，不止一年，甚至行香拜庙，非以重兵围护，不敢出蜀。"② 由此可见啯噜的疯狂嚣张状态。张集馨在写给皇帝的奏章中指出："查蜀省五方杂处，民气素浮，讼狱繁滋，甲于海内；加以啯匪窜伏，扰害闾阎，治蜀宜严，自应力求整顿。"③

由以上官方奏折、官方文书可看出近代巴蜀啯噜发展的情状。严格说，啯噜还只是巴蜀异姓结拜较为松散的游民组织，还没有形成严密成熟的帮会组织，但其威力已经突显，他们对清主流社会构成了潜在威胁，更对巴蜀一般民众生活造成严重损害，负面影响极大。啯噜是巴蜀袍哥形成的重要来源之一，清政府对啯噜的镇压打击非常严厉、残酷，这进一步促使他们采取隐秘策略，并吸取天地会、白莲教、青莲教等江湖隐秘组织的制度、组织形式，巴蜀袍哥组织开始兴起并逐渐壮大。

李蓝起义是民间势力的突出表现，对巴蜀袍哥的进一步发展壮大有重要推动作用。清咸丰九年（1859）秋，云南大关县李永和、蓝朝鼎在牛皮寨（今云南盐津县地）歃血为盟，聚众起义，其起义采用了哥老会结盟方式。艾小惠在《新史学通讯》（1956 年 4 月号）上著文指出："蓝朝鼎遂通过哥老会的关系，与李永和联合，号召烟帮人员到云南永善开山堂（哥老聚义仪式），聚众起义。"④ 起义军定名顺天军，提出"不交租，不纳粮，不出苛捐杂税"的口号而顺应民心，深得劳苦大众的响应，转战六省，影响全国。李蓝起义历时六年多，占领四川四十多个州县，对当时四川影响极大，尤其是深得巴蜀袍哥的积极响应，从者如云。当时四川民间流行这样的民谣："要想吃饱饭，跟着李短

---

① 四川省档案馆：《清代巴县档案汇编·乾隆卷》，档案出版社 1991 年版，第 106 页。
② 张集馨：《道咸宦海见闻录》，中华书局 1981 年版，第 91 页。
③ 张集馨：《道咸宦海见闻录》，中华书局 1981 年版，第 90—91 页。
④ 胡汉生：《李蓝起义史稿》，重庆出版社 1983 年版，第 19 页。

觖觖干！"下层民众"自发的就地组织成哥老会山头，与李蓝起义军互通生气，使四川袍哥进入一个活跃期"①。李蓝起义对巴蜀袍哥的发展有巨大推动作用，在此之前，巴蜀袍哥（啯噜）完全处于被查禁被追捕被镇压的被动挨打的局势，李蓝起义开启了公开与清廷对着干的先河，显示了袍哥势力对清主流社会的打击力量与破坏力量。正如有学者指出："轰轰烈烈的李蓝起义开了哥老会起义的先河，对四川哥老会的发展起了很大的示范和推动作用。"②

巴蜀近代打洋教运动是民间势力的又一次强烈显现，对清代社会及西方势力有重要打击作用，对巴蜀袍哥的发展壮大亦有重要推动作用。西方宗教进入近代中国引发的"教案"冲突较为复杂，有外来文化与本土文化的冲突，也有强烈的意识形态性，尤其是其传教常与政治军事的入侵相联系。在巴蜀近代史上，"打洋教"运动是重要的历史事件，有资料反映："近代史上教案发生次数之多和规模之大，若按省份而论，以四川省为最。"③洋教自进入中国即形成一股重要力量，并与当时民间帮会组织发生冲突。黄应乾指出："自基督教传入后，利玛窦汤若望相继来华，耶稣始有系统之宣传，但未成显著的力量。……及北京南京两条约成西南评论立，予耶教以传教自由，耶教教士，得到政治上的保障，便无恶不作。当时，教会的黑暗，仪式的不同，教徒之纵横，牧师之跋扈，沟通官府，包庇诉讼，往往予城乡居民，以极不满意的印象，而发生排外思想。"④清代发生在巴蜀的教案主要有西阳教案、重庆教案、大足教案及成都教案等，而教案多系哥老会暗中发动。清光绪十一年（1885）在长江中下游发生声势浩大的反洋教斗争，其领导人之一李洪（原名李显谋）系哥老会成员。清朝官员薛福成在《分别教案治本治标之记疏》中指出，秘密会社是骚乱的根本原因，他在《处置哥老会匪片》中进一步指出："此次焚毁教堂、殴毙教士、传闻系哥老会匪散布揭帖，激发众怒，事起则帅党纵火，事毕则潜踪四散。"⑤

近代巴蜀是发生教案较多的地域，且教案的发生多与巴蜀袍哥有重要关系。在这些教案中影响最大的是大足教案，其策源地为大足龙水镇。据资料反映，该镇哥老会很有势力，仁、义、礼、智各有自己的堂口，是龙水镇重要的社会力量。"一绅二粮三袍哥，外搭福音教"是当时龙水镇几股有势力的社会

①　王纯五：《袍哥探秘》，巴蜀书社1993年版，第82页。
②　刘延刚等：《四川袍哥史稿》，四川教育出版社2015年版，第111页。
③　夏春涛：《教案史话》，社会科学文献出版社2000年版，第120页。
④　黄应乾：《哥老会之客观的研究》（中），《民族魂》1934年第1卷第4期。
⑤　王纯五：《袍哥探秘》，巴蜀书社1993年版，第94页。

力量。① 据当时社会情况，绅粮多为"仁"字堂袍哥。因此，以上力量可归为袍哥与教会的力量，他们在龙水镇明争暗斗，经常发生冲突。《民国重修大足县志·仇教记》："余栋臣、余翠屏、余海坪、唐翠屏、李昌儒、李玉亭者，哥老会魁桀也。于是投袂而起，以灭教相号召。"② 在这次反洋教斗争中，余栋臣是突出代表，法国传教士华芳济曾被余栋臣起义军俘获。其回忆录《被掳记》叙及，大足龙水镇有天主教堂一座，"适在二庙之间，规模颇大，峙立于鲁灵光，哥老会党见之甚为嫉忌，欲焚毁之而甘心，即推余栋臣倡首，乘六月赛会之期，余振臂一呼，众人响应，将教堂付之一炬。"③ 成都教案中，参与的巴蜀袍哥亦不在少数。成都教案发生后，法国公使施阿兰向清政府开列了一份要求惩办打教群众的名单，其中有会党首领倪四帽顶、古帽顶、赵老帽顶、谭九帽顶等人。④ 由此可见，成都教案亦与袍哥有重要关联。

无论是巴蜀啯噜问题、李蓝起义，还是打洋教运动，均显示了袍哥的威力，这对清主流社会，及巴蜀民众生活都产生了极大影响，并对巴蜀袍哥的发展有巨大推动作用。袍哥在清末有了进一步发展与壮大。宣统元年（1909）十二月十九，《职员王朝钺为垦委行营查灭四川会党码头事致总督禀》："窃四川会党之风甲于天下，而拉搕抢劫之匪即出于会党之中。一朝犯案，悬赏通缉，又恃有当公之会党包庇调停，羽翼遍川，实难惩治。擒其渠者，而小者又大，犁木未坏，弯树重生，诛不胜诛，良可浩叹。查川省会党以西南为最，东北次之，各属乡场市镇，均有西会、成会、四义会、大义会、少英会等名目，各有码头，各有公口名片、大小图章，其掌管者为坐堂大爷。每一码头有五牌管事三四名、七八名不等，专司公项钱财，迎送宾客各事。"⑤ 清末辛亥保路运动前夕巴蜀袍哥的繁盛情况由此可见。事实上，到清末，巴蜀袍哥这一隐秘的江湖帮会组织已经成为半公开的江湖民间组织。⑥

二、袍哥民间势力与民国巴蜀社会

四川保路运动是近现代巴蜀的重要历史事件。此次保路风潮波澜壮阔，将四川各阶层自上而下卷入其中，巴蜀袍哥即是这次重要历史事件的积极参与

---

① 王纯五：《袍哥探秘》，巴蜀书社 1993 年版，第 96 页。
② 王纯五：《袍哥探秘》，巴蜀书社 1993 年版，第 96 页。
③ 王纯五：《袍哥探秘》，巴蜀书社 1993 年版，第 96 页。
④ 参见钟钢等：《1895 年"成都教案"简述》，《四川文物》1992 年第 4 期。
⑤ 中国第一历史档案馆等：《辛亥革命前十年间民变档案史料》下册，中华书局 1985 年版，第 792—793 页。
⑥ 参见四川省地方志编纂委员会：《四川省志·民俗志》，四川人民出版社 2000 年版。

者。在四川保路风潮中，巴蜀袍哥是贯穿始终的重要力量。保路同志会成立之初，立宪派鉴于四川袍哥的势力很大，"在各地建立保路同志会分会时，便利用当地袍哥的码头，把群众吸引到同志会中来"①。四川保路协会领导人罗纶是袍哥"大汉公"掌旗大爷。其父罗绍周，为人任侠尚义，轻财薄物，常济人之难，解人之厄，见善区术，不分贫富，均为医治，为乡人所称颂，是川北一带多年的老舵把子，在地方上有"小孟尝"之称。因此，罗纶在各地袍哥的舵把子中有很大的号召力量，这使袍哥在各地同志会分会的建立中发挥了重要作用。② 正是大量袍哥的加入，让保路同志会在各地迅猛发展，并成为推翻清政府的重要力量。

在四川保路运动中，相对于立宪派而言，革命党人更是充分利用袍哥力量。这与孙中山在革命初期即重视会党力量进行革命有关。在四川籍同盟会会员的努力下，他们曾先后邀集袍哥首领佘英、张树三、张百祥等去日本东京面见孙中山，共谋革命大计。川南袍哥首领佘英加入同盟会，并任西南大都督。随后，佘英以袍哥大爷的身份，介绍熊克武等同盟会员加入袍哥。③ 革命党人一方面让同盟会员加入袍哥，而另一方面则让袍哥加入同盟会，同盟会与袍哥的联盟是保路运动中革命党利用袍哥力量的潜在基础。四川保路运动中，袍哥首领秦载赓、张达三、张捷先、罗子舟等也是同盟会员，其他袍哥首领侯宝斋④、吴庆熙、侯国治、孙泽沛、胡朗和、胡重义等，均与同盟会有重要关系，他们作为保路同志会首领均与革命党的影响与发动脱不开关系。1911 年 8 月 4 日，革命党人龙鸣剑及各路袍哥首领秦载赓、罗子舟等到资中罗泉井召开"攒堂大会"⑤，这是巴蜀袍哥史与巴蜀近现代史上一次意义重大的会议。会议的主题为探查敌情、交换情报、枪弹来源、粮饷问题等，并做出将同志会改组为同志军及确定起义时间等决策，这标志着保路运动突破原来文明争路的方式，而代之以武装斗争，袍哥成为推翻清政府的

---

① 欧阳恩良：《西南袍哥与辛亥革命》，中国致公出版社 2011 年版，第 169 页。

② 欧阳恩良：《西南袍哥与辛亥革命》，中国致公出版社 2011 年版，第 166—169 页。

③ 王纯五：《袍哥探秘》，巴蜀书社 1993 年版，第 103—106 页。

④ 侯宝斋（1851—1911），名帮富，生于清咸丰元年（1851），祖居新津花园乡罗家场，世代务农，青年时迁居新津县城外西街。为谋生计，曾走南闯北，贩私盐，背桐油，漂放木材。后担任县衙捕快班头，并参加新津县城袍哥组织"新西公"，后被推为龙头大爷，以及新津袍哥总舵把子。作为巴蜀近代史上著名的袍哥人物，一般史籍记载多将他名字写为侯宝斋，但一些书籍，由于音传口误等原因，包括李劼人的小说，多将他的名字写为侯保斋。为顾及学术的严谨性，本书在对其进行具体的历史叙述时，写为侯宝斋；而在引用他人书籍，特别是李劼人的小说时，均以原文为依据，写为侯保斋，特此说明。

⑤ 金冲及等：《辛亥革命史稿》第三卷，上海人民出版社 1991 年版，第 64—65 页。

重要力量。

　　1911 年 9 月 7 日，成都血案发生，龙鸣剑等革命党人借府河秋汛以"水电报"的形式将成都保路领导人的处境以及赵尔丰制造成都血案等消息传向四川各地，各地保路同志军闻风而动，促成了保路运动的武装起义。就在成都血案发生的第二天，以袍哥为主要力量的保路同志军在成都周围形成围困之势。最早率领袍哥抵达成都的是华阳的秦载赓。据资料反映，秦载赓少时即从祖父学武操拳，同三弟秦省三等人闻鸡起舞，挑灯试剑。因秦载赓英勇机智，不畏官府，豪侠仗义，当地袍哥组织"安吉团"推举他为龙头大爷。因他带人防匪防盗，名声大噪，上自中和场，下至籍田铺，"安吉团"参加者数万之众，形成一支可以对抗官府的民间武装力量，时人尊他为"秦大帅"。1909 年春，龙鸣剑介绍秦载赓加入同盟会，兼并仁寿县煎茶溪仁字号"文明公"而取得总舵把子的地位，先后结识成都附近各地袍哥大爷。保路运动兴起，他被推为华阳保路同志会会长，并将"安吉团"更名为同志军。[①] 成都血案发生后，秦载赓集民军千余人，冒着滂沱大雨，一路高呼"打倒赵尔丰！"直逼成都东门，并用袍哥"十万火急鸡毛文书"号召全川各地哥老会组织同志军开赴成都救援。9 月 8 日凌晨，秦载赓所率同志军与赵尔丰的巡防军在成都东门外牛市口交战，打响了保路运动武装起义的第一枪。9 月 10 日，各路同志军开来，秦载赓一一部署，连营四十余里，将成都东南方围困。[②]

　　在四川保路运动中，侯宝斋是著名的袍哥人物。继秦载赓率同志军进攻成都，并在新津争夺战中起重要作用的就是侯宝斋。[③] 他是巴蜀袍哥在四川保路运动中起作用的典型代表。据《新津县志》记载，侯宝斋任侠尚义，轻财重施，"凡告贷者，无论亲疏，多倾囊相助"，常为人"排难解纷，劳怨弗避"，因而声名鹊起，被推为"新西公"龙头大爷，并与邻近州县袍哥头面人物时相往来，声息相通。1904 年，侯宝斋被公推为新津"九成团体"总舵把子，成为新津袍哥的最高首领。[④] 四川保路运动发生后，侯宝斋在同盟会员陈文清等人的帮助下，成立川南保路同志会，并任会长。资中罗泉井"攒堂大会"时，他被推举主持川南起义准备工作。成都血案发生后，侯宝斋当晚抱病率同志军 3000 余人，冒雨向成都进军。次日，在双流与向迪璋所率同志军会师，进军

---

① 王纯五：《袍哥探秘》，巴蜀书社 1993 年版，第 108 页。
② 王纯五：《袍哥探秘》，巴蜀书社 1993 年版，第 110—111 页。
③ 金冲及等：《辛亥革命史稿》第三卷，上海人民出版社 1991 年版，第 27 页。
④ 四川省新津县志编纂委员会：《新津县志》，四川人民出版社 1989 年版，第 1024 页。

红牌楼，与各路同志军对成都形成合围之势。①

秦载赓、侯宝斋进攻成都南边时，西北边的张捷先、张达三等也对成都发起了攻击。张捷先，灌县崇义乡人，该乡哥老素盛，早年即随宋书丞参加袍哥。1902 年曾以哥老为主力攻打法国天主教堂。1908 年 5 月由杨靖中介绍加入同盟会，联合张达三、杨靖中等发起成立"汉流改良自治会"，数月之间，加入者达万人。②成都血案发生后，张捷先星夜率同志军开赴郫县新场，与灌县、郫县、彭县、崇宁的袍哥大爷齐集新场组成西路同志军，推张捷先为大总统，下设五路军，另外还包括蒋淳风所带领的 500 多名学生军。各路军分别在犀浦、崇宁、灌县与清军交战。③罗子舟，雅安上坝乡人，"尚武术，尤精于少林拳法，与人角力，三、五人不能敌"，后"结纳江湖，从事袍哥活动，因罗武功过人，好打抱不平，不畏权势，其长兄又系廪生，在乡里有人望，遂逐渐形成为雅安义字旗袍哥领袖，闻名于嘉定、雅安两府"。9 月 13 日，罗子舟集合雅安附近同志军，9 月 17 日，开始围攻雅安城，全军极盛时达 2 万人，共推罗子舟为川南同志军水陆全军统领。④当时成都被同志军围困，赵尔丰期望川滇边务大臣傅华封带兵支援成都，但傅却被罗子舟等领导的同志军困于雅安、荥经一带，特别是荥经大相岭战役阻滞了傅华封带兵支援成都，这改变了当时保路运动的情势。

以上是发生在近代巴蜀的重要历史事件——保路运动的大致历史过程，以及巴蜀袍哥参与这一历史事件的大致情况。保路运动充分显示了袍哥的威力。在这次运动中，巴蜀袍哥成为保路运动中打击清政府的主要力量，保路运动发生时有人向盛宣怀报告："川省向有哥老会匪，党羽甚众，历经大吏惩治，近年多已敛迹。乃因此次各州县协会一开，一般会匪死灰复燃，争赴协会书名。"⑤四川总督赵尔丰对大量袍哥卷入保路运动最感头疼："同志会召附近党羽围攻省城。各分会响应。哥老会与同志会互相表里，蜂起屯聚，民匪混杂。"⑥李劼人的小说《大波》中有一细节，当赵尔丰被围困于成都，问及他的儿子与手下同志军首领名单，单子上开具的名字：在郫县、灌县、崇宁县、

---

　　① 四川省新津县志编纂委员会：《新津县志》，四川人民出版社 1989 年版，第 1025 页。

　　② 王纯五：《袍哥探秘》，巴蜀书社 1993 年版，第 118 页。

　　③ 参见王纯五：《袍哥探秘》，巴蜀书社 1993 年版。

　　④ 参见金冲及等：《辛亥革命史稿》第三卷，上海人民出版社 1991 年版。

　　⑤《周祖佑致盛宣怀函》，转引自金冲及等：《辛亥革命史稿》第三卷，上海人民出版社 1991 年版，第 25 页。

　　⑥ 隗瀛涛：《四川保路运动史》，转引自金冲及等：《辛亥革命史稿》第三卷，上海人民出版社 1991 年版，第 25—26 页。

彭县有张尊、张捷先、张熙、姚宝山、刘荫西、杨靖中；在崇庆州有孙泽沛、周朴斋；在温江县有吴庆熙（吴二大王）、李树勋、冯时雨；在绵竹县有侯国治；在成都、华阳两县有卓笨、秦载赓；在双流县有向迪璋；在仁寿有王子哲、丘志云；在彭山县有方卿、田华山；在眉州有赵子和；在荣县、威远有王天杰、王少南。① 名单中的人多为袍哥大爷，比如孙泽沛、吴庆熙、侯国治等。有的既是袍哥大爷，也参加了同盟会，比如张捷先、张尊等，有的则直接是革命党，比如王天杰等，由此可见袍哥与革命党对赵尔丰及清政府的威胁。在四川保路运动中，除以上袍哥人物外，策应起义的还有四川大竹观音乡孝义会舵把子李绍伊，四川高县罗场袍哥舵把子罗选青，以及大邑县的女袍哥王三大娘②，新津女袍哥苏二娘，以及少数民族袍哥索代兴、索代庚兄弟，等等。

四川保路运动是巴蜀近现代史上重要的政治事件，它推动了武昌起义与辛亥革命的大爆发，并促进各地的独立。巴蜀袍哥在其中有着重要的作用，且多为这一历史事件亲历者。但他们并非以功自傲，而是功成身退，对此有文章指出：

> 哥老会虽有沦为匪团者，其忠义任侠之风，初未泯灭，辛亥革命时之保路同志军，即其显例。彼辈皆上南一带之袍哥团体，初未接受任何人之劝诱勉励，一闻成都褚绅，因争路为都督府逮捕，即发挥其世守之任侠美德，揭竿而起，围攻成都，以武力营救，苦战踰年，牺牲者不下十余万人。战地远达康定，泸定，汉源，雅州等处。卒将赴救赵尔丰之边军克夫，四川政府推翻。为革命各军中，别开生面。尤可异者，汉军政府建立以后，除少数留任军职外，多数首领，乃于功成之后，自行退回田里，从事平民职业，不自居功。就余所知，如雅州罗子舟，汉源羊仁安，茂汶杨卓之（后在瓦斯沟行医）皆是。可知其当时挥剑长呼出死入生之烈迹，纯由义侠心理所冲动，毫无利禄观念杂其间，此其人格，视冯异介之推均有过之。余所不知，如此类者，尚不知凡几。③

中华民国成立后，巴蜀袍哥发生了很大变化。保路运动后，重庆独立而成立蜀军政府，成都也宣告独立，成立大汉四川军政府。这在巴蜀袍哥发展史上

① 参见李劼人：《大波》（重写本·中），《李劼人全集》第四卷，四川文艺出版社2011年版。
② 四川大邑县灌口鲜家营袍哥玉成公舵把子王泽源之妻，本姓杜，随夫姓名王杜氏，因王泽源排行第三，所以人们称王三大娘。她为人正直有胆识，能扶弱抑强，其夫去世后，大家推举她为玉成公舵把子。参见刘延刚等：《四川袍哥史稿》，四川教育出版社2015年版。
③ 任乃强：《哥老会之策源地——雅州》，《新西康》1946年第4卷第5、6期。

无疑是重要的分水岭，巴蜀袍哥这一隐秘的帮会组织逐步公开化、合法化，并逐渐渗透到巴蜀政治、军事、经济、文化等各个阶层，成为主宰巴蜀社会的重要力量。就政治而言，重庆蜀军政府以重庆仁义两堂袍哥为基本力量而成立；在成都，尹昌衡在平息东校场兵变后，被推为大汉四川军政府都督，创设四川袍哥总社"大汉公"，自认总舵把子。跟随尹昌衡平息兵变的周俊被推举为军政府军务部长，当尹昌衡创立四川袍哥总社"大汉公"时，周俊创立了四川第二大袍哥组织"大陆公"，自认总舵把子。[①] 于是，当时四川军政府被指斥为"哥老政府"。整个巴蜀，上行下效，一时成为袍哥王国。有关这一情状，李劼人的小说《大波》中有形象叙述。刘师亮的《汉留全史》叙及："四川保路事起，我汉留在川省内十六属，外十六属，纷纷组织同志会，声势浩大，震惊全国。……民国元年，送四川都督尹昌衡出山，即以各属同志会大联合，总称兴汉公光复会。"[②] 他还指出："各省汉留之盛，莫过于四川，及保路事起，即四川省会一区，仁字旗公口。至三百七十四道之多；礼仪两堂不兴焉。至如乡区各堡，与夫临路之幺店，靡不设有公口，招待往来者，日不暇给。"[③] 另有资料："在反正之后二三年（民国元二年）其组织在川中极普遍，其纪律亦森严，凡文人学士，缙绅父老，莫不争先加入，几有不做袍哥即不是脚色之概。举凡都督道尹县知事师旅团营长，均为袍哥中重要人物，以故当时之袍哥，已浸浸成为社会之重要团体。"[④] 由此可见当时巴蜀袍哥的繁盛情状。

辛亥革命后，巴蜀袍哥发展壮大，这对政府无疑是一种严重威胁，政府曾几次查禁巴蜀袍哥。辛亥革命后，袁世凯专权，即发查禁哥老会令。1914 年 1月 9 日，国务总理熊希龄、内务总长朱启钤颁发《大总统令：严禁哥老会匪》，督促全国查禁哥老会。[⑤] 当时都督尹昌衡亦致电，为剿平哥老会匪事发文：

　　北京大总统参议院，各省都督鉴，川省哥老会向称难治，变后益繁，迭经严饬军队分别拏办，此风稍杀。余匪栋娟绰号蹋子，在前清倡乱，屡烦兵力仅予监禁，上年十月十八之变乘乱逸脱不知悛悔，仍在大足县鱼口坳云台寺一带啸聚数千人，到处焚劫自称亡清忠勇将军，禁剪发辫，倡免税厘，无知愚民多被煽惑。永川铜梁荣昌等处被其扰动，行旅梗阻，曾经电饬驻渝第一师长周骏相机剿抚，兹据报告十九二十两日，亲率步队口连

---

① 参见刘延刚等：《四川袍哥史稿》，四川教育出版社 2015 年版。
② 李耘夫：《汉留全史》，星星书报杂志社 1938 年版，第 6—7 页。
③ 李耘夫：《汉留全史》，星星书报杂志社 1938 年版，第 19—20 页。
④ 《川康边之哥老会：晞云楼随笔》，《上海洪声》1948 年第 2 卷第 6 期。
⑤ 熊希龄等：《大总统令：严禁哥老会匪》，《政府公报分类汇编》1915 年第 37 期。

扼要截击，分道兜拏生擒数十人，并将余匪及其悍党邓海林擒获，讯明供认不讳，当即正法，余匪溃散，因胁之民分别保释，仍派兵分扎要隘，以清余孽。地方一律安堵东路，遂通知关厘注，特以奉闻四川都督尹昌衡张培爵叩寝印。[①]

在这次禁令中，西路保路同志军大总统张捷先被杀害。[②] 1929 年，成都市政府出台禁止哥老会公告："本市区内，五方杂处，流氓匪徒最易混迹。近据密报，有扬言举办神会阴行，开山立堂，烧香结盟成立哥老会者，对于本市安宁，秩序妨害殊大，本府为先事预防计，持严令禁止并令公安局严饬所属各区署，厉行查禁，凡庙宇与夫僻静地方与办神会或突有多数人出入，其情状可疑者加意严查，以免发生意外。"[③] 1936 年颁发《行营严令解散川西各县哥老会》："川西各县哥老会，啸聚流氓游民，勾结匪类好人，包赆取肥，把持政务，造成封建局面，各场镇自立码头，美其名曰某公社，屡经查禁，而各县哥老会，行动不稍敛迹，各县之土匪，履剿亦难断绝。行营以该会为土匪之集团，电令各县府，严密调查，勒令解散，并剀切布告，速早回头云。"[④] 之后四川省政府也颁发取缔哥老会令："省府奉行营令，以哥老会袍哥等会，在川势力颇广、流弊亦大，特订定四川省惩治哥老会取缔结社暂行条例，期作有效之制止，省府已转令各县政遵照。"[⑤] 该令由七条例构成，下发至四川各级地方政府。

以上查禁哥老会的条例虽经颁布，但效果甚微，巴蜀袍哥反而得到前所未有的发展。辛亥革命后，袍哥反清政治宗旨已不存在。袍哥本身的香规礼节放松，入会手续从简，致使大量投机者及寻求保护者加入，巴蜀袍哥得到前所未有的发展。在护国战争等各次战役中，四川革命党人纷纷利用袍哥力量，收编袍哥加入军队，时称"拖滩招安"。巴蜀著名袍哥范绍增、杨春芳、陈兰亭、何鼎臣、郑慕周、石青阳、覃筱楼、羊仁安等，就是在这一背景下成为军阀的。[⑥] 抗战爆发后，长江中下游的"洪门""青帮"入川，各帮派组织相互竞争，严格的礼仪规约逐渐废止，这时军政人员、党派头目、社团首脑、乡保

① 《四川尹都督电：为剿平哥老会匪事》，《江苏省公报》1912 年第 12 期。

② 1913 年 10 月 16 日，胡景伊以"私通熊逆，放走张尊，扰乱西川，图谋不轨"的罪名，杀害张捷先于成都皇城求贤坊下。参见刘延刚等：《四川袍哥史稿》，四川教育出版社 2015 年版，第 178 页。

③ 《禁成立哥老会》，《成都市市政公报》1929 年第 11 期。

④ 《行营严令解散川西各县哥老会》，《四川月报》1936 年第 8 卷第 5 期。

⑤ 《省府取缔哥老会》，《四川月报》1936 年第 9 卷第 4 期。

⑥ 四川省地方志编纂委员会：《四川省志·民俗志》，四川人民出版社 2000 年版，第 320 页。

长、富商士绅、教育文化人士及地痞无赖等纷纷组建堂口，并借袍哥势力自重。① 1935 年，《四川月报》刊载了《哥老会组织一瞥》一文，该文叙及川滇黔袍哥总会"三省总督部堂"舵把子何升高之情状：

> 何久占江湖，一部花白胡子，满脸口刀疤，穿有黑绸襟衣，拖着一双倒跟鞋，手里握着两颗铁蛋子。开口"妈的"，闭口"龟子"，听来多么的无赖，多么的义侠。开堂口的要向他领取海底公文，起码孝敬三五六元，他才给你盖着瓢儿般大的印符公文呢。平时在匪那里他可以分赃，赌场那里他可以分头资。走进茶酒馆，在帮的每人敬一壶茶，四碟菜。何大爷一律干折了，月尾向老板结账。真是所入不菲。他半年派人视察帮务。叫做"持榜下山"。他自己去叫巡阅，那时各码头恭迎恭送，真是威风十足，磨费不少！但何大爷不是容易出来的。出来一次起码有几个人要戴红帽子呢。何大爷有只小小的红令旗，假如滚了出去，三五万人马上可以集中，听他调遣，谁和他作对，那半步也难逃出去。反过来说，要和他有感情呢，那么出处可以得到盛意的招待，犯了死罪，他也敢包庇，被抢被盗，原物可以立刻追回。何大爷在西南的权力怎样，可以想像了。②

据估算，至民国中期，四川城乡成年男子参加袍哥者比例高达 70％—80％。③ 1934—1941 年间，宜宾地区的袍哥人数在城镇中约占成年男性 90％左右，乡村中约占 70％。④ 到抗日战争后期，四川的城市乡镇，无地不有袍哥组织。据统计，当时在省会成都有袍哥组织 1050 余社，其中以友谊联欢社、邻联社为最大，友谊社下辖 270 余社。重庆有袍哥组织 590 余社，重庆各堂袍哥人数为 11.6 万人，其中女袍哥 1400 余人。⑤ 抗日战争胜利后，袍哥组织更得到前所未有的发展，袍哥势力渗透于国民党政权。1945 年秋，国民政府"选举"基层政权及"国大"代表，选举活动几乎为当地袍哥垄断。⑥ 有文章披露重庆第一届参议员竞选，有四五十人均为袍界领袖。而有些普通候选人本不是袍界人物，为了竞选成功而临时要求参加袍哥组织，还有一些人"平日自命清高，看不起袍哥，到了此时，以千万元之代价，要想入门拜某堂社，请求

---

① 参见四川省地方志编纂委员会：《四川省志·民俗志》，四川人民出版社 2000 年版。

② 《哥老会组织一瞥》，《四川月报》1935 年第 7 卷第 6 期。

③ 参见四川省地方志编纂委员会：《四川省志·民俗志》，四川人民出版社 2000 年版。

④ 参见《宜宾袍哥组织概况》，参见四川省地方志编纂委员会：《四川省志·民俗志》，四川人民出版社 2000 年版。

⑤ 参见四川省地方志编纂委员会：《四川省志·民俗志》，四川人民出版社 2000 年版。

⑥ 参见四川省地方志编纂委员会：《四川省志·民俗志》，四川人民出版社 2000 年版。

支援其竞选"①。另有文章亦披露重庆参议员选举情况："重庆参议员的竞选人物差不多都是袍界人物。他们以仁义礼智信分辈，仁字辈都是大亨，计有田得胜，石孝先，唐绍武，冯十字，张腾蛟，潘溯初，潘纯蝦，张永隆，杨巨卿……等二十余人，都是社会闻人也。"② 到民国后期，袍哥已成各地方势力的政治工具。一些以地痞恶棍、惯匪为主体的"浑水"袍哥则欺压善良、鱼肉百姓，成为地方公害。③ 新中国成立后，袍哥作为反动帮会组织被取缔。

民国时期，袍哥势力向社会各阶层渗透，对社会各阶层实施控制与影响，这成为民国巴蜀社会的客观情状。巴蜀现当代作家李劼人、郭沫若、沙汀、阳翰笙、马识途、魏明伦等，他们都曾生活在这样的环境中，李劼人、郭沫若甚至亲身经历保路运动这样重要的历史事件，因此，近现代发生的袍哥相关的历史事件，以及作家亲身经历的袍哥人事，自然成为巴蜀现当代作家李劼人、沙汀、阳翰笙、马识途、魏明伦等人进行文学创作的重要素材。

---

① 张三：《重庆的参议员》，《星光》1946 年第 3 期。

② 妍：《什么是"袍哥"》，《海滨》1946 年第 1 期。

③ 参见四川省地方志编纂委员会：《四川省志·民俗志》，四川人民出版社 2000 年版。

第二章　袍哥文化及其精神特质

近现代巴蜀，袍哥十分兴盛，这形成重要的袍哥文化现象，并逐渐演化为袍哥文化的精神特质，影响着巴蜀近现代社会，直至今天还能感觉其影响力、生命力。袍哥文化及其精神特质是影响巴蜀近现代社会的重要因素，也是影响巴蜀现当代作家及其文学创作的重要因素。要具体探讨袍哥文化与巴蜀现当代文学书写，袍哥文化及其精神特质是重要的突破口。袍哥文化及其精神特质与巴蜀文化联系紧密，袍哥文化在其形成与发展过程中与巴蜀文化相融合、相交汇，成为巴蜀文化的重要组成部分，尤其是袍哥文化的精神特质与巴蜀文化精神更有契合与相通性，它们共同影响着巴蜀近现代社会，也影响着巴蜀现当代作家及其文学书写。

第一节　袍哥文化系统与袍哥文化的精神特质

正如前面论及，袍哥文化归属于江湖文化，它是江湖帮派文化在巴蜀的地域表现。一种影响广泛的文化系统的形成有赖于其自身的强健的基质与活力，更有赖于该文化生长发展的社会土壤与空气。袍哥文化在巴蜀近现代社会形成一种强势文化，其影响广泛而深远，而其文化性格与精神特质渗透于巴蜀文化中，影响着巴蜀民众，至今仍有生命力、影响力。

一、袍哥称谓缘由与袍哥文化系统

在论述袍哥文化之前，有必要梳理袍哥称谓的缘由。袍哥是近现代以来，巴蜀民间秘密帮会组织哥老会的成员的简称。有资料指出："袍哥者，哥老会在长江上游之名称，效刘备关羽张飞结异姓兄弟，共赋同袍之意也。"① 这里的长江上游主要指巴蜀地域范围。忒奥在《活跃于四川的哥老会》一文中指

---

① 《川康边之哥老会：晞云楼随笔》，《上海洪声》1948 年第 2 卷第 6 期。

出，"哥老会的会员，对外称'袍哥'，对内称'弟兄'"①，哥老会成员在巴蜀称为袍哥，在巴蜀之外的其他地方称为哥老会。袍哥文化属江湖帮派文化，具有浓厚的江湖文化色彩。由于巴蜀独特的自然环境与历史人文环境，袍哥文化与巴蜀文化有着重要的精神关联与契合之处，且袍哥文化在其发展过程中已成为巴蜀文化的组成部分。为何在巴蜀称为袍哥，而在其他地方称为哥老会？作为江湖隐秘帮派组织的哥老会在与巴蜀独特自然环境与历史人文环境交融发展的过程中，既有江湖隐秘帮会组织哥老会的一般属性，也存在与哥老会有一定地域差异的独特属性，最为明显的表现是称谓上发生了改变。相对于哥老会而言，巴蜀袍哥尤其强调异姓兄弟哥们义气，即异姓兄弟情谊。就其字面含义而言，"袍哥"是指"着同袍的哥弟"之意，意即兄弟之间应有衣同穿，有饭同吃，有福同享，有难同当。这种"着同袍"的兄弟情谊正为"异姓兄弟"袍哥所推崇，刘师亮说，"何谓'袍哥'，诗经云：'岂曰无衣，与子同袍。'言其同一袍色之哥弟也"，并说世间流传的"你穿红来我穿红，大家服色一般同，你穿黑来我穿黑，咱们都是一个色"即是该种含义。②另有人说："什么叫做'袍哥'？按即所谓同袍之哥弟，诗经上所谓：'岂曰无衣，与子同袍'。"③因此，袍哥得名于《诗经》"与子同袍"之说最为普遍。另外较通行的说法是与刘、关、张"桃园三结义"的兄弟情义有关，尤其是关羽获曹操赠"新袍"而不忘大哥刘备赐予的"旧袍"之说，这是巴蜀袍哥敬奉关羽为主神的重要原因。有人指出："四川人之称'袍哥'以异姓如同袍，见面称哥弟，与哥老之名称，同一平等意义。惟袍哥则加'袍'字，比哥老作进一步的亲热团结。"④由此可见袍哥着眼于异姓兄弟情义的独特性，这是巴蜀将哥老会成员特称为袍哥的重要原因。此外，袍哥还有"汉留""皮""袍皮闹""光棍"等称谓。"汉留"有"汉之遗留"之意，又称"汉刘"，其含义与刘关张"桃园三结义"有关。其中的"皮"，有如下之含义："皮者，人皮之谓也，即云，人须有人的资格，乃可与人做异姓的弟兄。"袍哥内部互称为"光棍"，主要有如下之含义："光棍者，光明正直之谓也，即云光明如'光'，正直如'棍'。"⑤可见，巴蜀"袍哥"的称谓显示了其注重江湖义气的一般属性，以及强调异姓兄弟情谊的独特性，而"汉留""皮""袍皮闹""光棍"等称谓，则显示出其民族性、革

① 忒奥：《活跃于四川的哥老会》，《民意》1941年第1卷第10期。
② 参见李耘夫：《汉留全史》，星星书报杂志社1938年版。
③ 金海如：《汉留组织之史的研究》，《文化批判》1936年第3卷第2期。
④ 卫大法师：《袍哥入门》，说文社1947年版，第5页。
⑤ 沙铁帆：《四川之哥老会》，《四川县训》1936年第3卷第6、7期。

命性的特性。

正如前面论及，袍哥源于清代巴蜀移民的"异姓结拜"，远离家乡的移民以"异姓结拜"的方式创造性地借鉴吸收了江湖隐秘组织如天地会（哥老会）、白莲教、青莲教、边钱会等的入会方式、组织结构、组织制度、交流语言等，与巴蜀文化、巴蜀民风民情、巴蜀方言等相融会，并与巴蜀不同时期社会环境相适应，向近现代主流社会各阶层渗透，最终形成势力强盛、影响深广的帮会组织。就这样，袍哥在发展过程中，也逐渐形成一套独特而复杂的江湖文化系统。为进一步探析袍哥文化这一复杂的文化系统，笔者依照其结构组成与表现形态，具体将袍哥文化系统划分为袍哥器物文化、袍哥制度文化、袍哥礼仪文化、袍哥语言文化、袍哥心理文化等，以下分别予以论析。

二、袍哥器物文化与袍哥制度文化

（一）袍哥器物文化

袍哥器物文化较为系统、繁杂。凡是与袍哥活动密切相关，诸如袍哥开山立堂、袍哥礼仪、袍哥腰牌凭证、袍哥秘密交流等相关的各种器物用品，均蕴含袍哥隐秘活动的独特内涵，称为袍哥器物文化。袍哥在形成初期由于与清主流社会相对立，常成为被打击的对象，有关袍哥的器物一般难以留存，但从有关袍哥文化的文献中可窥一斑。

开山立堂是袍哥活动的重要礼仪，从中可见独特的器物文化。袍哥开山立堂多仿效梁山泊忠义堂聚义的故事，开山立堂之地称为"忠义堂"，门称为"辕门"。"忠义堂"正中置龙头宝座，两旁分设虎豹皮交椅。香堂正中悬挂关公圣像，野草一束，白水一樽，信香三炷置于案前。①李子峰在《海底》中叙述"洪门"开山立堂有如下要求：室中供"五祖牌"，祀"关帝像"，在"忠义堂区"堂之中央，设各种神位，如"前五祖""后五祖"等，以及洪家已故会员或其他有关系者之神位。神座前设"高溪庙""九层塔"，置盛果实之器皿及香炉一座，香炉上刻"反清复明"四字，其余则置"官伞""七星刀""洪棍""七星剑"，以及"木杨城"之"木斗"等器物。案上置三牲，缚活公鸡一只于神桌下，以作"斩凤凰"仪式之用（如图2—1所示）。②以上会场布置蕴含浓厚的文化色彩，堂中供"五祖牌"，并设"前五祖""后五祖""郑君达"等神位，这与"洪门"起源有关系；祀"关帝像"是"洪门"精神信仰的反映，他

---

① 参见王纯五：《袍哥探秘》，巴蜀书社1993年版。
② 参见李子峰：《海底》，河北人民出版社1990年版。

们敬奉关羽义薄云天的精神；在案上置三牲，缚活公鸡一只，则是他们歃血为盟礼俗的反映。除以上设置外，还有其他器物，并具浓厚的文化象征色彩。案上置"算盘"，象征计算结义成功日期；置"洪灯"以辨忠奸真伪；置"尺"以量兄弟之行为等；置"秤"以权正义公道；置"镜"以照破一切忠奸善恶；置"桃枝"以显示昔日刘、关、张兄弟结义之意，等等。① 以上会场设置较为繁杂，随着时间的推移及环境的改变，开山立堂会场的布置已趋于简单，但关羽神像的供置、斩凤凰、烧"三把半香"、喝血酒等开山立堂礼仪习俗所需的器物则是其最基本的要求。

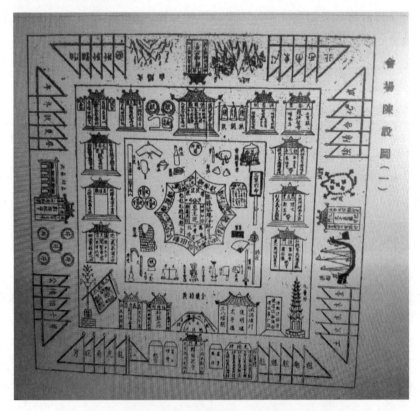

图 2-1　开山立堂会场陈设图（李子峰《海底》）

除上面有关开山立堂涉及的器物外，腰牌凭证，即"腰凭票布"乃是加入袍哥的重要凭证，也是袍哥器物文化的重要反映（如图 2-2 所示）。据李子峰《海底》记载，"腰凭"或称"八卦"，又称"罗汉图"，多用布帛之类印制，其颜色有白、赤、黄等数种，按照会员在会中执事地位，而使用相应的颜色。

---

① 参见李子峰：《海底》，河北人民出版社 1990 年版。

"票布"多用白布以靛青印制，此类凭证系"山主"发给新入会者。为了不泄露帮内秘密，"腰凭票布"所载文字较为简洁，仅有"山""堂""香""水"等字，也有特殊之意造字，其繁复者，则多绘数层，多列数首诗句，诗句文字之连缀一般颠倒错综排置，令外人难于索解，以免泄露秘密。[①] 由此可见袍哥器物文化的隐秘性特征。袍哥的"腰凭票布"不同时期不同地域有所不同。清末成都发的袍哥凭证，有如牌坊形，民国初年则变成如文凭样式。20 世纪 40 年代重庆"义"字袍哥所发的凭证与学校发的文凭一样。袍哥的凭证有"宝札""证书"的称谓，分别以公私名片为凭。[②] 公片系公口总片，私片系私人所用。袍哥使用名片有等级要求，要到大管事地位始有使用的资格。公片字数与尺寸大小均有特别要求，凡系五字者，公片官尺以三寸半长为合度，取"三把半香"之意，印片时左边余二指，取江湖之义，片额余三指，取三纲之义，片脚余五指，取五常之义。[③] 李沐风曾言及："一个弟兄入帮之后，历有年数，成绩不坏，于是做大哥的就可以授予他一张'公片'，有了这张'公片'，真正的袍哥身份才算确定。"他还叙及公片除了证明身份之外，过去还可以借公片走遍天下，不花一文，有如云游和尚的剃谍。持有公片的人每到一个码头，便持片拜访该处舵把子，不但可以得到膳宿招待，临走时还可以获得到下一站的路费。[④] 因此，公片作为袍哥器物有其特殊的文化内涵与作用。

---

① 参见李子峰：《海底》，河北人民出版社 1990 年版。
② 参见卫大法师：《袍哥入门》，说文社 1947 年版。
③ 参见卫大法师：《袍哥入门》，说文社 1947 年版。
④ 李沐风：《略谈四川的"袍哥"》，《茶话》1947 年第 12 期。

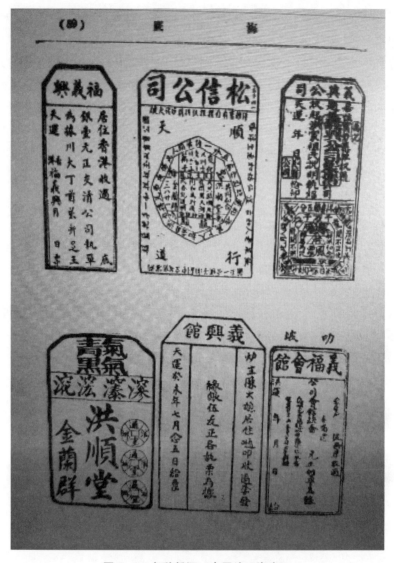

图 2-2　各种凭证（李子峰《海底》）

袍哥还利用茶馆以及茶馆里面的茶具来进行隐秘交流。比如"茶碗阵"，即在茶馆里，借助茶碗、茶壶摆放的方式，即可知道来者的用意。常见的茶碗阵有一龙阵、双龙阵、单鞭阵、木杨城阵等（如图 2-3 所示）。"茶碗阵"是袍哥秘密交往的重要方式。同时，袍哥还利用"吃讲茶"作为调解内部冲突以及干预社会秩序的重要手段。"茶碗阵"与"吃讲茶"中的"茶碗"已不再局限于解渴、休闲、养生、娱乐等功能，而具有袍哥器物文化的独特意义。

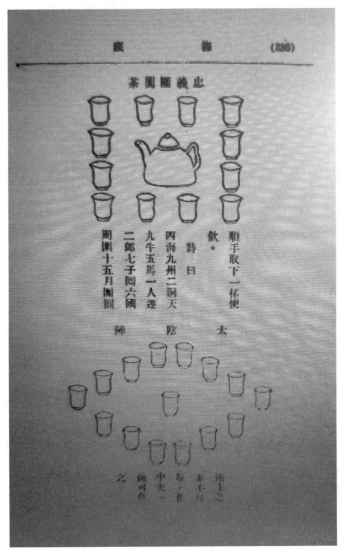

图 2-3　茶碗阵（李子峰《海底》）

（二）袍哥制度文化

袍哥作为一种民间帮派组织，在发展过程中逐渐形成一套严密的组织制度，具体包括袍哥的入会制度，袍哥组织的权力结构，袍哥对内、对外的规章制度等。袍哥的入会制度十分严格，对加入者的身份有特殊要求。袍哥组织形成初期互助性很强，因此，初期加入袍哥的成员大多地位低下，主要是湖广入川的农民、无业游民、失业的手工业者、裁撤后流散的军人、四处流动的挑夫、水手、船民、商贩和下层衙役等，豪侠擅斗者充当舵把子，烟帮、船帮、盐帮、马帮则是该会的组成部分。^① 由于袍哥曾经的强烈"反清"倾向，因此须查明加入成员"身家清，己事明"，然后由"恩""承""保""引"四位拜兄举荐方可加入。刘师亮在他的《汉留全史》中指出，只要是"身家清，己事明，不为群众遗弃者"即可加入袍哥。江湖上所谓惊（算命、看相、占卜之人），培（设摊卖药者），飘（飘叶子，飘生意，以字谜、寄存物品等方式骗钱者），猜（猜生意，以猜字、猜诗、彩票、奖券等方式骗人钱财者），风（以年轻貌美女子骗取他人钱财者），火（假称会烧丹炼金之术，或兼用貌美女子骗取他人钱财者），爵（假冒官爵以骗取他人钱财者），耀（谎称富贵巨绅等骗取他人钱财者），僧（和尚），道（道士），隶（衙门中人），卒（兵卒），戏（唱戏、变戏法者），解（表演马技、武艺、杂技者），幻（变魔术、役鬼之人），听（弹琵琶、卖唱、说相声者）等，均能入会。^② 由此可见，当时所谓"三教九流""贩夫走卒"等都可加入袍哥，这些人成为袍哥成员的主体。由于袍哥的"反清"民族革命倾向，针对"剃发易服"之辱，理发剃头之人与裁缝被拒绝加入袍哥。由此可见袍哥入会制度的严厉。但随着袍哥组织的进一步兴盛，特别是进入民国后，加入袍哥组织的严格性大大降低，地位较高的官、绅，甚至一些知识分子也可加入袍哥，其投机性非常明显。

随着袍哥的发展，其组织结构进一步完善，形成一套自上而下不同等级的森严结构。黄应乾在《哥老会之客观的研究》一文中指出，哥老会组织结构从纵的方面有内八堂、外八堂之分。其中内八堂包括正龙头（或称特正龙头大爷）、坐堂、陪堂、名堂、礼堂、刑堂、盟堂、香长八职，外八堂包括心腹大爷、圣贤二爷、当家三爷、管事五爷、巡风六爷、罗成八爷、尖口九爷、辕门大老幺八职。^③ 到光绪末期，哥老会已经拥有一个严密完整的组织结构，有较明确的权力层级与缜密的职责分工。具体而言，袍哥组织的内八堂是哥老会的上级领导，负责组织目标的实施，组织的扩张与发展（主要手段是开立山堂、散放票布）。其中龙头是某一哥老会山堂的首脑，一般是某山堂的开立者，其他各级领头者由龙头直接指派或任命。龙头对全体会员有生杀予夺之权，具有绝对的专制权力。外八堂是哥老会的中级职能岗位，负责钱谷粮草、执法交通、训练巡查等。^④

袍哥作为哥老会在巴蜀的组织，其权力结构与哥老会有着类似性，但在称

---

① 参见王纯五：《袍哥探秘》，巴蜀书社1993年版。
② 参见李耘夫：《汉留全史》，星星书报杂志社1938年版。
③ 黄应乾：《哥老会之客观的研究》（下），《民族魂》1934年第1卷第5期。
④ 吴善中：《晚清哥老会研究》，吉林人民出版社2003年版，第269—270页。

谓上有自己的独特性。就袍哥横向组织而言，民国时期，巴蜀袍哥堂口一般分为"仁义礼智信"五堂，又称为"威德福寿宜"五堂。据口头传说，袍哥堂口各分十堂，除"仁义礼智信"而外，还有"松柏一枝梅"五堂，但本质上还是"仁义礼智信"五堂，并以"仁义礼"三堂较为普遍。[1] 五堂存在不平等辈分关系，辈分从高往低排列为"仁""义""礼""智""信"。就五堂的职业身份亦可看出，"仁"字多文人，"义"字多武人，"礼"字多做小本生意者，"智""信"所做职业更为低下。[2] 每个堂口根据权力高低按排行分为十行，缺四、七。据称因方良出卖袍哥，因此缺四，又因施浪叛变，故缺七。[3] 有关袍哥排行缺四、缺七还另有说法："会中组织等级，无四七爷，据各地传说，有云桃园兄弟赵云不算结拜，故无四爷之设，瓦岗寨之程七爷（咬金）曾做贼，有这信条，故无七爷之设。又或云，四七两数字为崇祯殉国之忌月与忌日，故避讳不用。"[4] 这样，袍哥就剩八排，根据职位的高低分别为大哥、二哥、三哥、五哥、六哥、八哥、九哥、幺哥。权力最高的为大哥，又称舵爷、舵把子、龙头大爷等；二哥为"圣贤"（因关云长为二哥），一般为闲职；三哥掌管银钱财粮；五哥称"管事"，其职位较为重要，他掌管内政外交，是承上启下的枢纽；六哥辅助五哥，称"附六"；其他职位较低的哥弟按五哥吩咐行事。[5] 由以上袍哥严密的组织结构可看出，袍哥权力等级结构十分森严，"绝对服从，为袍哥必具之精神"，"一层一层的阶级森严，在下绝对不敢违背在上的意思"[6]。作为"异姓兄弟"结拜组织，它事实上并不存在真正的"兄弟"平等关系。

　　袍哥严格的组织制度主要表现在其严厉的帮规，即规范、约束、惩戒组织成员的"十条""十款""三十六誓""二十一则""十禁""十刑"等。新袍哥加入一般要开香堂，开香堂时新入会者须跪在神位前恭读"十条""十款"等，这是加入袍哥的基本要求。开香堂会"裁牲"祭祀神灵，新加入者在神像前赌血咒、发血誓。李子峰《海底》收列了"三十六誓"，其誓词内容主要涉及：不可忤逆父母、不恃强凌弱、不得同桌赌博、不可贪意外之财、不得奸淫洪门兄弟妻女、不可僭越香主登台、对洪门兄弟应救助、不可泄露洪门机密、以忠信仁义为本，等等。"三十六誓"后尾诗为："初进洪门读誓章，夫妻永葆万年

① 《哥老会的透视》，《新新新闻》1939 年第 2 卷第 17 期。
② 参见卫大法师：《袍哥入门》，说文社 1947 年版。
③ 参见卫大法师：《袍哥入门》，说文社 1947 年版。
④ 沙铁帆：《四川之哥老会》，《四川县训》1936 年第 3 卷第 6、7 期。
⑤ 忒奥：《活跃于四川的哥老会》，《民意》1941 年第 1 卷第 10 期。
⑥ 彧黍：《杂谈四川的哥老会》，《统一评论》1937 年第 3 卷第 11 期。

长；若保奸心来投诈，蛇伤虎咬路中亡；莫话誓章无报应，举头三尺有神明；今晚新丁来进会，三十六誓达天庭。"同治本"三十六誓"之尾词与此有异："三十六誓，口口自召；若有不召，雷打火烧。"[1] 而对违反"十条""十款"的成员将给予惩戒："有人莫犯十条款，条条款款定不饶；上四排哥子犯了戒，自己挖坑自己埋；中四排哥子犯了戒，三刀六眼自动开；下四排哥子犯了戒，金枪洪棍两分开；有仁有义来结拜，五湖四海一母胎；自从盘古分天地，英雄豪杰由此来；十条十款讲完了，忠义堂前把令缴。"[2] "二十一则"中，犯罪波及他人，捕之处死，轻则割两耳；奸淫兄弟妻室，与兄弟之子女私通者，处死不恕；图赏捕缚兄弟者处死；诈称香主者处死；新丁有僭越行为者割一耳；恃强凌弱，以大欺小者割两耳，等等。[3] 由此可见袍哥组织制度的严密性，一旦违规，其处罚十分严厉。

此外，对冒充袍哥者也有惩戒。《巡风诗》："巡风大令如雷吼，不准马子望里游；冒充光棍天下有，清出袍带要人头；非是巡风传令言语陡，山堂大令情不留；山前山后齐关闭，好把将令望下丢。"[4] 任乃强曾叙及袍哥开山立堂之时，清查出非袍哥者，对其严厉处决："堂中清出非真袍哥者一人，被指为官府奸细，立遭群殴几毙，弃诸垣外。于时官府以哥老为厉禁，余谓此人或将控诉于官。乃经其亲友典议后，竟自叹息。盖袍哥之律，有向官府告密者，当处极刑，幺排人员有便宜执行之义务，不待有人发令。诸人既皆地方土著，防不胜防，避无可避。告密甫发，生死随之，所谓损人而不利己，故虽奸险人，亦不敢为之也。当时官权之重，今古鲜及，哥老会乃能于厉禁之下，公开活动，使胥吏差舆亲见其事而莫敢告发。受害者之人亦不能控诉。控制人心力量之大，诚堪惊异。此其为术，亦足称矣。"[5]

从以上叙述可知，袍哥之所以在当时如此繁盛，之所以在巴蜀近现代社会产生强烈的打击力、破坏力、控制力与影响力，就某种角度看就源于其严格的入会制度、森严的权力结构，以及对内、对外严密的组织制度。

---

① 李子峰：《海底》，河北人民出版社 1990 年版，第 205 页。
② 李子峰：《海底》，河北人民出版社 1990 年版，第 84 页。
③ 参见李子峰：《海底》，河北人民出版社 1990 年版。
④ 李子峰：《海底》，河北人民出版社 1990 年版，第 82 页。
⑤ 任乃强：《哥老会之策源地——雅州》，《新西康》1946 年第 4 卷第 5、6 期。

三、袍哥礼仪文化与袍哥语言文化

（一）袍哥礼仪文化

从开山立堂到普通日常活动，均有严格而繁杂的礼仪。袍哥组织的形成一般要开山立堂，场所的选择、会场的布置、座位的安排及具体的拜盟仪式，均有复杂的礼仪。从会场选择看，袍哥作为江湖隐秘帮会组织在其形成初期，必须考虑躲避官方的发现与缉拿。因此，开山立堂的会场一般选在深山老林、古宅野庙等人迹罕至的荒僻之地，就时间的选择看，一般选在夜深人静之时。会场的布置根据具体情况，可简单可复杂，由于袍哥开山立堂多仿效梁山泊忠义堂聚义，故香堂一般称为"忠义堂"。有关"忠义堂"的布置，前文已有叙述。袍哥开山立堂，不仅仅是会内之事，一般会昭告天下，其他堂口的大爷也会受邀到场，这将涉及接客礼仪。《海底》收录有《接客湍江》："喜洋洋笑洋洋，撩衣进了忠义堂，各位仁兄龙驾到，千山万水到庙堂。千里迢迢来到此，我弟未接十里长。"在开山立堂时，还涉及各位哥弟座位的安排，请看《安客座位》：

> 忠义堂喜洋洋，各位哥弟听端详。各台哥弟宽坐下，小弟一二报从来。高高山上一树槐，槐枝槐柂吊下来。吊下一块金字牌，金字排上书大字，有乱香规贬下来。各位仁兄请安位，各归龙位请登台。大哥坐在龙书案，二哥坐的虎将台，三哥坐的金交椅，管事坐的硬八台。以下兄弟都有坐，个个坐的软八台。梁山有个晁大王，果然是个紫金梁，所统一百单八将，一个更比一个强，兄能宽，弟能让，脱袍让位与宋江，昔年结拜情义广，弟兄还要比他强。今日小弟安座位，交接不清休记怀，小弟愚蠢莫见怪，言迟口钝莫得才。[①]

以上是袍哥开山立堂时由管事对来宾与袍哥组织内部成员按级别辈分高低安排座位的唱词，唱完以上唱词后，接着又唱道："香堂偏窄椅凳欠缺，东升龙位，西升虎位，坐堂、香长、盟证、圣贤、当家、红旗、大小管事，一齐升位，有位者得位，无位者排班侍候，大小老幺装烟列茶，请安道喜。"[②] 再看李子峰《海底》所收录的《洪旗安位诗》："天皇皇，地皇皇，此处立的忠义堂。正副山主居上坐，坐堂陪堂坐中央。香长盟证两边位，执礼刑堂列二堂。

---

① 参见《汉留海底全集》，重庆图书馆内部资料（无出版地、出版时间及页码标注）。

② 参见《汉留海底全集》，重庆图书馆内部资料（无出版地、出版时间及页码标注）。

外八堂哥子三堂坐，诸位盟兄列两旁。少时大哥把令下，提兵调将忠义堂。"①从以上唱词即可看出袍哥组织等级观念的森严，成员间并非兄弟般的平等关系，仅从开山立堂座位的安排即可看出袍哥相关礼仪的繁杂。

袍哥开山立堂还包括昭告天地、通告天下各山堂，以及名称的确定，对本组织内部各会员的规范约束的具体要求等，这涉及各种文书，诸如《进山柬》《出山柬》《开山令》《镇山令》等。据李子峰《海底》所载，《进山柬》为昭告天地之誓文，《出山柬》为通告天下各山主之檄文。袍哥开山立堂要敬神，李子峰《海底》收录有《请神祝文》，其内容主要包括对各种神灵、"洪门五祖"，以及"洪门"先前亡故兄弟等的焚香祷告。除以上敬奉神灵的祷告外，还包括焚香、赌咒、载牲、喝血酒等相关礼仪。与此相关的诗歌有《请神诗》《拜五祖诗》《会香诗》《点香诗》《插草诗》《上香诗》《赞刀斩牲诗》《饮血酒诗》等，可见袍哥开山立堂礼仪的繁杂。正如前文所述，早期袍哥开山立堂多隐秘举行，随着袍哥组织逐渐走向公开化，袍哥开山立堂也趋于公开化。四川保路运动期间，灌县袍哥在城内火神庙开山立堂，灯火通明，热闹非凡，当时灌县知县刘映奎也派儿子前去赴会，以讨好袍哥。②

袍哥拜码头、"茶碗阵"、"吃讲茶"等，都有相关礼仪。甚至袍哥之间日常见面行礼作揖，对身体的姿势、手势都有要求。《袍哥入门》中有对"歪歪揖"与"丢歪子"两种袍哥见面礼仪的叙述。其中的"歪歪揖"为如下姿势：当对方坐在左边，作歪歪揖时向右；对方坐右边，作歪歪揖时向左；作揖时两拳相抱上举与眉齐而在头的偏面。③ "丢歪子"则是袍哥行礼的另一种姿势，握拳与手指摆放、身体的姿势各不相同，丢歪子分十三级半，从不同的姿势可见袍哥地位身份的高低（如图2-4所示）。④《哥老会组织一瞥》曾叙及一个袍哥流落在外拜码头时宾客之间相见的礼仪："到了那里，宾东主西，相向对立，差不多有两步距离，一律丁字形，两手抱拳拱在右上方，主人方面左手握着右手腕的那是象征大爷，握着肘部的是当家。握着肘关节的是管事。一见明瞭。"⑤ 此外，随着袍哥组织的公开化，每逢袍哥的会期诸如春台会、单刀会、团年会等，各袍哥堂口大小码头一般都张灯结彩，举办盛会。这既是袍哥的节

---

① 李子峰：《海底》，河北人民出版社1990年版，第77页。
② 参见王纯五：《洪门·青帮·袍哥——中国旧时民间黑社会习俗》，四川人民出版社1993年版。
③ 参见卫大法师：《袍哥入门》，说文社1947年版。
④ 参见卫大法师：《袍哥入门》，说文社1947年版。
⑤ 《哥老会组织一瞥》，《四川月报》1935年第7卷第6期。

日，也是一般民众欢乐的日子。由此可见，袍哥习俗礼仪已融入巴蜀民众日常
生活中。

右脚拉前立正，時右手搭左臂，第三叉是右脚向前一步，踏脚拖营立正，左手挕右臂，即向前三步。如地方窄小，又得退凹三步。再问闊窄傚叩頭行禮，行禮時不悔押咸。四川袍哥吃茶，茶椀盖的排法，也有一定地位。如盖斜放在碗內我窰茶，盖正放在碗內爲候人。盖一邊放在裤子上，一邊上面放在碗邊上，是來泰祖敬神的。

图2-4　行礼姿势（卫大法师《袍哥入门》）

（二）袍哥语言文化

　　袍哥作为隐秘的江湖帮派组织，在发展过程中逐渐形成了一套独特的语汇
系统。为躲避官方与防止外界知晓他们的秘密，他们在交际中形成一套特殊语
符，比如采用特殊的造字。袍哥初期以"反清复明"为宗旨，其中的"清"
字，就采用特殊的造字，即偏旁"氵"加上"月"字。这种自造字实际是为了
避免被清朝官府发现；袍哥礼仪中的"丢歪子""歪歪揖"等，其中的"歪"
字原是袍哥自造字，由"身不正"三个字合成，即该字左边为"身"字，右边

为"歪"字。① 该自造字很形象地说明了袍哥作揖时身体的姿势。

除特殊造字外，袍哥内部交流还形成了特殊语汇，即袍哥隐语，它是袍哥语言文化的重要表现。沙铁帆有关巴蜀袍哥的调查报告指出："所有一切秘密行动及用具，皆制有相当名词或黑话为代表，以作同行哥弟见面，交换意见时用者。"② 该报告收录了相关隐语及所隐含意义，比如："搁棍子"指"革除袍界"，"黄汤子"指"茶"，"火令子"指"酒"，"纠头子"指"喝醉了酒"，"燥堂子"指"吃鸦片"，"拍扇子"指"开门"，"下毛"指"杀人"，"排了"指"打人"，"出差"指"抢劫"，"水涨了"指"祸事来了"，"风急"指"消息不好"，"避豪"指"躲避祸事"，"放风"指"故意装疯捣乱者"，"踩红走黑"指"上诏下轿"，"吃红掌黑"指"坐地分赃"，"割鞋"指"同会弟兄嫖同会弟兄的妇人"，等等。③

除以上列举语汇之外，袍哥相关语汇还有很多，诸如："堂口"一般指袍哥组织的名称，"公口""码头"指袍哥活动的范围、区域，"光棍""皮"指袍哥的称呼，"通皮"指与袍哥有关系，"嗨皮"指参加袍哥④，"倥子"指未参加袍哥者，"叫梁子"指"报仇"，"捞梁子"指"和解"，"关火"指起决定、关键作用，"撒火"指"胆怯"，"对识"指"相互认识"，"吃通"又叫"通吃""吃得开"，"跑滩"指无固定职业、在江湖上游荡，"撒豪"指"依强仗势"，"臊皮"指"丢面子"，"吃欺头"指"占便宜"，"地皮风"指流言蜚语的传播，"搁平"指把事情处理得很妥当，"扎起"指"相助、支持"……这些语汇具有巴蜀方言土语的简练、生动、形象、泼辣等特征，并融汇了近现代巴蜀的世俗人情。

王纯五在《袍哥探秘》一书中列举了"浑水"袍哥所使用的隐语，诸如："去某家赶场"指"抢某家"；"拉肥主"，又叫"拉肥猪"，指"绑架户主索要赎金"；"叶子"指"钞票"；"劫观音"指"绑架妇女"；"打歪子"指"在江中劫船"；"毛了"指"杀人"；"升红"指"放火"；"点水"指"出卖同伙"；"排扇子"指"撬门"；"扎埂子"指"拦路抢劫"；"打启发"指"趁火打劫"。⑤

袍哥作为隐秘的江湖帮派组织，特别是"浑水"袍哥由于要在特殊隐秘的环境展开行动，为不引起官府及他人注意，隐藏其秘密行为而展开秘密交流成

① 参见卫大法师：《袍哥入门》，说文社1947年版。
② 沙铁帆：《四川之哥老会》，《四川县训》1936年第3卷第6、7期。
③ 沙铁帆：《四川之哥老会》，《四川县训》1936年第3卷第6、7期。
④ "嗨皮"又称"海皮"，指加入袍哥之意。在近现代巴蜀，有关加入袍哥最通用的说法是"嗨袍哥"，又称为"海袍哥"，这里的"海"主要取自袍哥重要经典《海底》。本书在不同地方对之的论述有不同称谓，无论是"嗨皮""嗨袍哥""海皮""海袍哥"，均指加入袍哥之意，在此特做说明。
⑤ 参见王纯五：《袍哥探秘》，巴蜀书社1993年版。

为他们的最佳选择。因此，加入袍哥后知晓其隐语是必修课。巴蜀袍哥隐语较多，已经形成一套独有的体系。且一些袍哥隐语具有强大的生命力，不仅仅是袍哥才使用，诸如"识相""撒豪""臊皮""扎起""搁平""搭手""结梁子""吃欺头""打平伙""撒火""拉稀"等，一般民众在生活中也经常使用。

四、袍哥心理文化与袍哥文化的精神特质

（一）袍哥心理文化

袍哥在发展过程中形成了一套自身的心理文化系统，相对于袍哥器物文化、袍哥制度文化、袍哥语言文化而言，它一般居于袍哥文化系统的深层，是袍哥精神心理的反映，它具体包括袍哥的伦理价值观、袍哥的精神信仰等。就袍哥的伦理价值观看，由于袍哥主要以"异姓结拜"的方式形成带家庭的组织形式，因此，他们一般遵循传统伦理道德观念，刊载于《新新新闻》的《哥老会透视》即指出，哥老会以封建的家族关系作组织范畴，因此，传统家族伦理观念是他们遵循的伦理思想，如"五伦论""五常论""五伦令""五常令""三纲令""八则八德""五常五伦"等。[①] 这种伦理观还成为加入袍哥的重要条件。沙铁帆在有关巴蜀袍哥的调查报告中指出，"我国固有道德之忠孝仁爱信义和平，五伦八德，三纲五常等"[②]，是加入袍哥组织的必备条件。前面叙及的袍哥组织制度中的"十条""十款"即是袍哥伦理价值观的反映，其中就涉及个人、家庭、国家及社会之间的关系，以及袍哥内部应遵循的伦理准则与行为规范，比如：尊敬长辈，孝顺父母，兄弟谦让，夫妇相敬，乡邻和睦，保家卫国，在与他人冲突时应遵循的准则，袍哥对外严守秘密，对上对下相互友爱尊敬，等等，这对袍哥有重要的约束规范作用。因此，袍哥组织类似虚拟血缘关系的家庭组织，要求入会成员对组织保持绝对忠诚，以及对袍哥大爷的绝对服从与尊敬。因此，伦理信条对维持袍哥内外关系有重要规范、约束作用。

袍哥心理与精神信仰带有浓厚的原始宗教色彩，歃血盟誓是袍哥开山立堂，以及加入袍哥组织开香堂时的重要仪式。在袍哥组织形成中，"袍哥基本上是模拟中国传统家族血缘关系的社会组织。异姓弟兄'血缘纽带'的建立，是通过开山立堂，歃血盟誓，结拜弟兄这种古老风俗实现的。"[③] 袍哥弟兄们饮血酒时唱的诗歌是："鸡血滴进碗中央，碗里装的是杜康；同袍弟兄饮一口，

① 《哥老会的透视》，《新新新闻》1939 年第 2 卷第 17 期。
② 沙铁帆：《四川之哥老会》，《四川县训》1936 年第 3 卷第 6、7 期。
③ 王纯五：《袍哥探秘》，巴蜀书社 1993 年版，第 44—45 页。

患难祸福同担当。"① 这种歃血盟誓源于对血的原始崇拜以及对神灵的敬奉："通过共饮血酒，对神宣誓，以维持双方的口头条约。借助于神灵的监督，使约言得以贯彻执行，共同信守。"② 因此，开山立堂，以及新人加入而开香堂时对着神灵歃血盟誓是袍哥礼仪文化的重要表现，他们敬奉的神灵可能涉及中国民间信仰的所有神灵，诸如皇天玉帝、太上老君等，而与袍哥相关的"洪门五祖"，"洪门"先前亡故的兄弟，尤其是义薄云天的关羽，则是他们必须敬奉的神祇。他们相信通过歃血盟誓，会受到神灵们的保佑与监督，这些仪式表现出浓厚的原始宗教色彩，这是袍哥心理及精神信仰的反映。

在袍哥心理文化中，他们尊奉仁、义、礼、智、信，并据此分为"仁""义""礼""智""信"五个堂口。他们尤其讲求"义"，袍哥兄弟"义气相投"，讲求"江湖道义"，他们烧"三把半香"即是这种精神信仰的反映。在袍哥歃血盟誓开山立堂，以及袍哥开香堂时，一般须供奉关羽像，表示袍哥"异姓"但"亲如兄弟"。据李沐风先生说："袍哥界人士颇有平等思想，无阶级之分，首领与每一个帮内弟兄的关系是大哥和兄弟，因此特别能发扬义气。"还说："袍哥之所以具有坚强的团结力量，数百年而不绝，其原因乃是一个'义'字。"③ 可以说这是袍哥精神文化"义气"的灌注。

（二）袍哥文化的精神特质

由以上叙述的袍哥器物文化、制度文化、礼仪文化、语言文化、心理文化等可看出，袍哥文化在其发展过程中，已经形成了一套系统化的独特的江湖帮派文化。袍哥文化作为近现代巴蜀独特的江湖帮派文化，具有系统性、复杂性与严密性，以及与生俱来的神秘性、传奇性等特征。可以说，这是巴蜀袍哥能在巴蜀近现代社会发展壮大并最终走向兴盛的重要原因。其中的袍哥器物、制度、礼仪、语言文化，可以说是袍哥标志性文化，特别是袍哥器物、礼仪、语言文化，常常成为相关文学作品、影视剧、戏剧等表现袍哥文化的重要元素。

在袍哥文化中正义与反动并存，精华与糟粕相融。袍哥作为巴蜀江湖帮派组织，在其发展过程中，尤其是在发展初期，为躲避清代官府的打击，产生了复杂、严密、成熟、系统的袍哥文化。在晚清主流社会的失序状态中，袍哥对巴蜀民间社会秩序的维系，以及对清政府和西方势力的打击，比如李蓝起义、

---

① 王纯五：《洪门·青帮·袍哥——中国旧时民间黑社会习俗》，四川人民出版社1993年版，第1页。

② 王纯五：《洪门·青帮·袍哥——中国旧时民间黑社会习俗》，四川人民出版社1993年版，第2页。

③ 李沐风：《略谈四川的"袍哥"》，《茶话》1947年第12期。

打洋教运动、四川保路运动等，都有其正义性、进步性。但是，其对主流社会进行破坏、渗透与控制，制定对内对外残酷的组织制度规范，参与赌博、贩毒，杀人越货，在民国时期甚至发展成邪恶势力为虎作伥、鱼肉百姓等，这些都是袍哥反动性的明显表现。

袍哥文化在巴蜀近现代社会的特殊历史背景下有一定的正义性与历史进步性，袍哥文化精神是袍哥性格及袍哥心理文化的进一步积淀与升华。巴蜀袍哥在其发展过程中，袍哥文化，尤其是袍哥心理文化与巴蜀独特的自然地理、人文地理特征，以及巴蜀民众的世俗生活，民风、民情相交融，形成一种带有巴蜀地域特色的文化精神特质，并与巴蜀文化相融合，成为巴蜀文化的重要组成部分。它随性、独立而自由，这一精神特质既是袍哥文化作为江湖文化的反映，也源自巴蜀文化独立、随性、自由的文化精神。义气、豪爽是袍哥文化的另一重要精神特质，巴蜀袍哥带有江湖侠客扶危济困的侠义行为特征，也具有豪爽的性格行为特征，"袍哥人家，绝不拉稀摆带！"这句流传在巴蜀民间的口头禅较典型地体现了巴蜀民众的豪爽，体现了他们在关键时刻挺身而出、绝不拖泥带水的性格。江湖义气与哥们兄弟义气也是袍哥文化的重要精神特质，这也是该帮派组织在巴蜀称为袍哥的重要原因。此外，特定历史时期的民族革命性也是袍哥文化的精神特质的重要反映，从保路运动、抗日战争中即可看出该精神特质。

第二节　袍哥文化的精神特质与巴蜀文化性格

袍哥作为江湖帮派组织为何在巴蜀近现代社会发展迅速？袍哥文化为何能在巴蜀近现代社会生长繁盛？其与巴蜀文化性格特征有哪些契合之处？巴蜀文化性格主要有三种表现：巴蜀地理文化性格、巴蜀"三国"文化性格、巴蜀移民文化性格。这些与袍哥文化性格及精神特质有契合之处，是袍哥文化兴起于近现代巴蜀并能繁盛的潜在原因。可以说，巴蜀文化精神影响着巴蜀民众与巴蜀历代作家，而到了近现代，巴蜀文化、袍哥文化性格及精神特质共同影响着巴蜀民众的文化性格，并影响着巴蜀现当代作家的文学创作。

一、袍哥文化的精神特质与巴蜀地理性格

由巴蜀自然地理特征与人文地理特征所形成的巴蜀文化性格与袍哥文化性格有契合之处。袍哥文化作为近现代巴蜀独特的江湖帮派文化，与巴蜀独特的历史、时代、社会因素相关，也与巴蜀独特的地理文化有关。就自然地理特征而言，巴蜀西边为青藏高原、横断山脉，北边是秦岭、大巴山，南边是云贵高

原，而中东部为低山、丘陵与平原。特别是富庶的成都平原，都江堰发达的水利工程，形成了"水旱从人，不知饥馑"的天府之国。巴蜀民众就生活在这样的地理环境中。

环境对人的心理与人格无疑有着重要的塑造作用，巴蜀独特的地理环境形成了巴蜀民众独特的心理与人格特征。就其地理位置而言，巴与蜀比邻，由于巴蜀地理位置具有整体性，二者亦具有文化整体性。在秦一统中国之前，巴、蜀是两个不同的区域。在四川西部，以成都平原为依托地，以岷江流域为中心建立的古蜀国，其范围北至陕西、甘肃的南部，南至云南的北部；而在重庆，以及川东地区，则是以古巴族为中心建立的巴国，以嘉陵江流域为中心，北至陕西南部，东至湖北、湖南西部，南至贵州的北部，嘉陵江上游向南，经涪江到沱江下游则是巴、蜀两大区域的分界线。北边的秦国一直觊觎巴蜀的富庶。公元前316年，秦国大将司马错和张仪奉命伐蜀，先灭掉蜀国，接着又灭掉巴国，巴蜀遂统一到秦国版图之中，作为一个自然地理单元与人文地理单元整体。由此，巴文化与蜀文化相互交融，巴蜀文化作为地域文化的整体开始形成。

古巴国与古蜀国的先民，尤其是巴国，他们多生活在四川盆地边缘的崇山峻岭中，自然环境较为恶劣。后来，巴蜀先民向自然环境优越的盆地中心移动，蜀国先民开始在成都平原活动。恶劣的地理环境养成了巴蜀先民坚韧、悍勇、精明等性格特征。据《华阳国志》记载："周武王伐纣，实得巴蜀之师"，有"巴师勇锐"之说，民风为"质直好义，土风敦厚"，并有"巴有将，蜀有相"之说；而蜀地"多斑彩文章""尚滋味""好辛香""君子精敏，小人鬼黠""多悍勇"。蜀民具有独立、随性、自由，不受中原控制的性格特征，"虽奉王职，不得与春秋盟会"，"周失纲纪，蜀先称王"。

因此，从巴蜀地缘因素看，巴蜀隔中原较远，它较少受中原主流文化的影响，有着独立、随性、自由的特征，袍哥文化在精神上与此有契合之处。巴蜀先民深具勇锐、悍勇、随性、质直、独立、自由的性格特征，而袍哥文化也有着勇锐、随性、独立、自由等精神特质，这是后起的巴蜀袍哥血性地域基因与巴蜀地域文化之间的潜在基质，也是巴蜀袍哥在巴蜀近现代社会兴起并能发展壮大的重要原因。

二、袍哥文化的精神特质与巴蜀"三国"文化性格

除地理因素外，人文历史因素对巴蜀文化性格形成也有重要影响，并积淀、凝聚成袍哥文化的精神基因。其中"三国"文化对巴蜀文化性格的形成有重要的影响。袍哥文化性格及精神特质的形成，与"三国"文化有莫大的关

系。在魏、蜀、吴三国鼎立时期，刘备与关羽、张飞、诸葛亮等坐拥成都，蜀汉虽然历史短暂，但对巴蜀文化却有重要影响。沈伯俊先生指出，"三国"文化对巴蜀产生了十分广泛而深远的影响。[①] 这主要指物质文化与精神文化的影响。就其物质文化而言，"三国"历史遗迹遍及巴蜀，虽只有少部分是历史遗留的古迹，但很多却源于历史，并渗透了《三国演义》、三国戏和民间传说等内容，比如武侯祠中人物的塑形，关羽面如红枣，张飞豹头环眼，关羽使用的青龙偃月刀，张飞的丈八蛇矛等，均来自《三国演义》与三国戏，由此可见，遍及巴蜀的"三国"历史遗迹，渗透了巴蜀民众的爱憎与理想[②]，也显示出巴蜀民众对"三国"文化的热情。"三国"文化对巴蜀文化的影响尤其表现在精神文化上，有关"三国"的民间传说，川剧中的三国戏，以及评书、清音、金钱板中有关的曲目等，在巴蜀民间广泛流传，这对巴蜀民众的生活和心理产生了深远影响。沈伯俊先生指出，巴蜀人重情义、讲信用、勇敢顽强、吃苦耐劳、诙谐灵巧的品格与"三国"文化的熏陶有重要关系。[③]

作为一种民间帮会组织，袍哥为何能在巴蜀生根、发芽并壮大，潜在原因之一就是巴蜀文化中"三国"文化，尤其是刘、关、张"桃园结义"的影响。袍哥作为异姓兄弟结拜，他们注重兄弟义气，其榜样就是刘、关、张"桃园结义"，袍哥以关羽为主神，是对关羽义气的敬重。关羽获曹操赠赤兔马与新袍，但他始终不忘大哥刘备所赐旧袍，这成为巴蜀袍哥得名的原因之一，由此可见巴蜀袍哥"义"字当先。李沐风叙及巴蜀袍哥时曾说："袍哥之所以具有坚强的团结力量，数百年而不绝，其原因乃是一个'义'字。"[④] 对"尊刘贬曹"民族情感的遵从，也是袍哥在巴蜀称为"汉留""汉刘""汉流"的潜在原因。卫聚贤指出，袍哥"写成'汉刘'的，说是尊崇桃园三结义的汉朝刘备"[⑤]。刘师亮的《汉留全史》将以上称呼与袍哥的民族精神、革命性相联系："复名汉刘者，桃园结义，誓共死生，取汉室刘关张之义也。凡人结义，必祀桃园，亦必效法桃园，故名汉刘也。"[⑥] 由此观之，流传于巴蜀的"三国"文化与袍哥文化有紧密联系，袍哥的豪爽、侠义精神、江湖义气、兄弟情谊等，与巴蜀"三国"文化有重要关联。

---

① 沈伯俊：《三国文化对巴蜀的影响》，《今日四川》1997年第4期。
② 沈伯俊：《三国文化对巴蜀的影响》，《今日四川》1997年第4期。
③ 沈伯俊：《三国文化对巴蜀的影响》，《今日四川》1997年第4期。
④ 李沐风：《略谈四川的"袍哥"》，《茶话》1947年第12期。
⑤ 卫大法师：《袍哥入门》，说文社1947年版，第5页。
⑥ 李耘夫：《汉留全史》，星星书报杂志社1938年版，第4页。

三、袍哥文化的精神特质与巴蜀移民性格

袍哥文化就某种角度看，它是一种移民文化。由于中国历史朝代的更替变迁、国家政局的动荡、战争以及自然灾害的影响，巴蜀的历史变迁始终与移民浪潮联系在一起。在巴蜀历史上有几次大的移民浪潮，第一次规模较大的移民潮是秦汉时期，秦出于对巴蜀地域的政治控制，"移秦民万家"入巴蜀；第二次是西晋时期的"僚人"入川；其他几次分别是唐末五代移民、明代的罪徒与卫所移民，以及清代的"湖广填四川"。历史上，由于巴蜀相对于中原"僻荒"的独特地理位置，尤其是"蜀道"的艰险，巴蜀常成为罪犯的流刑之地，有学者对此有如下描述："罪徒移民是一种由政府组织安排的惩罚性移民，其政治、军事的意义十分明显。由于蜀道险峻，出入不易，这种特殊的地理环境使巴蜀之地成为迁徙安置罪犯的理想场所。如秦汉时期迁往巴蜀的中原移民中就有相当一部分是'迁虏'的罪犯，他们成为同时期移民的重要组成部分。明代以流刑和充军两类刑律被成批贬往四川边荒之地的罪犯也不在少数。"[1] 清代巴蜀移民规模最大，从清初到 1776 年，四川合计接纳移民达到 623 万人。[2] 再看流行于清末成都的《竹枝词》："大姨嫁陕二姨苏，大嫂江西二嫂湖；戚友初逢问原籍，现无十世老成都。"清末成都人口五方杂处的情形说明当时已没有纯粹土生土长的成都人，都是五湖四海的移民。

就巴蜀历史的发展看，巴蜀社会实际是一个移民社会。就其性格特征而言，作为移民（或游民），显然不同于"安土重迁"的一般国民，由于生存的逼迫，他们更具有开拓进取精神，特别是遭受外在因素威胁而剥夺其生存处境时，往往展现出悍勇、好斗等性格特征。而作为身份特殊的移民，巴蜀历史上的罪徒、流刑移民更是如此，他们不同于一般移民，更不同于"安土重迁"的传统国民。这些因素对巴蜀地域性格特征的塑造有重要作用，这也是"天下未乱蜀先乱，天下已定蜀未定"的重要原因之一。因此，袍哥文化的精神特质既有巴蜀先民作为一种地域文化性格的积淀，也与巴蜀移民本身的性格特征有潜在联系。

以上叙及的袍哥文化性格及精神特质，它们与巴蜀文化相融合、相交汇，共同影响着巴蜀民众，也影响着巴蜀现当代作家及他们的文学书写。袍哥文化

---

① 谭红：《巴蜀移民史》，巴蜀书社 2006 年版，第 9—10 页。

② 参见蓝勇等：《"湖广填四川"与清代四川社会》，西南师范大学出版社 2009 年版；葛剑雄：《中国移民史》第 1 卷，福建人民出版社 1997 年版。

在巴蜀近现代社会一般与巴蜀民风、民俗相融合、相交汇，并与巴蜀民众世俗生活相联系。其精神特质更是无形地渗透于巴蜀社会，影响着巴蜀民众的思维方式与行为习惯，尤其影响着巴蜀现当代作家的思维方式与行为习惯，并具体表现在他们的创作中。康白情的袍哥世家背景与他的袍哥身份对他的性格与一生的行动均产生了重要影响，读小学时即与同学异姓结拜，后来成为袍哥舵把子，美国留学期间以哥老会关系参加美国"洪门"组织"致公总堂"，并组织"新中国党"，回国后在 20 世纪 30 年代初期甚至搞"土匪武装"等。郭沫若受袍哥文化性格的影响，幼年即表现出叛逆性、独立性，闹学潮、与同学异姓结拜，之后的人生追求均与革命性、民族性联系在一起，其诗歌中充满了独立、自由精神与革命性，其戏剧创作也饱含侠义性、民族性、革命性。巴金出生于仕宦之家，与袍哥的直接联系较少，但他也受到影响，从他对封建家庭的叛逆与对独立、自由的追求就可看出。袍哥文化性格及精神特质亦对李劼人、阳翰笙、沙汀、艾芜、周文、罗淑、马识途、魏明伦等巴蜀现当代作家产生了重要影响，这将在后面章节专门予以论述。袍哥文化在巴蜀现当代作家的创作中有重要表现。李劼人的小说对袍哥语言文化有突出反映，如他的长篇小说《大波》叙及袍哥吴凤梧开山立堂等。阳翰笙在其历史剧《草莽英雄》中，对袍哥器物文化、制度文化、礼仪文化有重要表现。同时，袍哥人物是袍哥文化的符号，是袍哥文化的突出表现，巴蜀现当代作家笔下的袍哥人物为数众多，如李劼人《死水微澜》中的罗歪嘴、余树南、王立堂、朱大爷、张占魁、田长子，《暴风雨前》中的魏三爷，《大波》中的吴凤梧等；沙汀《淘金记》中的龙哥、林幺长子、白酱丹，《在其香居茶馆里》中的陈三老爷等；阳翰笙《草莽英雄》中的罗选青、何玉庭、骆小豪、魏明三、冯杰、汪六、朱九等；马识途《盗官记》中的张牧之，《魔窟十年》中的地下革命者肖强，以及他的父亲李长龙、岳父陆开德、龙大泽等；魏明伦《易胆大》中的"清水"袍哥骆善人、"浑水"袍哥麻大胆，《好女人·坏女人》中的"浑水"袍哥苏强，《变脸》中的"水上漂"等。新中国成立后，袍哥组织被查禁、取缔，但这种文化现象并没有消失。袍哥语言文化、袍哥心理文化，以及其文化精神特质成为巴蜀文化的重要组成部分，至今亦有影响力、生命力。

第三章　袍哥文化与文学表征

　　江湖文化与文学具有紧密联系，古往今来，作家们对神奇的江湖展开了丰富的文学想象。他们笔下的江湖世界、江湖人物对读者产生了深远影响，并对现实中江湖世界的形成产生了重要影响与推动作用。梁启超在《论小说与群治之关系》中说："吾中国人江湖盗贼之思想何自来乎？小说也。"① 由此可见小说的江湖想象对民间的深远影响。在梁启超看来，现实中的"桃园结义""梁山之盟""大碗喝酒，大口吃肉，大秤分金银"，以及江湖隐秘组织哥老会、小刀会、义和拳等，均源自小说的影响。正如前文所述，在传统中国文学中，有关江湖人物的传奇书写在历史典籍、小说、诗歌、戏剧等文本中均有表现。作家们塑造的江湖人物不外乎游侠刺客、江湖豪杰、绿林好汉、土匪强盗等，这些江湖人物以及他们生活的江湖世界对近现代江湖秘密社会的形成产生了重要影响。近现代江湖隐秘组织天地会、哥老会等，其形成过程就参照了《三国演义》《水浒传》《隋唐演义》等通俗小说中异姓兄弟结拜的方式，他们烧"三把半香"，尤其尊崇《三国演义》中刘、关、张"桃园结义"，并把关羽作为他们敬奉的神祇。李子峰指出："按洪门组织，以讲忠心报国、义气交友之故，而谈刘关张结义桃园。以占山聚众、起义复国之故，而标榜梁山一百零八位好汉。以期待明君、拥戴灭清之故，而羡慕瓦岗寨威风。其所以谈'桃园''梁山''瓦岗'者，乃以《三国演义》《水浒传》与《说唐》之三种说部，为我国一般人民，尤其为下层社会所普遍知悉者，观此可见创会者诱导平民心理不脱民俗之苦心孤诣处矣。"② 巴蜀袍哥作为江湖隐秘组织，其组织的形成过程、组织原则、精神信仰等，均与这些文艺作品有重要关联。1872 年《教会新报》刊登的查禁哥老会的告示指出"其初皆由应募从军随营打仗，惑于小说桃园结

---

　　① 梁启超：《论小说与群治之关系》，吴松等：《饮冰室文集点校》第二集，云南教育出版社 2001 年版，第 760 页。

　　② 李子峰：《海底》，《民国丛书》第一编（16），上海书店 1989 年版，第 5 页。

义等事，拜盟起会，可以协力同心患难扶持"①，由此可见小说中"桃园结义"对哥老会形成的影响。除此之外，巴蜀袍哥常借助神话传说、诗歌、戏剧等文艺方式来传播其思想。本章主要探讨袍哥文献中的文学表征，分析其对巴蜀现当代作家的影响，以及他们创作中的具体表现等。

第一节　袍哥文献的文学表征

袍哥文献是袍哥文化的凝聚。袍哥作为隐秘帮会组织，在其发展过程中，文学起到了重要作用。哥老会组织的起源、形成与发展借助了神话传说、诗歌、戏曲等样式，袍哥开山立堂等仪式借助戏剧表演方式，袍哥的礼仪、宗旨以及他们应遵循的原则都借助诗歌得以传播。这些文学样式有着独特的内涵与意义，对巴蜀袍哥的发生、发展、壮大产生了重要影响。任乃强撰文指出："（天地会创立时）因其活动对象，悉为不通文墨之野人，故其经教律文，皆重口传，不刊书籍。且利用桃园瓦岗梁山泊等小说故事，为宣传训练资料。但所派出分向内地活动之人员，则皆有才辩，明学术，通世故，经济有为之士流，故所向皆能掌握民众心理，获大成就也。"②

前面叙及，袍哥属于哥老会在巴蜀的通称，它被归属于"洪门"重要组织，因此，此处的袍哥相关文献主要指与袍哥相关的"洪门"文献，诸如民国时期，李子峰编的《海底》、巴蜀民间流传的《海底》及刘师亮所著的《汉留全史》等。李子峰编的《海底》，本系"洪门"天地会重要文书，也是哥老会"经典"。哥老会属"洪门"重要一支，而袍哥是哥老会在巴蜀的另一种名称，因此，《海底》实际也是巴蜀袍哥重要文献。但由于时代、地域、传抄者的不同，《海底》的传抄、吸收有一定差异性。流传于巴蜀民间的《海底》③，多与李子峰《海底》在内容与思想上有着类似性。本节主要以《海底》，以及袍哥其他相关文献为对象，分别就神话传说、诗歌表征、戏剧表征三个方面对袍哥文献的文学表征进行系统探讨。

---

① 《禁哥老会示》，《教会新报》1872年第218期。

② 任乃强：《哥老会之策源地——雅州》，《新西康》1946年第4卷第5、6期。

③ 如康熙元年编辑而成的《汉留海底全集》（现藏重庆图书馆），萧吉成的《补续汉留海底书》（现藏重庆图书馆）等。王洪林在《四川方言会通》（巴蜀书社2008年版）一书中罗列了四川资阳一带袍哥开山立堂等部分相关文献。

一、《海底》中的神话传说

袍哥作为巴蜀江湖秘密社会组织，其相关文献叙述具有强烈的文学色彩。李子峰编的《海底》在叙述天地会起源与历史发展时插入大量神话与民间传说。卡西尔说："在神话与历史的关系中，神话证明是初始性的因素，历史是第二位的派生的因素。一个民族的神话不是由它的历史确定的，相反，它的历史是由它的神话决定的。"[①] 以卡西尔理论来看有关天地会、哥老会的历史起源具有一定的合理性，即天地会、哥老会的历史与它相关的神话传说有重要关系。《海底》中的神话与民间传说，最为著名的是"西鲁"故事。相传康熙十三年（1674），西鲁举兵侵犯中原，西鲁兵精将勇，清军屡战屡败，而朝中又无能将，清帝于是出示皇榜，颁行天下。当时福建九莲山少林寺僧众揭下皇榜，进京朝见。清帝见众僧人人勇猛，个个英雄，大喜，即授以征讨西鲁全权，并命郑君达督粮草策应。一百二十八僧，一路旌旗招展，撼山震岳，向潼关进发，出征西鲁。《海底》叙及众僧征讨西鲁的情状：

> 一百二十八人辟山开路，越流架桥，不数日，到达边疆，张营建栅，列下阵势。西鲁探知，突进奇袭，僧军乃转守为攻，一战破之，斩将搴旗，累战皆捷，斩了大将彭龙天，杀得西鲁兵将，尸满山川，血流成河。西鲁王知其难御，亲至军前请成，仍愿年年进贡、岁岁来朝。僧军出征未满三月，不用一人，不折一矢，征服西鲁，班师凯旋。[②]

《海底》进而叙及一百二十八僧征服西鲁班师凯旋后，康熙给他们封赏，但他们已身入佛门，不愿受爵列双而迷恋风尘。康熙嘉许准奏，大赐筵宴，赏金银绢帛无数，并赐袈裟一袭，御书"圣泽无疆"匾额一方，以及"英雄居第一，豪杰称无双"等对联。郑君达受封分州总镇，前往湖广上任。众僧谢恩，回归少林寺。

有关"西鲁"故事中少林众僧御敌退兵，功不受赏这一情节，有学者指出："反映游民理想与追求的通俗小说，为了给沉沦下层但具有'鸿鹄之志'的游民英雄安排出路，往往要杜撰出这种情节。"[③] 为国立功的民族英雄遭受奸臣陷害，这是传统文学常见的叙事母题。在这些小说中，忠臣一般公正无私，忠诚勇敢，视功名利禄如粪土，一心为君王国家；相反奸臣是奸佞小人，

---

① 恩希特·卡西尔：《神话思维》，黄龙保等译，中国社会科学出版社 1992 年版，第 6 页。

② 李子峰：《海底》，《民国丛书》第一编（16），上海书店 1989 年版，第 6 页。

③ 王学泰：《天地会"西鲁"神话之解析》，《文史知识》1997 年第 10 期。

他们为了私利不顾国家民族利益，处处陷害忠臣良将。忠奸对立的故事模式与叙述主题"最能唤起匍伏在封建主义道德规范之下臣民们的正义感"，也最能强化帮会秘密组织的凝聚力，因此，"作者也把少林寺僧人写成忠于朝廷的义士和为朝廷建立了卓越功勋的功臣。他们因为受到奸臣的陷害被迫走上反抗道路，这不是犯上作乱而是为朝廷除害，是'替天行道'"①。由此，《海底》有关"西鲁"的神话传说，带有叙述者的意识形态动机。

《海底》中有关"西鲁"的神话传说，把"洪门"始祖的英雄、勇敢、爱国，以及清朝统治者的无能、昏聩、无信誉表现了出来。《海底》叙及少林众僧功不受赏，却受到清廷奸臣谗言陷害，清帝昏聩，竟然派兵围烧少林寺，绞杀郑君达。在叙述这些事件中穿插了大量神话。清兵围烧少林寺，三更时分，忽寺外火起，四周皆熊熊大火，因众僧睡卧酣熟，多半葬身火窟！正在这时，达摩祖师急遣朱开朱降化成黄黑二路，救出十八人；与清兵战死有十三人，剩下的五人即会中前五祖。当五祖行至惠州府良沙湾又遇追兵。此时，前临河流，后有追兵，危急万分，没有生路。达摩祖师算知此事，于是再遣二神持铁板、铜板，架作桥梁，使五僧得以渡过。五祖渡过长沙湾，行至宝珠寺，抵达石城县，见有一座高溪庙，夜半求宿，及至天明，该庙忽失之所在，原来该庙为二天神所幻化。此外，在叙及天地会结义时也极具神话色彩。某日，五祖散步见河中飘来一大石香炉，他们甚为惊异，香炉为青麻白碇石所造，两耳三足，炉底有"反清复明"四字。于是用此香炉，取树枝五根、草两枝，以代线香蜡烛，以水代酒，祭告天地，"正叩祷间，不意树枝与草，忽皆自焚。众人惊异，以为天示报仇之预兆，乃又以花瓷碗为苔，三次掷起，其碗不破。后又卜得胜筶三次，复在炉中见一锦囊，于是归至红花亭，以告陈近南"。陈近南说："此清代将覆。明朝复兴之天意也。报仇之期已至矣，天意不可违，可以起义矣。"②

以上是李子峰所编《海底》中有关天地会起源的神话传说，这些神话既增加了天地会起源的神秘性、传奇性，更体现了清廷的无情无义，以此说明天地会是替天行道。

有关"西鲁"的故事，有学者指出其虚构性，天地会面对清廷的残酷镇压打击，须在天地会成立缘起中增添一些带悲情色彩的内容，用来激发普通民众

---

① 王学泰：《天地会"西鲁"神话之解析》，《文史知识》1997年第10期。
② 李子峰：《海底》，《民国丛书》第一编（16），上海书店1989年版，第18—19页。

的义愤和增强组织内部凝聚力，而这虚构的悲情故事就成了"西鲁"故事的蓝本。① 正是《海底》中"西鲁"故事的虚构、夸张，使得《海底》具有浓厚的文学色彩。王学泰先生指出"西鲁"故事源于清代广泛流行的通俗小说，受到《水浒传》、《三国演义》、"说唐"系列故事的深刻影响。"西鲁"故事可从以上通俗小说中找到原型，且在其流传过程中日趋复杂化、文学化。②

从以上对李子峰《海底》中有关"西鲁"神话故事的梳理可见其浓厚的神秘性、传奇性、文学性，其悲剧性内容增强了帮会对清廷的义愤，"反清"色彩十分浓厚。随着清廷对天地会等"洪门"组织的打击镇压，"西鲁"故事这些具悲情色彩的神话传说影响力逐渐减弱，特别是中华民国成立后，袍哥"反清"意图已不存在，原有文献中的神话传说多被当成神怪之谈、封建迷信内容被删除。比如，刘师亮民国时期所著的《汉留全史》就删除了有关神话传说的部分，述及原因："查莨忠山原本，系封建时代口吻？且多神怪之谈，于方今国体之新趋向，似有未合。为因时制宜计，推刘师亮参酌今昔情形，亢者删之，缺者补之。"③ 后来的袍哥文献，多注重实用性，或注重民族精神与革命性等意识形态内容，而传奇性、神秘性等文学特征则逐渐消失。

二、袍哥文献的诗歌表征

诗歌是袍哥文献中使用得最多的文体样式，使其具有浓厚的文学性。窦昌荣编的《天地会诗歌选》较集中地收录了"洪门"天地会相关文献中的诗歌，其中不乏巴蜀袍哥相关诗歌的辑录。比如《天下袍哥共一家》④，以及《同袍歌》等，他对此解释道："秘密结社中的哥老会又称'袍哥'；入会时常穿一样颜色的衣服，表示'同袍'相亲的意思。穿红穿黑穿白而不穿青，正是对清朝反抗的表示。"⑤ 由此可见，编选者也把巴蜀袍哥归入天地会。除窦昌荣编的《天地会诗歌选》外，还有大量诗歌，仅以李子峰的《海底》而言，据附录中的诗联索引表统计，共计诗歌 688 首，大凡从天地会起源、历史发展、天地会的活动，直至会员的日常生活起居等，都用诗歌给予咏赞。比如，写到少林一百二十八僧众平定西鲁，班师回朝，不要封赏，有诗赞曰：

---

① 秦宝琦：《天地会〈会簿〉中"西鲁故事"新解》，《学术月刊》2007 年第 7 期。
② 王学泰：《天地会"西鲁"神话之解析》，《文史知识》1997 年第 10 期。
③ 李耘夫：《汉留全史》，星星书报杂志社 1938 年版，第 7 页。
④ 窦昌荣：《天地会诗歌选》，中华书局 1962 年版，第 37 页。
⑤ 窦昌荣：《天地会诗歌选》，中华书局 1962 年版，第 47 页。

英雄居第一，豪杰称无双；

班师回朝转，凯歌威武谒君王；

统兵一举定西鲁，盖世功勋日月光。①

以上诗歌把少林一百二十八僧的勇武、英雄豪杰及盖世功勋表达了出来。当天地会形成之初，起义遭受重创，陈近南召集众头领说："不若众弟兄分散各省，隐姓埋名，设下天地会，暗藏三点革命，制定五色旗号、诗句、口白，隐遁江湖山泽间，广结党徒，口传暗号、养精蓄锐，以冀未来之成功！"临别作诗一首，以便将来相认之证，其诗曰："五人分开一首诗，身上洪英无人知；此事传得众兄弟，后来相会团圆时。"② 这些诗歌，多注重实用功利性，便于会众们朗诵，以便口耳相传，蕴含浓厚的"洪门"文化精神特点（如图 3-1 所示）。

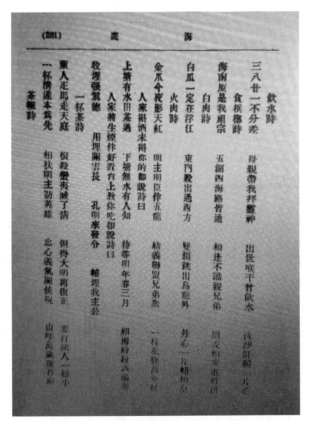

图 3-1　相关诗作（李子峰《海底》）

---

① 李子峰：《海底》，《民国丛书》第一编（16），上海书店 1989 年版，第 7 页。

② 李子峰：《海底》，《民国丛书》第一编（16），上海书店 1989 年版，第 22 页。

（一）诗歌的实用功利性

袍哥文献中的诗歌数量庞大，内容涉及袍哥组织的开山立堂、历史发展、礼仪活动、日常生活起居等。为便于人们理解接受，这些诗歌一般以朴实、明快、押韵的语句写成，带有民歌、民谣的特征，读来朗朗上口。下面以袍哥开山立堂的相关诗歌为例。

袍哥成立时，将开山立堂、歃血为盟等相关礼仪，都以诗歌的形式表现出来。比如开山立堂时，其诗歌使用异常多，其中《进山柬》《出山柬》为必备，《进山柬》为昭告天地之誓文，《出山柬》为通告天下各山主之檄文，多用四六骈体写成，一般叙及开山立堂之原因、目的、山堂名字等，其文学性很浓厚。其他还包括《开山令》《镇山令》及应用诗，诸如《解衣诗》《解头发诗》《改发诗》《脱衫诗》《插草诗》《点烛诗》《献酒诗》《注酒诗》《饮血酒诗》《进洪门诗》《会香诗》等。凡是涉及开山立堂相关礼仪，皆用诗歌表达。

李子峰《海底》中载有《传令开山诗》："山堂今日子时开，众家兄弟听开怀。一到月宫齐排起，忠义堂前把话摆。九通安了生死路，哪个敢闯香堂来。不是能人他莫进，不忠不义不要来。身家不清早早走，底子不足早回头。冒充光棍天下有，清出袍带要人头。不是愚兄言语陡，今日传令情不留。上四排哥子犯了戒，自己挖坑自己埋。中四排哥子犯了戒，三刀六眼自动开。下四排哥子犯了戒，金枪洪棍两分开。山前山后齐紧闭，莫叫马子闯进来。列位哥台齐站立，好把将令望下排。"[1] 这是袍哥开山立堂时所念的诗，其内容体现出袍哥开山立堂的庄重、严肃，以及袍哥帮会组织的严密性。

再看流传于四川资阳的袍哥文献中的《开山令》：

松柏堂传下了开山大令，尊一声众弟兄细听分明。
今日里受差遣大家趱劲[2]，带锹锄和水手早往前行。
逢高山要开成大路平顺，有两旁扎栏杆免人心惊。
遇溪沟造桥梁早要安顿，过大江造船舟棚要鲜明。
开东方有青龙百事无忌，开南方有朱雀太太平平。
开西方有白虎安贞吉庆，开北方有玄武虎啸龙吟。
开中央戊己土九龙盘定，择良辰与吉日会合群英。
差兄弟四处去传书报信，接天下众英雄到此安身。

① 李子峰：《海底》，《民国丛书》第一编（16），上海书店 1989 年版，第 77 页。
② 趱劲，系四川方言，有展劲、雄起、提起精神、打起精神之意。

迎四海与五湖驰名光棍，到此来结金兰拈香结盟。

有英雄到此来早早报信，请大哥与五哥去接客宾。

唯愿得弟兄们百事遂顺，日无忧夜无愁乐享升平。①

该诗系四川资阳一带袍哥开山立堂所唱诗句，其山堂的名字为"松柏堂"。该诗具有强烈的宣传鼓动性，号召各位袍哥兄弟鼓足精神，甚至带上锹锄等劳动工具，希望大家具备逢山开路、遇水架桥的豪情，并在诗中祈求青龙、朱雀、白虎、玄武，东方、南方、西方、北方四方神灵的保佑，迎接天下五湖四海之英雄豪杰到此拈香结盟。该诗写得朴实、生动，充满强烈的鼓动力量，地方方言、劳动工具的引入，使其巴蜀地域色彩十分浓厚。

在《开山令》宣读之后，一般是宣读《镇山令》，它是对袍哥组织成员的规范要求，也是袍哥心理文化的具体表现。袍哥文献中《金台山镇山令》所载诗句强调孝、悌、忠、信、礼、仪、廉、耻，以及公平、德信、袍谊、三纲、五常，要求会众必须遵循："大众哥弟遵此令，汉留身价重千金。倘有强顽违此令，荆条驱逐不容情。故为犯法不安分，军法相绳问斩刑。"② 据刘师亮说，该诗系《金台山实录》原本所载，后世秘密组织多以此为范本，改其语气而成为《海底》重要内容。窦昌荣指出，从诗歌中夹杂的四川方言和"袍联异姓"等诗句看，当是流传在四川哥老会中的作品。③

开山立堂需宰杀牲畜祭祀神灵，然后歃血盟誓，如《金台山载牲歌》："金台山传出了载牲大令，明远党众哥弟细听分明：多尔衮带满兵把明践踏，好河山变作了胡虏膻腥。大明朝也不少官居极品，国临亡都作了袖手旁人。我营中齐动了普天忠愤，赋同仇作敌忾歃血为盟；弟兄们在今朝结成刎颈，一个个效桃园誓共死生；在桃园祭苍天马牛为衅，在我辈遵古礼束帛载牲。当兵人原本是忠孝为本，若君父有大难力往前行。但愿得弟兄们同拼性命，驱胡虏回建州复我燕京，也不枉宫与兵袍联异姓，大功成青史上永远标名。"④ 就该诗内容看，它应该是郑成功号召手下弟兄开金台山"明远堂"所唱的"载牲"诗歌，诗作历数清军进犯中原大好河山的罪恶，以激起会众兄弟的民族义愤与激情，并效法刘关张桃园祭苍天而"歃血为盟"，立誓收复大好河山而功垂青史。

袍哥开山立堂除以上诗歌外，还有"请神""上香""饮血酒"等相关诗

---

① 王洪林：《四川方言会通》，巴蜀书社 2008 年版，第 6 页。

② 李绠夫：《汉留全史》，星星书报杂志社 1938 年版，第 12—13 页。

③ 参见窦昌荣：《天地会诗歌选》，中华书局 1962 年版。

④ 李绠夫：《汉留全史》，星星书报杂志社 1938 年版，第 11—12 页。

歌。袍哥文献中诗作数量较多，运用广泛，朴实生动，注重韵律，民歌、民谣味浓厚，读来朗朗上口，实用性、功利性较为突出，但艺术性不高。

（二）袍哥文化思想的传播

袍哥相关的诗歌，注重实用功利性，主要是便于传播其思想，诗歌中一般蕴含组织思想、宗旨。宣扬民族革命思想、异姓兄弟情谊、江湖义气等，是这些诗歌的主要内容。《海底》所收的诗歌具有强烈的功利思想与意识形态内容，表达"反清复明"思想的诗歌被运用于天地会重要组织活动中，如《改发诗》："改开青丝孝明君，前像佛教度我身；今晚得逢五祖面，反清复明合天心。"《脱衫诗》："改开清衣换明衣，三十六誓我尽知；自入洪门见忠义，前到木杨教习时。"[1] 与以上内容相关的诗还有《包头巾诗》《解头发诗》等。

异姓兄弟结拜是袍哥组织形成的重要方式，相关诗歌的重要内容即是歌赞异姓结拜的兄弟情谊。如《祭洪旗诗》："大哥传令香堂坐，摇旗惊动众英豪。人人都把香堂进，跪在圣前把香烧。今日结拜如手足，胜过一母生同胞。"[2] 袍哥非常注重兄弟义气与异姓兄弟情谊，如《会香八拜》中的《一拜诗》："一拜心香上炉头，誓共胡人永不休。劝君莫踏清朝路，反清复明报冤仇。"《八拜诗》："八拜还香是英豪，八拜联盟把兵招。八步高登金榜上，三八廿一复明朝。"[3]

与异姓兄弟结拜相联系，袍哥讲求兄弟江湖义气，这从他们敬奉的"三把半香"即可看出。《三把半香诗》即是对异姓兄弟义气的歌颂："头把香"是对羊角哀、左伯桃结成生死兄弟的歌颂，"二把香"是对刘、关、张桃园结义的歌颂，"三把香"歌颂梁山兄弟的义气，瓦岗兄弟的义气显然不能与以上兄弟结义的义气相比，因此只能烧"半把香"[4]。而在"三把半香"中，他们最推崇桃园结义与梁山泊英雄聚义。传统文学《三国演义》《水浒传》《隋唐演义》中异姓兄弟结拜成为袍哥相关诗歌所表现的重要思想与内容。其中刘、关、张桃园三结义既是他们钦慕的兄弟情谊，也是他们的追求。如《刘关张桃园结义诗》："桃园开放万里香，久闻知己访忠良。天下英雄居第一，桃园结义刘关张。"[5] 再如《上烛诗》："一对红烛亮光光，照见梁山与瓦岗。梁山一百单八将，三十六

① 李子峰：《海底》，《民国丛书》第一编（16），上海书店1989年版，第58页。
② 李子峰：《海底》，《民国丛书》第一编（16），上海书店1989年版，第77页。
③ 李子峰：《海底》，《民国丛书》第一编（16），上海书店1989年版，第69—70页。
④ 李子峰：《海底》，《民国丛书》第一编（16），上海书店1989年版，第73页。
⑤ 李子峰：《海底》，《民国丛书》第一编（16），上海书店1989年版，第122页。

友上瓦岗。"① 其他诗歌，诸如《会香诗》《请入忠义堂诗》《插草诗》《祭旗诗》等，都是歌颂"义气"之作。袍哥这一称呼就体现了对哥们兄弟"义气"的看重，因此，歌颂"义气"是这些诗歌的重要内容。除歌颂"义气"之外，仁、礼、智、信均在诗歌中有所反映，如《仁义礼智诗》："仁存天下立朝纲，义挽山河复帝邦。礼序君臣分上下，智图纳士访贤良。"②

从以上叙述可看出，在袍哥组织中，诗歌的运用极为广泛，组织的历史发展、组织制度、开山立堂的礼仪，甚至袍哥的日常生活，均以诗歌的形式给予表现。李子峰曾叙及："洪门会之言谈隐语，均系有明遗者，博学多能之士，所编制发明者，是以异常温文典雅；或幽默而别有风致，或积极而满腔血泪，讲仁勖义，灌输主义，使帮中弟兄于日常言行之间，无时不浸沉于报仇复国、仁义相律之环境内，较诸卧薪尝胆，出入呼名之办法为尤切矣。"③ 为便于传播，创作者非常注重诗歌的实用功利性，加上诗歌受众一般都是文化程度较低之人，因此，这些诗歌一般都写得朴实无华，读来朗朗上口，具有浓厚的民歌、民谣色彩。袍哥文献中的诗歌具有浓厚的袍哥文化精神，如宣扬民族革命思想、江湖兄弟义气等，这使诗歌的意识形态色彩十分浓厚，但无疑冲淡了其文学性。

三、袍哥文化与戏剧表征

袍哥与戏剧有重要关联。在小说、诗歌、戏剧几种文学样式中，袍哥最喜欢的就是戏剧，尤其是川剧。川剧中的三国戏、水浒戏等对巴蜀袍哥的发展有重要影响。在川剧中有这样的行话——"无三不成班"④，由此可见三国戏在川剧中的地位。三国戏中涉及刘备、关羽、张飞三人的剧目较多，主要有《三结义》《挑袍》《三战吕布》《斩华雄》《过五关》《古城会》等。除三国戏之外，水浒戏也是川剧演出的重要剧目。川剧约有大小水浒戏剧目45束左右。在川剧水浒戏中，武松戏最多，代表剧目有《打虎》《狮子楼》《杀嫂》《快活林》《血溅鸳鸯楼》等近10束。三国戏、水浒戏之所以在近现代巴蜀流行，其原因即是有关三国、水浒的故事在巴蜀民间广泛流传，这与巴蜀袍哥对三国戏、水浒戏的推崇有重要关系。在袍哥的重要活动中，多唱川戏。袍哥的几个重要会期，比如"单刀会""春台会""团年会"（又叫"封龙口"）等，均会唱大戏。

① 李子峰：《海底》，《民国丛书》第一编（16），上海书店1989年版，第81页。
② 李子峰：《海底》，《民国丛书》第一编（16），上海书店1989年版，第132页。
③ 李子峰：《海底》，《民国丛书》第一编（16），上海书店1989年版，第4页。
④ 永康等：《传统川剧中的三国戏》，《社会科学研究》1983年第4期。

袍哥最喜欢的戏目就是三国戏、水浒戏，这与袍哥对桃园三结义、水浒英雄的敬重有密切关系。在袍哥的重要节日，比如每年农历五月十三，即袍哥的单刀会："在那一天，不但袍哥们热烈的团聚着喝酒猜拳，而且还要由会上出钱请班子唱戏，唱得各处的男女老幼都抛弃工作来尽量闲耍，竟叫一个荒僻的田坝，比繁荣的城市还热闹。"① 即使一些穷乡僻壤演不成大戏，也要打围鼓（即川剧清唱），以显示袍哥的风光。② 从以上叙述可看出，袍哥与戏剧关系密切，袍哥文化与巴蜀民众的世俗生活日益融合。除以上三国戏、水浒戏之外，川剧《巴九寨》更是袍哥们喜欢的独特剧目，该剧具有浓厚的袍哥文化色彩。

（一）川剧《巴九寨》

川剧《巴九寨》又名袍哥拿言语书（如图 3-2 所示），该剧具有浓厚的袍哥文化色彩，是袍哥文化的代表作。该剧根据小说《绿牡丹》（亦名《宏碧绿》）改编，讲述了唐武则天时，反对武则天的骆宾王的本家骆宏勋，联络水旱草莽英雄鲍自安、花振芳、薛刚等保中宗复位的故事。小说中巴家的巴龙、巴虎、巴彪、巴豹、巴仁、巴义、巴礼、巴智、巴信，弟兄九人，各据一寨，寨名为巴九寨。巴家九兄弟只有巴信有独子巴结，但不务正业，与骆宏勋比武时被骆宏勋所杀。巴家要报杀子之仇，最后被南北各路英雄劝解和好。在晚清，袍哥作为隐秘帮派组织，相关制度、礼仪、言语等不便公开，于是便借"巴九寨"故事编成戏剧。在演出时，表演丢歪子等袍哥礼仪，又有各路袍哥拜码头的问答等，使观众知道袍哥的大概，又表现巴信遵从各大爷的调解，不记杀子之仇，很是义气。③ 川剧《巴九寨》借各路草莽英雄劝解巴信消解杀子之仇来传播袍哥义气，以及袍哥组织制度、袍哥礼仪等。该剧中有丢歪子礼仪，袍哥拜码头礼仪、隐语，以及袍哥"十条十款"等，具有浓厚的袍哥文化气息。

---

① 彧黍：《杂谈四川的哥老会》，《统一评论》1937 年第 3 卷第 11 期。
② 参见王纯五：《袍哥探秘》，巴蜀书社 1993 年版。
③ 参见川剧《巴九寨》，说文社（未标明出版日期，现藏重庆图书馆）。

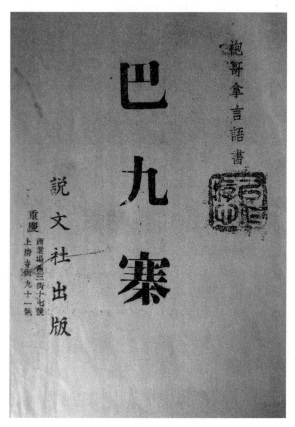

图 3-2　《巴九寨》书影

　　巴家九兄弟分居九寨，专干些"打劫客商夺钱财"的生意，剧作描绘他们"杀人尸骨堆山海，杀的客商无土埋"，他们如绿林土匪一般，是典型的"浑水"袍哥。巴家九兄弟的名字除巴龙、巴虎、巴彪、巴豹外，其他五兄弟分别以袍哥的仁、义、礼、智、信命名。九兄弟很是讲究江湖义气，好结"南北二京，水旱两党，红黑两道，九弯八河，三江六码头的哥弟"①。巴家九兄弟只有巴信有儿子巴结，却在与骆宏勋比武时被骆杀死，这无疑断绝了巴家香火，所以巴家发誓要为巴结报仇。经鲍自安、萧师傅、徐松鹏、任五爷、胡连和胡理各种理由的劝解，最终巴信还是以义气为重，原谅了骆宏勋，并收他为干儿子，由此可见该剧对袍哥义气的张扬。该剧作中，在前来劝说巴信的各路英雄中，鲍自安为巴信拜兄，巴信所任袍哥五排就是由他提拔的；其他几位英雄有袍哥大爷徐松鹏、袍哥任五爷、袍哥胡二爷、袍哥六爷花振芳等。当各路英雄

　　①　川剧《巴九寨》，说文社（未标明出版日期，现藏重庆图书馆），第 15 页。

汇聚巴九寨，他们的座位安排体现了袍哥礼仪，巴信向各位英雄唱道："众位拜兄驾至，小弟未能谦逊，作个团团揖，拜见落座，三十六把金交椅，七十二座龙虎位，众位拜兄龙归龙位，虎归虎台。"① 再看巴信对胡理讲的新加入袍哥需拜兄恩、承、保、举引荐的礼仪，以及袍哥的"十条十款"的内容：

> 说汉留，讲汉留，开山设堂数百秋，仁义大爷把水口，恩承保举把弟收，身价不清各远走，己事不明早回头，一见恩兄要迎驾，二见拜兄依礼法，三讲汉留尊同把，四效桃园不二家，五排管事把帅挂，六附大爷统兵辖，七不准乌龙盘上架，八不准前后把衣扎，九要坐席分上下，十要谦让把礼答；第一条忠心把国保，孝敬父母第二条，兄爱弟来弟敬嫂，一家和睦第三条，寄妻托子要看照，疏财仗义第四条，兄有难事弟排好，尊敬长上第五条，谨戒乱伦与娼盗，越礼犯法第六条，踏汤赴火把义保，雪里送炭第七条，伯牙捧琴叹交好，访齐义士第八条，角哀伯桃与管鲍，义重天下第九条，南北英雄能会哨，有仁有义第十条，十条十款你领教，话明请你饮羊羔。②

川剧《巴九寨》运用了大量袍哥隐语，如因为骆宏勋误杀巴结而使巴、骆两家结仇，称为"结梁子"，几路英雄到巴九寨调解冤仇叫"搭台子"，又如巴信迎接各路英雄所说的客套语："若知众位拜兄从水道而来，就该叫几双小划子，顺舟子，神驳子，快船子……前来迎接。"③ "划子"指"划船的桨"，"顺舟子，神驳子，快船子"均指"船"。巴信说的客套话中的"扁嘴子""长冠子""摆尾子"主要指"鸭""鸡""鱼"，意指宰杀鸡、鸭、鱼等款待各路英雄。

《巴九寨》的袍哥文化色彩浓厚，该剧的演出实际是向观众传播袍哥文化思想。作为隐秘的帮会组织，为躲避官方的追查，以川剧《巴九寨》为载体，袍哥找到了传播其文化思想的重要方式。

（二）袍哥礼仪文化与戏剧表征

有人指出，汉留的香规非常隆重，据《海底》所载开香堂的程序，实行起来"简直就像在做大戏一样"④。确实如此，袍哥组织所进行的各种仪式极具戏剧表演性。袍哥初期在开山立堂时甚至要改发易服，有一定装束打扮的规矩。比如，在四川保路运动后，尹昌衡在军政府设立全川袍哥总社"大汉公"

---

① 川剧《巴九寨》，说文社（未标明出版日期，现藏重庆图书馆），第18页。
② 川剧《巴九寨》，说文社（未标明出版日期，现藏重庆图书馆），第25—26页。
③ 川剧《巴九寨》，说文社（未标明出版日期，现藏重庆图书馆），第20页。
④ 邓潮浚：《汉留研究》，说文社1947年版，第10页。

并自认总舵把子，成都各政府机构也上行下效开山立堂，到处锣鼓喧天，火炮轰鸣。各个新堂口成立时袍哥们则模仿戏剧人物装束，头插野鸡翎，画着花脸，穿着戏服，列队欢迎总舵把子尹昌衡。[①] 显然，以上行为极具历史讽刺性，但它实际是袍哥开山立堂礼仪的表现。袍哥新会员的入会仪式也极具戏剧特征。《海底》指出："天地会举行入会式，谓之唱戏。举行之日，会友皆应莅临，谓之看戏。"[②] 新入会者谓之新丁，或新贵人，入会时须有四大盟兄"恩""承""保""举"之一介绍，入会仪式有繁有简，但都具表演性、程式化的特点，他们之间的对话也极具戏剧对白、台词的特色。就简单仪式而言，新丁贵人入会时，先由"承兄"及"拜兄"行礼，礼毕后，新入会者跪于神前，以下是他们之间的对白：

> 管事乃问曰：你何故要来此地？
>
> 答：愿充洪家兄弟而来。
>
> 问：谁教你来的？
>
> 答：出于自己本意。
>
> 问：是谁引进？
>
> ……[③]

新入会者、管事和保举人之间一问一答，新入会者还要对神灵发誓，管事立于神位之左侧，手持利刃，即时斩一白雄鸡，并说："不忠不义，有如此鸡。"直至整个仪式结束。以上是较简单的入会仪式，由此可看出，承兄、拜兄、管事和新丁贵人等，他们在仪式中的行为言语极具戏剧表演的特点，动作趋于程式化，而对白也极具戏剧台词的特色。繁复的入会仪式要求会场陈设必须完善，且需卫兵、先锋等执事到场。会中祭祀完毕后，大哥坐神前，香主坐左，先生坐右，其他会友则立于较远之处。卫兵带剑各立门际，先锋先导新丁在休息室，教以问答规矩。然后，新丁散发穿着明朝服装进入会场。在其相关仪式中，有带程式化的问答，并配以诗句。如仪式开始时：

> 将军有请！
>
> 问：你是何人？
>
> 答：我乃苏洪光是也。

---

① 参见王纯五：《洪门·青帮·袍哥——中国旧时民间黑社会习俗》，四川人民出版社1993年版。

② 李子峰：《海底》，《民国丛书》第一编（16），上海书店1989年版，第135页。

③ 李子峰：《海底》，《民国丛书》第一编（16），上海书店1989年版，第136页。

问：你来何事？

答：闻得五祖架桥开土，招集天下英雄，因此奉了高溪天佑洪之命，带了新兵数百万到来，过桥进大洪门，入木杨城，请令定夺。烦二位将军方便，方便！

问：可有忠义吗？

答：人人有忠义，个个有武艺，十八般兵器件件皆能，文韬武略，般般俱晓，方敢到来！

问：有何为证？

答：有诗为证——

五湖四海集新丁，过桥起义显成名。

万望义兄来辅进，木杨盟誓号雄英。[1]（如图 3-3 所示）

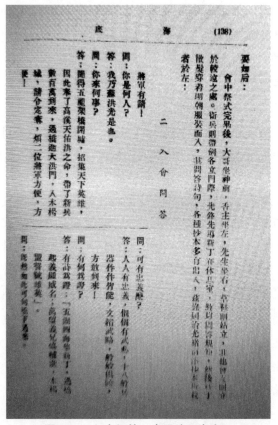

图 3-3　入会问答（李子峰《海底》）

① 李子峰：《海底》，《民国丛书》第一编（16），上海书店 1989 年版，第 138 页。

以上繁复的入会仪式比前面叙及的简单仪式更具戏剧性。仪式开始便讲述了"五祖架桥开土，招集天下英雄"的故事，极具表演性，动作程式化，问答对话类似戏剧台词。从以上叙述可看出，袍哥入会仪式与戏剧关系紧密。可以说，袍哥的一切活动，大到袍哥组织成立的开山立堂，小到平时的议会进香、见面行礼，均借助了戏剧表演因素。

又如四川资阳一带的"义会进香祝矩"，即义会进香规矩礼仪：

巡风报：小弟奉命巡风，接着义号把兄。头顶香盘参圣，还望五哥通融。

五云：忽闻巡风来禀报，少兄参圣把香烧。申登大哥得知道，容不容见两开消？

大云：闻说义兄来道喜，位位管事听端的。恐防其中有病弊，人人都要小心些。香堂外鼓乐要齐备，月官内展开两支旗。贵客来到接以礼，规矩要熟休失仪。

进香者湍江进堂，参圣毕。

以上讲的是"义"字号堂口的袍哥听说"仁"字堂袍哥开山立堂，于是前来进香祝贺的事，这本是袍哥堂口与堂口之间的礼节性拜访。因为涉及袍哥堂口与堂口之间的礼仪关系，以及新的袍哥组织成立的机密与安全，巡风必须征得五哥并请示龙头大哥的同意。在征得龙头大哥同意后，五哥请前来进香的"义"字堂袍哥进堂进香。

五云：自古江湖代代兴，汉唐流传到而今。不嫌愚下礼义浅，请进香堂叩帝君。

进香者湍江进堂，参圣毕。大云：神前一拜，依礼达待，好弟好兄，人人安泰。

管事送客，云：适才堂中闻禀报，闪出一位大英豪。黄斑猛虎金钱豹，个个都在舞翎毛。多承位位把喜道，接驾不恭要量高。仪注不清休见笑，快慢还要代代劳。今夜留步请明早，品仙台上宴群僚。回头再来把话表，吩咐咱们小老么。贵客来了把茶泡，拿烟相敬莫辞劳。施礼送客出营哨，回鸾转驾福滔滔。①

从以上内容可知，袍哥堂口与堂口成员之间的礼仪拜访，以及袍哥与袍哥之间的对话与动作，都极具戏剧色彩。与袍哥开山立堂礼仪密切相关的"闯山

---

① 王洪林：《四川方言会通》，巴蜀书社 2008 年版，第 3—4 页。

令"，其戏剧特征更突出。"义"字堂袍哥听说"仁"字堂袍哥开山立堂，于是配备香烛前去进香：

> 客云：适才小弟寒山转，闻听此间结金兰。小弟急忙归家院，备办香烛与纸钱。来到辕门用目看，禀请五哥（叔）去通传。若是大哥（叔）容弟（侄）见，手捧香烛把神参。若是大哥（叔）不容见，依旧回在小寒山。

红旗管事向龙头大哥请示，这是他们之间的对话：

> 子侄进香，管事接客白。五云：堂前忙禀告，位台仁兄听根苗。门外英雄来一哨，人人打扮甚蹊跷。我弟上前去问道，光棍之子侯伯苗。头顶香盘礼行到，圣人台前把香烧。我弟上前来禀报，容不容见两开消？
>
> 大白：闻听嘉客在外面，头顶香盘到堂前。贤弟急忙对客叹，请进香堂把神参。

在得到龙头大哥允许后，红旗管事五哥请前来进香的袍哥入堂。由于"义"字堂口在辈分上低"仁"字堂口一级，因此，红旗管事称前来进香者为侄，以下是红旗管事与来进香的袍哥的对话与动作：

> 五请侄进山，白：走上前来忙答话，位台贤侄听根芽。承蒙各位动金驾，请进香堂敬菩萨。
>
> 五请侄进山，有用此白：你们贵会千秋胜，个个知礼知义行。大哥闻听真喜庆，请进香堂叩帝君。
>
> 客进香堂，湍江，白：进香堂用目观望，见英雄坐在两旁。念小弟今日冒闯，莫嫌弟礼义疏荒。
>
> 进香已毕，大接白：尊声贤弟把客请，迎宾馆内去留停。少时弟兄把神敬，即来问候叙寒温。
>
> 进香已毕，五送侄白：承蒙贤侄到金驾，来在香堂敬菩萨。大伯盟叔示赏下，请出香堂吃烟茶。
>
> 进香已毕，五送侄孙白：三十河东四十西，公孙会哨古来稀。年少英雄来重义，不久之间步云梯。
>
> 五送侄孙出门，湍江：贤侄湍江有刚常，可算江湖一栋梁。本得留驾把话讲，怎奈今夜有事忙。贤侄请进迎宾馆，送驾不到要包荒。①

---

① 王洪林：《四川方言会通》，巴蜀书社 2008 年版，第 4—5 页。

从上面列举的"义会进香祝矩"与"闯山令"礼仪，山堂外的人到山堂进香，到进香完毕离开，袍哥们之间的对话与动作都极具戏剧性，因此，袍哥一般把他们各种礼节活动相关的集会称为"看戏"，这是有一定道理的。

除袍哥开山立堂这一重要礼仪具有戏剧表演特色外，袍哥的一些日常活动，诸如袍哥见面所行的"歪歪揖""丢歪子"，以及"茶碗阵""吃讲茶"等，也都具有戏剧表演特征。仅以"吃讲茶"这一袍哥文化现象为例，它是指袍哥内部兄弟发生矛盾纠纷后，让本码头袍哥成员到茶馆开会，由矛盾双方当事人申诉，然后由大家裁决。在"吃讲茶"中，当事袍哥双方请示各位到场袍哥后，管事唱到：

> 执法拜兄传口令，迎接连封众贤宾，人非圣贤焉无损，各执一词起纠纷；前辈古人对众论，不说大众也知情，巴结碰剑丧了命，九大房人断苗根，宏勋误把巴结损，巴九要杀骆宏勋，英雄去到龙潭镇，搬来鲍福屈人情，胡连善言劝巴信，山海之仇化灰尘，全体社会明如镜，休得强调来扯筋，位君都是天秤称，总从实处让三分，自古有言常常论，梁山不打不相亲，主席裁判无私隐，赏罚何分疏与亲，一告一诉是本等，不可斗狠起歪心，谁是谁非休争论，迎接大众解忧纷。①

矛盾双方你来我往的相互辩解、争议，以及管事的调停，均带有戏剧的表演特征。管事的唱词中列举的"宏勋误把巴结损，巴九要杀骆宏勋"，其故事源自川剧《巴九寨》：巴信以义气为重，接受各路英雄的调解，消解了骆宏勋的"杀子"之仇。正如前面叙述，该剧又叫袍哥拿言语书，是一部袍哥文化分外浓厚的剧作。"吃讲茶"中管事就以此故事作为调解袍哥成员内部矛盾纠纷的案例，由此可见《巴九寨》渗透于当时人们的日常生活之中。

第二节　袍哥文化与巴蜀现当代文学

如上文所述，袍哥文化与文学的关系很密切。袍哥文化与巴蜀现当代文学更有密切关系，巴蜀现当代作家的袍哥书写是袍哥文化文学表征的重要体现。一个作家的性格气质，以及他的创作明显受其生长的地域文化的影响，无论是巴蜀古代作家，还是现当代作家，他们的性格与气质，以及文学创作皆具有巴蜀文化特征。而巴蜀现当代作家，除受巴蜀文化影响外，还受袍哥文化的影

---

① 山逸：《袍哥内幕》，重庆民间书报社 1946 年版，第 6—7 页。

响，二者影响着巴蜀现当代作家的思维方式与行为特征，影响着他们的性格、气质，并进而影响了他们的文学活动与文学创作。

一、巴蜀文化性格与巴蜀作家

巴蜀独特的地理环境使巴蜀民众形成了强悍、坚韧、质直、精明、浪漫等性格特征与气质。巴蜀偏于一隅，不受中原主流文化的影响与束缚，民众形成了独立、自由、桀骜不驯的性格特征。以上这些心理与人格气质成为一种集体无意识，浸润于巴蜀民众心理与人格结构中，影响着世代巴蜀作家们，司马相如以辞赋闻名天下，其赋豪迈、富丽、恢宏，代表了汉赋的最高成就，鲁迅评价司马相如的辞赋"广博洪丽，卓绝汉代"，其人格独立不羁，敢于蔑视封建伦理，一曲《凤求凰》让文君怦然心动。陈子昂慷慨任侠，在诗歌上力主"汉魏风骨"，开创初唐文风，其千古绝唱"前不见古人，后不见来者"是其抱负胸襟的真实写照，诗歌回荡着目空一切的孤傲之气与茫然浩叹的慷慨悲凉。李白将唐诗推向高峰，他任侠、自负、狂傲、独立、豪放、旷达、不羁、浪漫、逍遥，这既是巴蜀文化精神在李白身上的反映，也是巴蜀文化精神在盛唐时代的反映。苏轼一生仕途坎坷，但生性放达豪迈，其文汪洋恣肆，其诗清新豪健，文如其人，而其人格与文风则离不开巴山蜀水的滋润。清代的李调元性情粗犷、超越世俗、独立不羁，这也正是巴蜀文化精神的外显。再看巴蜀近代文人邹容，自小极具反叛精神，其《革命军》具有冲决一切罗网的气势与精神，这是巴蜀文化精神所发出的时代最强音。再看巴蜀现当代作家，郭沫若在《女神》中表现出的大胆、叛逆、自由精神，巴金在"激流三部曲"中对传统、封建思想的反抗，艾芜离家出走只为追求独立与自由，魏明伦戏剧中的大胆与创新……这些无不是巴蜀文化精神的反映。有关巴蜀文化对巴蜀文人的浸润与熏陶，李凯指出："巴蜀文人生性豪迈、独立、自由、随性的心理与人格特征独慧于巴蜀文化。"[①] 文格源自人格，而人格其实是其文化性格所使，它来自文人生存地域文化的影响。巴蜀独特的地理位置，独特的山水，独特的人文环境与集体无意识，造就了巴蜀作家的特殊人格气质，影响着他们的文学创作。

人文历史因素对巴蜀文化的形成亦有重要影响。各个历史时期对巴蜀文化的形成都有重要作用，其中"三国"文化最为关键。巴蜀社会是一个移民社会，从秦代"移秦民万家"到清代的"湖广填四川"，巴蜀经历了几次大的移民潮。清代的巴蜀大移民对巴蜀近现代社会造成了重要影响，其重要表现即是

---

① 李凯：《试论古代巴蜀文学特征》，《中华文化论坛》1998 年第 4 期。

巴蜀袍哥广泛兴起并形成了独特的袍哥文化，与巴蜀文化相融合、相交汇。袍哥文化在巴蜀的风行影响了巴蜀民众的心理与行为，这也影响了巴蜀现当代作家及他们的创作。李怡论及巴蜀现代作家多受袍哥文化的影响，这些作家就有吴虞、沙汀、康白情、阳翰笙等①，邓经武亦指出，在现代巴蜀作家中，绝大多数都与袍哥组织有着或深或浅的关系："袍哥的行为规范、价值标准和语言语义表现方式，几乎已成为巴蜀民俗风习和人文性格模式的集中概括，它自然就成为现代巴蜀作家的创作内容和艺术审美对象之一。"② 这样的论述显然有其客观根据。

袍哥文化作为巴蜀近现代重要文化已深入到巴蜀民众的生活中，巴蜀现当代作家大多具有叛逆、追求自由的心理与性格特征，这既源于传统巴蜀文化的积淀，也源于袍哥文化性格及精神特质的浸润。李怡先生曾论及巴蜀现代作家具有强烈的反叛精神，这使他们在现代文化思潮与创作中多次扮演先锋的角色。③ 这种反叛精神源自巴蜀文化，就某种角度看，源自巴蜀袍哥文化性格及精神特质的影响。可以说，袍哥文化的江湖特征、叛逆性、侠义精神等无不影响着巴蜀现当代作家，并具体表现在他们的创作中。

二、袍哥文化与巴蜀现当代作家

巴蜀现当代作家深受袍哥文化性格及精神特质的影响，并在他们的作品中多有表现。袍哥文化性格及精神特质与巴蜀现当代作家的相互关系主要有两方面表现：第一种情况是这类作家的创作中一般不涉及袍哥题材，但作家们的性格、气质，他们的文学活动及社会活动却具有典型的袍哥特征，以康白情、郭沫若、巴金、艾芜、周文和罗淑等为代表；第二种情况是这类作家的创作直接涉及袍哥题材，并且具有浓厚的袍哥文化色彩，以李劼人、沙汀、阳翰笙、马识途、魏明伦等为代表。

康白情与袍哥的关系尤为复杂。在巴蜀现当代作家中，康白情本人与袍哥文化的交集和纠缠相对于他的文学创作而言更意味深长，在他的行为中，袍哥特征分外突出。从其文学活动看，1918 年秋，康白情与傅斯年、罗家伦等成立了"新潮社"，创办了《新潮》杂志；作为新文学先驱诗人，其诗歌创作结

---

① 李怡：《论现代巴蜀文学的生态背景》，《西南师范大学学报》（哲学社会科学版）1995 年第 3 期。

② 邓经武：《大盆地的生命记忆：巴蜀文化与文学》，电子科技大学出版社 2005 年版，第 298 页。

③ 李怡：《来自巴蜀的反叛与先锋——20 世纪中国文学与巴蜀文化片论》，《西南师范大学学报》（哲学社会科学版）1998 年第 2 期。

集为《草儿》，他的诗歌在新文学初期影响广泛，郭沫若便是读到他的诗歌后而从事《女神》写作的。① 他在《新潮》《少年中国》等刊物上刊发的诗歌数量最多，这使康白情成为弄潮诗人。② 再看他的社会活动，1919 年 7 月他作为发起人之一成立了"少年中国学会"，李大钊与他各为《少年中国》编辑部正副主任。1919 年 1 月，他与罗家伦等发起组织北京大学平民教育团。1918 年参加蔡元培发起而旨在培养个人高尚道德的进德会等，此时康白情的人生可谓春风得意。从康白情的文学创作看，袍哥书写较少，但他的人生经历、各种社会活动与袍哥文化联系紧密。康白情的家乡四川安岳与四川其他地方一样，袍哥势力发展迅猛："清至民国，全县 52 个乡镇共有仁、义、礼字号袍哥 154 个公口，各行业约 6 万多人参加。"③ 康白情与其他巴蜀现当代作家类似，他的祖辈是清初湖广填四川的移民，他的父亲是晚清的贡生，因参加袍哥而不曾上进。康白情 9 岁便加入了袍哥"仁"字义安公④，到 25 岁已成为义安公舵把子。受袍哥江湖义气影响，康白情读小学时便和同学们异姓结拜。⑤ 他后来曾说，早期受"游侠式会门作风的影响"⑥。康白情所谓的"游侠式会门作风"主要指当时流行于巴蜀的袍哥作风。1922 年 2 月，他写有《洪盟》四章，该诗可视为康白情的袍哥书写，诗作以兄妹关系、夫妻关系来喻指"洪门"兄弟之间的关系，这与袍哥注重异姓兄弟情谊精神相同。⑦ 在美留学期间，他参加美国"洪门"组织致公总堂，和盟长黄三德（孙中山的"拜兄"）、会长黄任贤往来密切。他还与致公堂领袖商量决定发起成立"新中国党"组织筹备处，召集海外"洪门"恳亲大会决定组党问题。⑧ 另有学者也指出，康白情到旧金山后不久就加入美国"洪门"组织"致公堂"，并与孟寿椿、康纪鸿等人创立"新中国党"，康白情任党魁，用"康洪章"的名字展开活动。⑨ 为何取名"康

---

① 张云江：《弄潮诗人康白情》，《文史天地》2006 年第 9 期。

② 诸孝正等：《论康白情在新诗史上的地位》，《华南师范大学学报》（社会科学版）1990 年第 2 期。

③ 四川省安岳县志编纂委员会：《安岳县志》，四川人民出版社 1993 年版，第 811 页。

④ 赵毅衡在《留学而断送前程的康白情》一文中叙及康白情 11 岁参加帮会，这里主要指加入袍哥组织，参见赵毅衡：《对岸的诱惑：中西文化交流记》，上海人民出版社 2007 年版，第 69 页。

⑤ 丘立才等：《矛盾而复杂的五四诗人——康白情》，《新文学史料》1990 年第 2 期。

⑥ 丘立才等：《矛盾而复杂的五四诗人——康白情》，《新文学史料》1990 年第 2 期。

⑦ 原诗为："南山有桐，鸟集其枝。君子有朋，兄姊与之。瞻天父兮！瞩地母兮！君子有朋，永其侣兮！夫妇衣服，兄姊手足。衣服之敝，尚可缝也；手足之折，不可易也。落机苍苍，密河泱泱；洪盟皇皇，于世有光。患难相将，安乐无忘！"参见康白情《河上集》卷一，上海亚东图书馆 1929 年版。

⑧ 丘立才等：《矛盾而复杂的五四诗人——康白情》，《新文学史料》1990 年第 2 期。

⑨ 张云江：《弄潮诗人康白情》，《文史天地》2006 年第 9 期。

洪章"，他解释为"因学晚近社会改造学说搞不通，又受美帝种族歧视之刺激，一时有洪门土匪思想而改此名"①，从"洪章"二字可见康白情的"洪门"大志，可以说这是康白情社会活动的主要动力。康白情归国后，希望回北京大学任教，却因参加"致公堂"的经历而受到当时北京大学校长蒋梦麟的拒绝。后通过章士钊的介绍，到段祺瑞麾下兼任法制专门委员，后又与李大钊等人产生误解。他回到四川后与军阀杨森②、范绍增③等有来往，这两者均是四川著名袍哥人物。1927年春夏至1930年初，康白情在长江一带贩运烟土、搞土匪武装、训练神兵等。④因为袍哥的身份与袍哥文化性格的影响，康白情的人生经历具有传奇性。他自小加入袍哥组织，到美国留学参加"致公党"并创立"新中国党"，这样的社会路径显然与现实相抵触，也使他回国后的人生道路充满坎坷。他后来甚至搞土匪武装、训练神兵、贩毒走私，并染上嫖、赌、毒，成为一个尴尬的人物。从以上叙述可看出，袍哥身份与经历使康白情的人生深具传奇性，这既成就了他，也毁灭了他，使他成为巴蜀现当代作家，乃至中国现当代作家中最具传奇色彩而又颇为尴尬的一位。

郭沫若是一位受袍哥文化影响较大的作家，他的家乡乐山及附近大小县区乡镇，在晚清民国时期，袍哥势力发展迅速。清咸丰、同治年间，犍为和青神已有袍哥组织秘密反清。光绪时期，彭焕章在嘉定"开大峨山"，青神先后成立"清义公""清江公"等袍哥秘密组织，夹江田年丰、乐山龚占奇各自开山立堂成为当地著名袍哥舵把子。宣统元年（1909）12月12日，乐山童家场袍哥首领苏玉廷、王九皋与泸州著名袍哥首领及同盟会员佘英，策划了震惊四川的"嘉定暴动"。宣统三年（1911）四川保路运动爆发，乐山各地先后成立以袍哥为主的"保路同志军"，并陆续北上参加南路军围攻成都。⑤民国时期，乐山袍哥公开化，发展更为迅速，民国三十五年（1946），乐山有公口124个，袍哥63109人。⑥而此时郭沫若的出生地沙湾的袍哥也得到迅猛发展，该年

①　管林等：《关于康白情生平及经历研究的若干问题》，《华南师范大学学报》（社会科学版）2010年第1期。
②　杨森，广安龙台人，袍哥舵爷，川军著名将领，国民革命军陆军二级上将，曾任贵州省主席。
③　范绍增，四川大竹清河镇人，著名袍哥人物，自幼顽劣、任侠，人称"范哈（傻）儿"，1916年在川东达县、渠县一带起义讨袁，后任川军第27集团军88军军长，1949年9月被委任为国民党重庆挺进军总司令，1949年12月起义投诚，新中国成立后历任中南军政委员会参事、解放军四野五十军高参等职。
④　丘立才等：《矛盾而复杂的五四诗人——康白情》，《新文学史料》1990年第2期。
⑤　参见乐山市地方志编纂委员会：《乐山市志》下册，巴蜀书社2001年版。
⑥　参见乐山市地方志编纂委员会：《乐山市志》下册，巴蜀书社2001年版。

仁、义、礼码头就达 21 个，人数达 9000 人左右。① 1949 年，仅乐山属下五通桥区所统计的部分袍哥社团，就有仁、义、礼、智、信码头 91 个，其中位于竹根镇正中路的同仁社总社达 2110 人，位于辉山乡的文明总社达 1800 人。② 郭沫若家的兴衰发展与乐山袍哥有重要关联，郭沫若家族原籍为福建省汀州府宁化县，约在 1781 年前后随着当时的移民风潮迁来乐山沙湾。为在乐山这一陌生地域生存立足，郭沫若的祖父与四叔祖参加了袍哥组织，并以袍哥舵爷的身份执掌沙湾码头，在铜、雅、府河有响亮的名气，祖父因为参加袍哥而仗义疏财造成家业衰落。袍哥世家无疑对年轻时的郭沫若有重要影响，他与同学结拜、为同学两肋插刀打抱不平，无不体现出袍哥的义气和袍哥精神。在郭沫若后来的人生经历中，假如他未曾选择去异域留学，未经受新文化运动的洗礼，他也许会选择袍哥之路。袍哥文化性格及精神特质在他的文学创作中多有表现，就诗歌而言，他开创现代"自由诗"，诗集《女神》展现了自由、破坏、冲决罗网的精神，在《土匪颂》等诗歌中，他对所谓的"土匪"精神充满赞颂，充溢着民族爱国思想；就历史剧而言，《卓文君》《王昭君》《聂嫈》中，三个女性人物充满了叛逆、独立、自由的精神，《棠棣之花》《高渐离》《虎符》等剧中，聂政、荆轲、高渐离、信陵君等人物亦充满侠义精神与革命勇气。

在巴蜀现当代作家中，巴金身上的巴蜀文化特征最为淡薄，李怡指出，巴金显然更强调创作的普遍意义，他突出的是一种超越地域的价值。③ 但并非说明他未曾受巴蜀文化的滋润与袍哥文化的影响。他的大哥曾跟随镖客学习武艺，镖客也算是巴蜀袍哥式的人物。巴金对封建社会、封建家庭所表现出的叛逆、革命精神，对独立、自由的追求，以及对"无政府主义"的信奉，他创作的《灭亡》中杜大心这一人物的精神，以及"激流三部曲"中觉慧的性格气质，都反映了袍哥文化性格及精神特质。邓经武指出，巴金笔下的时代青年总是以狂热、浮躁、偏激甚至带有神经质的性格去反叛社会，杜大心、李冷、陈真那"杀身成仁""舍生取义"的壮举，亦带有蜀中豪侠的性格特征④，而这种蜀中豪侠的性格特征正是袍哥文化性格及精神特质的反映。在"激流三部曲"的《秋》中，高家分崩离析的原因之一就是"浑水"袍哥土匪、"棒客"对高家经济的冲击。巴金的《秋》承续《家》《春》的故事，高家坐吃山空，

---

① 参见四川省乐山市沙湾区地方志编纂委员会：《沙湾区志》，四川人民出版社 2001 年版。
② 参见四川省五通桥区志编纂委员会：《五通桥区志》，巴蜀书社 1992 年版。
③ 李怡：《文学的区域特色如何成为可能——以巴金与巴蜀文化关系为例》，《社会科学研究》2010 年第 5 期。
④ 邓经武：《巴金与巴蜀文化》，《绵阳师范高等专科学校学报》1998 年第 2 期。

经济难以为继，人们吵着要卖掉公馆，从五太太王氏与四太太沈氏围绕是否卖掉公馆的气愤对话，即可看出"浑水"袍哥对高家收取田产地租带来的冲击与影响：

> 你不记得前几天刘升下乡回来怎样说？去年租米，恐怕也只有往年的一样多。今年更差。这几个月到处都在打仗，"棒客"没有人管，又凶起来了。各县都有。外面还有谣言，说温江的"棒老二"说过，本年新租他们收八成，佃客收两成，主人家就只有完粮纳税，一个钱都收不到。万一成了真的，你看焦人不焦人？你四哥又没多少积蓄，我们熬不起！比不得你们钱多！卖田现在又卖不起价。不卖房子，我们将来吃什么？①

虽然引文中"棒客""棒老二"的行为只是一种谣传，但亦可感知当时巴蜀"浑水"袍哥的疯狂状态。②

再看艾芜及其文学创作，相对于年长的李劼人，以及同龄人沙汀，他的创作较少涉及巴蜀地域文化，离家"南行"流浪的人生经历表面上看是他对巴蜀、巴蜀文化的剥离，事实上巴蜀文化照样影响着艾芜的性格。艾芜的祖籍为湖北孝感，其祖辈随着当时"湖广填四川"的风潮来到川西平原的新繁安家。到艾芜高祖父汤德润时，其家族发展到鼎盛时期，有良田三百亩，儿孙一大群。③正如前面论及，作为移民家庭，要在巴蜀之地生存立足，加入袍哥是重要选择。目前还没有资料证明艾芜的祖辈是否有人参加过袍哥，但艾芜的父辈的确参加了袍哥。有学者指出艾芜的父亲"为了对付教育界的'六腊之战'，他操袍哥，经常出入于茶坊酒店，甚至学会了赌钱、抽鸦片烟，弄得债台高筑"④。加入袍哥实际是当时巴蜀民众为在社会上立足，并求得生存发展所做的普遍选择，艾芜在他的传记中也有此说法。辛亥革命后，袍哥在艾芜的家乡得到前所未有的发展，连小孩们也学大人一样，操起袍哥来了，而操袍哥大爷的，多半还是学生中辈分最高的人。周围的成人世界与同龄人的世界，无疑对艾芜有重要影响，这表现在童年艾芜对文学作品中江湖武侠世界的痴迷。他喜欢读《七侠五义》《小五义》《续小五义》《说唐》等，完全沉醉在这些小说营造的"江湖世界"里。对《小五义》中艾虎这一人物的钦佩也许是他使用艾芜这一笔名的潜在原因。他离开家乡漂泊于西南边陲，以及漂泊于南洋的经历成

---

① 巴金：《秋》，《巴金全集》第三卷，人民文学出版社1986年版，第564页。
② "棒客""棒老二"在近现代的巴蜀均为"土匪"的俗称，即巴蜀一带的"浑水"袍哥。
③ 参见谭兴国：《艾芜的生平和创作》，重庆出版社1985年版。
④ 谭兴国：《艾芜的生平和创作》，重庆出版社1985年版，第18页。

为他小说创作的重要资源。赶马人、流浪汉、卖艺人、偷马贼、私烟贩子、强盗、土匪、袍哥、轿夫等众多人物的江湖人生组成了艾芜笔下的"江湖世界"。艾芜对流浪、漂泊的痴迷，源自艾芜的移民血液，更源自袍哥文化性格中的独立、随性、自由、叛逆等。正如上文所述，巴蜀文化带有移民文化的特征，移民天生不愿囿于一隅，爱好自由，因此离开家乡，漂泊流浪于外在的江湖世界，与江湖中人为伍。艾芜从他们传奇、神秘的世界中，挖掘出人性的美好与闪光之处。此外，艾芜的父亲曾加入袍哥组织，父亲神秘陌生的袍哥世界无疑影响着童年艾芜，这也是他痴迷于侠义小说，以及他的创作多取材于江湖人生的重要原因。移民文化性格、袍哥文化性格及精神特质影响了艾芜，这也是他的"南行"文学世界由"流浪的江湖"所组成的潜在原因。

在巴蜀现当代作家中，周文的创作极具巴蜀地域特性，他的家乡荥经雅康即是袍哥发展的重要地域。任乃强在《哥老会之策源地——雅州》一文中认为，雅安是哥老会的发源地。文中指出，当时郑成功派人入川从事秘密抗清活动，把活动地点选在嘉雅一带。保路运动中，在雅安一带与清军交战的是袍哥大爷罗子舟。而保路运动后，雅安袍哥得到前所未有的发展，并渗透于军队中，军队官兵多为袍哥。周文16岁时即在西康军阀部队当文书，这段经历显然对他影响很大，使他在创作中专注于西康边地军阀、官僚、兵士的生活。他在谈及文学之路时说："从开始我就觉得要发泄，这一股怨气呀，好象骨鲠在喉，不吐不快似的。"① 军阀官僚们的明争暗斗、凶恶残暴和腐化堕落，军阀混战的血腥、残酷，军阀草菅人命、鱼肉百姓等成为他暴露"西康边地"黑暗的主要内容。《雪地》中夏得海在雪地中被冻掉双手，吴癞头被活活冻死，军官鞭打着行军慢了的兵士，将兵士陈占魁、李得胜踢下悬崖，最后还要克扣他们的军饷。《山坡上》写出了军阀争战血淋淋的残酷现实，士兵们成了军阀争城夺地的工具和炮灰。一场军阀交战中双方士兵们相互残杀搏斗，这场厮杀直至夜晚终于平息，战场上躺满了横七竖八的尸体，夜里有十来条狗，正掏食着这些尸体花花绿绿的肠子与内脏。作品揭露了民国时期四川军阀争战的残酷现实。军阀争战不仅给这些当炮灰的兵士带来悲惨命运，更给老百姓带来灾难。《山坡下》中的赖老太婆被炸断了腿，《退却》中逃跑的士兵抢了老百姓锅中糊口的豆渣。长篇小说《烟苗季》写了军阀们争权夺利、腐败黑暗，为争夺"禁烟委员"，相互间钩心斗角野蛮残暴的行径。中篇小说《在白森镇》描写刘县长与陈分县长，为争夺刑事诉讼案而钩心斗角、官匪一家的黑暗现实，暴露了

---

① 周文：《在摸索中得到的教训》，《周文选集》下卷，四川人民出版社1980年版，第416页。

"军人政治"下官僚的丑态。周文的创作似乎缺少对巴蜀袍哥的直接描写，但事实上他笔下的这些官僚、军阀、兵士、土匪本身多是袍哥，揭露了军阀、官僚、兵士、土匪、袍哥本是一家的社会现实。在民国时期的西康，袍哥盛行，政府采用拖滩招安、拖滩成军的办法使军阀割据一方，后来成为"西康王"的刘文辉，其麾下的覃筱楼、羊仁安和石肇武等，都是著名的袍哥人物。[1] 周文笔下的这些军阀、士兵多为袍哥，《退却》中撤退的兵士即是一伙袍哥。在《退却》中，两军阀部队交战，一群撤退的兵士经过一茂密黑暗的松林，听说这里聚集了几百名土匪，他们担心会受到土匪的袭击，这时一个兵士应道："笑话，袍哥怕什么！"只要他们向土匪打声招呼："弟兄，山不转路转，场头不坦，转头相逢。"兵士们想到自己是袍哥，他们本是一家，于是都变得很坦然。作品还叙述了这一袍哥队伍每年六月六，关云长磨刀会时的情景。在这一天，营里上上下下大小官兵一下子都会亲热起来，大家都"你哥子我兄弟"地相互叫着，传令长变成了"承行大五哥"。大家汇集于大堂，传令长把钱纸一张一张地铺在长凳上，左手执鸡，右手拿刀，做一个请安姿势后，在鸡颈上抹一刀，把鲜红的血滴到纸钱上，他便向站在关云长像前的副官鞠着躬说道："禀大哥，恭喜恭喜！"[2] 于是大家都提起手来打个拱，便高高兴兴地等着喝酒去了。以上场景表现了袍哥军队祭祀关羽的重要仪式。事实上，周文笔下的军阀、兵士，其身份多是袍哥，军阀、兵士、袍哥相互融合，沆瀣一气。

在巴蜀现当代作家群中，罗淑是一位女作家，其出身与人生经历不同于同时代巴蜀其他男性作家，未曾有与袍哥接触交往的经历。她的创作主要以曾经生活过的沱江流域为背景，多写"被侮辱与被损害者"的故事。[3] 她笔下的农民、盐工们卑微而凄惨地活着，但他们身上蕴藏着一种"力"，《生人妻》中那对贫苦的夫妇"勤恳而又勇敢的生活着，象两匹极度饥饿的兽"，女主人公表面善良、温柔，但当她知道被丈夫卖掉时，她骂丈夫"狼心狗肺"，这是一位不屈服于命运、敢于抗争的女性。《轿夫》中的女主人公为了生存，女扮男装充当抬轿的轿夫。《刘嫂》中的女主人公有强烈的生存意志，持有"人只要有两只脚，两只手，到处好找饭吃"的信念，顽强、执拗地活着。《井工》中的盐工老瓜本名叫梧子，被周围的人赐诨名老瓜，认为他无力、懦弱、憨痴，受尽了他人的讪笑、揶揄，但当被开除，其生存条件被剥夺时，他复仇反抗的念

①　参见四川省地方志编纂委员会：《四川省志·民俗志》，四川人民出版社 2000 年版。

②　周文：《退却》，《周文选集》下卷，四川人民出版社 1980 年版，第 28 页。

③　参见巴金：《后记》，罗淑：《鱼儿坳》，上海文化生活出版社 1941 年版。

头本能地迸发了。《地上的一角》《鱼儿坳》里的二爷一家，面对贫穷却能勤劳坚韧地活着，作品里的长发，面对灶主的盘剥也不甘认命，联合弟兄们铤而走险，拿着刀枪偷运私盐。罗淑笔下的这些小人物，卑微地生活着，但他们都有一股发自原始本能的反抗的"力"，这即是 20 世纪 30 年代初左翼文学推崇的乡土文学的"力"，而就地域文化看，它源于巴蜀文化与袍哥文化的精神特质。当罗淑去世后，巴金著文指出："许多人说她是一个贤妻良母型的女性，却少有人知道她是社会革命的斗士。"[1] 这种"斗士"精神，与巴蜀文化密不可分。罗淑身上有着蜀地女性刚烈、泼辣的性格气质，就某种角度看是袍哥文化性格在她身上的呈现。罗淑作为巴蜀现当代女性作家，由于出身背景与生活经历，加上文学创作时间短暂，她没有进行袍哥书写，但其笔下的人物，以及作家本人却具有明显的袍哥性格、袍哥精神。周文评价罗淑："大方，豪迈，没有一点庸俗的脂粉气。"[2] 据罗淑的女儿马小弥回忆，在她们一家回国的船上，一个比她大得多的德国男孩抢走了她的洋娃娃，她哭着去找母亲。她母亲大怒，让她马上去把玩具抢回。马小弥于是鼓足勇气，夺回了洋娃娃而反败为胜。[3] 罗淑不合常规教导女儿的方式固然有民族之恨的原因，但亦可见巴蜀女性刚烈、泼辣的性格。当罗淑读家塾时，她是家塾里唯一的女孩，她行止大方，言语庄重，一身男式装束。罗淑在成都女一师读书时，在五卅惨案学生反帝爱国浪潮中充当学生代表。一次与同学赶青羊宫花会时，遇见几十个佩盒子枪的兵痞们嬉皮笑脸，围着女学生们指指点点，品头论足，女学生们面对这些兵痞都吓得惊慌失措，往后躲藏。罗淑见状挺身上前，义正词严地指责兵痞们的无礼。[4] 而这群兵痞的领头人正是当时成都号称"花花太岁"的著名袍哥人物石肇武。由罗淑女儿马小弥叙及的生活细节，可看出罗淑仗义、泼辣、不羁的刚烈性格与气质，这正是袍哥文化性格的呈现。

三、袍哥文化与巴蜀现当代文学

袍哥文化及其精神特质影响着巴蜀现当代作家，这主要体现在他们创作中袍哥题材的选择、袍哥人物的塑造、袍哥语言的运用，以及袍哥价值观念的表

---

① 巴金：《纪念友人世弥》，罗淑：《生人妻》，花城出版社 1981 年版，第 72 页.

② 周文：《悼罗淑女土》，艾以等：《罗淑研究资料》，知识产权出版社 2010 年版，第 18 页。

③ 参见马小弥：《关于母亲的点滴回忆》，艾以等：《罗淑研究资料》，知识产权出版社 2010 年版。

④ 参见马小弥：《关于母亲的点滴回忆》，艾以等：《罗淑研究资料》，知识产权出版社 2010 年版。

现等方面。在巴蜀现当代作家群中，李劼人、沙汀、阳翰笙、马识途、魏明伦是直接描写巴蜀袍哥最多的作家。李劼人身上的巴蜀地域特色最为浓厚，他生长在富庶的成都平原，巴蜀文化对他的影响可以说是根深蒂固。近现代成都作为四川的政治、经济、文化中心，袍哥文化氛围极为浓厚。深谙巴蜀民风民俗的李劼人，对袍哥文化显然熟悉了解。他的《死水微澜》《暴风雨前》《大波》等长篇小说，以及不少中短篇小说，均具有突出的巴蜀文化特色，他以客观写实之笔展现了巴蜀独有的民风民俗。巴蜀近现代的袍哥文化无疑对李劼人产生了重要影响，并曾影响他的日常生活。他的儿子曾被土匪绑架，最后不得不凭借袍哥大爷邝瞎子从中斡旋，才幸免于难。他还将儿子过继给邝瞎子，让邝瞎子做他儿子的"干爹"。李劼人在作品中塑造了独特的袍哥形象，诸如《死水微澜》中的罗歪嘴、朱大爷、余树南和王立堂等，《暴风雨前》中的魏三爷，《大波》中的吴凤梧等。除了以上几位袍哥人物外，《死水微澜》中依靠洋教打击罗歪嘴的人物顾天成，他在《大波》中为了进一步扩展自己的势力，也加入了袍哥组织。此外，《大波》中的侯保斋、侯国治、吴庆熙和孙泽沛，甚至保路运动领导人罗纶、张澜和尹昌衡等，他们既是巴蜀近现代历史上真实的袍哥人物，也是作家塑造的袍哥形象，他们共同构成了李劼人小说中的袍哥人物世界。李劼人塑造的上述袍哥人物，就是袍哥民间权力的实施者，在打洋教、保路运动，甚至在市民日常生活中均有突出表现。

　　沙汀小说中的巴蜀地域文化也非常浓厚。沙汀自小耳濡目染故乡的袍哥人事，从小生长在舅父郑慕周的袍哥世界中，甚至参与袍哥活动，帮助舅父贩运枪支。沙汀自小接触的袍哥世界成为他后来文学创作的重要支撑点，袍哥是他笔下的重要人物。《丁跛公》中的丁跛公作为一个收取老百姓钱财的乡约，为了更好地开展工作，加入了哥老会，但袍哥身份并没给他带来多少实惠，后来他还受到"浑水"袍哥的抢劫，并被打断了一条腿，成了真正的丁跛公，这是沙汀笔下悲喜剧色彩极为浓厚的袍哥形象。《在其香居茶馆里》对袍哥世俗文化与民间权力有着精彩描写。作品中的袍哥大爷陈新老爷，以"吃讲茶"的方式调停解决土豪邢么吵吵与联保主任方治国由兵役黑幕引发抓壮丁问题的冲突。《还乡记》中的保队副徐烂狗，他只是袍哥中的小老幺，却欺负贫苦农民冯大生，并霸占其妻子金大姐。《淘金记》围绕着金矿的开采，牵引出北斗镇袍哥大爷白酱丹、林幺长子，以及龙哥、彭胖等人的故事。这些人物形成北斗镇袍哥的权力世界，操纵控制着北斗镇的一切，相互钩心斗角，构成了北斗镇黑暗肮脏的袍哥王国。沙汀营构的袍哥王国是巴蜀现当代文学的独特存在，也是中国现当代文学地域江湖书写的独特存在。

　　不同于李劼人、沙汀的袍哥书写，阳翰笙写出了巴蜀袍哥最富革命性的一面。阳翰笙的家乡宜宾高县即是巴蜀袍哥发展的重要地方，"清末民初，高县即有哥老会组织。蕉村、罗场为集字，会口'在星明'，县城为'振兴元'，嘉乐为'永乐同'，随后逐渐发展到老王场（今仁爱乡）、沐爱（今筠连管辖），并在筠连、庆符县来复场、珙县巡场设立分会口"①。在四川保路运动中，以罗鲜青为代表的高县的哥老会有重要贡献，阳翰笙笔下的《草莽英雄》即是以此为素材创作而成。②《草莽英雄》具有浓厚的袍哥文化色彩，塑造了川南龙头大爷罗选青，以及其他袍哥人物，如魏明三、吴文波、大管事五哥何玉庭，六哥冯杰，汪六，以及叛徒骆小豪等。作品写出了袍哥大爷罗选青的侠义、豪爽、勇敢，以及他富有革命性的一面，但也写出了他作为袍哥的草莽性，缺乏政治头脑的盲目性，这使他看不清县知事王云路假投降真阴谋的伎俩，因而疏于防范，在巡防军围困下仓皇应战而遭到重创牺牲。阳翰笙创作《草莽英雄》时带有强烈的意识形态性，他想通过罗选青这一草莽英雄的悲剧性遭遇，表明"资产阶级的民主革命只有在无产阶级领导下才能取得成功"③。

　　近现代时期，马识途的家乡忠县土匪猖獗、袍哥兴盛。马识途常在川渝从事地下革命活动，他对巴蜀袍哥较为熟悉与了解。在他的小说创作中，常有巴蜀袍哥的身影。无论是《夜谭十记》中的《盗官记》，还是熔铸了他革命经历的《西昌行》，以及写革命者传奇故事的《魔窟十年》等，都塑造了鲜活的袍哥形象。《盗官记》中的张牧之，作为绿林好汉，他杀富济贫，并投拜在成都有名的袍哥大爷门下，袍哥身份使他更方便实施惩治贪官污吏的计划。《西昌行》中的地下革命工作者一路乔装打扮，以"调解委员"的身份与袍哥大爷周旋。《魔窟十年》中的地下革命工作者肖强，为了打入敌特心脏，利用其父袍哥大爷的身份作掩护，并自己"嗨袍哥"。为了在成都更好地工作，他投靠在袍哥大爷的门下，并成为这位袍哥大爷的乘龙快婿，终于打入敌特心脏。马识途其他作品如《三战华园》《找红军》《雷神传奇》等，均有袍哥文化的影子，这增强了其作品的地域特征与江湖传奇色彩。

　　魏明伦作为巴蜀当代重要剧作家，自小熏染于家乡浓厚的袍哥文化氛围中。他童年时还参与川戏演出，遭遇了袍哥人事。因此，他对巴蜀袍哥极为熟悉了解。剧作《易胆大》写出了袍哥独霸龙门镇为害一方的故事，塑造了两位

---

　　①　高县志编纂委员会：《高县志》，方志出版社 1998 年版，第 719 页。

　　②　《草莽英雄》在新中国成立后作者改写较大，此处参阅群益出版社 1949 年版。

　　③　阳翰笙：《〈阳翰笙选集〉话剧剧本集自序》，潘光武：《阳翰笙研究资料》，知识产权出版社 2010 年版，第 249 页。

袍哥人物——"浑水"袍哥麻五爷麻大胆和"清水"袍哥士绅骆善人。在魏明伦笔下，无论"清水""浑水"袍哥，均为非作歹，贻害一方，川剧艺人易胆大与他们斗智斗勇。剧作《变脸》中的民间艺人"水上漂"走南闯北，为了在江湖上立足，他加入袍哥，成为袍哥中的小老幺。剧作《好女人·坏女人》取材于布莱希特剧作《四川好人》，也具有浓厚的袍哥文化色彩。

从以上叙述可看出，巴蜀现当代作家受袍哥文化及其精神特质影响深厚，这从作家们的性格、气质、行为，他们的文学活动、社会活动，以及他们的文学创作中均可看出。巴蜀现当代作家对巴蜀袍哥、袍哥文化有他们自己的认识，他们自觉或不自觉地受袍哥文化及其精神特质的影响；但他们毕竟是受欧风美雨影响，或是受新文化启蒙的现代知识分子，他们能超越一般巴蜀民众对袍哥的认识。他们既能看清楚袍哥在巴蜀近现代历史上的正义性、进步性，也能看清楚其邪恶、丑陋的反动性。他们常以精英知识分子，或左翼作家的立场来评判，取舍与疏离，甚至批判袍哥文化，尤其是巴蜀袍哥所显示的负面性、丑陋性，更被他们当成巴蜀近现代社会的痼疾，给予毫不留情的讥讽与批判。这就不难理解：郭沫若、巴金、艾芜、罗淑、周文等作家的创作或是不关涉袍哥题材，或是很少关涉袍哥题材，但袍哥文化的精神特质自觉或不自觉地呈现于他们的性格、气质与行为，以及他们的文学创作中。不同于以上作家，李劼人、沙汀、阳翰笙、马识途、魏明伦等，袍哥相关的巴蜀近现代重要的历史事件，巴蜀民风、民情是他们创作关涉的重要领域，在他们的创作中，一方面对巴蜀袍哥在巴蜀近现代社会历史发展中所起的正面历史意义，以及袍哥文化精神给予正面肯定，比如，李劼人《大波》（尤其是他的重写本《大波》）、阳翰笙的《草莽英雄》等对巴蜀袍哥在保路运动中的正面历史意义给予肯定；但另一方面，他们对巴蜀袍哥的丑陋性、反动性给予毫不留情的讥讽与批判，这在李劼人、沙汀、马识途、魏明伦的创作中都有明显体现，显示出他们袍哥书写的独特性与复杂性。本书下编以现当代为时间段，具体探讨李劼人、沙汀、阳翰笙、马识途、魏明伦的袍哥书写，分析他们创作中袍哥文化表现的独特性、复杂性。

下编 巴蜀现当代文学中的袍哥书写

四川保路运动之前，巴蜀袍哥还属于隐秘的江湖帮会组织，但已逐渐显示出威力，四川保路运动是巴蜀袍哥由隐秘向公开发展的分水岭。民国时期，袍哥人数大增，袍哥组织迅猛发展，几近疯狂状态。鉴于这一态势，政府几次颁发取缔袍哥的训令，查禁袍哥组织，但收效甚微。民国时期是巴蜀袍哥的疯狂发展时期，巴蜀袍哥一方面通过拖滩成军、竞选等方式向主流社会渗透，成为地方势力的政治工具；另一方面则成为巴蜀民间社会的控制力量，甚至成为地方邪恶势力，他们贩毒走私，鱼肉乡里，欺压百姓，抢劫掠夺，无恶不作。新中国成立初期，一些袍哥受国民党残余势力利用还参加了武装暴乱。① 随着四川解放，政府通过清匪反霸等取缔、解散袍哥组织，巴蜀再没有袍哥生存发展的土壤，袍哥组织不复存在。

　　巴蜀现当代作家郭沫若、李劼人、巴金、沙汀、艾芜、罗淑、周文、阳翰笙、马识途、魏明伦等，他们生于斯长于斯，对巴蜀近现代社会袍哥情状较为熟悉了解，深受袍哥文化影响，并反映在他们的文学创作中。李劼人的袍哥书写融入了巴蜀民风、民情，以及近现代巴蜀社会的历史风云；沙汀的袍哥书写与川西北乡镇社会的黑暗相联系，带有强烈的左翼批判意识；阳翰笙袍哥书写的篇章不多，但写出了巴蜀袍哥最具革命性的一面。李劼人写于1959年的《天要亮了》以及沙汀在新中国成立后即开始构思的小说《红石滩》②，是当代文学中两部袍哥题材的作品，写出了新中国成立前夕巴蜀袍哥的最后"疯狂"状态以及新中国成立后巴蜀袍哥的"一去不复返"。马识途与魏明伦是当代作家中袍哥书写的代表。马识途的袍哥书写常将其革命经历融入其中；魏明伦的袍哥书写展现了其演出"跑滩"的经历，突出袍哥的邪恶与反动，相对于李劼人、沙汀、阳翰笙等作家的创作，更显示出袍哥书写的独特性。

---

　　① 　四川省地方志编纂委员会：《四川省志·民俗志》，四川人民出版社2000年版，第323页。
　　② 　该作直到20世纪80年代才创作而成，这时作家已经80高龄，是作家袍哥书写的回归，参见沙汀：《红石滩》，湖南文艺出版社1987年版，题记第2页。

第四章　李劼人小说创作与袍哥文化

作为巴蜀现代著名作家，李劼人的创作多以巴蜀为背景，无论是巴蜀大地上发生的波澜壮阔的历史风云，还是仕宦人家、平常百姓的儿女情长，都是他小说创作的重要素材。在巴蜀现当代作家中，李劼人的创作最具巴蜀文化特色。无论是《死水微澜》中的袍哥五爷罗歪嘴，还是《暴风雨前》中的袍哥魏三爷，《大波》中的袍哥吴凤梧，以及巴蜀近代史上的袍哥大爷侯宝斋、孙泽沛、张捷先、张尊等，都是李劼人用较多笔墨书写的袍哥人物。"打洋教""保路运动"等也在李劼人的小说中得到描写。李劼人的小说中出现了不少袍哥语汇，具有浓厚的袍哥文化色彩。

第一节　近现代成都与袍哥的发展

成都由于地势、土壤、气候等优越的自然条件与适于人居的自然环境，在巴蜀历史上的政治、经济、文化等方面一直显示出自身的重要性与独特性。约公元前4世纪，"开明王自梦廓移，乃徙治成都"[①]，自开明王迁都成都始，成都之名相沿至今。因都江堰水利工程，成都平原"水旱从人"，"天府之国"的美名传遍中外。由于地处西南，巴蜀与中原相隔甚远，周围崇山峻岭的复杂地势形成"蜀道难"的地理特征，因此，巴蜀较少受中原文化的影响与约束，素有"天下未乱蜀先乱""天下已定蜀未定"之说。《华阳国志·蜀志》叙及蜀人："虽奉王职，不得与春秋盟会……周失纪纲，蜀先称王"。[②] 因此，在成都发展史上，时有不受中原约束，独自称王而成为独立王国的历史。公元221年，刘、关、张桃园三结义，刘备在诸葛亮等人辅佐下称帝而定都于此。之后，李雄、谯纵、王建、孟知祥、张献忠等都曾在成都先后"自立为帝"。成

---

① 常璩：《华阳国志》，刘琳校注，巴蜀书社1984年版，第186页。
② 常璩：《华阳国志》，刘琳校注，巴蜀书社1984年版，第181页。

都的历史可说是"独自称王""自立为帝""独立王国"的发展史，这也是巴蜀地域文化精神在成都发展史上的外显。近代以来，成都也经历了成都教案、红灯教运动、四川保路运动及军阀割据等历史事件，这些也可视为"独立为王"的巴蜀文化精神的外显。

晚清至民国以来，成都是袍哥活动的重要舞台，特别是在四川保路运动中，成都袍哥对清政府给予沉重打击，推动了袍哥这一隐秘组织的公开化，并刺激了巴蜀袍哥的进一步发展与兴盛，对当时社会产生影响，这些充分显示出袍哥群体的威力。成都袍哥在巴蜀袍哥发展史上有着重要的历史地位，晚清时，成都袍哥发展很迅速。据《成都市志》记载："成都城内公开出现袍哥堂口、码头，并大肆招人入会，引起清政府极度不安。同治九年（1870）四川总督吴棠发布缉捕袍哥首领的命令，成都温江、新繁、彭县、崇宁、郫县、灌县等即占 30 余人，被缉捕者大部分为成都地区人。"① 清廷的禁止并不能阻止袍哥的发展，到光绪年间，成都平原已遍布袍哥组织，形成一支重要社会力量。同盟会成立后，对袍哥组织进行改造利用，"同盟会杨靖中为联络川西袍哥，先介绍袍哥舵把子张捷三、张达三加入同盟会，又由二张介绍他加入袍哥"②。四川保路运动中，同盟会联络哥老会渗透入保路同志会中，由于袍哥所占比例很大，有的地方甚至称为："同志会，哥老也。"当"成都血案"发生后，袍哥舵爷秦载赓首举义旗，率同志军千余人抵成都东门外牛市口，袍哥舵爷张捷先组织西路军，成都附近各县的袍哥舵爷们也纷纷组织义军，与清军交战。在成都附近区域，新津的侯宝斋，广汉的侯橘园、侯国治，温江的吴庆熙（吴二大王），崇州的孙泽沛等，他们都是袍哥舵爷与同志军首领，均带兵围攻成都。③正是成都袍哥组成的同志军对成都的围攻，使四川保路运动的情势发生变化，并加速清政府走向崩溃，由此可见成都袍哥对清政府的打击与破坏。

民国成立后，袍哥组织公开发展，一些袍哥首领为革命做出贡献而被破格录用，成为军政要员，致使其成员大批进入民国政府党、政、军各界，这对民国主流社会有重要影响。20 世纪 30 年代，成都的袍哥组织中规模较大的有"四门三码头"，即东门的"汉永社"、西门的"清和社"、南门"崇汉社"、北门"庆福社"，四门之上为总社"宣汉社"。民国二十四年（1935），国民党中央"参谋团"入川，为控制地方势力，定袍哥为土匪集团，电令各县解散，但

① 成都市地方志编纂委员会：《成都市志·民俗方言志》，方志出版社 2006 年版，第 120 页。
② 成都市地方志编纂委员会：《成都市志·民俗方言志》，方志出版社 2006 年版，第 120 页。
③ 杜宇：《成都的袍哥组织》，成都市群众艺术馆：《成都掌故》，四川大学出版社 2007 年版，第 390 页。

因袍哥范围广、势力大，致使禁令成一纸空文。从20世纪30年代初至1949年，在成都市内，袍哥的"码头""公口"总数达一千多个，一个码头人数少则数百人，多则数万人。[①] 有资料反映，当时"袍哥首领居功自傲，组织中一些流氓、无赖乘机为所欲为，杀人抢劫、奸淫估霸，使社会秩序极度混乱"[②]。由此可见成都袍哥的规模与强大势力。袍哥成员不仅进入民国政府党、政、军各界，更控制影响老百姓的日常生活，对一般百姓的生活造成严重的负面影响。身为川籍作家的李劼人就生活在这样的环境中，他亲身经历了相关的人与事，感受到袍哥组织的威力，这影响了他的小说创作，使他的创作具有浓厚的袍哥文化色彩。

第二节 李劼人小说中的袍哥书写

作家李劼人立志要以小说的形式反映巴蜀近现代史，并着重以巴蜀民风民俗来展现巴蜀近现代史，袍哥文化就在其中留下重重一笔。从1925年起，李劼人便打算把几十年来所经历的意义非常重大的历史事件及社会现象，用连续性的长篇小说反映出来。产生并兴盛于晚清民国巴蜀社会的袍哥，对巴蜀社会造成深远影响的袍哥文化，以及袍哥参与的重要历史事件，自然成为其小说反映的重要内容。

在巴蜀现当代作家中，李劼人是袍哥书写的重要作家。李劼人的小说中，涉及袍哥题材的作品有反映巴蜀近代历史的"三部曲"《死水微澜》《暴风雨前》《大波》，而中短篇小说主要有《失运以后的兵》《好人家》《天要亮了》等。《死水微澜》是李劼人袍哥书写的重要作品，作家意欲写出当时巴蜀社会上两种邪恶势力"教民与袍哥"的相激相荡。[③] 教民与袍哥势力的激荡，实际是西方宗教文化与巴蜀本土袍哥文化之间的冲突。由此可见，袍哥书写是《死水微澜》的创作重心，作者把袍哥作为巴蜀当时邪恶势力的代表来进行描绘。《死水微澜》描写的袍哥人物主要有罗歪嘴以及跟随他的兄弟伙张占魁、杜老四、田长子，其他人物有袍哥大爷朱大爷、余树南、王立堂等。该作品中使用的袍哥语汇较多，仅袍哥的称谓就有"袍哥"、"哥老会"、"通皮"（皮，指袍哥）、"光棍"等。《大波》中描写的袍哥人物更多，有历史上确有其人的袍哥

---

① 成都市地方志编纂委员会：《成都市志·民俗方言志》，方志出版社2006年版，第121页。
② 成都市地方志编纂委员会：《成都市志·民俗方言志》，方志出版社2006年版，第120页。
③ 李劼人：《〈死水微澜〉前记》，《李劼人全集》第九卷，四川文艺出版社2011年版，第242页。

大爷侯宝斋、侯国治、孙泽沛、秦载赓等，也有虚构的袍哥人物吴凤梧及跟随赵尔丰四少爷的袍哥人物路广钟等。该作品中"袍哥"这一名词出现 29 次，"哥老会"出现 6 次，"通皮"出现 4 次。重写本《大波》中，除了上述袍哥人物外，描写西路同志军首领张捷先、张尊等袍哥人物的内容进一步增多，"袍哥"这一称谓出现 39 次，"哥老会"出现 9 次，"通皮"出现 3 次。由此可见，袍哥书写也是《大波》的创作重心。相对于《死水微澜》《大波》而言，袍哥书写不是《暴风雨前》的重心，它主要写保路运动前夕成都的情状，该作品直接描写袍哥活动较少，但还是描绘了袍哥魏三爷以及他在成都上莲池的势力范围。

除以上长篇小说"三部曲"之外，李劼人的一些中短篇小说中也有袍哥书写。《失运以后的兵》以四川军阀征战为背景，讲述了一群打了败仗而四处逃窜、烧杀抢掠的大兵，最后被袍哥团总捕捉的故事。《好人家》是讽刺性作品，是对近代巴蜀现实社会中所谓"好人家"的讽刺。该作品中的赵幺粮户为了父母遗留下的家财，与弟兄亲人大打出手，甚至对簿公堂，反目成仇。赵幺粮户更是投机钻营之，当成都成为袍哥的天下，他摇身一变，成了"一步登天"的白棚大爷，赵幺粮户参加袍哥与当时巴蜀许多有钱人一样，带有投机的目的。该作品对四川保路运动后成都袍哥的情状做了如实描绘。短篇《天要亮了》是李劼人对袍哥在巴蜀历史舞台上的最后表演展开的描写，该作品以抗日战争胜利后到四川解放前夕成都平原的历史情况为背景，书写了两位袍哥陈大爷与高大爷的故事。他们为躲避日本飞机的轰炸到了成都边上一个幺店小场上，到此地不久，就开起了码头，并把场上几十个青年小伙子"栽培"为自己的"护脚毛"，而其他疏散到场上的小商小贩因为惹不起他们，请求他们"栽培"，甘愿充当"幺满十排"的小兄弟，投奔在陈大爷、高大爷麾下，每日供奉"舵把子"一些食品，以求过安稳日子。袍哥大爷"码头"的开设确实带来了小场的繁荣。成都解放前夕，陈大爷没有受谁委托，就开始指挥他的"护毛脚"安境保民了，而陈大爷"保境安民"的本质，是为了自己在小场上抓钱。从以上简单叙述可看出李劼人袍哥书写的大致情形。

一、李劼人的小说创作与袍哥语汇

在历史叙述中，语言因素对一个故事的全面的和基本的意义具有决定性作用。[①] 事实上，小说创作更是如此。李劼人小说中的袍哥人与事的书写即是如

---

① 约恩·吕森：《历史思考的新途径》，綦甲福等译，上海人民出版社 2005 年版，第 19 页。

此，其袍哥语汇的大量使用无疑对近现代巴蜀袍哥人事的表现、袍哥文化的表现有重要作用。袍哥文化在巴蜀的风行，使得袍哥语汇逐渐演变成为巴蜀方言土语的组成部分，至今还具有生命力。沙铁帆有调查报告《四川之哥老会》一文，其中有对袍哥语汇的叙述："据查该会中人之应用术语最多，所有一切秘密行动及用具，皆制有相当名词或黑话为代表，以作同行哥弟见面，交换意见时用者。"① 语言是文化表现的符号，袍哥语汇是袍哥文化的重要表现。这具体体现在袍哥之间相互交流的语言，特别是他们的秘密语言——隐语中。王纯伍指出："哥老会的隐语行话是'江湖切口'的一种，俗称'内盘化'、'展言子'。隐语行话是中下层社会群体的特殊语俗，是民间文化的特殊语俗。它是一种封闭式或半封闭式的特定语符体系，而不是一般的语言。这种群体的隐语行话所掩盖的内容，既是其秘密，也正是该群体内部主导文化所在，可以增强其凝聚力。"② 作为巴蜀地域特色浓厚的作家，李劼人小说中巴蜀方言土语屡见不鲜。袍哥语汇渗透于巴蜀民众的日常语汇中而成为巴蜀文化的重要组成部分，因此，袍哥语汇在李劼人的小说中多有出现。曹聚仁曾言《大波》："用四川土语夹在对白中，更是生动。"③ 曹聚仁所谓的"四川土语"，其中的一部分即是袍哥语汇。

《死水微澜》中有不少使用袍哥语汇的片段，如袍哥罗歪嘴一次在与他的兄弟伙们"摆龙门阵"时谈到在天回镇他们的码头情况时，说起"海底"上的内行话来。④ "海底"主要指袍哥内部文书，"海底"上的内行话，是袍哥内部交流的语汇，即隐语。在李劼人有关袍哥书写的作品中，袍哥隐语运用频繁而密集，呈现出浓厚的袍哥文化色彩。短篇小说《好人家》写赵幺粮户在四川军政府成立后，投机而成为一步登天的大爷，该作写道："我不待问询，就直觉的料到赵幺粮户着栽培后……他诚然风光了三天，拜了三天公口——也不过只是南门一只角，但因为他是一步登天的白棚大爷……"⑤ 该段中的"栽培""公口""一步登天""白棚"均系袍哥语汇。按照袍哥组织的制度及礼仪，加入袍哥过程非常烦琐，袍哥大爷要"栽培"兄弟，显然看中了他，并要重用他。《死水微澜》中的李老九替袍哥大爷王立堂顶罪，受到袍哥大爷的"栽培"，作品写道："谢大爷遂将李老九保出，大家凑和他义气，便由谢大爷当恩

①　沙铁帆：《四川之哥老会》，《四川县训》1936 年第 3 卷第 6、7 期。
②　王纯五：《袍哥探秘》，巴蜀书社 1993 年版，第 61 页。
③　《"海外有这么一个文字知己"——曹聚仁谈〈大波〉》，《郭沫若学刊》，2011 年第 4 期。
④　李劼人：《死水微澜》，《李劼人全集》第一卷，四川文艺出版社 2011 年版，第 54 页。
⑤　李劼人：《好人家》，《李劼人全集》第六卷，四川文艺出版社 2011 年版，第 34 页。

拜兄,将他栽培了。"① 新人加入袍哥后一般为小老幺,小老幺经过自己的努力再往上一级一级被提拔,这需要看小老幺的努力程度,并经过一定的时间。而"一步登天"则只需通过大量钱财的缴纳而进入袍界,直接提升为地位较高的袍哥大爷。据资料反映,"由小老幺升至大哥名曰铁硬子,又叫'科众出身',有自由收拜弟及开山的权利,凡是一步登天的大哥,即不能享此权利,名之曰一根葱大爷,一根葱大爷多为纨绔子弟纳费若干元所得来者。"②《好人家》中的赵幺粮户进入袍界没有经过一步一步的提升过程与烦琐礼仪,所以他被称为一步登天的"白棚"大爷。

在袍哥语汇中,"皮"指袍哥,将袍哥称为"皮"是为了突出其"革命"性。据袍哥相关文献记载:"凡袍哥称皮者即改革之谓也,政治腐败宜革,社会不景气宜革,人心险恶宜革,思想落后宜革,教育不良宜革。"③ 这给袍哥赋予了"革命"的意义。与"皮"相联系的袍哥语汇有"嗨皮""通皮",前者指参加袍哥,后者指参加袍哥或与袍哥有联系、有往来。《死水微澜》中,刘三金向蔡大嫂谈到她的处境:"有力量的,还要通皮,还要有点势力,那才能把我们保护得住,安稳过下去。"④ 在《大波》中袍哥吴凤梧与王文炳相约楚子材到新津联系袍哥大爷侯保斋筹办同志会,但楚子材沉迷于黄太太的温柔乡中不急于出发,吴凤梧向王文炳说道:"你是晓得的,王先生,我虽然通皮虽然可以拜码头……"⑤ 这里的"通皮"与"拜码头"均是袍哥语汇,李劼人解释道:四川的门槛话,与袍哥来往曰通皮,本身是哥老会的人,到另一地方拜访袍哥,曰拜码头。⑥

"通皮"更与袍哥其他语汇融合使用,《大波》中,因为保路同志军起事,袍哥吴凤梧辗转从眉州回到成都,他向黄澜生叙及沿途情状:"若其不通皮,不在同志会滚过的,除非拿有出名某大爷的片子,或是路票,那才可以通过。我是有资格的,并且又办有特别的路票,所以算好,才走通了,还带了一挑行李。到了彭山,一打听,从新津到省全是官兵,我怕被人认得,受方,因才改由黄龙溪沿河回来。"⑦ 其中,"片子"指加入袍哥的"凭证",又称"宝札"

① 李劼人:《死水微澜》,《李劼人全集》第一卷,四川文艺出版社 2011 年版,第 58 页。
② 诸葛吾:《四川袍哥》,《巨型》1947 年创刊号。
③ 萧吉成:《补续汉留海底书》,(出版地不详)1946 年版,第 7—8 页。
④ 李劼人:《死水微澜》,《李劼人全集》第一卷,四川文艺出版社 2011 年版,第 59 页。
⑤ 李劼人:《大波》(上),《李劼人全集》第三卷,四川文艺出版社 2011 年版,第 97—98 页。
⑥ 李劼人:《大波》(上),《李劼人全集》第三卷,四川文艺出版社 2011 年版,第 97 页。
⑦ 李劼人:《大波》(下),《李劼人全集》第三卷,四川文艺出版社 2011 年版,第 436—437 页。

"名片"①，"路票"是指袍哥发的"通行证"，而"名片"可兼做"路票"使用；"受方"系袍哥语汇，谓受盘诘或受斥责，又含有使之为难之意。②吴凤梧作为袍哥人物，"通皮"等袍哥语汇很自然地出现在他与一般人的日常对话中。

在袍哥语汇中，有关袍哥称谓的名词较多，比如"光棍""大爷""皮""公口""码头"，等等。其中参加袍哥的人谓之"光棍"。《大波》中郝又三碰见刚与老婆生气吵嘴离家正饿着肚子的吴凤梧，他正准备到东门牛市口吃早饭，却听见郝又三说东门关闭，还要等两个小时才会开，作家叙述道："这真是把吴凤梧难住了。他这人，只管光棍出身……要是耽搁了吃饭，甚至说话都没有精神。"③"爷""大爷"本是对年龄大的男性的尊称，但在袍哥语汇中，"大爷"却是对袍哥中地位最高人的称呼。袍哥的最高首领舵把子称"大爷"，二排称"二爷"、三排称"三爷"、五排称"五爷"，如罗歪嘴当了舵把子朱大爷的大管事，即红旗管事五爷之后，他因此而声名远播。

在袍哥语汇中，"公口"（工口）、"堂口"、"码头"多指袍哥活动、办公的地方，一般指袍哥的势力范围，这类语汇在李劼人的小说中运用普遍，当李老九为王立堂顶罪又被保出后，谢大爷做了他的恩拜兄并栽培了他："各公口上凑了六千多串钱送他，几万竿火炮，直送了他几十里！"④《好人家》中，"公口"出现7次，其中写四川军政府成立时，因袍哥的突出贡献，军政府借重袍哥力量维持秩序，于是成都城内"公口"林立。

与"公口"类似，"堂口""码头"同样指袍哥活动的势力范围。《死水微澜》中，天回镇无疑是袍哥罗歪嘴及兄弟伙的势力范围："我们码头，也是几十年的一个堂口，近来的场合，咋个有点不对啦！"⑤"码头"本指江河或海边乘客上下，水陆货物装卸交接之地。来往于长江中下游的纤夫水手是巴蜀袍哥的重要来源，本是他们频繁活动的"码头"逐渐成为袍哥活动之地，即袍哥的势力范围与管辖之地，因此，"码头"也逐渐演变为袍哥的重要语汇。在《死水微澜》中"码头"就出现14次，其中叙及袍哥与洋教冲突时说道："这佃客

---

①　名片分公片、私片，公片系公口上之总片，私片系私人所用之片，要有一定地位的袍哥始有行使名片的资格，公片长七寸宽三寸半，取三把半香之意；印公私名片左边余二指，取江湖之意，片额余三指，取三纲之意，片脚余五指取五常之意，由此可见袍哥所用名片蕴含着浓厚的袍哥文化色彩。参见卫大法师：《袍哥入门》，说文社1947年版，第11—15页。

②　李劼人：《大波》（下），《李劼人全集》第三卷，四川文艺出版社2011年版，第437页。

③　李劼人：《大波》（下），《李劼人全集》第四卷，四川文艺出版社2011年版，第1054页。

④　李劼人：《死水微澜》，《李劼人全集》第一卷，四川文艺出版社2011年版，第58页。

⑤　李劼人：《死水微澜》，《李劼人全集》第一卷，四川文艺出版社2011年版，第59页。

有个亲戚,是码头上的弟兄,曾来拜托罗歪嘴向衙门里说情,并请出朱大爷一封关切信交去。"①《大波》是李劼人作品中"码头"一词出现最多的小说,仅重写本《大波》的中册,"码头"即出现 31 次。作品叙及西路同志军成立时写道:"因为张尊的码头在这里,所以新近才公开成立的正西路同志军也就设在这里。"②

袍哥隐语是袍哥从事隐秘活动,特别是袍哥之间秘密交流的重要语言。在李劼人的小说创作中,袍哥隐语除了袍哥与袍哥隐秘交流使用外,还存在于袍哥与一般民众,以及一般民众与一般民众的对话中,由此可见袍哥文化在当时巴蜀社会的深入影响。"打启发""水涨了""跑滩"系袍哥重要隐语,"打启发"主要指"浑水"袍哥的土匪行为,指抢人钱财、抢人东西之意。《大波》中,吴凤梧与黄澜生的对话:"老周自然生了气,听说他一到城门,碰见侯保斋他们,登时就变了脸,一个口令,弟兄伙就乐得开了枪,并打了个大启发。"③"水涨了"意指"情势危急""风声紧"。因受到顾天成的诬告而受到官府通缉的罗歪嘴急急忙忙赶去与蔡大嫂告别时说:"我的心肝!外面水涨了!"④"跑滩"指袍哥因犯事不能在家乡生存而流落外地谋生。《死水微澜》中的袍哥大爷王立堂,因为赌博将家产输了个精光,于是偶尔做点打家劫舍的生意,一次抢劫失手把事主杀死被告发,"王大爷只好跑滩,奔到资阳县躲住,已是几年了"⑤。有关"打流跑滩"这一袍哥语汇,作者的注释为:"本是四川哥老会的术语,后来竟普遍化了。打流,是流荡的意思,跑滩,是漂流各处的意思。以跑滩为职业的,叫作跑滩匠。"⑥由此可见该语汇已在巴蜀民间使用普遍,《死水微澜》在塑造罗歪嘴这一形象时描绘其性情顽冥不化,不适合读书,"读到十五岁,还未把《四书》读完;一旦不爱读了,便溜出去,打流跑滩"⑦。

袍哥隐语中的"乘火"在李劼人小说中使用较为频繁,主要指"顶住祸事",如罗歪嘴与他兄弟伙张占魁对顾天成烫毛子的对话:"你老弟说的啥子话?现在还没有闹到叫你出来乘火的时候!"该作品初版作者自注:"四川方言,负责人曰乘住,有担当曰乘火。"新版中作者改原注为:"四川哥老会术

---

① 李劼人:《死水微澜》,《李劼人全集》第一卷,四川文艺出版社 2011 年版,第 33 页。
② 李劼人:《大波》(中),《李劼人全集》第四卷,四川文艺出版社 2011 年版,第 436 页。
③ 李劼人:《大波》(下),《李劼人全集》第三卷,四川文艺出版社 2011 年版,第 445 页。
④ 李劼人:《死水微澜》,《李劼人全集》第一卷,四川文艺出版社 2011 年版,第 182 页。
⑤ 李劼人:《死水微澜》,《李劼人全集》第一卷,四川文艺出版社 2011 年版,第 55 页。
⑥ 李劼人:《死水微澜》(汇校本),四川文艺出版社 1987 年版,第 24 页。
⑦ 李劼人:《死水微澜》,《李劼人全集》第一卷,四川文艺出版社 2011 年版,第 18 页。

语，负责人叫乘住，有担当叫作乘火。乘字有担任意思，火字指事情重要得火辣辣地。"①

　　"吃通""撒豪""对识"等词也在李劼人小说中使用频繁。罗歪嘴当了朱大爷大管事后，他在天回镇声名远播，"只要以罗五爷一张名片，尽可吃通"。对"吃通"，初版本作者自注："成都俗语，吃通者，到处行得通也。"新版中作者注释为："吃通，原是赌场上术语，意思为把各方都赢了，及至普通化了，便转为到处都行得通，与吃得开同一意义。"②　"撒豪"，指侍强仗势、胡作非为之意。顾天成被袍哥罗歪嘴的兄弟伙设局而输掉了银子，并要让刘三金跟他走，于是引发抓扯，这时场合上的人吆喝起来："是啥东西？撒豪撒到老子们眼皮地皮底下来了！"③　初版作者自注："成都俗语，逞强滥用威力谓之撒豪。"新版中作者改原注为："四川哥老会术语……侍强仗势，胡行乱为，都叫作豪。豪是豪强，撒有行为的意思。"④"对识"，指人们见面时相互介绍、认识。《死水微澜》中，罗歪嘴将蔡大嫂与刘三金相互介绍，说道："我跟你们对识一下，这是兴顺号掌柜娘蔡大嫂！……这是东路上赛过多少码头的刘老三！"在重写本《大波》中，对袍哥大爷孙泽沛有如下描写："孙泽沛很客气地和来到的人打招呼。是哥老会中的大爷，在对识之后，他总亲亲热热拍着人家肩膀，好像是多年的老相知。"⑤"对识"作为袍哥术语在巴蜀有一定的地域差异，在川东一带，"对识"又称为"对首"⑥。

　　"烊和""黄腔""识相"等词在李劼人的小说中也时常出现。"烊和"，作者注为："这也是四川哥老会的术语。烊和，就是大吃大喝，胡乱花钱的意思。"⑦"黄腔"指非内行话，"识相"指认清形势、识别方向。当罗歪嘴及他的兄弟伙带着蔡大嫂逛青羊宫时，遇见三个地痞少年调戏郝家太太、小姐，他们对此打抱不平，一个矮身材的汉子道："不行，莫放黄腔！大路不平旁人铲，识相的各自收刀捡卦，走你的清秋大路……"⑧　初版作者自注："放黄腔，说不内行及不中理之话。"新版中作者注释为："识相是认清方向，即看风色懂规

　　①　李劼人：《死水微澜》（汇校本），四川文艺出版社1987年版，第85页。
　　②　李劼人：《死水微澜》（汇校本），四川文艺出版社1987年版，第24页。
　　③　李劼人：《死水微澜》，《李劼人全集》第一卷，四川文艺出版社2011年版，第66页。
　　④　李劼人：《死水微澜》（汇校本），四川文艺出版社1987年版，第90页。
　　⑤　李劼人：《大波》（重写本·中），《李劼人全集》第四卷，四川文艺出版社2011年版，第486页。
　　⑥　王纯五：《袍哥探秘》，巴蜀书社1993年版，第6页。
　　⑦　李劼人：《死水微澜》（汇校本），四川文艺出版社1987年版，第134页。
　　⑧　李劼人：《死水微澜》，《李劼人全集》第一卷，四川文艺出版社2011年版，第150页。

矩的意思。收刀捡卦是约束自己，不准胡行乱为的意思。这都是四川哥老会的术语，而后来普通化了。"① 这一袍哥语汇也出现在当时的学生用语中，在重写本《大波》中，保路风潮波及学校，学生也要成立保路同志会，校监督的监管引起学生们的不满，林同九用成都腔吼道："龟儿！好不识相哟！"② 端公诚惶诚恐，带着监学、教务、稽查灰溜溜从讲堂门口走了，由此可见该词使用的广泛性。

"落教""栽了""搭手"亦均系袍哥语汇。"落教"，主要指按规矩办事，做事恰切、妥当。《大波》中，孙雅堂对岑春宣安抚巴蜀百姓的一篇告示不以为然，并对此评价而自我吹嘘道："澜生，不是我们当朋友的自己吹嘘，吃这碗饭还是不很容易，东家的前程如何，就在我们当朋友的手上，只要公事办得落教，天下少出多少事！"③《死水微澜》中，舵把子余大爷在救袍哥大爷王立堂时向两位解差道："王立堂王大爷虽是栽了，以我们的义气，不能不搭手。"④ 其中，"栽了"指摔跟头，即落马之意；"搭手"，为帮助、帮忙之意。

"撤火"系袍哥语汇，意指怯懦、畏惧。作者指出，"撤火"与"拉稀"是同义词，现在二词相互通用⑤，比如"袍哥人家，绝不拉稀摆带"。在重写本《大波》中，黄澜生与吴凤梧谈到同志军作战的勇敢时说道："同志军与团防人数极多……再死再伤，从没有人撤过火。加以不要薪饷，有饭吃就行。因为这样义气，纵然有点轨外行动，百姓们都不讲出来，把它包涵了，还处处卫护他们。"⑥《大波》中一位女性撒泼后，周围邻居发话道："唉！你们看她还发气哩！……出来！出来！……拉稀的，不算好角色！"⑦ 李劼人指出，"拉稀"是成都的市井语，意思是泄气、软劲，它的对语是乘火，拉稀是拉稀屎的省文。⑧"拉稀"也成为巴蜀方言中较为普遍的语汇。

此外，《死水微澜》中，罗歪嘴为自己手下要烫顾天成的毛子而担忧："你

① 李劼人：《死水微澜》（汇校本），四川文艺出版社1987年版，第201页。
② 李劼人：《大波》（上），《李劼人选集》第二卷，四川人民出版社1980年版，第327页。
③ 李劼人：《大波》（下），《李劼人全集》第三卷，四川文艺出版社2011年版，第340页。
④ 李劼人：《死水微澜》，《李劼人全集》第一卷，四川文艺出版社2011年版，第57页。
⑤ 李劼人：《大波》（重写本·中），《李劼人全集》第四卷，四川文艺出版社2011年版，第811页。
⑥ 李劼人《大波》（重写本·中），《李劼人全集》第四卷，四川文艺出版社2011年版，第811页。
⑦ 李劼人：《大波》（重写本·上），《李劼人全集》第四卷，四川文艺出版社2011年版，第293页。
⑧ 李劼人：《大波》（重写本·上），《李劼人全集》第四卷，四川文艺出版社2011年版，第293页。

到底摸清楚了不曾？是哪一路的人？不会有后患吧？"其中"不会有后患吧？"新版改为："将来不会戳到锅铲上罢？"对此作者附加注到："四川哥老会术语……锅铲是铁做的，戳到锅铲，等于碰上了硬东西，不但抢不到手，反而有后患的意思。"① 由此可看出袍哥语汇的形象、生动。

　　《死水微澜》《大波》是李劼人袍哥书写的重要作品，《暴风雨前》的袍哥书写虽没有以上两作品那么集中，但同样有不少袍哥语汇。在成都打洋教过程中，伍平在教堂顺手牵羊拿回一套洋餐具，官府搜捕这些人，伍平一家很是着急。袍哥魏三爷来到伍平家与他们一家谈话："上中下三个莲池边，官府是早在心上的，认为是个坏地方，岂有不搜之理？要是一府两县的差人来搜，还好办点，为啥呢？我有熟人，多少还可说点人情，叫他们让一手。怕的就是梁子上的人，个个都是野的，丝毫不听上服，要是我侄儿在此，也好啦，却又不在，远水难救近火。"其中的"上服"系袍哥语汇，李劼人解释为，打招呼说人情为"搭上服"而受之者为"听上服"②。伍大嫂与她的婆婆发生冲突而大吵一架，邻居们前来劝架，其中朱家姆对伍大嫂劝解道："懂理的只有凑合你伍大嫂是孝妇咧！你听听我的劝，不要说了，让她气下去了，跟她磕个头，赔个礼，不是啥子都好了？""凑合"，即"凑合恭维""成全"之意，主要用于袍哥社会中③，但在小说中由普通百姓说出，成了方言，由此可见袍哥语汇在巴蜀民间的通行。

　　在李劼人小说创作中，袍哥语汇的使用是袍哥书写的重要手段。同时，李劼人小说中袍哥语汇的使用主要是为了切合袍哥人物形象，丰富袍哥人物的语言，对袍哥人物性格的刻画及袍哥人事叙述的形象生动也有增强作用。更重要的是，李劼人小说中的袍哥语汇不仅限于袍哥人物使用，它还与民众日常世俗生活融会在一起，成为巴蜀方言土语，由此可见，袍哥语汇在巴蜀社会使用的广泛性。语言是文化的外显，由袍哥语汇在小当时巴蜀社会使用的广泛，可见当时巴蜀浓厚的袍哥文化氛围。

二、江湖民间权力与李劼人笔下的袍哥群相

　　正如前面叙及，民间结盟帮派所形成的江湖秘密社会，它的存在与行动对主流社会构成潜在的威胁，对主流社会给予打击破坏，并对主流社会、民间社

---

① 李劼人：《死水微澜》（汇校本），四川文艺出版社 1987 年版，第 85 页。
② 李劼人：《暴风雨前》，《李劼人全集》第二卷，四川文艺出版社 2011 年版，第 92 页。
③ 李劼人：《暴风雨前》，《李劼人全集》第二卷，四川文艺出版社 2011 年版，第 79 页。

会形成控制与影响。以袍哥为代表的民间权力对近现代巴蜀社会的许多方面产生了影响。袍哥江湖民间权力所体现的渗透力、影响力、控制力，具体表现在李劼人的袍哥形象塑造中。有关李劼人笔下的袍哥人物，特别是罗歪嘴这一形象，一些学者曾做相关论析。如艾芦就对罗歪嘴这一形象做了较深入的探讨，指出罗歪嘴过的是"设赌场、玩娼妓、霸占人妻的糜烂生活"，对蔡大嫂"始乱终弃"，他所代表的是一种日趋没落、腐化的"恶势力"①，该观点带有一定的阶级分析色彩，并没有揭示出袍哥罗歪嘴这一形象的复杂性。袍哥是李劼人小说中独特的人物形象群体，《死水微澜》中以罗歪嘴为中心的袍哥形象群，《暴风雨前》中的袍哥魏三爷，《大波》中的袍哥吴凤梧、侯保斋等，以及《好人家》中的赵幺粮户、《天亮了》中的陈大爷、高大爷等，这些人物共同构成李劼人笔下独特的袍哥形象。李劼人笔下的这些袍哥形象既是袍哥文化的外显，更显示出袍哥民间权力对巴蜀近现代社会的渗透、控制与影响。

（一）以罗歪嘴为中心的袍哥众生相

袍哥书写是李劼人《死水微澜》的创作重心，在该作品中，袍哥是作为天回镇邪恶势力的代表来描绘的，由这些袍哥人物可看出袍哥群体在天回镇的控制力、影响力。在该作品中，袍哥舵把子朱大爷，他的大管事罗歪嘴，以及跟随罗歪嘴的兄弟伙张占魁、杜老四、田长子等人，构成《死水微澜》中的袍哥群像。其中，罗歪嘴是作家极力描绘的重要袍哥形象。李劼人的"亲家"袍哥大爷邝瞎子是罗歪嘴这一形象的重要原型。② 据袍哥组织排行，罗歪嘴属行五，他是袍哥舵把子朱大爷的红旗管事，人们称他为罗五爷。在袍哥组织结构中，袍哥五爷一般由较有能力者担任，是连接袍哥大爷与袍哥五排以下的核心关键人物。据民国资料反映："袍哥中的五哥全是能言善辞，而又极有办事能力，行动敏捷言行漂亮之人。"③ 由此可见，罗歪嘴作为五爷在袍哥中的重要性，再加上舵把子朱大爷年龄已经很大，因为一件理不清的家务事弄得他心灰意懒，全部事务都交给罗歪嘴主持。因此，罗歪嘴在袍哥组织内外都有很强的本事："纵横四五十里，只要以罗五爷一张名片，尽可吃通"④，由此可见袍哥

---

① 艾芦：《略论〈死水微澜〉中罗歪嘴与顾天成形象的塑造》，《社会科学研究》1982年第6期。

② 作家有段时间不愿意教书，出来开了个小馆子，生意好，票匪很眼红，于是把他的儿子绑了票，在宪兵司令田伯施的部下当谍查的袍哥大爷邝瞎子，为人豪侠，用了很少的钱就把他的儿子救了出来，作家很感激，事后曾把儿子拜寄给他。参见李劼人：《谈创作经验》，《李劼人全集》第九卷，四川文艺出版社2011年版，第247页。

③ 诸葛吾：《四川袍哥》，《巨型》1947年创刊号。

④ 李劼人：《死水微澜》，四川文艺出版社2012年版，第18页。

罗歪嘴在天回镇的控制力与影响力。

按照惯常逻辑，因儿子被绑票而受惠于袍哥大爷邝瞎子，作家李劼人会对罗歪嘴这一形象特征予以"高大化""英雄化"，但并非如此，作家是以一以贯之的"写实"立场，尤其是知识分子秉持的价值观、伦理观，来描绘这一独特的江湖人物，赋予他豪爽、仗义疏财、好打抱不平等形象特征。当罗歪嘴带着蔡大嫂逛青羊宫时，遇见几个地痞少年调戏郝家太太、小姐时，他让他的兄弟伙仗义出手相助，捉弄戏耍这三个地痞少年，也主要是为博美人一笑、讨蔡大嫂欢喜。因此，作家并没有对其"高大化""英雄化"，在袍哥罗歪嘴身上缺少传统侠客的英雄特征，更多地体现出江湖人物吃喝嫖赌的秉性。就仗义疏财而言，罗歪嘴手中的钱财主要用在"弟兄伙的通挪"上，其次是吃了，再次是嫖了。将钱财用在兄弟伙身上，这是袍哥义气使然，是他仗义疏财的表现，也是他的袍哥兄弟伙张占魁、杜老四、田长子等会死心塌地跟随他的重要原因。

有关罗歪嘴的"嫖"，作品中进行了淋漓尽致的叙述。婊子、兔子、小旦，都是他嫖的对象，他的口头禅："老子们出钱买淫，天公地道。"① 由此可见罗歪嘴嫖的心性。据李子峰《海底》三十六誓，洪家兄弟只要不为妓女争风吃醋，对袍哥的"嫖"是允许的。② 罗歪嘴的"嫖"主要体现在他与刘三金的关系上。刘三金是罗歪嘴在石桥遇着的妓女，一起玩耍了五天，很投合他的口味，便以三十两银子的价钱临时包来带回天回镇。罗歪嘴虽然包了刘三金，但他不像其他嫖客那样为她争风吃醋。当陆茂林说刘三金是"滥货"，刘三金不依不饶，罗歪嘴说："滥货不滥货，不在他的口里，只你自己明白就是了。"③ 他出钱包刘三金是因为她很懂男女情趣，因此，他与刘三金只有肉体上的关系，没有情感依恋，只要刘三金晚上能陪他，他会让刘三金与其他男人做生意。由此可见罗歪嘴的伦理观。按巴蜀民间习俗，未结婚的人称为"光棍"，在袍界，人们把参加袍哥的人称为"光棍"，据当时通行于巴蜀民间的《海底》说："凡袍哥称光棍者，光者明也，棍者直也，一尘不染为之光，直而不屈为之棍，有弯曲者为之拐，不然为之杖，何以能称棍哉？"④ 显然，罗歪嘴不愿结婚受拖累而称为"光棍"，这与袍界的"光棍"含义相差甚远。

罗歪嘴与蔡大嫂的情爱关系是小说中最浓重的一笔，这也成为学者们关注的重要领域。罗歪嘴与蔡大嫂情爱关系的形成有着男女情感的自然渐进过程，

---

① 李劼人：《死水微澜》，四川文艺出版社 2012 年版，第 19 页。
② 李子峰：《海底》，河北人民出版社 1990 年版，第 197 页。
③ 李劼人：《死水微澜》，四川文艺出版社 2012 年版，第 45 页。
④ 萧吉成：《补续汉留海底书》，（出版地不详）1946 年版，第 7 页。

但也有袍哥威势对女性的影响，也明显存在着蔡大嫂对罗歪嘴的"英雄"倾慕、本能接受与主动追求。罗歪嘴的表弟蔡兴顺憨直、老实，人称蔡傻子。由于罗歪嘴作为袍哥五爷在天回镇的影响力、控制力，他时常关照着蔡兴顺，包括他的表弟媳妇蔡大嫂。蔡兴顺与蔡大嫂婚姻的形成，罗歪嘴袍哥五爷的影响力起到至关重要的作用。邓幺姑长得漂亮，这与蔡兴顺的外貌形成极大反差，当邓幺姑新嫁过来时，天回镇的男人们为她发狂之际，罗歪嘴便挺身而出，向他的兄弟伙郑重吩咐道："蔡傻子，谁不晓得是老子的表弟？他的老婆，自是老子的表弟媳。不过长得伸抖一点，这也是各人的福气。……你们去跟我招呼一声罢！"[1]

对蔡兴顺及蔡大嫂的关照，可看出罗歪嘴的仗义及知恩图报，也正是罗歪嘴对蔡兴顺一家的关照，使蔡大嫂对罗歪嘴由"英雄"倾慕到恋情暗生。起初，蔡大嫂感觉罗歪嘴及其兄弟伙说话举动粗鲁，但经历若干次后，对罗歪嘴一伙的谈吐"竟自可以分辨得出粗鲁之中，居然也有很细腻的言谈，不惟不觉骇人，转而感觉比那斯斯文文的更来得热，更来得有劲"[2]。这是一个女人对罗歪嘴这伙袍哥们的直观细腻感受，也可看出袍哥群体的影响力。因为罗歪嘴在天回镇能够呼风唤雨，能够走官府，进衙门，给人家包打赢官司，袍哥的影响力在罗歪嘴身上得到淋漓尽致的表现。因此，罗歪嘴在一般平民眼中无疑是英雄，这对一个要强、漂亮而丈夫却憨厚老实的女性而言更是如此。罗歪嘴在蔡大嫂心中的地位既是袍哥强势人物在巴蜀一般民众心中的反映，也是一位乖巧、漂亮、泼辣、心性很高的女性的自然本能反映。她当初的愿望就是要嫁到成都，但命运却让她只能嫁给成都边上天回镇一位憨不憨、傻不傻的老实男人蔡兴顺，她不满意蔡兴顺的老实、愚钝，因此，生性豪爽、风流，到处吃得开的袍哥五爷对他们一家的关照，并来到兴顺号毫无架子地与她摆龙门阵时，她心中自然荡起情爱的涟漪。

罗歪嘴对蔡大嫂也是爱意渐生，每当罗歪嘴回到天回镇，只要空闲就会到兴顺号坐坐。罗歪嘴一次来到兴顺号，正遇着蔡兴顺生意忙得不可开交，他于是独自到兴顺号空地上想心事，而蔡大嫂抱着金娃子陪着罗歪嘴聊天。罗歪嘴在摆谈中不经意聊到与一个粮户之间的冲突，进而引发有关洋教的争论。谈到洋教，蔡大嫂生气地问罗歪嘴："你们常常夸口：全省码头有好多好多，你们

---

① 李劼人：《死水微澜》，四川文艺出版社 2012 年版，第 18 页。

② 李劼人：《死水微澜》，四川文艺出版社 2012 年版，第 32 页。

哥弟伙有好多好多。天不怕，地不怕！为啥子连十来个洋人就无计奈何！"①
在蔡大嫂看来，洋人不多，为何不齐心把他们除了？教堂既是那么要不得，为
何不把它毁了？蔡大嫂与罗歪嘴有关洋教的谈话，表现出蔡大嫂不同于一般女
性而有胆有识，在她身上体现了浓厚的袍哥气质与精神。蔡大嫂作为不平常的
女性，开始在生理上、心理上搅动袍哥五爷罗歪嘴。他们一边谈及有关打洋教
之事，蔡大嫂一边给金娃子喂奶，这也许是女性不经意的奶孩子的细微动作，
但在潜意识深处已呈现出她与罗歪嘴之间已没有男女私密可言。而罗歪嘴无意
之间一眼落在她那只浑圆饱满的奶子和雪白粉嫩的胸脯上，这在肉体与心灵上
都震动了罗歪嘴，当他们结束谈话后，蔡大嫂感叹道："大老表，你真会说！
走江湖的人，是不同。"这寻常的恭维话，罗歪嘴听来却是那样入耳！这是作
家捕捉人物神态的精彩之笔，也是他们肉体与灵魂冲撞交融的精彩细节。当妓
女刘三金告知罗歪嘴蔡大嫂对他的情义时，罗歪嘴震动了，在刘三金的撮合
下，他们肉体与心理的交融水到渠成。

　　固然，罗歪嘴与蔡大嫂的情爱出自人之常情，是情投意合以及对彼此的欣
赏与留恋，但这有违道德纲常。就罗歪嘴与蔡兴顺的表兄弟关系，再加上蔡兴
顺的憨厚老实，罗歪嘴此举无疑是"霸占人妻"的行径，这不是英雄所为；就
袍哥纪律而言，这也违背袍哥伦理纲常。据《海底》帮规二十一则之二："奸
淫兄弟之妻室与兄弟之子女私通者，处死不恕。"② 李沐风先生说："袍哥最大
的信条是不奸淫，（尤其是对自己弟兄的妻女，如犯有此种罪行，往往格杀不
论）。"③ 因此，有着袍哥五爷身份的罗歪嘴对蔡大嫂的情爱行径是有违袍哥伦
理纲常的大忌。在李劼人笔下，罗歪嘴与蔡大嫂的情爱更多是一个男人与女人
的情爱，有着当时新文学对合乎本能自然人性的张扬与赞美，也有巴蜀远离中
原，不受主流文化传统纲常伦理的约束限制等原因。就文学叙事而言，罗歪嘴
与蔡大嫂的情爱叙述无疑是《死水微澜》中最精彩之笔，但他们浓酽的情爱却
没经受住外在力量的冲击，在袍哥与教民的较量中，袍哥屈居于洋教淫威之
下，当罗歪嘴被顾天成诬告参与三道堰打教堂之事，袍哥五爷罗歪嘴一伙受到
官府通缉，慌乱惶恐的罗歪嘴只能选择袍哥最现实的举措，再次跑滩逃难。蔡
大嫂见此情景，她身体瘫软了，她感觉天坍塌了，她央求罗歪嘴带她走，但罗
歪嘴并没带走她而是独自逃逸！

　　① 李劼人：《死水微澜》，四川文艺出版社 2012 年版，第 34 页。
　　② 李子峰：《海底》，河北人民出版社 1990 年版，第 206 页。
　　③ 李沐风：《略谈四川的"袍哥"》，《茶话》1947 年第 12 期。

在袍哥与洋教的较量中，蔡兴顺一家付出的代价是巨大的，兴顺号因为窝藏罪被查抄，蔡大嫂被钦差打了个半死，她与罗歪嘴的情爱像是一场浪漫的春梦而变得虚无缥缈。经受生死磨难的蔡大嫂做了最功利也最现实的抉择，她最终选择了奉洋教的男人顾天成。在此抛开一般男女情爱视角，进一步探讨罗歪嘴与蔡大嫂的情爱，这已超越了常规伦理，蔡大嫂身上凝聚了巴蜀文化远离中原主流伦理文化约束的特征，因此，她的情爱能自然游离于蔡傻子、罗歪嘴、顾天成三个男人之间，而与罗歪嘴的情爱更显示出她情爱的炽烈与忠贞。由此看来，罗歪嘴与蔡大嫂的情爱完满与否取决于罗歪嘴，但袍哥五爷的身份，"光棍"的自由之身，让他习惯于打流跑滩自由自在的生活，一旦"水涨了"的外在情势威胁他的身家性命，他不会顾及蔡大嫂对他忠贞的爱，"打流跑滩"逃难成为他最终的必然选择！罗歪嘴与蔡大嫂的情爱，写出了罗歪嘴作为一个普通男人人性的复杂性，但作家赋予罗歪嘴袍哥五爷的身份，这样的情爱叙述已超出了一般人物人性复杂的意义，这说明人们敬奉的江湖侠客曾经的侠义美德已经沦落，罗歪嘴身上的英雄气荡然无存。一个小小教民的诬告就让他不顾及他深深眷恋的蔡大嫂的情与爱，甚至不顾及蔡大嫂作为弱女子生命的安危，选择灰溜溜地匆忙"跑滩"！蔡大嫂对罗歪嘴的情爱除了以上论及的男女之爱外，与袍哥权力在巴蜀民间的影响力、控制力无疑有重要关系。罗歪嘴袍哥罗五爷的身份及权力在天回镇的影响，以及由此带来的对蔡兴顺及蔡大嫂的关照，是蔡大嫂选择罗歪嘴这一强势人物的重要原因。当罗歪嘴丢下蔡大嫂独自跑滩，无依无靠的蔡大嫂选择在她看来也是新的强势力量的代表——教民顾天成也是必然之举。

由袍哥五爷罗歪嘴与蔡大嫂的情爱纠葛，以及蔡大嫂最终选择顾天成可看出袍哥力量在洋教面前的衰退与软弱，这可从《死水微澜》的其他袍哥书写看出。该作品曾叙及袍哥大爷余树南搭救袍哥大爷王立堂的传奇经历，更可看出余树南时代袍哥的威力。余树南十五岁就在省城大街提刀给人报仇，十八岁当了文武会的舵把子，同堂年龄较大的大爷都心甘情愿听从他的指挥。余大爷的影响力遍及整个巴蜀，简直就像梁山泊的宋江。最让袍界佩服的是余树南救袍哥大爷王立堂这件事。王立堂因打家劫舍而失手杀人被捉获送到县里递解回籍归案办罪，但余大爷不劫囚犯，而是买通卡差李老九，让他顶替王立堂。衙门内外早经余大爷布置好了，当囚笼一到，李老九调包顶替了王立堂。王立堂被余大爷救出后，到龙潭寺剃了头发，上东山去了。而事后，李老九被袍哥大爷谢大爷保出，大家佩服他的义气，便由谢大爷当恩拜兄，栽培了他。在李劫人塑造的袍哥群像中，余树南是最具英雄色彩的袍哥形象，由这一形象可知余树南时代袍哥的威力，其影响力控制力已经渗透到清政府机构，衙门内外已被余树南控制，连知县老爷也已被他买通！当李老九顶替王立堂押解到灌县，知县坐堂一审，李老九跪在地上大喊："大老爷明鉴，小的冤枉！"原告见到调包的李老九也大惊说："这个人不是王立堂，小的在资阳县捉的那个，才是王立堂！"县官大怒："岂有此理！明明是你诬枉善良，难道本县舞了弊了！"显然，李老九的喊冤与知县大老爷的审讯带有表演性。这体现了袍哥大爷余树南的影响力、控制力。再加上另一位袍哥大爷谢大爷的出面劝解，受害者马家儿子只能放弃，而不敢再追究。由余大爷让李老九顶替王立堂的传奇经历，可以推知当时袍哥在巴蜀社会的威力，有钱有势的马家尚且如此，一般平民百姓在这样的环境怎样生存立足？袍哥大爷余树南的传奇经历，让罗歪嘴和他的兄弟伙张占魁大发感叹："这几年，真没有这种人了！"[①] 由此可见他们权力衰退的落寞处境。相对于余树南时代，罗歪嘴时代袍哥的威力明显减弱，罗歪嘴与教民发生冲突，竟一败涂地，丢尽颜面，最后为了身家性命只能灰溜溜地打流跑滩！

（二）李劼人笔下的其他袍哥形象

除《死水微澜》中的袍哥群象外，《暴风雨前》中的魏三爷、《大波》中的吴凤梧均是作家书写的重要袍哥人物。据李劼人说，《暴风雨前》主要塑造了三种知识分子的典型，即前进的、保守的、摇摆不定的[②]，由此可见该作品主要专注于这些知识分子，以及与之相关的达官贵人。这些人物活动的空间是郝公馆，成都的高等学堂，广智小学，青羊宫，二仙庵等。不同于以上空间的是上莲池社会，这是成都贫民生活的空间，而控制该贫民空间的则是袍哥魏三爷。魏三爷曾是一个走南闯北、见多识广的江湖袍哥人物，上莲池的平民百姓把他视为主心骨。虽为袍哥人物，却没有英雄侠骨心肠，他在上莲池社会有钱有势，落井下石，贪恋美色，袍哥的美德丧失殆尽。李劼人对该人物有如下描绘："魏三爷在上莲池的社会中，不但是顶有钱的，住着宽大瓦房，穿绸缎裤，天天都是肥醲大肉，而且势力也大；不仅因他一个胞侄在雅州巡防当管带，还由于他本人又烧过袍哥，又认识华阳县衙门里快班上有名的白大爷。他能够抬举人，也能够害人，上莲池的居民，谁不尊敬他，谁又不害怕他？"[③] 魏三爷在上莲池的控制力与影响力，从魏三爷对伍平一家落井下石的行径即可看出。

魏三爷作为袍哥中人，走南闯北，见多识广，是上莲池平民社会的主心

---

① 李劼人：《死水微澜》，四川文艺出版社 2012 年版，第 58 页。

② 李劼人：《谈创作经验》，《李劼人全集》第九卷，四川文艺出版社 2011 年版，第 249 页。

③ 李劼人：《暴风雨前》，四川文艺出版社 2012 年版，第 91 页。

骨，但他却过着淫荡糜烂的生活。当伍平一家出现灾难时，他并没真正出手相助，反而落井下石，并以此作为他霸占人妻的手段。相对于《死水微澜》中的袍哥罗歪嘴及《大波》中的袍哥吴凤梧，魏三爷这一形象着墨不多，但这一形象让读者印象深刻。由他身上可看出，作为江湖袍哥曾有的豪侠仗义的美德已消失殆尽，袍哥作为巴蜀平民互助组织这一性质发生了改变，亦可看出袍哥势力的邪恶与丑陋。

吴凤梧是李劼人《大波》中用笔最多的一位袍哥人物，这是李劼人的虚构塑造。曹聚仁把吴凤梧称为"三山五岳的好汉"①，相对于袍哥罗歪嘴、魏三爷而言，确实如此。吴凤梧本为赵尔丰军营中的管带，因为自己手下士兵违纪而被开除。他逃回成都，生活没有着落，为生活所迫前来拜访他的好朋友官绅黄澜生，不时在黄澜生那里借些钱财来糊口度日。他豪侠仗义，喜欢结交朋友，当他拜访黄澜生时遇到正在成都读书的楚子材，与他一见如故，并与楚子材的同学王文炳成为朋友。正因楚子材、王文炳两个人物，他不自觉地卷入轰轰烈烈的四川保路风潮中。吴凤梧是作家的精心塑造的人物，他是一位四川保路运动的亲历者与参加者，是贯穿作品始终的人物。作品书写了袍哥吴凤梧的聪明、世故、狡猾。作为袍哥人物，他最初对保路运动是游离的，到达保路同志会成立现场，他因生活无着落无所事事而抱着看热闹的态度。但随着保路运动的进一步发展，吴凤梧对保路运动由最初的游离、徘徊，到最后义无反顾地积极参与。保路运动刚刚开始时，吴凤梧对蒲殿俊、罗纶等为首的保路行为不以为然，铁路收归国有是国家的事，与他有何相干！赵尔丰的独裁也与他不相干！可听了罗纶他们的几次演讲，看见保路同志会领导们的精神气概，感受到普通市民对保路争路的热情，吴凤梧对保路争路开始积极参与了。

吴凤梧直接参与保路风潮有他做事的才干与远见，也有他作为袍哥的世故与狡猾。他到新津设法把袍哥大爷侯保斋鼓吹出来，把同志协会的事都交给他去办。他认为，侯保斋毕竟年事已高，创办同志会主要利用他的名气，若是将来有了好处这是大家的，有了祸事，那是他的名字，与大家无涉！由此可见吴凤梧利用侯保斋袍哥舵爷的控制力、影响力开办同志会的远见，也显示出吴凤梧的狡猾与世故。新津保路同志协会经吴凤梧、楚子材把袍哥大爷侯保斋、侯治国推举出来，再加上吴凤梧轰动的演说，终于把新津同志协会的声势掀起。他的好朋友黄澜生以前认为："吴凤梧这个人是有饭胆没酒胆的，他之答应帮

---

① 曹聚仁：《"海外有这么一个文字知己"——曹聚仁谈〈大波〉》，《郭沫若学刊》，2011年第4期。

忙，是穷得没蛇耍了，才逼迫到这一步。你要想脱身出来，全交跟他去乘住，怕他未必答应。他这个人是久跑滥滩，世故很熟的人，我知道他的。"① 显然，这是熟悉吴凤梧的黄澜生最中肯的评价，但吴凤梧在新津之行后却让黄澜生刮目相看，想不到他对保路之事竟然这么热心。吴凤梧所带领的保路同志军与清军交战英勇壮烈，新津保卫战虽然没有成功，然而在吴凤梧的生活史上占有重要地位，值得他欣然向他人叙述："说起新津的事情，不是我夸口的话，如其不是我老吴在中间撑住，那里会支持到二十多天，才让跟了朱统制，如其大家始终听我的话，恐怕新津到现在还在我们手上。说起来，令人叹息！"② 他的事迹还在成都市民中口耳相传："……还说同志军里，有个姓吴的——名字我忘记了——曾经当过管带，打过硬仗火的，顶凶了。他所练的同志军，简直是一可当十……"③ 这位市民谈及的人物，正是袍哥吴凤梧，由此可见，他作为《大波》中袍哥人物的代表对清军的打击力量。

作品还写了吴凤梧的投机、钻营，这都是他作为袍哥人物的行为特征与处事原则。当武昌起事以及龙泉驿兵变后，看见革命党日益得势，于是他找王文炳要加入革命党，找不着王文炳，却找到了真正的革命党尤铁民。他扩建自己的队伍急需银两，一次又一次地向黄澜生借钱作为他扩建队伍的资金，为四川独立做准备。四川独立，蒲殿俊任总督，吴凤梧又去找正得势的同学尹昌衡寻找机会，东校场兵变后，陆军与巡防军交战，整个成都一片混乱。在这次混乱中，尹昌衡让吴凤梧做了标统，但日益得势的袍哥吴凤梧却迷恋于男色不能自拔。显然，与李劼人笔下其他袍哥人物诸如罗歪嘴、魏三爷迷恋女色不同，吴凤梧贪恋男色。吴凤梧是李劼人笔下较为正面的袍哥形象，但他的这一嗜好却让其形象大打折扣，体现了李劼人袍哥书写的伦理观、价值观。

此外，《好人家》中的赵幺粮户则是巴蜀袍哥中的另类形象。他加入袍哥带有投机钻营的目的，保路运动后，他看见成都的袍哥日益得势的情状，于是拿钱成了"一步登天"的白棚大爷。李劼人的短篇《天要亮了》中的袍哥陈大爷与高大爷也是当时社会上袍哥人物的代表。就出身看，他们不过是一个垮了台的旅长的马弁。抗日战争后期，为躲避日本飞机的轰炸，他们就到了成都边上一个幺店小场上，刚到此地不久就开始"栽培"袍哥而开山立堂，成了小场上最有势力的人物，场上的小商贩们为了生存，纷纷投到陈大爷、高大爷的麾

---

① 李劼人：《大波》（上），四川文艺出版社 2012 年版，第 79 页。
② 李劼人：《大波》（下），四川文艺出版社 2012 年版，第 444 页。
③ 李劼人：《大波》（下），四川文艺出版社 2012 年版，第 334 页。

下，而到了新中国成立前夕，他们又以"保境安民"的名义开始敛财。

在这些袍哥人物身上，袍哥群体的影响力、控制力以及对主流社会的打击力都得到了重要表现。袍哥形象的塑造是李劼人巴蜀民俗地域书写的重要表现，他们是中国现代文学人物画廊中的独特存在。

第三节　李劼人小说的袍哥历史叙述

正如前面叙述，在巴蜀近代史上，"打洋教"与"保路运动"是两起重要历史事件，在这两次重要的历史事件中，巴蜀袍哥均起着重要的历史作用。李劼人在长篇小说《死水微澜》《暴风雨前》《大波》，以及一些中短篇小说中对这两件事做了出色的历史叙述，并写出了袍哥在这些历史事件中的独特表现。

一、袍哥、洋教与文学的历史书写

近代巴蜀是发生教案较多的地域，且教案的发生多与巴蜀袍哥有重要关系。成都教案中，参与的巴蜀袍哥不在少数。成都教案发生后，法国公使施阿兰向清政府开列了一份要求惩办打洋教群众的名单，其中有袍哥首领倪四帽顶、古帽顶、赵老帽顶、谭九帽顶等人。[①] 由此可见，成都教案与袍哥参与有重要关联。打洋教事件在李劼人的《死水微澜》《暴风雨前》中都有描绘，但作家不是对教案或打洋教事件做直接描写，而是通过袍哥与教民的纠葛、冲突，以及打洋教事件引发一般民众家庭生活的变故及男男女女的儿女情长等，来反映巴蜀近代社会的历史变迁。

在《死水微澜》中，袍哥、教民、官府是当时巴蜀社会的三种重要力量，袍哥与教民的冲突代表了官府之外两种力量的较量。《死水微澜》中有两处写到袍哥与教民的冲突，一处是罗歪嘴与一个假称教民的粮户发生冲突，另一处是罗歪嘴与顾天成的冲突，顾天成为报私仇打击袍哥罗歪嘴而加入洋教。前一次冲突事件，显示了袍哥、洋教、官府之间力量的制衡。一个粮户因五斗谷子的事将一个佃客送到县衙卡房中，罗歪嘴帮佃客向衙门说情，并将舵把子朱大爷的关切信交去。县衙打算将佃客放了，却被那粮户知晓，于是将罗歪嘴也告在内。县大老爷很是生气，将这粮户锁起要好好打他一顿，却不料这粮户大喊并自称是教民，这把县大老爷及差人全吓慌了。

罗歪嘴的身上体现了民间社会力量，他能走官府，帮一般平民打官司，连

---

① 钟钢等：《1895年"成都教案"简述》，《四川文物》1992年第4期。

有钱的粮户也不放在眼中，由此可见袍哥的威力。但粮户却能借洋教力量来对付袍哥，连县大老爷也深感后怕，由此可见当时巴蜀洋教势力的兴盛，它成为一些人打击异己的重要力量。洋教的力量实际是西方势力在中国的反映，清政府害怕洋教实际是惧怕西方势力，这激起当时巴蜀一般民众的义愤。《死水微澜》中，蔡大嫂激愤道："洋人既是才十几二十个人，为啥子不齐心把他们除了？教堂既是那么要不得，为啥子不把它毁了？"①蔡大嫂的激愤代表了当时民众对洋教的普遍情绪，这也是当时民众打洋教毁教堂的潜在原因。罗歪嘴手中一篇主张打洋教的檄文说得很透彻："为甚么该打教堂？……教堂者，洋鬼子传邪教之所也！洋鬼子者，中国以外之蛮夷番人也！"在国人眼中，洋教无疑是"异端"，中国有自己的教，要你洋教干什么！人们之所以要毁教堂，是由于教堂为洋人为恶之所在。由这篇鼓动打洋教的檄文，可见当时洋教与中国本土文化的强烈冲突。但打洋教的最终结果是百姓遭殃，在四圣祠教案中，官府全都害怕了，他们把打跑的洋人恭敬地迎到衙门里，并以几十万两银子作赔付，给洋人修缮被打毁的教堂，官府还到处捕杀参与打教堂者。打洋教后，洋人的气焰反而更嚣张了！官府害怕洋人并压着百姓不许生事，在这样的背景下，袍哥不得不顾忌，因此威力大减。

从以上叙述可看出洋教在中国势力强大的原因，清政府丧权辱国，官府对洋人、洋教惧怕，这进一步导致洋教势力的膨胀及教民的嚣张。因此，在《死水微澜》中，袍哥在与教民的较量中自然会败下阵来。袍哥罗歪嘴被假称奉洋教的粮户控告"钱可通神，力能回天"，并在衙门向知县咆哮："一个小小的袍哥，竟能串通衙门，来欺压我们教民！你还敢把我锁来，打我！这非请司铎大人立奏一本，参去你的知县前程不可！"②在这样的情势下，知县老爷与当差们都当场吓破了胆，本想帮人出头主持公道的袍哥五爷罗歪嘴败下阵来，脸面扫了个精光。

袍哥与教民的冲突，更表现在罗歪嘴与顾天成之间的较量上。顾天成本是一个满身土气的粮户，却在与罗歪嘴的较量中，凭借洋教的力量让罗歪嘴与情人蔡大嫂生离死别，逃命"跑滩"而远走他乡。罗歪嘴与顾天成的冲突主要有两次：一次是顾天成拿着卖土地的钱到成都捐官，却被罗歪嘴及其兄弟伙设局让他迷惑于刘三金的美色，手中买官的银两输了个精光。当他醒悟到被烫了毛子时牛性大发，冲着罗歪嘴的场子吵闹起来，最终却被罗歪嘴打了一顿，羞恨

---

① 李劼人：《死水微澜》，四川文艺出版社 2012 年版，第 35 页。
② 李劼人：《死水微澜》，四川文艺出版社 2012 年版，第 33 页。

交加的顾天成回家后想到的是复仇。他们二人的冲突，顾天成固然有其可恨可厌的一面，但被袍哥罗歪嘴及其手下设局"烫毛子"则是两人冲突的根源，也是近现代巴蜀袍哥从事赌博等非正当生意的真实写照。罗歪嘴与顾天成的第二次冲突是顾天成带着女儿招弟与刚碰面的王刀客一伙人逛东大街看龙灯，正巧碰见罗歪嘴带着蔡大嫂及兄弟伙一群人。见到罗歪嘴这一伙人，顾天成的仇恨涌到眼前，他想借助王刀客一伙人羞辱他们以泄旧恨。顾天成于是与王刀客身边的浑小子挤在蔡大嫂身边，开始动手动脚调戏蔡大嫂。罗歪嘴见状就给顾天成一个耳光，顾天成身边的浑小子抽出匕首与田长子、张占魁动起手来，他们的冲突却被巡逻的总爷中止。这次顾天成与罗歪嘴的冲突本无胜负之分，但顾天成放在街边的女儿却被人流冲散。失掉女儿的顾天成回到家后大病一场，最后被洋医治好，顾天成进而信奉洋教打击袍哥罗歪嘴就顺理成章了。

显然，顾天成奉洋教有他不得已的苦衷，他要借助洋教的力量打击罗歪嘴这伙人，但也有他的投机性，正如在《大波》（重写本）中，看到袍哥们日益得势，他又选择加入袍哥一样。顾天成奉洋教之事遭到族人的强烈反对，反对最厉害的是他的幺伯与幺伯娘，他终因奉洋教被撵出祠堂，他的田屋充公，连葬在祖坟埂子外他老婆的棺材，也被他幺伯叫人破土取出，抛在水沟边，说是有碍家族风水。从顾天成奉洋教而遭到族人的反对，并逐出宗族之外可看出当时民众对奉教者的愤怒。奉了洋教的顾天成并没有马上报仇成功，因为北京义和团攻打洋人，奉教的人都逃跑躲了起来，钟幺嫂一家也跑了，顾天成只能躲在教友家中。当洋人攻下北京城，整个情势急转直下，成都发生了郫县三道堰教堂被打毁的教案。正陶醉在蔡大嫂温柔乡的罗歪嘴并没参与三道堰打教堂一事，但他却被顾天成诬告。显然，三道堰打洋教事件不是李劼人描写的重心，重心是教民顾天成把这次打教堂事件作为打击报复袍哥罗歪嘴的重要手段，由此引发两人冲突的胜负逆转：朱大爷、罗歪嘴以及他的兄弟伙只好"跑滩"逃难。兴顺号杂货铺因窝藏罪被查封，蔡兴顺被关在监狱中，而蔡大嫂则被清兵打了个半死。经过这次突降的灾难，蔡大嫂做了她最明智的选择，为救狱中的蔡兴顺，也为了她自己未来的生活，蔡大嫂决定嫁给这次事变的始作俑者——奉了洋教的顾天成。袍哥罗歪嘴与顾天成的两次冲突，最终顾天成因奉了洋教而大获全胜。正如前文所述，袍哥曾一度对主流社会显示出打击力、破坏力、渗透力，在巴蜀民间社会更显示出他们的控制力、影响力，但面对洋教却显示出力量的软弱性。究其实质，罗歪嘴等袍哥在社会上固然有其威力，但他们面对的不仅仅是一部分教徒，而是这些教民背后的西方势力，这也是近代巴蜀历史的真实写照。

打洋教事件是中国近代史上的重要事件，巴蜀袍哥参与的打洋教事件也是巴蜀近代社会的重要事件，成都教案中三道堰打洋教事件即是重要案例。李劼人对这段历史的叙述与一般的历史叙述不同，他不是去正面叙述打洋教这一历史事件，而是着重表现这重要的历史事件怎样波及成都一般民众的世俗生活，将袍哥与教民的冲突，他们的恩怨情仇、儿女情长的世俗生活卷入其中，让读者看到了成都教案背后巴蜀近代那段血肉丰满的世俗史。有学者指出，《死水微澜》开创了以民间生活的风俗画来反映重大历史变迁的先河。① 李劼人历史叙述的这一特征也反映在他的《暴风雨前》中，发生在成都四圣祠的打洋教事件不是该作品的叙述重心，只是一小小插曲，但却照样让一个平凡之家灾难降临而家破人亡。在街上无聊闲逛的伍平忽听见街上人声嘈杂，人们全在说："四圣祠的教堂着打了！要发洋财的赶快去！"② 伍平本能地跟随人流朝东跑去，还未到庆云寺，已看见好多人扛着古怪家具及大包袱气势汹汹而来。伍平顺着人流走向教堂围墙外，从拥挤的人塔下顺手接到包袱，但这并没让他发洋财，反而是给一家人带来了灾难。清政府正搜捕打四圣祠的参与者，这搅得伍平一家无从安宁。袍哥魏三爷告知这一家子，若查出"教案"首要，男的抓住"凌迟碎剐"、女的"割乳砍头"，若是搜出赃物，"不论是在教堂里抢的，在路上捡的，男子则依律处死，女的则打两千皮鞭，发官媒价买"③。在袍哥魏三爷的谋划下，并没直接参与打教堂而只是"顺手牵羊"想发洋财的伍平只能远走雅安巡防营当兵做了粮子，而他的老婆伍大嫂则成了袍哥魏三爷的干女儿（情妇）。在该作品中，作家没有描写袍哥魏三爷或其他袍哥参与打四圣祠教堂之事，魏三爷作为上莲池袍哥民间权力的实施者，他影响控制着上莲池，因为觊觎伍大嫂的美色落井下石，加速了伍平一家子分崩离析。就这样，一个成都平民因偶然卷入打教堂事件，却导致家破人亡。通过洋教与本土文化的冲突，袍哥与教民的纠葛，以及打洋教历史事件对一般民众生活的影响，来反映巴蜀近代社会的历史变迁，这才是李劼人小说历史叙述的重心。

二、袍哥、保路运动与文学的历史书写

四川保路运动是近现代巴蜀历史转型的重要历史事件，在这次保路风潮中，巴蜀袍哥是主要参与者，并做出了突出的历史贡献。这一波澜壮阔的历史

---

① 张中良：《李劼人的辛亥革命叙事》，《当代文坛》2011年增刊。
② 李劼人：《暴风雨前》，四川文艺出版社2012年版，第87页。
③ 李劼人：《暴风雨前》，四川文艺出版社2012年版，第92页。

事件无疑是李劼人文学创作的重要内容。一段历史的存在一般有如下三种形态：一是发生在过去的已经存在的历史事实；二是历史学家等对该历史事件的历史叙述；三是作家对该历史事件的文学叙述。四川保路运动波澜壮阔，它在巴蜀近代史，包括中国近代史上都意义重大而深远。在保路运动发生不久后，不少人开始对其进行历史书写，较有代表性的是川籍作家刘长述（署名觉奴）的《松岗小史》，郭沫若的《反正前后》，周孝怀的《四川争路亲历记》，吴玉章写于 1961 年的《辛亥革命》，李劼人的长篇巨制《大波》，尤其是他的重写本《大波》。《反正前后》《四川争路亲历记》《辛亥革命》多是历史叙事，而刘长述的《松岗小史》与李劼人的《大波》则是小说，他们以小说的形式来反映保路运动这一重要历史事件。

首先看刘长述的《松岗小史》，该小说虽不乏客观写实特色，但带有浓厚的虚幻浪漫色彩。作家所写的松岗，宛若一独立自足的桃花源，他们有自己的学校、城市，有自己的施政纲领，小说特别描绘了保路运动对松岗的波及以及松岗民众对这一事件的参与过程。其中一个场景写到保路运动，一伙由袍哥组成的"土匪"队伍扰民的情状：

> 到了三溪镇吃午饭，只见奇形怪状的人遍街遍地，茶馆酒肆，称哥道弟的实在不成事体。在吃饭的馆子里，四座都是那些人，自己也称民军，有说某家大嫂大姐长的标致，有说那条耕牛虽老倒还可口，说人家老酒的说腊肉的无非都是饮食男女，谈的津津有味。又有人道，先年那般贼要吃人肉，倒没吃过！大帅杀的那奸细，剥出心来炒着吃，腻人的狠！又炒的老了，有什么好吃！为什么放着不要钱的牛羊鸡鸭不吃，吃那个呢！①

作品描写的这一伙"民军"实是一伙土匪强盗，即巴蜀近现代社会存在的"浑水"袍哥，他们霸吃强喝，奸淫妇女，滥杀无辜，为非作歹，无恶不作。他们在保路运动中，听着官兵的炮声就跑，与官兵一开战即溃不成军。这些"土匪"队伍与松岗组成的民军形成鲜明对照，而这伙"民军"的大帅陈三兴，原只是在一个戏班的敲锣打鼓手，平时是无赖，为乡民所不齿，后来乘保路运动事乱而啸聚党徒，成了大帅。他手下的军帅秦体章、粮台官徐绍先，也是为虎作伥，三人最后被松岗市市长黄光处死。②除此之外，作品还写到军政府兵变，这些士兵多为袍哥："城里两万多兵士昨日一齐叛变，那兵原是旧日的营

---

① 觉奴氏：《松岗小史》，昌福公司 1915 年版，第 343 页。
② 觉奴氏：《松岗小史》，昌福公司 1915 年版，第 354—355 页。

兵却都是快抢，那里边无所谓军律，只有哥老会的势力最大，头目没一个不是哥老头儿，方能调动管服得下。"① 由此可见袍哥势力已渗透至清政府军营。在这次叛乱中，他们打银店，抢当铺，打银库，甚至打入军政府，开了武库，抢了各种武器，整个繁华的城市如水洗一般遭到破坏。当保路运动风潮过后，"一般狐群狗党，攀龙附凤，登时金紫加身，作威作福。来自田间，便重重的为害田间。哥老会呢，目不识丁的呢，跟班呢，都做了临民长吏，把地方闹的鸡飞狗走。那一般贤俊谁肯和他们一起，便都隐避不遑，这不能不怪当事的争权夺利所致，社会人心太坏所致。"② 小说中描写了保路风潮中社会的混乱丑陋现象，包括由袍哥组成的"民军"的土匪行径以及袍哥渗透入清军阵营，这些实际是为了反衬松岗这一带乌托邦色彩的理想国度。松岗大到政治、经济、教育、文化，小到居家生活，儿女情长，无不是作家的精心理想营构，它宛然是四川这一天府之国的映射与象征，浪漫理想色彩非常浓厚。《松岗小史》与一般小说不同，它是政治小说，正如作品指出："治松岗如治一国，治国如治一松岗。"③ 这实际是该作品的重要意图，也是当时政治小说创作模式的反映。当时有人为此小说作序曰："松岗小史，纪松岗乡事也。松岗为乡，拟于国千万分之一耳。顾经建擘，画与其所，就咸秩然为国之模范。则篇中所纪，乃大足资经世者之考镜矣。"④ 由此可见刘长述小说历史书写的主要意图。

德国历史学家约恩·吕森指出："历史是在现在的文化导向框架中对过去的诠释性表现。在这里，'历史'是历史意识的成果：通过回忆与记忆，过去以一种叙事的形式被诠释性的现在化了。"⑤ 因此，即使是同一历史事件，不同时代不同作家的描述肯定有差异。因此，对四川保路运动的文学叙述实际是对该历史事件的诠释，融汇了作家的历史记忆、历史经验，特别是他进行文学历史叙述的语境，等等。作家所处时代不同，创作语境不同，决定了创作主旨不同。根据刘长述所处的时代，我们就不难理解作家笔下的松岗，作家笔下的保路运动，以及他的袍哥书写等。不同于刘长述的《松岗小史》所表现的浪漫叙述，无论是李劼人的初版本《大波》，还是他在新中国成立后在收集大量资料的基础上，以客观写实的笔法全方位立体叙述这一波澜壮阔的历史事件的重写本《大波》，其叙述的保路运动，以及笔下的袍哥等，均显示出他历史叙述

---

① 觉奴氏：《松岗小史》，昌福公司1915年版，第359页。
② 觉奴氏：《松岗小史》，昌福公司1915年版，第364页。
③ 觉奴氏：《松岗小史》，昌福公司1915年版，第367页。
④ 壮悔：《〈松岗小史〉序》，觉奴氏：《松岗小史》，昌福公司1915年版，第4—5页。
⑤ 约恩·吕森：《历史思考的新途径》，綦甲福等译，上海人民出版社2005年版，第13页。

的独特性。李劼人对保路运动这一历史事件多不做正面直接的描写，特别是他的初版本《大波》，而是将这一历史事件的发生、发展过程与成都市民、官宦人家的日常世俗生活相融合，且关注了这一历史事件怎样冲击影响成都官宦人家与普通市民的日常生活，以及巴蜀袍哥怎样卷入这一波澜壮阔的历史事件中，巴蜀袍哥在这一历史事件中所起的重要作用等。

四川保路运动自上往下波及四川各阶层，小说《大波》人物众多，涉及这一历史事件的主要人物有保路运动的领导人蒲殿俊、罗纶、张澜等，官宦人家郝达三、郝又三父子，黄澜生、黄太太，以及与这些官宦人家相联系的葛寰中、孙雅堂、周宏道，学生楚子材①、王文炳等，普通市民傅隆盛，还有"成都血案"的制造者赵尔丰、赵老四、田征葵，等等。保路运动将巴蜀社会由上而下全方位卷入其中，这一历史事件给清政府带来的强烈冲击与影响均被写入书中。四川保路运动中，对清政府给予强烈打击量的是巴蜀袍哥，这显示了袍哥民间政治的威力。由巴蜀袍哥组成的同志军与清军的一场场交战，推动着保路运动的历史进程，加速了清政府的崩溃。

李劼人《大波》中参与保路运动的袍哥人物可分为两类，一类为巴蜀近代史上参与保路运动的真实的袍哥人物，另一类为李劼人虚构的袍哥人物。在真实的袍哥人物中，李劼人对袍哥大爷侯保斋用笔较多，但不是一般小说历史叙述的直接描写。侯保斋这一形象主要是通过作品其他人物"摆龙门阵"的方式引出。在初版《大波》中，家住新津的楚子材在成都读书，在他的表叔黄澜生家遇见了黄澜生的朋友袍哥吴凤梧，两人一见如故，他们结伴前往保路同志会的成立现场，再引出楚子材的同学王文炳。因受保路同志会的委托，让他们去请新津的袍哥大爷侯保斋出面办保路同志会，而侯保斋正是楚子材的亲戚，按辈分该称呼侯保斋为外公。正是这层关系，王文炳让楚子材去联系袍哥大爷侯保斋出面办保路同志会。作品没有直接对侯保斋在保路运动中参与的具体历史事件展开叙述，而是通过人们的口耳传说讲述侯保斋带领同志军在红牌楼同巡防军交战，侯保斋、周鸿勋与清兵的新津战役。

在人们心目中，侯保斋是一个非常了不起的袍哥大爷，连罗纶都说："侯保斋是很有势力的，若是能够把他弄得出来，则同志会不仅在新津有力量，就在南路也不同了。"② 这是保路同志会派人去请侯保斋操办同志会的主要原因。

---

① 楚子材为《大波》初版本中的重要人物，但在《大波》重写本中，此人物改称为楚用，字子才。本书中，遵循两版本实际，涉及初版本《大波》时统一称此人物为楚子材，涉及重写本《大波》时则称此人物为楚用，特此说明。

② 李劼人：《大波》（上），《李劼人全集》第三卷，四川文艺出版社2011年版，第69页。

而在《大波》重写本中，侯保斋更是一位带有传奇色彩的英雄人物："楚用有个堂外公，是南河一带赫赫有名的袍哥大爷侯保斋。虽然岁数已大，收手退休，但是从新津直到邛州、蒲江、大邑、彭山、眉州的各处码头，只要一提到他，还无人不知，无人不翘起大指拇来称赞一声：'侯大爷么？对的！'"① 而楚用在学校里也常常吹嘘他这位豪杰外公，把他夸张得好似"水浒"人物"及时雨"宋公明。

在重写本《大波》中，楚用因留恋他表婶黄太太的美色不愿回新津去联络他的外公侯保斋，这一重任落在了袍哥人物吴凤梧身上，凭着吴凤梧的手腕，侯保斋终于出马任同志会会长。当楚用的同学彭家骐来黄澜生家拜访楚用，楚用开始向他夸赞：

> 我只告诉你两件事，你就晓得了。第一，是我的外公侯保斋已着我说动了心，答应出山来当同志会会长。侯保斋，南河一带的舵把子，声望赫赫，哪个不知，谁人不晓，只要他的片子一飞，吹！这一面邛、蒲、大，那一面眉、彭、丹、青，要多少哥弟，有多少哥弟；文哩，成立几十个同志会，武哩，起个几百堂家伙，全不费吹灰之力，只要罗先生他们打个招呼，我外公的上服一拿出去，要怎样就怎样，谅他盛宣怀、端方有多大本事，不把他们吓跑，那才笑人哩！②

侯保斋作为袍哥大爷的威势还体现在他对清军阵营内部的影响。在赵尔丰部下当管带的伍平叔及侯保斋在清兵中的影响说道："侯保斋嘛！本来已经洗了手的，不晓得为了啥，这回会重新出山当起同志会会长。我们巡防新军里好多人都是他大爷栽培过的，他这位恩拜兄的资格老咧！"③ 袍哥大爷侯保斋在袍哥中的广泛影响力，已渗透入清军袍哥阵营中。由此可见当时袍哥民间政治对清主流社会的渗透力、影响力与控制力。

除侯保斋外，张捷先、张达三、侯国治、罗子舟、吴庆熙、孙泽沛等袍哥大爷也是李劼人小说《大波》中的重要袍哥人物，但作者对于他们一般都以群像的形式，通过民众"摆龙门阵"的方式来给以描绘。"成都血案"发生后，"文明争路"的形势急转直下，成都开始被袍哥组成的同志军围攻，成都市民希望同志军能取得胜利，同志军俨然成了成都二十多万民众的唯一希望。著名袍哥首领孙泽沛、张尊、吴二代王吴庆熙、罗八千岁罗子舟等，都被"小说

---

① 李劼人：《大波》（上），《李劼人全集》第四卷，四川文艺出版社 2011 年版，第 114 页。
② 李劼人：《大波》（上），《李劼人全集》第四卷，四川文艺出版社 2011 年版，第 199 页。
③ 李劼人：《大波》（中），《李劼人全集》第四卷，四川文艺出版社 2011 年版，第 536 页。

化"而成了民众口中的英雄。在民众的口中，他们成了传奇："孙泽沛的五百杀刀队多厉害呀！好像岳武穆的八百校刀手。上了战阵，他只就地一滚，你的枪放了，正在贯子时，他已滚到你的跟前。光靠枪上的刺刀，那咋抵得住？砍瓜切菜的杀起来，官兵只有死的。"① 袍哥大爷的威名在茶馆中成为人们的谈资："张熙是灌县山沟里的袍哥，手下管着成千上万的挖矿的矿夫子，就由于矿夫子当中有一些犯过案子的亡命之徒，在邻近几个处在平坝的州县里的人们，几乎都把他们看作是梁山泊上朋友，张熙是这般人的头脑，当然罗，他不算及时雨宋江，也算托塔天王晁盖。"② 在《大波》重写本中，彭家骐向楚用谈及簇桥的舵把子，诨名叫黑骡子，他是如何英雄了得："年纪又轻，今年不过三十多岁，武艺又好，一把南阳刀耍得泼风似的，几十人近不到身边；虽然是义字号的龙头大爷，赶不上仁字号的龙头大爷侯保斋的声望，但是纵横几十里，连三岁娃儿也晓得黑骡子这个人的。"③ 李劼人借助"摆龙门阵"的方式，将这些袍哥大爷在保路运动中的神奇传说与清兵交战的英勇表现了出来，由此可见袍哥对一般民众的影响以及对清主流社会的打击力量。

同志军作战的勇敢与清兵的惨败在成都市民间口耳相传，作品叙述赵尔丰派清军将领田振邦赶赴新津与同志军交战，当他带领巡防军走到黄水河就被周鸿勋的部下一阵冲杀，清巡防军被打死不少。"巡防兵大喊：'弟兄们，我们都是同事呀！咋个不让一手？'那边答说：'念旧的，就过来！这边拿的是四两二！不过来的，就是民贼，就是赵屠户的走狗！'登时就变了半营多人。田振邦赶快跑，又遇着侯国治带着一大队同志军从小路抄过来，几乎把老田生擒活捉，一直追到双流城下。陆军出去应援，才把老田救进城了，侯国治他们是全胜而归。"④ 新津被攻陷，楚子材担心家人，他走在大街上满街市民都在议论新津战事："他走到这一群人丛中去听听，是绝端否认新津是被攻下了；别一群人，则正传说新津并不是官兵攻下的，确确实实是侯保斋周鸿勋他们商量定了，因为南路的兵太多，不容易打过来，不如把新津丢了，把队伍开到彭山县，把孙泽沛、吴二代王、罗八千岁、张尊、王大脚板娘，各路的同志军联合起来，再由江口、黄龙溪、傅家坝、中兴场，顺着府河，由东路杀上省来……"⑤

民众口耳相传的袍哥大爷中，张捷先在初版《大波》中未曾被叙述，而在

① 李劼人：《大波》(下)，《李劼人全集》第三卷，四川文艺出版社2011年版，第408页。
② 李劼人：《大波》(中)，《李劼人选集》第二卷，四川人民出版社1980年版，第526页。
③ 李劼人：《大波》(上)，《李劼人选集》第二卷，四川人民出版社1980年版，第245页。
④ 李劼人：《大波》(下)，《李劼人全集》第三卷，四川文艺出版社2011年版，第334页。
⑤ 李劼人：《大波》(下)，《李劼人全集》第三卷，四川文艺出版社2011年版，第338页。

重写本《大波》中却对他做了较详细的叙述。作品叙述他被选为成都西路同志军大总统的情景，当选理由是张捷先是哥老会"仁"字号龙头大爷，行辈、年纪、资格上，张捷先比张尊都高，此外，张尊是东道主人，主不僭客，这是哥老会文书《海底》上一条铁定的规矩。当张捷先当选大总统的消息一宣布，二百多人齐声欢呼，一串千子响的鞭炮从正院坝子里点燃。张捷先当下就走到祭天的悬着红呢桌围的大方桌前，高举两手，向四方打着拱道："承蒙众家哥弟抬举，委以大任，兄弟不便虚辞了！不过兄弟才疏学浅，不对地方，还望众家哥弟该方圆的方圆，该褒贬的褒贬！"① 西路同志军由五路军组成，其首领多是袍哥重要人物。第一路军由张尊统领，第二路军由张捷先统领，第三路军由张熙统领，第四路军统领是刘荫西，他是灌县一位赫赫有名的舵把子；第五路统领姚宝山，他是灌县山里伐木工人的总头领，和张熙同被称为灌县大山里的两条镇山虎；西路军属下还有一统学生军，由蒋淳风统领，他是同盟会会员，又加入了袍哥，张尊、张捷先都是栽培过他的恩拜兄，张尊、张捷先加入同盟会，他是联络人之一。在保路运动中，跟随这些袍哥大爷的，则是他们的袍哥兄弟伙。由此可见，在这次保路运动中，巴蜀袍哥是主要力量。

作品通过民众口耳相传描绘这些袍哥大爷们的战况、战绩：

> 就在新津仗火刚要结束时候，又给他来一个遍地开花。同时，也因罗八千岁从雅河顺流而下，会合犍为县的胡痠，夺据了嘉定府，把下川南的十营巡防军和三营才调入川的贵州兵全牵制在叙州府、泸州、富顺县、自流井、犍为县一带，不能动弹，趁着赵尔丰无兵可调，打他一个措手不及。因此，吴庆熙突然占领了温江县；孙泽沛突然占领了崇庆州；侯国治突然占领了汉州、德阳县；张尊、张捷先、张熙、刘荫西这些统领，也都分头杀向郫县、崇宁县、彭县、新繁县而来。还未曾出山活动过的姚宝山，也带起几千弟兄把灌县、汶川县占领。华阳县的团总秦载赓被陆军六十八标统带王铸人带着一营人在中兴场打败之后，退到仁寿地界，打出东路同志军旗号，自称统领，声势反而更大了。②

从作品中对这些袍哥们的叙述可知，整个保路运动呈风起云涌之势，给予清政府打击破坏的正是这些巴蜀袍哥们。巴蜀袍哥的积极参与推动着保路运动的历史进程，最终导致清政府的迅速崩溃。

① 李劼人：《大波》（中），《李劼人全集》第四卷，四川文艺出版社2011年版，第437页。
② 李劼人：《大波》（中），《李劼人全集》第四卷，四川文艺出版社2011年版，第748页。

当成都独立后，由袍哥组成的同志军开进城来。在保路运动中，他们的英雄壮举与传奇色彩多被民众所渲染，并口耳相传，因此，成都市民都希望能够看到这群袍哥们的真容与高大的英雄形象，但这些英雄的实际形象却让他们失望。作品叙及同志军本是成都民众因为怨恨赵尔丰而期盼了两个多月的豪杰，当他们开进城时，许多民众一听见消息，都欣然拥到大街上来观看他们，然而他们所见到的却是：

豪杰们的衣服：长短俱备，五色齐全，下面倒整齐，一律光腿草鞋。豪杰们的容貌：枯草般的发辫盘在脑顶，有白布缠头，也有戴着变黑的破草帽的，脸与身材都很瘠瘦，并且从人巷中经过时，个个都有点怯生生，深恐遗笑大方的模样。其次，又一面白布大旗，大概写一些庆祝什么的字样。其次就是押队的统领了。统领坐在一顶三人抬的打枪鸭篷轿内，打底四十多岁的年纪，有些胡须根子洒在脸上，又大抵不很胖，也不很瘦，红褐色的脸色，摆出一副和善的笑容，一点不似传说的杀人不眨眼的那种凶横样子，大抵口里总叼有一根又长又粗的油烟浸透的叶子烟杆，而烟杆从脚帘上伸出，又大抵是架在轿杠上。发辫自然是盘在头上，而在发辫上必又左五右六的缠上一条青纱帕。身上只管是长袍短褂，而短褂的胸襟，大抵是敞开了，而在挺长的短褂上，必要系一条颜色艳丽的湖绉腰带。领口也大抵是从短褂直到汗衣全不扣的，四五层衣领分披在项脖两边，把里面系肚兜的银项链也露出了。脚上大抵是打有牛皮补丁的方头鞋子，从脚帘下直伸出来，表示他们态度随便。①

以上有关同志军的衣着装束，他们的容貌，他们"怯生生""和善的笑容"等举止表情，把参加保路运动巴蜀袍哥们的形象展示出来，他们都是下层劳动者，这样的装束、外貌与举止表情，很符合他们的身份与当时巴蜀袍哥的真实情形。但这些情形与成都民众口耳相传带有传奇色彩的英雄豪杰却截然不同。显然，这种叙述风格无疑符合李劼人一贯的"写实"主义立场。这样的历史叙述带有反讽性，成都民众所瞻仰的由这些袍哥们组成的同志军的如此盛容，怎么不使一般期望过高的市民们感到一种滑稽的失望？真实历史就是这样，把保路运动闹得轰轰烈烈、风生水起，并最终带来清政府崩溃的正是这些其貌不扬的袍哥们，他们是袍哥民间权力的真正实施者，是推动历史进程的真正力量。

历史的进程的推动常是必然因素与偶然因素合力作用的结果，而这些必然

---

① 李劼人：《大波》（下），四川文艺出版社 2012 年版，第 572—573 页。

因素与偶然因素的引发者也许就是普通人，李劼人笔下的保路运动也是这样。川剧艺人杨素兰为保路同志会捐田产被当成正面形象大肆渲染，保路同志会成立演讲时不小心砸了杯子划破手指被导演为"保路断腕"，本是因精神失常坠井而死也被导演成"以死殉路"的"郭烈士"，田小姐"七月七"这天在公共场所卖弄风骚而被当成"监视户"等，这些现实生活中的偶然因素，加上罢课、罢市的举措，一步一步地，历史的必然因素与偶然因素合力将四川保路运动推向高潮。

在作家笔下，一些偶发事件引发连锁反应，其中的主角正是巴蜀袍哥。清军与同志军对垒成胶着状态时，新繁县城一个赶集的日子，顽劣的十二岁钟小娃在人丛堆中放鞭炮引起骚乱，被正在巡查的堂勇差人抓住送到县大老爷余慎面前。小孩放鞭炮只是恶作剧，但在这特殊时期却被当成给"匪徒"的暗号。为显示县大老爷的权威，余慎指使手下堂勇将钟小娃打了个半死，最终引发民愤。一袍哥大爷跳了出来与县太爷理论而引发冲突，这时几个袍哥也大叫着冲了出来。保护县太爷余慎的堂勇被冲出的袍哥们用牛耳尖刀杀死，其他堂勇见势不妙而溜之大吉，十支没有子弹的前膛枪被缴械，而街上的百姓也都跟着袍哥们从衙门打进二堂。知县老爷余慎一溜，其余的官员也都溜之大吉。动手生事的袍哥大爷于是把字号拿出来，与几个尚未公开公口的袍哥大爷约齐，他们干脆一不做二不休，当天夜里就把同志军的招牌打了出来，并趁势招兵买马而占据新繁县城。新繁县城的偶发事件进一步引发连锁反应，其他乡镇的袍哥们也闻风而动，开始活动起来：

> 平日潜伏着的袍哥全出了头，这里设了公口，那里建立码头。大一点的地方，还组织起了义军——别于同志军，又不与同志军取联络的一种纯粹袍哥武力。——大至二三百人，小至四五十人，舵把子一律自封队长。队长一登台，但凡地方上当公事的人就背了时，事权利夺了，还被某大爷某队长唤去要米粮，要银子，说是为了公益，不出不行。大爷同队长势力所及地方，也立刻变了样：赌博，不消说是公开了；看看快要禁绝的鸦片烟，也把红灯烟馆恢复起来；本已隐藏了的私娼，也公然打扮得妖妖娆娆招摇过市。连带而及的茶坊、酒店、饭馆，生意都好。①

乡镇里的年轻小伙子们，尤其那些家里富有的子弟们，差不多都跑出了家庭，追随在某大爷某队长身后，在场街上耍得昏天黑地，有时高兴起来还要执

---

① 李劼人：《大波》（中册），《李劼人选集》第二卷，四川人民出版社1980年版，第705页。

刀打群架。至于估吃霸赊逞强压善，那更不在话下。不过几天工夫，便把本来平平静静的乡镇变成一种又热闹、又恐怖的世界。显然，上述袍哥的行为不同于保路运动中由袍哥们组成的较为规范的同志军。这可以说是当时保路风潮中巴蜀城乡袍哥们的真实情状，由此可见保路运动中袍哥的威力与这场运动具体表现的复杂性。

李劼人的《大波》既写出了保路运动的正义性，但也不回避由保路运动所带来的残酷性。作品叙及一支由蒋淳风带领的学生组成的同志军，其成员甚至有稚气十足的小学生，作家既写他们的热血、青春、正义，也写他们的盲目、冲动。西路同志军与清军的第一场交锋就是他们在盲目冲动中打响，这场战争因力量的悬殊势如以卵击石，可以想象学生军最后的悲剧结局，由此看出保路运动所带来的残酷性。历史事件的残酷性还不仅仅如此，作品还叙述了三渡水河边由袍哥所为的杀戮事件。他们为了精良的武器装备，不惜将已投降同志军的清军陆军一百多名将士全部杀戮于三渡水河畔，带领这次杀戮行动的正是袍哥大爷孙泽沛。由这次杀戮事件，读者也许会把袍哥大爷孙泽沛当成是一个杀人不眨眼的恶魔，而在《大波》中有一个场景描绘西部同志军首领们会面的情景："孙泽沛很客气地和来到的人打招呼。是哥老会中的大爷，在对识之后，他总亲亲热热拍着人家肩膀，好象是多年的老相知。"[1] 三渡水杀戮事件在成都闹得沸沸扬扬，一部分民众对同志军这种残暴举动起了戒心，非常害怕同志军成了气候之后，会变成张献忠屠川。但也有一部分人，却对同志军非常同情，认为对付官兵理应斩草除根，要是放了他们，反而不是好事。就保路运动进程而言，被杀红了眼的清军开始对同志军疯狂反扑，他们誓死要为这些被杀戮的官兵报仇，这导致同志军与清军交战中双方伤亡的惨重以及战局的改变，最明显的是侯保斋、周鸿勋守卫的新津陷落。李劼人善于描写偶发事件怎样推动保路运动的历史进程，写出了保路运动的残酷性与历史进程的复杂性。

作品还叙及保路运动对城乡民众日常生活的影响，描绘了乡下土匪棒客猖獗，一些乡民逃难到城里的情景。

> 乡坝头简直住不得了，到处都是棒客。白天都还好，还可以做点活路，一到太阳偏西，你们听啦，这儿也在打呼哨，那儿也在打呼哨。发财的粮户们，不说了，抢你妈个精打光。就像我们这种人家，撞着了，也要打进门来，见鸡捉鸡，见牛牵牛。床上有床好棉铺盖，就说你有钱，把你吊起来，拿鞭子打，拿香烧背，追问你的钱财，有哩，还可买得半条活

---

① 李劼人：《大波》（中册），《李劼人选集》第二卷，四川人民出版社 1980 年版，第 599 页。

命，没有，那只有死路一条。①

乡下人逃往城里，而成都市民则害怕同志军攻破成都后的土匪行为，有钱的官宦人家更是如此。小说中黄澜生一家很是慌乱与惶恐，黄澜生抱怨道："城里的穷人们太多，都是极恨官的，他们难免不里应外合，把同志军等接了进城。同志军或者还好点，因为大都是民团改变的，统率的人或者也是些公正的首人，懂得道理的，义军就难说了，大家只管恭维他们咋个了不得，其实哩，就是一伙无法无天的袍哥土匪。这种人懂得啥子，他们只知道奸淫掳杀……"② 因为三渡水杀戮事件，彭家骐向黄澜生一家叙说袍哥中革命党与一般袍哥们行为的差异："孙泽沛、吴庆熙这般袍哥，到底不是革命党。所以这般人要是得了势，当然不会有啥子文明举动的。不过老楚的想法，我也不以为然。因为同志军里面分子很复杂，孙泽沛、吴庆熙之外，也有真想革命的，比如老楚所说的张尊、张捷先这些人，他们就文明得多。"③ 保路运动在平静的四川掀起的大波，不仅仅是袍哥组成的同志军的暴虐行为，还包括清军们的兵变。他们在兵变中趁火打劫，造成巴蜀城乡民众生活的混乱与身心的极度惶恐李劼人的《大波》写出了保路运动中巴蜀社会的真实情状，以及袍哥在这一历史事件中所扮演的复杂角色。

四川保路运动是巴蜀袍哥发展的重要分水岭。保路运动之前，作为民间隐秘组织，袍哥行为一般是隐秘的，保路运动发生后，他们的行动逐渐公开化，势力大增。成都血案后，巴蜀各地袍哥闻风而起。他们打出同志军的旗帜，以军事行动公开与清廷对立，成为打击清政府的重要力量。巴蜀袍哥参与的这场斗争，进一步加速了中国革命的历史进程。随着武昌起义的发生，各地相继独立。在四川，经龙泉驿兵变，重庆独立，这进一步刺激成都保路运动情势的变化，赵尔丰被迫释放保路同志会领导人，后经成都独立、东校场兵变、巡防军打启发中成都治安的维持，昭示着袍哥在保路运动中的历史贡献，也进一步刺激着巴蜀袍哥的迅疾发展，袍哥的影响力、控制力在成都表现突出。李劼人的《大波》除叙及巴蜀袍哥对清政府的打击力、破坏力之外，还叙及袍哥对巴蜀民间社会的影响与控制力量。

自东校场兵变后，社会秩序极度混乱，成都的秩序完全依赖袍哥来维持。在成都，袍哥本来每条街都有，以前是犯禁的，但自从同志军进城后，因为当

---

① 李劼人：《大波》（下），四川文艺出版社 2012 年版，第 407 页。
② 李劼人：《大波》（下），四川文艺出版社 2012 年版，第 393 页。
③ 李劼人：《大波》（中），《李劼人全集》第四卷，四川文艺出版社 2011 年版，第 766 页。

统领的全是袍哥，于是一般真假袍哥，全放下他们的本行职业，而跳出来自充本条街的首领。袍哥们办事的地方叫公口，"每一公口，必有一位首领大爷，其下有内外管事，有同党弟兄，凡要受到保护的，到公口上领取片子一张，贴在门口，表示这一家人已是这位大爷的臣民，就可得到平安。"① 当时袍哥公口很有势力，只要公口一声吩咐，每家都得备梭标一条，杀刀一把，很快就见满街都是拿梭镖带杀刀的武装汉子；再一吩咐：每家夜里都须把门灯点上，出壮丁一名，巡街守夜，于是夜里全城雪亮；再一吩咐：入夜二更以后，各街把栅门关上，除了火灾，除了执有临街公口片子的人一律不准通过。郭沫若曾叙及东校场兵变后成都的无政府状态："各街的江湖派，恢复了《水浒传》上的梁山泊的风光。他们在各街都组织公堂，牛交叉、枪矛、青龙偃月刀、大红灯笼，摆设得十分威武。丘八老爷的一幕掩闭了之后，现在又是陈涉、吴广草莽英雄的一幕登场了。在城内已经有不少这样的英雄，更加以各县的保路同志军进城来成军，那真是开出了古今未有之奇局了。"② 郭沫若这里叙及的江湖派就是指当时的巴蜀袍哥们。

李劼人还写了同志军开进成都后与袍哥合流的趋势，因为保路同志军多是由袍哥们组成，凡是进城的同志军统领，经过各街，都须先把片子送来拜会，而同志军也讲义气尊重各公口，公口向各统领讲好："各自把弟兄伙约束住，三天的酒饭，算公口上供应了。公口上哪来的钱？挨家摊派。人民出了相当的钱，居然得了平安的保证，自然也乐于出。"③ 公口对于同志军也有好处，各街中有巡防兵藏匿赃物银钱的地方，就由公口报与附近驻扎的同志军，派一伙弟兄去搜出来充公，有抵抗的立刻处死，由此可看出袍哥的影响控制力量。新成立的军政府知晓袍哥的力量，认为将来四川袍哥是可以进一步利用的力量，于是由副都督联合各统领和全城有势力的袍哥大爷成立了"大汉公"，罗纶兼任大爷，军政商各界也闻风而动成立袍哥公口。事实上，当时在成都成立袍哥最大组织"大汉公"的是都督尹昌衡。成都光复后，都督尹昌衡为壮大自己的势力而利用袍哥力量，"公开提倡发展袍哥组织，在都督府门上挂出'大汉公'招牌，自封为'舵把子'，并公开到各'公口码头'拜客，致使成都城内'公口'林立。"④ 在这种情势之下，为寻求袍哥大爷的保护，一般士绅平民也大批大批地拿钱财到各公口去找恩拜兄，都匍匐在袍哥大爷的膝下。由李劼人的

---

① 李劼人：《大波》（下），四川文艺出版社 2012 年版，第 625 页。
② 郭沫若：《反正前后》，《郭沫若全集》第十一卷，人民文学出版社 1992 年版，264 页。
③ 李劼人：《大波》（下），四川文艺出版社 2012 年版，第 625 页。
④ 成都市地方志编纂委员会：《成都市志·民俗方言志》，方志出版社 2006 年版，第 120 页。

《大波》，可知当时袍哥的飞速发展，以及袍哥对成都的影响力、控制力。

开山立堂是袍哥的重要礼仪，李劼人的《大波》叙及有关袍哥开山立堂的情状。小说中，袍哥吴凤梧为自己前途与都督尹昌衡攀扯过去的同学关系，尹昌衡见他很有能耐于是任命他为标统，其标部的成立实际是吴凤梧开山立堂。吴凤梧的堂口设在陕西街药王庙内，成立那天，举行了隆重的仪式。正午十二点钟之时，大家都集合于正大殿之上：

> 殿上药王孙真人的神桌上，设着刘关张三义的牌位，点着大蜡，大家一排一排就了位，由标统穿着军服，戴着军帽，下面自然是长靿马靴，先恭恭敬敬拈了香，便一齐跪下，整整齐齐磕了九个头。而后跪着，由司礼宰一只雄鸡，把鸡血全滴在酒里，大家手上各执一杯，一齐发着顶伤心的誓言："如其如何如何，雷打火烧，永世不得超生。"而后把血酒喝了，一齐起来，再团团互相磕了一个头，便算一齐都变成了袍哥了……①

吴凤梧成为龙头大爷，两个协统当了二爷、三爷，书记官孙雅堂、军需官黄澜生则成为内堂管事大五爷，华管带、彭家麟和其他几个管带是外堂管事小五爷，依次而下是六爷八爷九爷，其他兵士们则一律充任大老幺、小老幺。公口的名字由孙雅堂拟定为"凤鸣公"。实际上，当时成都公口林立，以吴凤梧为代表的袍哥堂口"凤鸣公"只是当时成都众多袍哥堂口中的一个，由此可见成都袍哥的疯狂发展状态。

保路运动时期成都袍哥发展的疯狂状态，民国资料亦多有叙及："尔丰辛亥之死，四川都督府成立，推论功绩，哥老会当然应首屈一指。蒲殿俊之就任都督也，其第一道命令，即许人民组自卫团防，即哥老会公开之一种方式耳！"②蒲殿俊下令次日："成都每一街市之头尾小间中，均有红纸贴二，一曰：某某街自卫团防本部；一曰：'××公'。××公者即哥老会堂口之别号也，夜张纱灯二，涂字亦如之。二三日后，小庙前陈刀矛架矣，团丁裹红绿包头矣，又二三日每一小庙前均设公堂，列刑具矣！团丁图面如剧人矣！又二三日小庙前时闻有苔鞭呼号声，团丁着剧班戏服，首插雉鸡毛矣！红帖遍地，锣鼓喧天，日拜公口也！日向某人请安！'拜公口'则大碗喝酒吃肉！'请安'则强索犒劳，必如其愿，否则数十百人群围市店或房屋，不散去，主人乃无如何而满其欲。"③

---

① 李劼人：《大波》（下），四川文艺出版社 2012 年版，第 631—632 页。
② 绍虞：《辛亥冬季成都哥老会之疯狂状态》，《民意周刊》1941 年第 14 卷第 165 期。
③ 绍虞：《辛亥冬季成都哥老会之疯狂状态》，《民意周刊》1941 年第 14 卷第 165 期。

该资料还叙及公口的势力范围：

> 每一公口有区域段落，一切供应则诸本段内民，他处不得滥入，着红绿衣过街市，必手持盈之红片，书某公口名，过一公口即飞片一纸，则不得过，须留以讲道理，时有因此而斗殴者，市井少年及幼童，群起效尤，于是小公口又林立于都市各街巷。其虐谑加乎于成年，中岁人妇，致不出门户，惧悔也。蒲殿俊对此束手无策，成都市此已成魔窟，亦若疯狂世界，毫无法、理、智可言……尹昌衡继任都督，尹自身加入哥老会，取消省城各自卫团防，禁止着戏衣涂面裹五色包头在市行走，各街巷小庙之公口一律撤销，而集中立于数处，不得许可，不准擅立名目，于是此疯狂之时代，始告一段落焉。[1]

由以上叙述可看出袍哥在巴蜀近现代社会的历史情形，李劼人写出了巴蜀近现代社会袍哥的真实情状与复杂性。李劼人的袍哥书写体现了袍哥文化的伦理观、价值观。在《死水微澜》中，他对余树南这一代袍哥人物等的英雄壮举给予赞美并不乏歆羡之感叹。而罗歪嘴这一代袍哥人物，包括袍哥舵把子朱大爷，以及其他袍哥人物张占魁、田长子等，虽不乏豪侠仗义之行为，但作者仍把这些人物作为天回镇邪恶势力加以描绘。《暴风雨前》中的袍哥魏三爷，他作为上莲池地区最具影响力的人物，面对伍平一家因"发洋财"而遭受灾难时，他不是出手帮助而是落井下石，让伍平远走雅安当了梁子，并趁此霸占人妻。魏三爷生活淫荡，连同伍大嫂在内就有十七个"干女儿"，而从其霸占人妻的卑鄙行径可看出，人们推崇的巴蜀袍哥江湖道义与行侠仗义的美德丧失殆尽。再看《大波》中的袍哥吴凤梧，这应该是作家给予肯定的人物，但在作家的笔下，他的行为也很不光彩，不同于袍哥罗歪嘴、魏三爷喜好女色，他喜好男色。他的朋友黄澜生准备了贺宴，大家等着庆祝他荣升为标统，他却沉迷于王念玉的温柔乡中不能自拔。此外，《好人家》中那位一步登天的白棚大爷赵幺粮户，《天亮了》中的袍哥陈大爷与高大爷等，作家对他们均持否定态度。

在李劼人笔下，对虚构的袍哥人物是这样，对巴蜀近代史上存在的真实袍哥人物的描写亦是如此。由以上叙及的李劼人笔下虚构的袍哥人物，我们可看出作家对袍哥的一些行径是给予否定的，且袍哥的伦理观、价值观在不同的语境下表现出差异。有学者指出："历史意识受到现在经验的刺激和影响，那么它的意义形成功效主要取决于进行历史意识活动的语境。历史意识是在何种情

---

① 绍虞：《辛亥冬季成都哥老会之疯狂状态》，《民意周刊》1941年第14卷第165期。

境被唤起或者是针对何种情境作出反应，情境的不同导致同一个主体所采取的意义形成策略不同，从而导致意义形成的表述也不尽相同。"①　因此，作家对某一历史事件、历史人物的叙述评价受当时创作语境的影响，从初版本《大波》与重写本《大波》中的袍哥书写即可看出。仅就侯保斋这一袍哥形象而言，在《大波》初版中，李劼人对这一形象的英雄特征予以消解，楚子材在与同学的摆谈中把侯保斋作为英雄的另一面叙述了出来：

> 城里人诚然把新津夸张得太过，把一个侯保斋说得比关公，比张三爷还凶。其实，他是我远房的外公，我是常常同他见面的，哪有不晓得他的？人倒义气，但是岁数也大了，又吃了一口鸦片烟，做什么也没有精神。这回不晓得咋个会钻了出来，我想一定是很强勉的。②

对侯保斋英雄形象的消解还通过袍哥吴凤梧表现出来，他向黄澜生叙述新津成立同志会的情状，侯保斋只是一个年事已高、烟瘾又大的人，新津同志会全靠他支撑：

> 说起来，令人叹息！一伙人只晓得崇拜侯保斋，说是他的名气大，南路一带的哥老会非他出头不能号召，甚至于说赵尔丰也害怕他，把个侯保斋说得比关老爷还凶。其实，并不凶，那天估着抬他出来时，他急得要哭了，连连说他是大清朝的好百姓，不愿临到老死来当反叛。③

侯保斋这一形象显然与巴蜀近代史上的英雄形象相去甚远，在李劼人笔下，有关侯保斋的死与历史记载不同，这源于侯保斋手下与周鸿勋之间的内讧。经过与清军的作战，周鸿勋显示出卓越的作战能力与军事才干，这时侯国治嫉妒起周鸿勋来。鉴于清兵南部力量的强盛，周鸿勋、吴凤梧、王文炳决定将部队撤出新津，朝彭山开去，这既能保住新津，又能壮大同志军的声威。但侯保斋及其部下，害怕他们撤离新津，这是吴凤梧对黄澜生所说的话：

> 他妈的，那般人又生怕我们走了，他们支不住。因此，就老呆在新津，天天拿油火、鸦片烟、姐儿、？兑子，把老周弄得迷迷胡胡。及至朱统制派人来接头，他们答应了，还不等老周晓得……到开花炮打进城来，楚四爷才跑来通知我们，说他们已要走了。那时真跟了我们一个措手不及，我的队伍不大，并且驻扎在一块，倒还容易拖起跑，我就先跑了一

---

① 约恩·吕森：《历史思考的新途径》，綦甲福等译，上海人民出版社2005年版，第65页。
② 李劼人：《大波》（下），四川文艺出版社2012年版，第350页。
③ 李劼人：《大波》（下），四川文艺出版社2012年版，第444页。

步。老周自然生了气，听说他一到城门，碰见侯保斋他们，登时就变了脸，一个口令，弟兄伙就乐得开了枪，并打了个大启发。①

侯保斋正是在这次同志军"打启发"的内讧中死去。一代枭雄袍哥大爷侯保斋就在吴凤梧轻描淡写的"摆龙门阵"中死去，对著名袍哥大爷侯保斋英雄形象的消解实际是对袍哥民间权力的消解，这体现了李劼人的袍哥伦理观、价值观。李劼人笔下的侯保斋之死，显然不同于历史记载。据《新津县志》记载，侯宝斋、周鸿勋二人被推为川南同志军正副首领，一时军威大振，赵尔丰甚为恐慌，派新军统制朱庆澜、提督田振邦率军攻打新津。同志军据城而守。相持十余日后，清军诈和，侯宝斋中计，率众撤离新津，转战他地。这时，军需杨虎臣勾结邛州匪徒祝定邦等，骗侯宝斋至邛州固驿镇古松庵暂避。船至古松庵，将侯宝斋杀害，并碎尸沉河灭迹。事后侯宝斋之子侯安廷及外甥魏清廷前往探寻侯宝斋尸骸，至邛州高埂子，亦被杨虎臣、祝定邦等人杀害。② 由地方志叙述的一代枭雄侯宝斋之死，可看出袍哥内部的内讧，也可看出杨虎臣、祝定邦的狡诈与凶残，这与李劼人笔下侯保斋之死截然不同。李劼人初版本《大波》创作时固然有诸如资料缺乏等原因，初版本与重写本但体现了历史叙述语境的差异带来的对历史人物认识评价的截然不同，这也是李劼人有关巴蜀袍哥伦理观、价值观的反映。

李劼人初版本《大波》与重写本《大波》创作的历史语境不同，对保路运动这一事件的历史认识不同，因此对参与保路运动这一历史事件的巴蜀袍哥，以及巴蜀袍哥存在于巴蜀近现代社会的历史功过是非的评价各不相同。民国时期，李劼人创作《死水微澜》《暴风雨前》《大波》等小说，是以主流知识分子精英立场来看待盛行于巴蜀近现代社会的袍哥文化。作为土生土长的巴蜀现当代作家，他对袍哥在巴蜀近现代社会的功过是非有独特的认识与理解。他在小说中，一方面对袍哥参与打洋教、保路运动的正义性和历史进步性，以及袍哥文化中的一些精神特质给予肯定，另一方面通过笔下袍哥人物的具体行径，对诸如落井下石、霸占人妻、贪恋美色、"烫毛子"等行径予以否定，这也是初版本《大波》要消解侯保斋这一历史人物英雄形象的重要原因。此外，李劼亲身经历了近现代巴蜀袍哥的兴盛、横行。护国战争后，巴蜀各系军阀混战不休，战火遍及巴蜀，兵匪交织为害。他在《危城追忆》一文中叙及，自保路运动中十月十八日兵变起，成都即受到军阀兵火的屠戮。成都遭受兵火灾难只是当时军阀征战四川的一个缩影，整个巴蜀正是这些军阀争战的舞台，李劼人叙

---

① 李劼人：《大波》（下），四川文艺出版社 2012 年版，第 445 页。
② 四川省新津县志编纂委员会：《新津县志》，四川人民出版社 1989 年版，第 1025 页。

及：“自民国二年（1913 年）所谓癸丑之役，胡景伊打熊克武之战起，直至安川之役（1932 年），四川内战共有四百七十多次。”① 这些横行争战的军阀，多为土生土长的四川人，他们的军队多为袍哥“拖滩”而成。作为有良知、有正义感的知识分子，李劼人对造成民国时期巴蜀黑暗腐败的军阀们予以毫不留情的讥讽挞伐，他的《〈乱弹〉三则》是对四川军阀征战、投机、扩军、压榨兵士等丑恶行径的揭示，该文批判讥讽的军阀即是杨森：“杨森先生别无它长，就是喜欢闹点矛盾笑话，无一不是新新《笑林广记》上的资料。”② 据李劼人自叙，当时从法国回来的同学，“大批的都在那时四川督理杨森幕府中当秘书”，但作家本人不愿意，“因为在上海就听见这人是个妄人，及回成都，看见他办的新政大都名无实，而且比一般军阀都蛮横无识”③。杨森军阀背后的重要身份即是四川著名大袍哥，这是作家著文讽刺杨森并不愿与他合作的重要原因。近现代成都袍哥横行，对作家的生活有重要影响，他的儿子曾遭受土匪的绑架。军警当局对成都治安问题的治理维护所奉行的就是“‘以匪治匪，以盗治盗’的方针，大量起用袍哥土匪，作为侦缉盗匪、维护治安的骨干力量”。如军警团联合办事处从 1926 年成立到 1933 年撤销，谍查长始终由双流大袍哥杨铁樵担任；城防司令部谍查长先后由温江袍哥戚良斋、本市协进社舵把子刘嘉兴、袍哥兼巨匪赵国栋担任；1932 年成立卫戍司令部，该部谍查主任张绍泉、陈子慧，副主任徐子昌也都是袍哥。④ 由此可知，当时成都的世界是一个由袍哥治理的世界！正是由于对巴蜀袍哥的深刻认识，李劼人在留学期间，拒绝加入类似于巴蜀袍哥的“洪门”组织。当时在美国留学的康白情、孟寿椿等在美国旧金山创立“新中国党”，这是在美国创立的“洪门”袍哥组织，康白情任党魁展开活动，当时康白情写信给李劼人和周太玄，要求他们参加，但李劼人拒绝了。⑤ 他在自传中也曾叙及拒绝了康白情、孟寿椿等在美国加利福尼亚“搞的一个不太光明的政治组织”。⑥ 从这些就不难理解李劼人在袍哥书写中所奉行的伦理观、价值观，袍哥五爷罗歪嘴在天回镇作为“邪恶”势力的控

---

① 李劼人：《危城追忆》，《李劼人选集》第五卷，四川文艺出版社 1986 年版，第 135 页。
② 李劼人的《〈乱弹〉三则》由三篇杂文《此之谓武力民众华》《饥兵政策》《如此中国就太平了》组成，来自作家 20 世纪 20 年代中期主编《新川报副刊》所开辟的杂文栏目“乱弹”，参见《李劼人选集》第五卷，四川文艺出版社 1986 年版，第 251 页。
③ 李劼人：《李劼人自传》，《死水微澜》，四川文艺出版社 2012 年版，第 6—7 页。
④ 成都市地方志编纂委员会：《成都市志·公安志》，四川人民出版社 1999 年版，第 453 页。
⑤ 李劼人：《回忆在法国勤工俭学时的片段生活》，《李劼人选集》第五卷，四川文艺出版社 1986 年版，第 21—22 页。
⑥ 李劼人：《李劼人自传》，《死水微澜》，四川文艺出版社 2012 年版，第 6 页。

制力、影响力，他"烫毛子"、迷恋女人、霸占人妻的糜烂生活，袍哥魏三爷对上莲池的影响控制、他对平民伍平一家"落井下石"并霸占人妻，以及吴凤梧的迷恋男色，对侯保斋英雄行径的消解，对《好人家》中赵幺粮户摇身一变成了"一步登天"的白棚大爷投机性的讥讽，等等，无不体现李劼人作为精英知识分子的正义感与良知。由李劼人的袍哥书写，可知晓巴蜀袍哥及袍哥民间权力在巴蜀近现代社会的真实历史情况，其历史积极性与丑陋性并存，小说中体现了作家作为精英知识分子的袍哥伦理观、价值观，显示出作家袍哥书写的独特性与复杂性。

第五章 沙汀小说创作与袍哥文化

在巴蜀现当代作家中，除李劼人外，沙汀是另一位袍哥书写较突出的作家。正如前面叙及，李劼人的小说创作主要瞩目于巴蜀近代史上袍哥参与的保路运动，注重描写袍哥民间政治对清政府的打击与破坏，及其对巴蜀近现代社会的控制与影响，并将袍哥文化融入成都民众的世俗风情与日常生活中。与此不同，沙汀的小说创作主要瞩目于民国时期袍哥在川西北乡镇的情形，以及袍哥民间权力与川西北乡镇基层政府权力的纠缠与制衡，对川西北乡镇世界的黑暗、腐败、丑陋进行揭露与批判。

第一节 "川西北"近现代社会与袍哥强人世界

沙汀的故乡安县元代名安州，明洪武年间降安州为安县，位于绵阳西南部，四川的西北部。沙汀原籍湖北黄州，明末清初"湖广填四川"迁居安县。在沙汀两三岁时，他的父亲去世了，沙汀的母亲个性中有几分慷慨好义的色彩，带有一股男子汉气概①，这正与巴蜀女袍哥的精神气质相契合。她非常能干，善于料理家务。在沙汀的故乡安县，袍哥风行，据资料反映，早在同治元年袍哥即在此地开山立堂。清同治元年（1862），安县下属的花荄乡成立袍哥组织"西昌公社"，这是安县最早的袍哥堂口。1947年，兴仁乡创立"成城公社"，这是安县最晚的袍哥堂口。全县20个乡镇，先后创立堂口18个，加入哥老会的人数最多时达3万余人，新中国成立前夕尚有1.8万余人。② 由此可见沙汀家乡的袍哥兴盛情状。

沙汀的少年经历与袍哥密切相关，沙汀的舅父郑慕周有过嗨袍哥的辉煌历史，少年沙汀也曾参与其中，并深受其影响。沙汀的舅父与沙汀的母亲一样，

---

① 沙汀：《沙汀自传：时代冲击圈》，北岳文艺出版社1998年版，第2—4页。
② 四川省安县志编纂委员会：《安县志》，巴蜀书社1991年版，第717页。

同在后母的挟磨下长大。沙汀的母亲出嫁以后，郑慕周由于忍受不了后母过分严厉的管束，为生活所迫而流落市井。1913年郑慕周拜安县的舵把子李丰亭参加袍哥。就在郑慕周参加袍哥的第二年，李丰亭见郑慕周为人忠诚、具有豪侠气概，将他从"小老幺"提升为"三爷"，成为袍哥的执法管事。从此，沙汀全家的社会处境逐渐得到改善，不再受亲属们欺负。① 后来，沙汀在省一师读书期间，由家庭包办，与李丰亭之女李增峨结婚。② 显然，这婚姻源自郑慕周与李丰亭之间的情谊，带有袍哥内部之间权力、利益的权衡与交换色彩。沙汀后来曾叙及，这门婚事与他的舅父郑慕周和李丰亭的密切关系有关，主要是为了"消除他们之间存在着的严重误解而缔结"③，可以说这也是后来沙汀要违逆母亲与舅父，与原配妻子李增峨离婚而选择黄玉顷的重要原因。由此可见，沙汀与亲人以及家乡袍哥这种复杂的亲缘关系与社会关系。

沙汀的家乡与当时巴蜀其他地方一样，被袍哥主宰，他本人直至晚年还念念不忘家乡的袍哥往事。他叙及安县桑枣场著名袍哥人物何鼎臣，川西一带人们都叫他"何天王"，他曾带领一千多人到成都参加保路运动。何鼎臣喜爱与人赌钱，如果输了非给他现钱不可。他很看重读书人，桑枣场有个举人叫蒋雨霖，家境很穷，何鼎臣经常资助他。④ 沙汀还叙及他家乡袍哥的一场火并，当事人就是沙汀的舅父郑慕周以及成为沙汀岳父的袍哥大爷李丰亭。辛亥革命后不久，陈红莟收编了溃散到安县的"垦殖军"而自称司令驻扎在安县城。当时安县的"码头"由李丰亭主持，陈红莟为了霸占安县"码头"，几次当众侮辱李丰亭。李丰亭自觉颜面扫地，由于武力远不如陈红莟，从此闭门不出。郑慕周和谢森隆都是李丰亭的执行管事，为此愤愤不平，要为李丰亭报仇。李丰亭向他们许诺，只要他们摆平此事，愿意拿五十亩田产来给他们"跑滩"。正月十九这天，陈红莟带着他的几个马弁进城来，郑慕周请陈红莟到南街烧鸦片烟。当他躺下烧烟而他的马弁去看戏之时，郑慕周掏出手枪把陈红莟当场打死。沙汀母亲害怕仇人报复，当即把沙汀兄弟俩送到刘家躲藏起来。陈红莟被郑慕周开枪打死后，他的兄弟伙刘世荣从永安乡带了一两百人开进城来，他们把李丰亭南门外新盖的一所院子焚毁。两个星期后，郑慕周请袍哥大爷向奠高给何鼎臣写信，何鼎臣从绵阳带了几连军队回来，会同西南乡秀水和桑枣的袍

---

① 官晋东：《跋涉与寻觅——沙汀评传》，云南大学出版社1993年版，第5页。
② 官晋东：《跋涉与寻觅——沙汀评传》，云南大学出版社1993年版，第12页。
③ 沙汀：《沙汀自传：时代冲击圈》，北岳文艺出版社1998年版，第127页。
④ 沙汀：《故乡往事》，《新文学史料》1990年第2期。

哥队伍，开进县城才把刘世荣的队伍赶回永安。① 发生袍哥火并事件后不久，张鹏武带队伍驻防安县。张鹏武是南充人，大袍哥出身。张鹏武有个侄儿张少武贩卖枪支。当时郑慕周正"跑滩"避难，需要枪支加强自我防卫。因此，沙汀的母亲找张少武的妻子买过好几次手枪，而给舅父运送枪支就成了童年沙汀的秘密差事。另一件事是沙汀舅父的袍哥兄弟谢森隆，因杀死一个经常同袍哥滋事的差役而躲藏在沙汀家避难。谢森隆在沙汀家堂屋后面堆杂物的屋子里躲了一个多月，一直到春节过完才走。沙汀回忆说："在母亲嘱咐下，我从来没有把这件事在小朋友中透露过，而且隐隐约约还有点自豪感，仿佛自己也参与了一项重大事件。"② 沙汀还叙及童年时的他不像他的哥哥杨朝绶见了陌生人就很害羞，而是十分调皮，"七八岁的时候就能跟着舅父或者其他亲属一道去坐茶馆。舅父杀死陈红苕后，我还常常跟他出门'跑滩'。因此，就连绵竹、什邡一带有名的袍哥头目，都同我'熟识'，叫我'杨二'"③。由童年沙汀所经历的袍哥人事可见沙汀故乡袍哥势力的强大。

　　故乡的袍哥社会及人事纠葛，成为沙汀童年成长的重要背景，影响着他的性格、气质与人格。吴福辉就曾叙及沙汀舅父周围的袍哥社会对沙汀特殊的知识结构与文化性格的影响。④ 一个人童年所形成的知识结构与文化人格常对他未来人生道路的选择与事业追求有很大影响，我们完全可以推知，假若没有沙汀舅父郑慕周的开明与远见，送沙汀走出家乡接受现代启蒙与新文化洗礼，也许在家乡操袍哥之业走上他舅父曾走过的路是沙汀的必然选择。沙汀走出了家乡，接受了现代启蒙与新文化教育，选择了一条全新的路，但家乡的袍哥人事却深深嵌印于他意识深处，这也是直至暮年沙汀还对故乡的袍哥往事感叹唏嘘，念念不忘的重要原因。童年铸就的性格气质及知识结构与文化人格成为沙汀文学创作的潜在支配力量。他离开故乡接受了新文化教育所形成的现代启蒙思想，他加入"左联"后形成了"左翼"文学观念，加上鲁迅对他的启迪与影响，以及他对抗日这场民族战争的认识，这时他再反观故乡的袍哥人事，他的视野早已超越一般民众对巴蜀近现代社会袍哥的认识层面。他看到了川西北的黑暗、腐败，认识到家乡的袍哥人事是阻碍民族抗战的痼疾，并将之上升到民族改造层面来思考。在他看来，抗日战争的本质是一个民族自新的改造运动，其最终目的是创立一个适合人民居住的国家，"若是本身不求进步，那不仅将

　　① 沙汀：《故乡往事》，《新文学史料》1990 年第 2 期。
　　② 沙汀：《故乡往事》，《新文学史料》1990 年第 2 期。
　　③ 沙汀：《故乡往事》，《新文学史料》1990 年第 2 期。
　　④ 吴福辉：《沙汀传》，北京十月文艺出版社 1990 年版，第 47 页。

失掉战争的最根本的意义，便小就把敌人从我们的国土上逐出去一事来说，也是不可能的，出乎情理以外的幻想"。于是作家将川西北乡镇"一切所看见的新的和旧的痼疾，一切阻碍抗战，阻碍改革的不良现象指明出来，以期唤醒大家的注意，来一个清洁运动，在整个抗战文艺运动中，乃是一件必要的事了"①。因此，暴露与讽刺家乡的黑暗成为沙汀写实主义的重要表达方式，这是他高于一般现实主义之所在，也成为他袍哥书写的重要表达方式。在沙汀袍哥题材的乡镇小说中，袍哥人物及他们主宰的黑暗独立王国，以及由此演绎的袍哥民间权力，是重要内容。

第二节　袍哥民间权力与民国川西北基层社会

在沙汀的小说创作中，故乡的袍哥人事是他反映川西北乡镇社会的重要创作素材。在沙汀笔下，袍哥权力政治是川西北民间权力的重要一翼，这在《丁跛公》《在其香居茶馆里》《还乡记》《淘金记》《红石滩》等作品中有突出体现。在民国时期的基层社会，国家权力运行机制往往愈来愈弱，民间权力则愈来愈强大。在民国时期的巴蜀，袍哥显示出独特的威力。在当时，保长、乡约、乡长等是政府基层权力的实施者，是国家基层权力伸入乡村社会的实施者，但国家基层权力常与袍哥民间权力相互渗透，你中有我，我中有你，相互纠缠，相互制衡。有资料反映："民国时期安县的袍哥组织，多被地主恶霸把持，各乡镇的要职多为袍哥舵把子充当，县上一些要害部门的位置，也多由袍哥首领占据。县知事（县长）亦要依附于地方袍哥势力"，当地有这样的民谣："安昌镇的'羊子'（杨茂轩）牵不得，花荄子的'钟'（钟玉阶）敲不得，塔水镇的'锣'（罗彬如）打不得，草鞋街的'萧'（肖玉成）吹不得，秀水河的'坛'（谭三害）庆不得，桑枣园的'翳子'（易德斋）丢不得。"② 由此可见沙汀家乡在民国时期县、乡镇基层权力与袍哥权力相互渗透、交织，这也是沙汀作为"左翼"作家要把袍哥人事作为暴露"川西北"黑暗丑陋面切入点的重要原因。

一、袍哥民间权力与川西北乡镇社会

沙汀的乡镇小说写出了民国基层权力与袍哥民间权力交织纠缠的具体情

---

① 沙汀：《这三年来我的创作活动》，参见金葵：《沙汀研究专集》，浙江文艺出版社 1983 年版，第 46 页。

② 四川省安县志编纂委员会：《安县志》，巴蜀书社 1991 年版，第 717—718 页。

况。《丁跛公》中的周三扯皮，他是团总，举人的兄弟，反正以后，却兼了一个袍哥大爷的头衔，他身上各种权力交织。因此，小人物丁跛公在他面前毕恭毕敬。在该作品中，周三扯皮还不是作家反映的主要对象，丁跛公才是作家极力塑造的人物。丁跛公是基层权力最底层的一个乡约，但其权力的实施却借助了袍哥的力量。民国时期，乡约主要是为平民百姓放款收款等，他是政府基层权力与民间权力的连接者与实施者。丁跛公周围的人物主要有泥脚杆子（农民）、赌徒、光棍、团总周三扯皮，以及他的内弟干黄鳝、乡约娘子等。在丁跛公刚做乡约的日子里，对外人他总是百依百顺，时常笑着，但这样的举止反而让收款派款难以开展。正逢同志会变乱不久，丁跛公不习惯板着面孔说话，那些稍有势力的地主会揶揄他，一般的农民也不把他放在眼中。为了收款派款方便，他送上几两银子，求得袍哥大爷承认他是一个袍哥以后，收款派款的情势发生了逆转，那些农民再也不敢和他啰嗦了。显然，丁跛公的袍哥头衔为他实施权力提供了便利，这也是民国时期袍哥在巴蜀盛行的重要原因。自从当了袍哥以后，丁乡约在职已经十多年了，他凡事办得更顺利，生活乐观，身体也很好，对人和气，不管怎样的玩笑，他都嬉笑着，不会生气。

　　丁跛公加入袍哥给他收款放款带来了方便，但并没给他带来更多发财的机会。他时常叹息自己的不如意，想到和他同龄的几个人差不多都翻身了，只有他依旧住在破瓦屋里，穷得来和下台后的木偶一样，他突然感觉人世间的不平和没趣。丁跛公希望自己的境况有所改变，直到奉命勒派奖券的差事，让他把那些奖券中奖发财的机会全捞住了，然而，让丁跛公扫兴的是奖券并没有如期开奖。一天，他内弟干黄鳝告诉他城里已经开奖的消息，他于是兴冲冲地抱着中奖发财的美梦赶到城里，却还是没有开奖。他失望地回到家里，在对内弟干黄鳝与妻子发了一通火以后，他又开始埋怨自己不如意的境况。直到提前预征粮票下来，他将精力放在征收粮款上，也没有工夫想这些心思了。最后，拖了很久的奖券终于开奖了，他手中的奖券虽只有半张中了尾奖，但也是一笔巨款，他开始幻想这一大堆白花花的银圆该怎样开销。他开始对家人和气了，寻思着要讨一个小老婆。他满心喜悦地到县征收局去领奖，可团总周三扯皮的账房告诉他，县上早有人控告他了，他的奖款被征收局扣留了。失望又沮丧的丁跛公疲倦地离开征收局，他内心充满忧伤，他叫屈道："唉，就是一条猎狗，也得有一副肠肚吃呀！"① 糟糕的是，丁跛公中奖的消息不胫而走。"浑水"袍哥土匪盯上了他，他家遭到土匪抢劫，他家的茅坑被土匪搅捞了三次也没打捞

---

① 沙汀：《丁跛公》，《沙汀文集》第一卷，上海文艺出版社 1986 年版，第 301 页。

到什么东西。气急败坏的匪徒们把丁跛公脚踝骨打折了，跛着脚走路的丁跛公没有做成土匪。这是沙汀笔下一个可恨、可怜的"恶人"的故事，带有强烈的悲喜剧色彩。丁跛公拿钱买了袍哥头衔，但他只是袍哥中的小角色，远在他之上的还有团长兼袍哥大爷周三扯皮。袍哥的头衔并没改变他可怜的处境，最后被一群"浑水"袍哥打断了腿，变成了一个真正的跛子。吴福辉先生指出，安县确实有一个姓丁的乡约，是一位"有趣的恶人""可怜的恶人"，是一位喜剧性很强的人物，"生活本身便是这样，自觉地设计人物和情境，更收到了形象活脱，针砭社会的效果"①。丁跛公的袍哥身份虽然对他的境况没多大实质性改变，但在民国巴蜀有袍哥身份与无袍哥身份相差很大，这也是人们趋之若鹜加入袍哥的重要原因。可以说，丁跛公这样的小人物为求得更好的生存而加入袍哥的行为在民国时期的巴蜀带有普遍性。

　　沙汀的《替身》是一篇有关抓壮丁的悲喜剧，一位老客商糊里糊涂地被抓了壮丁，而有了袍哥身份的九子痒的几个儿子却能逃过被抓壮丁的厄运。在该作品中，保长、保长太太，以及保长的岳丈关系微妙。保长太太长得丑陋，加上不能生育，保长早就想讨小老婆，但因为他岳丈是本地最有力量的一位袍哥大爷，保长想讨小老婆的打算只得作罢。抓壮丁的事情很让保长揪心，他在为壮丁之事权衡利弊，其权衡条件之一就是被抓的壮丁是否与袍哥有密切关系。保长太太埋怨他胆小，极有主见地帮保长出主意，让他抓九子痒的儿子做壮丁。在保长太太看来，九子痒的几个儿子中随便抓哪个都可以，因为九子痒的袍哥头衔被取消了。九子痒本是一个土粮户，兼做青山生意，因本乡的地头蛇三老太爷修造房屋，需要一个熟手采办木料，九子痒被选上了。而在第二年年底，作为报偿，三老太爷让九子痒加入了袍哥。因为有了袍哥身份，九子痒的地位大增，他得意忘形，在一回派款上，连保长也被他奚落了一番。据保长太太讲，因为九子痒"贪吃"东西而得罪了三老太爷，他袍哥的身份被取消了。没了袍哥的身份，九子痒的儿子成了壮丁的合适人选。正在保长找来光棍徐烂狗帮忙时，却听徐烂狗说，九子痒与三老太爷和好了，他把"贪吃"的东西吐了出来后，另外请二十桌客算是谢罪，恢复了袍哥身份。徐烂狗是保长的拜把子弟兄，好酒贪杯、喜欢赌博，是一名地道的袍哥，其消息来源绝对可靠。因此，保长抓九子痒儿子壮丁的打算只好作罢。保长作为民国基层权力的实施者有着不小的权力，但面对袍哥大爷的权力与威势，也只能低头，是否有袍哥头衔成为保长抓壮丁的重要考量标识，这实际是民国巴蜀地区的社会现实。

---

① 吴福辉：《沙汀传》，北京十月文艺出版社1990年版，第202—203页。

在民国巴蜀社会中，袍哥具有强大的社会力量，大到国家政策的参与实施，小到百姓的日常生活，袍哥势力都渗入其中，这在沙汀的小说中多有表现。电影是现代科学技术与艺术的完美融合，是深受百姓喜爱的娱乐样式，在沙汀笔下，川西北乡镇老百姓们把看一场电影当成他们日常生活中的重要事件。《合和乡的第一场电影》中放映电影的负责人原是一位剧团老板，诨名煤油桶，他组织影戏团是想借宣传抗战来达到他发财的目的。他借来已经报废的放映机，搬到成都去修理一番，同一两家电影院订了合同，雇来一名助手，就开始他放电影敛财的生意了。但和合乡的这场电影放映并不顺利。为了尽可能多的赚钱，他希望能把电影票完全卖出去，已进戏院的观众等得不耐烦了，观众几乎全都站起来喊叫。他拍着手掌安抚观众，又用双手做了话筒喊叫，但都一点不起作用。正在观众闹得不可开交之时，和合乡的袍哥舵把子彭幺胡子出马干涉了。他站在椅子上，用他惯常训斥人的调子向大家反问道："闹一阵你们就看成电影了哇？"① 观众这才安静下来。电影终于开始放映了，但放映并没有预期那样顺利，刚放了一会儿，电影机器忽然哑了，整个剧场陷入黑暗中。观众吵闹着要求退票，而且气势汹汹。煤油桶只好叫人去请袍哥大爷彭幺胡子出面干涉，彭幺胡子在得到煤油桶保证后，一连叫出他手下三哥、五哥之类的人物，吩咐他们去向观众解释，等明天机器修好再看电影。但第二天晚上，电影刚放映不久，机器又坏了，人声沸腾，几个性急的人詈骂着撕去票根，冲出场子去了，大多数人都嚷叫着要求退票，就连舵把子彭幺胡子也气冲冲地离开了现场，观众没有顾忌而愤愤不平地撒起野来。煤油桶给他们解释赔礼都无济于事，最后只好派人去请来袍哥老舵把子。最后，和合乡这位"无冕之王"袍哥舵爷，几句话就给煤油桶解了围，看在他的面子上，票不必退，明天夜里大家又来补看电影好了！《合和乡的第一场电影》的主题显然是讽刺"发国难财"的丑陋现象，和合乡的放电影事件，无疑是一场闹剧，煤油桶用报废的放映机放电影的主要意图是牟利赚钱。在这场闹剧中袍哥舵把子彭幺胡子起了关键作用，为了平息观众买了票没看成电影的愤怒，煤油桶不是凭借和合乡基层政府的权力，诸如合和乡的乡长、保长之类人物，而是利用了彭幺胡子作为袍哥大爷在民众中的影响力。客观地说，袍哥作为民间权力的实施者对地方事务的干预及地方秩序的维护有重要作用，和合乡放电影的"闹剧"很好地诠释了袍哥民间权力怎样干预百姓日常生活及维护地方秩序，其影响力已经超越了民国基层政府权力的实施者诸如乡长、保长，袍哥势力已经渗透于巴蜀

---

① 沙汀：《和合乡的第一场电影》，《沙汀文集》第二卷，上海文艺出版社1986年版，第83页。

民众日常生活的方方面面之中。

袍哥舵爷彭幺胡子的权力更淋漓尽致地体现在沙汀的《巡官》中，该作品主要展现了袍哥民间权力对民间公共事务干预的负面性。这是一出袍哥干预地方公共事务的讽刺性喜剧，也是一部国家基层权力的执行者反而要在袍哥舵爷手下讨生活的喜剧、闹剧。作品中的冯二老师为躲避抓壮丁而逃往城里，躲在老丈人家里，正碰见巡官训练班招生，加上岳父在城里的关系，冯二老师抓住了进入巡官训练班的机会。一个月以后，他顺利地毕了业，带了巡官委任状回到家乡走马上任，但受到家乡袍哥势力的阻扰与嘲弄。因为巡官的父亲替他出过不少力，巡官岳父从城里不断发动了好些督促冯二老师走马上任的公文，在二者的挟攻之下，所有障碍都打通了，作为地方实力派，袍哥们不得不尊重点体统。冯二老师总算上任受了职，但他却不能顺利履行巡官的职责。他就职上任已经一个多月，起初还每天穿了制服在市面上巡行。但三五天后，他就没勇气了。虽然他尽量听从父亲的劝告不要干涉市面上种种违法行为，诸如赌摊、烟馆等，正如他父亲所言，如果他非要像一个巡官一样事事认真，他的境况会更糟。事实确实如此，巡官处处受到袍哥大爷彭幺胡子的挟制、威胁。

巡官与袍哥势力的冲突与纠葛源于一次县长可能到来的视察，乡长拿不定主意是否准备迎接县长的视察，可袍哥舵爷彭幺胡子认为这很有必要，他所谓的准备就是让开业的赌摊休息一天，烟馆暂时搬搬家，再则是为迎接县长精心准备午宴。而迎接县长视察跑腿打杂的任务则让巡官来完成，这是袍哥舵爷彭幺胡子来找巡官的主要原因，这却让巡官父子为难犯愁：

> 那个找巡官说话的并非别人，正是这场上的无冕之王彭幺胡子。又是绅粮，又是大爷，神通远在任何绅粮任何大爷之上。二老师的委状之能于兑现，最后还是他一句话决定的。不仅如此他还特别叫乡长摊派了一笔款项来做制服。因为是老公事，他相信那些壮丁若不换换服装，这点改革就成了具文了。而且他还没有叫二老师操过心，只是当那些壮丁的草绿制服变成黑色制服以后，他已经暗示过好几次了，他垫钱垫多了，既然二老师当巡官，他就应该设法偿补。因为世故不深，巡官第一次还不明白他的用意何在，经过老太爷一点，他立刻醒悟了。[1]

以上是袍哥大爷彭幺胡子让巡官父子犯愁为难的主要原因，但这次彭幺胡子找巡官的主要目的是迎接县长巡查之事。既然要迎接县长的检查，巡官认为

---

[1] 沙汀：《巡官》，《沙汀文集》第二卷，上海文艺出版社1986年版，第135页。

对赌摊、烟馆的清查很有必要，但这首先受到袍界三哥丁矮胖子的反对。丁矮胖子是前任常备队长，久跑江湖，当过几天大兵，当他把武器拐回来后，一步步升为队长，在袍界是三哥。对于巡官的就职，他反对得最厉害，作为二者的调剂，彭幺胡子容许他负责经营那家公共茶馆，有权摆设各种赌摊。但当他一听说这是彭幺胡子要迎接县长检查的意思，也只好接受。这天，巡官很尽职，从来没有这样清爽过，当他挨家清查的时候，那个平常赌摊最多、题名"广游居"的茶馆反比任何一家茶馆都要合法，仿佛所有赌具都已销毁，所有赌棍都归正了。巡官这一天很舒畅，他穿着制服，肩头上还跨着值星带，一切奚落都似乎绝迹了。即便是丁矮胖子也不再饶舌，但他眼里含着轻蔑与深深的愤怒，因为这天正值逢场期，这样的清查给丁矮胖子的生意带来了巨大损失。由于彭幺胡子是他的拜兄，乡长又是彭幺胡子的内侄，他只能将愤恨转移在巡官身上。

巡官为迎接县长的视察而忙于清查茶馆中的赌摊、烟馆，忙于在彭幺胡子、乡长中奔波，打听县长是否到来的消息。因为巡官并没带来县长是否上午来镇上的确切消息，乡长对巡官也厌烦了，让他在电话室等县长视察时间的确切消息。巡官因为不停地奔波劳累，在电话室睡了过去，当他醒来时，已经是黄昏。当巡官忐忑不安地赶赴乡长家，精心准备宴筵欢迎县长的袍哥舵爷彭幺胡子正发怒，因为县长没来视察小镇，他精心准备的午宴、晚宴的费用该从哪里来开支？更让人无法忍受的是县长居然不打电话来道谢告知他一声，这让他很丢脸面。他对着巡官爆发了："难怪得县长打电话来道谢没人接啦！原来你才在睡觉哩！"他对巡官发出恶毒的嘲笑："你记得么，为了你当这个公事，单就是制服费，我垫了好多哇——哼？"[①]迎接县长视察的闹剧就此收场，不久，小镇很快恢复了原状，所有茶馆里的赌摊已经摆开，搬往镇外的烟馆也重新搬回场内来了。

巡官在受了袍哥舵爷彭幺胡子的训斥，袍界三哥丁矮胖子的侮辱，巡官父亲的埋怨后，他决定不再做什么巡官了，并向他父亲忤逆地喊道："我明天就出门跑滩好了！"[②]巡官气愤决绝地产生要远走"跑滩"的念头，但最终还是被他父亲劝住了，并接受老头子古老但又很实在的忠告，从此少管闲事，安安分分做个巡官。在旧历年年底，他更谨遵父命，拿钱在袍哥舵爷彭幺胡子的麾下捐了一名袍哥的头衔。自此以后，巡官的处境好多了。由以上巡官遭遇的悲

① 沙汀：《巡官》，《沙汀文集》第二卷，上海文艺出版社1986年版，第141页。
② 沙汀：《巡官》，《沙汀文集》第二卷，上海文艺出版社1986年版，第142页。

喜剧可看出，袍哥大爷彭幺胡子的权力在镇上至高无上，他操纵着小镇的一切，而作为民国政府基层权力的实施者，巡官也只能忍气吞声地在袍哥大爷麾下讨生活。

不仅如此，袍哥还参与到国家基层权力、民间权力的相互制衡与调停中。正如前文所述，抓壮丁是民国时期巴蜀兵役制度的黑暗表现，有无袍哥身份可能带来不同的效果，这也反映了民国时期基层权力运作的复杂关系。沙汀的《在其香居茶馆里》就反映了基层权力运作的复杂关系，具体表现为袍哥力量与联保主任、士绅等权力的相互制衡。作品中的联保主任方治国是回龙镇基层权力的实施者，土豪邢幺吵吵代表回龙镇士绅力量。邢幺吵吵在回龙镇本身并不可怕，但他的大哥是全县极有威望的绅耆，加上他的舅子是县财务委员，这使得邢幺吵吵地方势力大增，也助长了他"不忌生冷"的火炮子性格。因为有这样的势力，他的第二个儿子四次逃过抓壮丁，并且从来不出壮丁费。按照以前惯例，即使是他二儿子被抓进城里，邢幺吵吵只需给他大哥说一声，他的儿子就会被放出，但新上任的县长扬言要整顿兵役，这使过去简单的问题复杂化了。联保主任方治国的密告导致邢幺吵吵的二儿子被抓了壮丁，因为邢幺吵吵在县里的特殊关系，他对方治国告密的行径一清二楚，这使邢幺吵吵与方治国的矛盾进一步升级。方治国与邢幺吵吵的冲突实际是联保主任与地方势力的较量，而他们之间冲突的调停者，是袍哥大爷陈新老爷。

陈新老爷以"吃讲茶"的方式协调他们的冲突。陈新老爷让方治国到县里去疏通关系，钱由邢幺吵吵出。作为回龙镇的联保主任，方治国一方面要面对新上任县长的权威，另一方面还得权衡邢幺吵吵的大哥作为县里的耆宿以及其舅子县财物委员的权力。因此，他对袍哥大爷陈新老爷的调解结果并不满意。陈新老爷"吃讲茶"方式的调停并没成功，邢幺吵吵与方治国在茶馆里大打出手，他们打得鼻青脸肿不可开交之时，进城的蒋门神带回了消息：邢幺吵吵被抓壮丁的二儿子因点名报错数以"不配打国仗"之名被释放，而真实内幕则是邢幺吵吵的大哥在城里疏通关系。当邢幺吵吵的大哥请客表示感谢，新任县长是最先到场的客人，由此看出，新任县长扬言整顿兵役不过是欺骗民众的骗局与假话。《在其香居茶馆里》因"抓壮丁"上演的闹剧是民国基层权力、土豪势力、袍哥力量之间的制衡。自从方治国做了联保主任后，他在地方上的权力与日俱增，吃回扣、吃黑粮，他尝到了甜头，连进茶馆"喊茶钱"的声音也更响亮了，邢幺吵吵都骂他"吃钱"比土匪还厉害。方治国进城密告邢幺吵吵儿子逃避抓壮丁实际是他对居于地方实力派邢幺吵吵之下不满的反映。当他受到邢幺吵吵的威胁时，虽然后悔害怕，但有新任县长整顿兵役做保护伞，所以他敢与邢幺吵吵来一场有力量的抗争。因此，他并不接受袍哥大爷陈新老爷不利于他的调解。邢幺吵吵因为有城里大哥及舅子做后盾，他的势力明显高过地方基层权力，因此他显得有恃无恐。相对于联保主任与地方绅耆，袍哥大爷陈新老爷的力量较为微弱，按照"吃讲茶"的惯例，调解的结果双方都应遵循。但联保主任方治国并不接受调解，其原因是陈新老爷已经退职，其影响力明显不如以前，而且方治国自以为有新上任的县长做保护伞，这也是他有恃无恐的重要原因。该作品通过揭露兵役内幕的黑暗腐败，显示了民国巴蜀基层各种权力纠缠制衡的复杂性，这是导致民国巴蜀社会黑暗丑陋的重要原因。

从以上论及沙汀袍哥题材的作品可看出袍哥民间权力在当时的运行情况，民国政府基层权力与袍哥民间权力相互制衡，由此亦可以看出民国川西北乡镇社会的丑陋、黑暗与腐朽。沙汀通过这些小说达到了他社会批判的意图。沙汀有关川西北乡镇权力世界的叙述描绘更展现在《淘金记》《还乡记》等长篇小说中。

二、《淘金记》中的袍哥王国与权力世界

《淘金记》无疑是沙汀最成功、最重要的作品，当《淘金记》出现在文坛不久后，卞之琳即认为该作"是抗战以来所出版的最好的一部长篇小说"[①]。李长之也称《淘金记》是"仅见的乡土文学中之最上乘收获了"[②]。后来，吴福辉先生在《沙汀传》中称该作品是"沙汀乡土小说的最高成果"[③]。这是一群"恶人"的故事，它源自沙汀的故乡，甚至这群"恶人"曾在他的身边。正如吴福辉先生指出："安县十三个半场，每日每时还在生产丑恶，他从小见惯不惊。这场丑戏的主角都在他身边，很多是他的亲友，有的现在还在'保护'他的生命安全，虽然他们'保护'他的动机大半还是为了私欲。"[④] 这些"恶人"的重要身份即是袍哥，《淘金记》中的北斗镇就是一群袍哥营造的黑暗王国。

（一）《淘金记》中的袍哥王国

《淘金记》中袍哥黑暗王国的描写来自作家的亲身经验。正如前文所述，沙汀自童年起所经历的世界即是一个由袍哥组成的世界。沙汀创作该作品时，

---

① 卞之琳：《读沙汀〈淘金记〉》，《文哨》1945 年第 1 卷第 3 期。
② 李长之：《书评副刊：淘金记》，《时与潮文艺》1944 年第 4 卷第 2 期。
③ 吴福辉：《沙汀传》，北京十月文艺出版社 1990 年版，第 289 页。
④ 吴福辉：《沙汀传》，北京十月文艺出版社 1990 年版，第 290 页。

正是他回到家乡在舅父郑慕周的羽翼下避难时，帮助他躲避国民党缉捕的正是一群他舅父熟悉的袍哥大爷们。沙汀回到家乡后，先是躲避在袁寿山家中，袁寿山是睢水最大的袍哥大爷，他从郑慕周那里知道沙汀受成都当局通缉回乡避难的处境，于是当面向郑慕周拍胸脯打包票，让沙汀到他家里避祸。袁寿山的得势源于袍哥之间的火并，袍哥孙昌明先杀了郑慕周手下唐盛宁与唐盛宁的小弟唐五驼子全家。郑慕周凭借自己的威望，呼唤西南乡一带的袍哥剿灭了孙昌明，作为唐五驼子妻兄的袁寿山因此代替孙昌明建立了睢水秩序，掌握了睢水的一切权力。后来他又让外甥萧文虎当了乡长，自己成了太上乡长。① 这就是袍哥大爷袁寿山的发迹史。沙汀曾叙及："有一年，袁寿山的女婿从秀水来给他拜年，曾经暗中告诉我说，他老丈人有点担心我将来为他立传，而且像对龙哥那样的刻画他。我立刻否认了，认为是无稽之谈。"② 事实上，沙汀曾谈及袍哥大爷袁寿山的行径的确有让他创作的冲动，"我确乎也有过拿袁寿山作模特儿写一本小说的意图，而且连题目都想好了：《流氓皇帝》"③。新中国成立后，他开始酝酿该小说，直到 20 世纪 80 年代才最终完成并取名《红石滩》④，作品中袍哥胖爷与乡长焦继聪舅甥的原型即取自袍哥大爷袁寿山与他的外甥乡长萧文虎。

沙汀避难睢水时，经常到大拱桥河对岸的荒原去散步、钓鱼，也去坐茶馆，与各种小商贩、烟帮和袍哥交往。大家知道他是郑慕周的外甥，袁寿山的显客，前来避难，除了官府，与当地人没有任何的利害冲突。因此，"无论是清水、浑水袍哥，或者有头有脸的士绅，都对他以礼相待"⑤。每当沙汀从睢水街上走过，人们向他投来五花八门的称呼，有叫杨先生、杨老师、杨哥、杨二哥的，甚至有人叫他杨大爷。当时沙汀在睢水的生活情况传到重庆文艺界，"有人说他操了袍哥了"⑥。他后来叙及在睢水避难的情景，表示当时多与袍哥来往，除袁寿山外，古华庭、刘沛三等都是他曾打交道的袍哥。他说道：

> 袍哥呢，不管清水、浑水，从幺满十排以至三哥大爷，更加清楚我是来本地避难，或者用他们的行话说，是来"抹亲近相"的，对于官府的来

---

① 吴福辉：《沙汀传》，北京十月文艺出版社 1990 年版，第 279—280 页。
② 沙汀：《沙汀自传：时代冲击圈》，北岳文艺出版社 1998 年版，第 282 页。
③ 沙汀：《沙汀自传：时代冲击圈》，北岳文艺出版社 1998 年版，第 283 页。
④ 沙汀《红石滩》是他于 20 世纪 80 年代所写的袍哥题材的作品，但酝酿于新中国成立初，该作最初叫《应变》，其中的第一章题名为《夜市》，发表在《现代作家》上。参见沙汀：《红石滩》，湖南文艺出版社 1987 年版，题记第 2—3 页。
⑤ 吴福辉：《沙汀传》，北京十月文艺出版社 1990 年版，第 290—291 页。
⑥ 吴福辉：《沙汀传》，北京十月文艺出版社 1990 年版，第 291 页。

人当然更注意了，一有风吹草动，就会向我家里人或袁寿山通风报信。有一位姓周的烟帮头目，大约是什邡县人，还曾经向我建议，如果"水紧"，就到他们码头上去住。①

有此氛围与心境，沙汀自童年时期起所知道、所接触的袍哥人与事，自然成为其作品的人物原型与创作的重要背景资料。沙汀曾说，他的三部长篇小说中，《淘金记》酝酿最久，作品中几位主要人物，都是他少年时期就熟知的人物，其中的白酱丹是一位叔祖的老四，白酱丹这个浑号在当时市民中流传很广。② 其中，"龙哥过去的靠山叶二爸的原型，是沙汀跟随舅父跑滩时就认识的秀水大舵把子兼团正曹和斋"③。沙汀当时"左翼"知识分子的思想与立场，特别是他对当时抗日民族战争的认识，推动着他将这些袍哥人与事夸张变形为"丑"，让他们争斗、倾轧、表演。《淘金记》描写的北斗镇正是这些"群丑"活动的舞台，这些"群丑"即为北斗镇的袍哥们。

沙汀《淘金记》中描写的北斗镇，正是民国巴蜀的缩影。在近现代巴蜀，根据袍哥的性质与行为，常分为"清水"袍哥与"浑水"袍哥。"清水"袍哥一般由当地有权势的官绅组成。"浑水"袍哥一般是一些杀人越货、打家劫舍的土匪。晚清民国时期，巴蜀土匪猖獗，民间俗称"棒客""棒老二"，这与"浑水"袍哥有重要关系。沙铁帆的调查报告《四川之哥老会》中说的"浑水皮"即所谓"浑水"袍哥："浑水皮所宗为梁山瓦岗兄弟，加入分子，以无业浪游之人为最多，其用意即是借此号召多数同类，为匪为盗，或专做以强凌弱的不正当谋生事业；蜀中之盗匪，恐无一不为会中哥弟。"④ 四川曾流行一句民谚："仁字讲顶子，义字讲银子，礼字讲刀子。"⑤ 李沐风先生也曾说，在袍哥组织内部有这样的说法："仁字号讲理讲法，礼字号讲打讲杀。"⑥ 沙汀笔下的袍哥，根据其社会行为，同样可分为"清水"袍哥与"浑水"袍哥。《在其香居茶馆里》中的陈新老爷是科举时代最末一次的秀才，当了十年团总，十年哥老会的头目，是一位"清水"袍哥。《丁跛公》中的团总周三扯皮、乡约丁跛公，《巡官》中的彭幺胡子也属于"清水"袍哥。《红石滩》中一步登天的白棚大爷胖爷，以及完全靠江湖义气一步一步由小老幺升为袍哥大爷的唐简斋均

---

① 沙汀：《沙汀自传：时代冲击圈》，北岳文艺出版社 1998 年版，第 295 页。
② 沙汀：《沙汀自传：时代冲击圈》，北岳文艺出版社 1998 年版，第 282 页。
③ 吴福辉：《沙汀传》，北京十月文艺出版社 1990 年版，第 285 页。
④ 沙铁帆：《四川之哥老会》，《四川县训》1936 年第 3 卷第 6、7 期。
⑤ 四川省地方志编纂委员会：《四川省志·民俗志》，四川人民出版社 2000 年版，第 320 页。
⑥ 李沐风：《略谈四川的"袍哥"》，《茶话》1947 年第 12 期。

属"清水"袍哥，但他们却与"浑水"袍哥往来密切。胖爷经常干些估吃霸赊，欺蒙拐骗之事，并与惯匪"浑水"袍哥麻鱼子、余蛮子等往来密切，甚至派余蛮子暗刺伍茂卿；唐简斋则相对正直得多，但他却是那些亡命之徒的保护伞，在他当团总时，凡是因为命案、抢案而被追捕通缉的匪类，只要给他们打个上咐，"便可烟饭两开，逍遥法外"①。由此可见这些袍哥身份的复杂性。《淘金记》中的袍哥们，二大爷属于典型的"清水"袍哥，他资格最老，曾是北斗镇的团总。龙哥、林幺长子在北斗镇的现有身份是"清水"袍哥，但他们之前都曾有过"浑水"袍哥土匪的经历。白酱丹、彭尊三则属于"清水"袍哥。

在北斗镇的袍哥独立王国中，龙哥居于至高无上的地位，无疑是北斗镇的土皇帝。他有点名士气，经常戴着一顶过小的黄呢礼帽，领扣常敞开着，只有去见县长的时候他才勉强扣好。就其袍哥出身而言，他不仅仅是靠骰子赌博起家，而且是靠枪炮打出自己的天下的。他有过"浑水"袍哥的辉煌历史。当他还在二大爷家里当长工的时候，他在镇外碰见军队拉夫，用扁担打死那位追踪者，从此开始了他的土匪生涯。他在抽筋坡结果了五六个碱贩子和药客的性命，并洗劫了很多过往客商。当二大爷当团总时，他接受招安并受到二大爷提拔，以常练队长的身份出现在北斗镇上。他清缴盗匪与当年他做土匪时收拾过往商旅一样有名，好多土匪都叫他肃清了。有着这样"辉煌"的历史，再加上白酱丹成了他的"智囊"，彭尊三等北斗镇实力派对他前拥后戴，奔走吹嘘，以及他国民党联保主任的身份加持，龙哥最终成为北斗镇这一独立王国的独裁者。在北斗镇袍哥王国中，龙哥是至高无上的土皇帝。北斗镇的居民能够安安稳稳睡觉，近郊的农民不必一到黄昏便把黄牛、水牛牵到街上投店全是龙哥的功劳，正如他挂在嘴边的自夸："老实讲，这街上要是没有我龙闷娃么？哼，不是吹牛！"② 他也由此获得更多的财富。龙哥在北斗镇的名望、田产，以及他那满身肥肉与日俱增，但他的胆子却不如从前了。因为招安以后，他对土匪太毒辣太狠心，被他收拾掉的土匪有几十个，其余的都在暗地里等候着机会。甚至有土匪扬言要绑他的票，让他尝尝苔窖的滋味，但这已经成为过去，现在他胆小是由于他日益增多的财富。作家曾说，龙哥这一原型来自他家乡熟悉的人："我对他本人的写照，几乎很少增改。"③ 由此可见民国巴蜀的真实社会

---

① 沙汀：《红石滩》，湖南文艺出版社 1987 年版，第 31 页。
② 沙汀：《淘金记》，《沙汀文集》第二卷，上海文艺出版社 1986 年版，第 408 页。
③ 沙汀：《沙汀自传：时代冲击圈》，北岳文艺出版社 1998 年版，第 282 页。

情状。

林幺长子不同于龙哥的袍哥身份，他的袍哥履历显然没有龙哥那样辉煌，他也曾经有做"浑水"袍哥的经历，但主要凭着刀枪干些抢劫的勾当，显然没有龙哥那样心狠手辣。由于年老，现在已经规矩起来，成为"清水"袍哥，主要靠各种正经生意找饭吃。他在北斗镇的关系较为微妙，主要是他没有龙哥作为国民党基层政权实施者的身份。他居于在野派领袖的地位，身边全是袍哥江湖朋友：季熨斗、气包大爷、芥茉子、丁酒罐罐等，更多的则是乡下那批勉强可以过活的老实人，被他用呵、哄、吓、诈拉入他的麾下而成为袍哥。他在北斗镇的权力明显不如以前，其原因一是他年老了，二是他与龙哥等北斗镇的实力派关系并不好。

相对于龙哥与林幺长子，白酱丹、彭尊三则完全属于"清水"袍哥。白酱丹无疑是沙汀笔下最重要的袍哥人物。与北斗镇其他袍哥的粗鲁外形不同，他的纽扣上吊着银质的牙签，手上是响水烟袋，看来很是神气。他行动斯文迟缓，神气和蔼可亲，对人经常带着笑意，但他是一个诡计多端的人。他在北斗镇袍界中虽无显赫地位，但他的话在袍哥头目中具有相当的分量。他没有实际的权力，因为他是一位靠挥霍出名而一步登天的袍哥大爷。他没有像龙哥、林幺长子那样当"浑水"袍哥的辉煌经历，既没有耍过枪炮，也没有在自己身上留下一点光荣的创伤。白酱丹在北斗镇生活的处境相当奇特，说他是绅士，他的家产早被他玩光了，但他确又是个绅粮。他自视甚高，他看不起别的绅粮，别的绅粮也看不起他。作为一位没落的绅士，他并不感觉处境尴尬，而是凭着狡猾而成为龙哥的"智囊"。龙哥一向尊重白酱丹的学问，对于公事上的策划，把他当成友而兼师的心腹看待。由于他与龙哥、彭胖的亲近关系，他在北斗镇的权力比林幺长子大。因为田产被耗尽，他要不停地想方设法捞钱，为此而不择手段。他曾放肆粗野地说，"我才不管它这一套"，"二婚亲就不生娃娃了么?!"[1] 他以此方式提醒大家，他不仅是个老爷，还是一位地道的袍哥大爷。任何提劲撒野的话他都说得出来，他并不比别的人本分。

彭尊三与白酱丹有些类似，他也是北斗镇靠钱捐班出身而一步登天的白棚大爷[2]。他不像白酱丹那样穷，他在北斗镇势力强大的基础在于拥有大批田产、山场、铺面、酱园和现金。他家三代人没有分过家，他同着父母、三个兄

---

①　沙汀：《淘金记》，《沙汀文集》第二卷，上海文艺出版社 1986 年版，第 219 页。

②　捐班出身，主要指未曾有袍哥一步步栽培提升的过程，其袍哥身份高低多以拿钱多少来决定，拿钱越多，袍哥的身份越高，因此有拿钱多而一步登天成为袍哥大爷者，又叫白棚大爷，《淘金记》中的白酱丹、彭胖即是如此。

弟，安安静静地住在一所旧式的宅院里面。宅院位置在市镇东头，门口有着两间铺面，一间是酱园，一间做着油酒买卖，他的祖宗就是以此为业的。镇上大半的粮户都曾遭过绑票，但彭尊三却一直没有，原因就是他与镇上实力派关系密切，以及他有拿钱捐的袍哥大爷身份。他会抓住机会利用北斗镇地方实力派的力量。当袍哥的势力在北斗镇风行，他便立刻拿钱进入袍界成为袍哥大爷，而且设法和北斗镇的实力人物结交，联亲或者拜把子，故意闭着眼睛吃些损害不大的小亏。民国以来，镇上的统治者一共变更了五次。他们有的被人挤掉，有的被官府和军队枪毙了，当中有着他一个儿女亲家，三个干亲家，一个拜把兄弟，但他却奇迹般地游刃有余地生存于北斗镇上，其原因就是他与北斗镇实力人物的结交。他结交的主要目的是保护自己，与龙哥的结交也正是基于此。

以上是北斗镇的袍哥实力派，他们主宰操纵着北斗镇的一切事务。正因为如此，加入袍哥在北斗镇很是风行。每到年底，就是袍哥们的年节，这时镇上很多人会送上礼金，取得一个袍哥的头衔。这些人请求加入袍哥，是希望加入袍哥后可以减少自己在这镇上的种种亏损，甚至可以捞取若干合法的利益。因此，旧历年节是北斗镇袍哥真正的节日，是他们享乐的大好时光。按照一直以来的习惯，北星镇袍哥敛财就主要在年节期间。其办法之一是栽培光棍（袍哥），或者说兄弟伙，使那些羡慕龙哥的诸色人等，送上礼金，取得一个袍哥头衔。办法之二就是用纸牌骰子让那些浮浪子弟倾家荡产。在北斗镇加入袍哥有一种新的气象，那就是新入流的袍哥中有青年知识分子和学校教员。[①] 这些新加入袍哥的知识分子的介绍人是白酱丹，他们当中能够拿出大量钱财的人不多，但白酱丹不是为敛财，而是要把全镇的优秀分子网罗进袍哥王国来增强力量。在白酱丹看来，目前已不是单靠骰子枪炮所能制胜的时代了。对龙哥而言，民国十七年他受过的社训，使他大开眼界，因此他十分高兴地同意了白酱丹的策略。对于那些青年知识分子和教员们而言，他们一直都抱有怀才不遇的心情，深感自己在北斗镇毫无作为，倒是北斗镇的一个个袍哥们说话响亮。而且，从抗战以来，袍哥组织似乎又如抗战前一样为人看重。此外，还有一种传说对他们加入袍界有决定意义，那就是报上登载某位重要人物就要到重庆来改组四川的袍界，甚至传言某位重要人物有出来担任总舵把子的可能。就这样，包括知识分子等各色人物都加入袍界，北斗镇变成了真正的袍哥王国。

---

① 民国时期巴蜀袍哥很风行，已渗透入教育界，很多教师加入袍哥，鉴于此，民国政府曾发文禁止教师加入袍哥。民国三十二年（1943）四月，重庆市教育局发出训令，具体参见《取缔各级学校教职员及学生加入袍哥党会办法》，档案号：00570001003900000028000，重庆市档案馆。

（二）《淘金记》中袍哥的权力世界

民国巴蜀基层权力的运行与相互制衡在沙汀小说中有突出表现。在沙汀笔下，一种权力的施行，可能是几种权力合力的结果，其中袍哥民间权力与政府权力渗透纠结，而形成一种强烈的力量。《龚老法团》中的龚老法团，五十多岁才开始他的政治生涯，他大哥是拔贡，他本人做过几天官班法政，而他兄弟是著名的哥老会头目，凭着这几种势力，他才打倒了那个诨名疯子举人的政敌而开始他的政治生涯。《丁跛公》中地位低下的丁跛公，作为一个小小乡约，为了收款派款权力能顺利实施，他拿钱捐了一个袍哥头衔。《红石滩》中的胖爷投机成为袍哥白棚大爷，他结交官府和有权势的人以壮大自己的实力、巩固自己的地位。他诡计多端，挤垮并取代唐简斋在红石滩的地位，还让他的外甥当上乡长而控制着红石滩的一切。乡长这位国民党基层权力的实施者，则借助袍哥权力，甚至是"浑水"袍哥的力量来巩固自己在红石滩的地位。袍哥三爷骆渊既是胖爷的贴心陪伴者，也是乡长的跟屁虫，但他的另一重要身份却是山防队副队长。由此可见，民国时期的巴蜀，袍哥民间权力与国民党基层权力相互交织，这使民国基层权力的实施者与袍哥们势力大增。

这两种权力的相互制衡在沙汀长篇小说《淘金记》中更有突出表现。作品中，袍哥势力渗透于北斗镇各个角落，支配并影响着人们的生活。如果说李劼人的《死水微澜》写出了袍哥民间权力的影响，《淘金记》则是川西北基层社会各种权力形成邪恶势力的集中表演。以龙哥为首操纵北斗镇一切的袍哥们，他们权力的运行、纠缠与制衡形成北斗镇黑暗王国的权力世界。在《淘金记》中，龙哥作为联保主任，不同于袍哥大爷林幺长子，他既是国家基层权力的运行者，也是袍哥民间权力的实施者，正是这两股力量的融合渗透，让他成为北斗镇权力至高无上的土皇帝，控制着北斗镇的一切。

权力的运行与相互制衡主要源于利益的驱使。《淘金记》所写的北斗镇权力的运行与制衡不是围绕龙哥这一权力的主宰者展开，而是围绕白酱丹与林幺长子为争夺金矿的开采而展开。在《淘金记》中，围绕筲箕背何寡母家坟的金矿的开采掠夺而形成三种权力的纠缠与制衡：其一是以白酱丹为代表，包括龙哥、彭胖等北斗镇的袍哥实力派；其二是以林幺长子为代表的袍哥在野力量；其三是以何寡母为代表的士绅力量，对以上两股力量进行反击。为取得金矿的开采权，白酱丹与林幺长子钩心斗角，并为之展开利益的角逐与权力制衡。当时北斗镇最时髦的两件事，一是拿半锭纹银，叩几个响头，取得光棍名义参加袍哥；二就是淘金。进入抗战时期，袍哥在这个市镇上成为常规生活的决定因素，人们把参加袍哥看成是正派风气的表现，并以能加入袍哥为荣。相对于参加袍哥而言，淘金反而不是那么时兴。但北斗镇金矿开采的历史相当久远，大规模开采是辛亥革命前后五六年间。大约在 1934 年左右，当那批逃命者回到他们的故乡以后，淘金的潮流又时兴了。特别是"七七事变"前后，黄金涨价，于是打着"开发资源""抗战建国"的幌子，黄金的开采又复兴了。林幺长子、白酱丹、龙哥、彭胖等对筲箕背金矿的觊觎就基于这一时代背景。

《淘金记》中白酱丹、林幺长子围绕筲箕背金矿的开采而展开权力的倾轧与制衡是该作品精彩的情节内容。作品开始，袍哥舵爷林幺长子出场了。他是茶馆涌泉居的主人，是一个健硕的老人，林幺长子是他早年的绰号。在北斗镇，作为袍哥舵爷，他没有龙哥联保主任那样的职务，他麾下的袍哥多半是被他半带强迫拉入流的，且多是乡下老实人。因此，他的势力明显不如龙哥。再加上民国十五年失势以后，要在北斗镇弱肉强食的社会生存立足，他变得更加张狂，好争吵，似乎只有这样才能增加他在北斗镇权力的砝码。在他的袍哥履历中，他曾为"浑水"袍哥，主要凭着手枪与骰子赌博使人侧目，但现在已经规矩起来，成为"清水"袍哥，主要靠各种正经生意找饭吃。当林幺长子向他提拔过的袍哥丁酒罐罐打听筲箕背金矿情况时，他得到的回答是："一天出不了两把金子我丁酒罐罐不姓丁了！只要你干，我钻山塞海总来一个；不来不算光棍！"① 知道这一确切消息后，林幺长子想方设法要得到筲箕背金矿的开采权，并把这作为他捞钱的主要方式。

吴福辉在评价《淘金记》中的人物时指出，白酱丹是沙汀全部作品中最有分量的人物，他是中国现代专制社会里权力和智谋脱节的产儿。② 身为龙哥的"智囊"，白酱丹在北斗镇的势力强过林幺长子。由于他的经济处境，甚至是老婆催着他要买米下锅，女儿读书连教科书也买不齐全，且常常缺乏文具，他对北斗镇筲箕背金矿一直很上心，一开始就为筲箕背金矿的开采奔走着，张罗着。当他知道才挖了七八天，就发现好成色的金矿，更是喜形于色。他考虑着开发筲箕背金矿的步骤：由他一个人采办，自然很理想，但他却没有本钱，一触及借贷，他借贷的信用早破产了，只有同旁人合伙。他权衡着找龙哥与彭尊三作为合伙人。龙哥与彭尊三是白酱丹敬佩的两个人，在整个北斗镇，不被他公开藐视和说坏话的只有他们两个。彭尊三虽也是捐班出身的大爷，但他却有雄厚的经济实力。权衡利弊，白酱丹认为这两个人是他开采金矿必须依仗的力量。筲箕背金矿并没能如期开采下去，因为那是何家祖坟，何家不答应。狡猾

① 沙汀《淘金记》，《沙汀文集》第二卷，上海文艺出版社 1986 年版，第 227 页。
② 吴福辉：《沙汀传》，北京十月文艺出版社 1990 年版，第 405 页。

的白酱丹知道，筲箕背金矿开采的阻力来自何寡母，何寡母是不会让人家破坏她家的风水的。

何寡母是《淘金记》中的重要人物，也是沙汀笔下带有浓厚巴蜀地域特色的女性。在北斗镇袍哥王国里，何寡母一家代表了官宦士绅力量，这是北斗镇不同于袍哥的另一种势力。何家是一个未曾加入袍界的家庭，但并非说明她一家就脱离了北斗镇袍哥们的权力网络。作为北斗镇有名的富孀，何寡母不仅有钱，还是镇上门弟较高的人家。她的父亲是县里的老拔贡，弟弟是县里的公职人员。她是一位精明强干的女人。她独养子的曾祖父是经营烧房的小商人，三十岁上下便去世了，祖父后来就继承了家业。她独养子的叔祖是北斗镇有史以来的第一个举人，凭着这声势，烧房扩大起来，还兼做其他的杂粮米谷买卖。何家凭着举人的声势，可以大胆地拒绝烧锅税和酒税，并随便规定粮食价格。不到十年，何家就发了。何寡母婆婆的才干并不在公公之下，她浑名阎王婆，民国三年葬送在土匪手里。阎王婆被土匪绑架后，她阻止她儿子拿钱赎取，被土匪残杀，但将她的尸体赎回时还是出了五百两银子。因遭受这一打击，何家的声势被袍哥势力所压倒。何寡母的丈夫不及他父母能干，柔弱、懒惰，只能躺在床上抽烟。何寡母出身书香门第，不愿料理商务，生意便停了，然而靠着她的精明强干，何家还能保持住原来的门面。当何寡母的丈夫去世后，她首先遇到的是何家产业的纠纷问题。何家继承者双方发生过三次争执，并连续打了三年官司，最后还是凭着镇上袍哥实力派的评断，何家产业纠纷才勉强收场。产业纠纷磨炼了何寡母的办事才干，并改变了她的观念。她再不以正派人自居而依赖官府力量的庇护，她开始和镇上的袍哥维持着关系，甚至主动攀扯一点关系。由此可见，袍哥民间政治在北斗镇的控制力、影响力超过了官府。但何寡母对于袍哥的信任非常有限，她随时警戒她的独子加入袍界。因为许多富家子弟都因加入袍哥而破产。这就是何寡母一家在北斗镇上的情况，以及何家与北斗镇的袍哥实力派的前后微妙关系。

卞之琳在评价《淘金记》时指出，这批地方上的恶棍，"对富孀母子家的'发坟'，如苍蝇逐臭似的一齐进攻，而又相互间剧烈的钩心斗角。他们的心机复杂得简直不下于道格拉斯飞厂里的新机器"[1]。卞之琳的评价一针见血，围绕筲箕背金矿，白酱丹、林幺长子和何寡母三股力量开始在北斗镇交锋，并展开力量角逐与倾轧。林幺长子与白酱丹围绕金矿的开采展开了较量，而何寡母则对他们要开采筲箕背金矿给予有力反击。筲箕背金矿开采的阻力来自何寡

---

① 卞之琳：《读沙汀〈淘金记〉》，《文哨》1945 年第 1 卷第 3 期。

母，林幺长子与白酱丹英雄所见略同，他们不与何寡母正面交锋，而是从何寡母的儿子何人种入手。林幺长子与白酱丹对何人种的态度与方法各有差异。粗鄙的林幺长子对何寡母的儿子直接地提出要合伙开采烧箕背金矿。何人种知道林幺长子很贪鄙，并曾为加入袍哥而吃过林幺长子的亏，为了脱身，何人种只好红着脸说他无法做主而把事情推在他母亲身上。不同于林幺长子的粗鄙，白酱丹将何人种请到私密的烟馆里面实施拉拢何人种的诡计。当何人种吞吞吐吐地告诉他林幺长子已经向他提出过同样的要求时，白酱丹感到吃惊，而当他得知何人种并没有答应林幺长子的时候，他阴险地笑了，他让何人种不要上林幺长子的当，并许诺不会像林幺长子那样对待他。当何人种告诉他自己不能做主的回答，白酱丹便抛开本题，另外找些无关大体的事情来谈，以和缓空气，这是白酱丹狡诈于林幺长子的地方。

林幺长子与白酱丹把何人种作为他们开采箕背金矿的突破口而展开的这一场场较量无疑是《淘金记》最精彩的细节之一。白酱丹同林幺长子的互相敌视由来已久。早在十多年以前，他们关系还不错，林幺长子在白酱丹的帮助下做过本镇团总。可不到一年，亲自捧他上台的白酱丹又亲自把他摔下台来。白酱丹这浑号就是林幺长子送赠，他把白酱丹比做只会坏事的烂药。对于卖友的损名誉行为，白酱丹振振有词：林幺长子上台不久，就变得更贪婪，什么钱都吃，利用袍哥舵爷的权势勒逼乡下人加入袍哥而索取礼金，甚至连白酱丹也是林幺长子"吃"的范围。因这纠纷他们闹得很僵，后虽经本镇士绅的调解，林幺长子破口大骂少了，白酱丹也很少再用含意很深的语调来述说他作恶的细节，但他们的关系却变得很微妙。而因为箕背金矿的开采，他们的关系变得更加坏了。因为上次与何人种交谈没有结果，他们不约而同地请他吃饭，又开始两人权力与策略的较量，并把彼此的仇恨暗藏在对话中。林幺长子借酒疯拿白酱丹的浑号打趣、挖苦、讽刺，白酱丹回敬的话语也绵里藏针，但他的主要意图是一步一步地抓住何人种，而不是像林幺长子那样采取蛮横的手段。

当芥茉子、气包大爷及其他三位袍哥进饭馆发现他们三人在一起吃喝时，还以为白酱丹和林幺长子已丢开宿嫌，为开采烧箕背金矿又开始合作了。当他们了解到真实情形时恍然大悟：他们两个还是在为箕背金矿争斗着。在巴蜀袍哥内有一种成规：凡是破坏自己人的生意，叫杀黑河，这是袍哥最大的忌讳。袍哥的道义虽然早已没落，但还经常被用来攻击他人。站在林幺长子一边的芥茉子、气包大爷认为这是白酱丹杀黑河，加上他们对白酱丹绅士派头极为不满，因此，他们一边吃喝一边奚落挖苦白酱丹。当白酱丹付了吃账，为了给林幺长子撑腰，让白酱丹与何人种丢面子，芥茉子、气包大爷邀请林幺长子与他们一起继续吃喝，并进一步讽刺白酱丹与何人种。林幺长子对白酱丹的攻击，以及芥茉子、气包大爷对白酱丹的奚落、挖苦反而增加了白酱丹在何人种心中的砝码，他们的关系更近了。他们用林幺长子那种骇诈蛮横的态度作谈资，谈到北斗镇一部分袍界的种种恶行以及何府上连年来所吃的零星苦头。白酱丹对何人种投其所好，并向他大胆期许：只要他肯跨进正当社会，将不难取得一种适当地位。白酱丹所谓的正当社会，是指北斗镇以龙哥为中心构成的袍哥权力关系网络。白酱丹的许诺立刻被何人种默许了。分手的时候，白酱丹邀约何人种到畅和轩打小牌玩。畅和轩是龙哥一群袍哥当权者的活动圈子，是北斗镇权力的象征。

何人种只是《淘金记》中一个不起眼的人物，但他却在故事推演中起着重要作用，他是连接白酱丹、林幺长子、何寡母三位重要人物的中介，是他们三股力量制衡的着力点与泄力点。相对于林幺长子所采取的恐吓蛮横手段，白酱丹的谈词与许诺无疑对懦弱无能的何人种有较强的诱惑力，他臣服于白酱丹所许诺的正统袍哥社会权力之下，决定回家与他母亲商量开发筲箕背金矿之事。何人种的提议遭到何寡母的反对，她认为儿子做了一件非常糊涂的事情，并态度坚决："只要我在一天，哪个要动一下我的祖坟我就和他拼命！我怕没有脸见死人！"① 何寡母与何人种的冲突在镇上传播开去，白酱丹与林幺长子受到涌泉居的茶客及北斗镇人们的戏谑与嘲弄。白酱丹与林幺长子决定亲自去面见何寡母。对于粗鄙的林幺长子的到访，何寡母曾经为何人种加入袍界而吃过他不少的亏，在谈话中提防着他，对他提出开采筲箕背金矿之事给予婉言谢绝。对外表斯文实则狡诈的白酱丹，何寡母态度决绝："哪个要挖我的祖坟，就先把我活埋了！"并扬言："……除非我断了这口气，那个要撞撞烧箕背，我就和他拼了！"② 面对何寡母的气势，白酱丹又邀请彭胖出面谈判，并以法律与何人种曾答应和伙开采金矿而软硬兼施。在何寡母身上碰了一鼻子灰的林幺长子、白酱丹，最后干脆以盗挖的方式采掘筲箕背的金矿。

白酱丹与林幺长子为筲箕背金矿的开采钩心斗角，相互倾轧，机关算尽，三股力量的交锋一次次达到白热化，导致他们最后不惜以盗挖的方式开采筲箕背的金矿。在北斗镇袍哥主宰一切的暴力王国中，弱肉强食被视为理所当然的法则。正如作品叙述："从北斗镇自来的风习说，纵然自己的土地，甚至老婆被坏蛋们强占了，在目前的条件下，你就喊冤、告状，作用也不大的，'公理'

---

① 沙汀：《淘金记》，《沙汀文集》第二卷，上海文艺出版社 1986 年版，第 292—293 页。

② 沙汀：《淘金记》，《沙汀文集》第二卷，上海文艺出版社 1986 年版，第 304—305 页。

必定在劫夺者一方面。"① 即使何寡母的坟地是被强占去开采金矿，公理也必定在劫夺者白酱丹与林幺长子一边。因此，对于筲箕背金矿的盗挖，白酱丹与林幺长子视为理所当然。但纸包不住火，盗取筲箕背金矿之事还是辗转传到了何寡母耳中。面对林幺长子与白酱丹强盗般的行为，何寡母震惊了，她感觉到事情严重到已经不是哭闹所能解决的了，摆在她面前的将是艰难的抗争。她是相当精明的人，就现在的处境她考虑着应对的措施：打官司？请士绅讲理？这在北斗镇袍哥王国显然行不通。几经思考，她认为找一个有身份地位的袍哥作为第三者私下解决是最合适的办法，何寡母找的调停者是北斗镇现已退职在家的袍哥大爷叶二大爷。

何寡母同二大爷家是姻表亲，之前关系较为疏远，在何家举人时代，是不屑提这门亲的。直到同志会变乱，袍哥成了北斗镇的主要势力，何寡母的母亲才看出这门亲戚的重要性，彼此的关系亲密起来。二大爷是很正派的"清水"袍哥，能够维持住哥老会本有传统，北斗镇那些后起者多是他的拜弟。因此，他在镇上颇能维持一个袍哥大爷元老的尊严。但二大爷退休已久，他在镇上只有一个空名，变成了有名的好好先生，在北斗镇处境尴尬。当二大爷问明了事情缘由后，何寡母答应给他们赔偿适当的经济损失。听见何寡母的意愿，二大爷没有应声，他料定这是一种必然结果，不然粮户便不称其为粮户，光棍也不称其为光棍了。鉴于二大爷在北斗镇现在的处境，他也只能请联保主任龙哥出面。龙哥是二大爷得意的拜弟，二大爷仅有的实力正建立在这一特殊关系上。龙哥是北斗镇袍哥王国的土皇帝，在他出面干预下，何寡母赔偿了白酱丹一千块大洋作为开采筲箕背金矿的损失。对这样的处理，白酱丹并不满意，并有点抱屈，他可以不接受这样的处理，但这会损了龙哥的面子。思虑再三，白酱丹最后还是接受这裁定。何寡母担心林幺长子怎么解决，龙哥回答道："不搁手么，联保办事处派几个队丁，把槽门给他挖了就是了！我看他会吹熄灯盏恨我两眼？嘻！他以为他老，夜壶那么老，还要提过来窝泡尿！"② 龙哥粗壮的声调含着一种绝对的蔑视，不仅是针对他所鄙弃的林幺长子，便是他的拜兄叶二大爷也同样包括在内。二大爷也能理解龙哥，而且他已看清，自民国以来，袍哥的信义已经很稀薄了。为此，他也略略感到不快，觉得龙哥说话太随意了。对于何寡母，他也不满意，这使他破了不问镇上任何事情的戒规。

白酱丹开夺筲箕背金矿的事告一个段落。龙哥经过涌泉居茶馆时，向林幺

---

① 沙汀：《淘金记》，《沙汀文集》第二卷，上海文艺出版社 1986 年版，第 353 页。
② 沙汀：《淘金记》，《沙汀文集》第二卷，上海文艺出版社 1986 年版，第 383 页。

长子发出警告，让他不要自讨麻烦。他并没有到茶馆里去，而是直接站在市街当中，仿佛骂街似的，鼓起眼睛向林幺长子发出了警告："嗨！我不是同你开玩笑哇，事情不要做得太过火了！"林幺长子虽不情愿，也只好作罢。作品写道：

> 龙哥的警告，对于幺长子之所以能够发生那样显著的效果，除了他那性格上的弱点而外，在显明的意识上，他是这样想的：不管怎样，他总算弄到了一笔意外的财喜；而且，他们没有要他再吐出来，这不能不说他的面子还原封未动。然而，当他听见白酱丹额外弄到一千元的赔偿的时候，他却由羡慕而愤激了。①

林幺长子、白酱丹与何寡母有关筲箕背金矿开采引发的权力倾轧与钩心斗角总算告一段落。白酱丹、林幺长子停止筲箕背金矿的开采，龙哥起了相当大的作用。按照北斗镇的人情世故，何寡母应对龙哥感恩戴德，龙哥也这样认为。但何寡母对此并不领情，可见何寡母对北斗镇袍哥权力的抵触，并由此引发北斗镇新的权势纠葛与冲突。有三件事引起龙哥对何寡母的嫉恨：一是一年一度属于袍哥招财纳徒的日子，何寡母并没有像北斗镇其他富人们一样，邀请镇上的实力派龙哥吃饭喝酒；二是喜欢赌博的何人种在畅和轩赢了两次钱后居然不再去赌博，连龙哥也喊不动，这在龙哥看来是减了他的财源；三是以抗战名义收缴的款项退回以后，她居然直接要了回去。在龙哥看来，何寡母简直是不知好歹。他们于是通过戒烟的名义敲诈整治何寡母。有关筲箕背金矿开采纠纷因碍于龙哥的情面，白酱丹本是极不情愿，加上何寡母对龙哥的不知好歹，这为白酱丹想继续开采筲箕背的金矿带来了转机。白酱丹一是利用他的外甥何丘娃与何寡母吵闹，说是要与何丘娃开采筲箕背的金矿；二是到城里说通官班法政毕业的吴监，再拉拢何寡母的父亲与弟弟，并疏通县秘书、县教育委员等县里实力权力人物，通过立案的"合法"程序，借助民国政府的力量，终于取得筲箕背金矿的开采权。当何寡母知道白酱丹的诡计后，急匆匆地赶到县城里。她虽然在白酱丹宴请县秘书、县教育委员、公路职员、吴监等县上特权人物的酒席上，极尽周旋的能事，但县里的这些权贵们已被筲箕背的金矿所诱惑，何寡母最终败下阵来。踌躇满志的白酱丹回到北斗镇正打算大干一场时，粮食囤积买卖的利润已远远高于金矿的开采，正忙于粮食囤积买卖的龙哥、彭胖，再无暇顾及筲箕背金矿的开采了，这让无资金运作的白酱丹再一次感到失

① 沙汀：《淘金记》，《沙汀文集》第二卷，上海文艺出版社1986年版，第388—389页。

败的悲哀。沙汀曾叙及他笔下的白酱丹："这是个十足的劣绅，他的恶行比行事粗鲁的龙哥、喜欢吵吵闹闹的林幺长子毒害还大。"① 这评价真是入木三分。

白酱丹、林幺长子为何家祖坟金矿的开采钩心斗角，机关算尽，并将地方实力派龙哥、彭胖，县秘书、县教育委员，以及退居二线的袍哥二大爷等卷入其中。袍哥民间政与地方基层权力相互制约、相互制衡，组成北斗镇的权力世界。在北斗镇黑暗王国中，有着龙哥设定的政治秩序，北斗镇犹如魔鬼操纵主宰的黑暗王国，给读者触目惊心的感觉。正如石怀池评价《淘金记》所说："一个生长在城市的读者甚至会疑心走入一个魔鬼的世界是炫奇而阴森森的。"② 沙汀《淘金记》描绘的虽是川西北一个小小的乡镇，但它却是民国时期巴蜀的缩影，是一个由袍哥主宰的王国。在抗战时期的四川，"'袍哥'势力之异常雄厚，循至任县长者，任县参议会议长者，莫不为在帮之袍哥，甚至行政官吏，欲举行一新政，苟不通过袍哥，必至一事无成"③。而地方政府"政治的力量赶不上袍哥大爷的一张名片起作用，有许多地方政治上的措施，还得要把袍哥的言语拿顺"④。

民国时期，各公口逐步放松香规礼节，入会手续从简，甚至《海底》中规定的传统仪式也逐渐废止，改行新礼，因此，加入袍哥的人数大增。据估算，至民国中期，四川城乡成年男子参加袍哥者比例高达 70%—80%⑤，可见当时四川袍哥风行状况。沙汀将当时四川袍哥的情状作为《淘金记》的重要背景，卞之琳评价道："沙汀居然制出了这样一面照妖镜来，像 X 光似的照出了我们皮肉底下的牛鬼蛇神，牛鬼蛇神底下的人性。"⑥ 吴福辉更上升到文化批判的角度评价该作品："经由一种'根'的文化探索途径，与千年的传统社会对接，挖掘出中国的封闭、专制、愚昧、惰力。"⑦ 如果从沙汀创作的社会剖析意图来看，他对国民党基层政权，尤其是袍哥民间权力的批判，实际已远超出其社会批判性而上升到文化批判的意义。

---

① 沙汀：《沙汀自传：时代冲击圈》，北岳文艺出版社 1998 年版，第 283 页。

② 石怀池：《评沙汀底〈淘金记〉》，参见黄曼君等：《沙汀研究资料》，中国社会科学出版社 1986 年版，第 399—400 页。

③ 吴伧：《四川袍哥与青红帮帮》，《快活林》1946 年第 22 期。

④ 《安定西南的首要工作，袍哥力量满川西：他们想出保卫家乡口号，能因势利用可安定地方》，《珠江报》1949 年 5 月 31 日新 184 号。

⑤ 四川省地方志编纂委员会：《四川省志·民俗志》，四川人民出版社 2000 年版，第 320—322 页。

⑥ 卞之琳：《读沙汀〈淘金记〉》，《文哨》1945 年第 1 卷第 3 期。

⑦ 吴福辉：《沙汀传》，北京十月文艺出版社 1990 年版，第 408 页。

第三节　"吃讲茶"与川西北乡镇社会

茶馆是最具巴蜀地域特色的重要人文景观之一。在茶馆喝茶、聊天、打麻将是巴蜀民众休闲、惬意的生活方式。巴蜀民众喜欢泡茶馆，茶馆成为人们的精神寄托之地。在巴蜀现当代作家的创作中，茶馆是体现巴蜀地域特色的重要空间。李劼人、沙汀、马识途、魏明伦等人的作品中均有如此表现。李劼人在《暴风雨前》中叙说成都茶馆在成都民众生活中担当交易市场、集会和评理场所，以及中等以下人家的客厅或休息室的功能。① 马识途的小说中有不少地方描写了巴蜀茶馆。《盗官记》描写了成都两处茶馆，一是少城公园的"鹤鸣"茶社，另一个叫"绿荫阁"茶社。"在这里商量买卖，研究机密，揭人隐私，搞阴谋诡计，都是很理想的地方；当然也是公开卖官鬻爵的好地方了。"② 茶馆也是魏明伦巴蜀地域书写的重要元素，剧作《易胆大》即描写了带有巴蜀地域风情的"麻记"茶馆。可以说，茶馆是巴蜀现当代作家地域书写不可缺少的重要元素。李怡将茶馆称为巴蜀文学重要"意象"之一，③ 这有其客观根据。相对于马识途、魏明伦而言，沙汀小说的茶馆叙事尤其突出。茶馆成为沙汀川西北乡镇叙事的重要场景，且其茶馆叙事常与袍哥书写相互交融。

一、袍哥与茶馆

作为巴蜀土生土长的作家，茶馆曾是沙汀生活中的重要去处。他在睢水时，常去坐茶馆，最常去的茶馆叫"尚友社"。④ 作为巴蜀地域风味十足的现当代作家，在沙汀的乡镇叙事中，茶馆是独具地域特色的重要元素。《淘金记》中的北斗镇面积并不大，但布满了茶馆，而最著名的两个茶馆一是"畅和轩"，另一个是"涌泉居"。他的《某镇纪事》中，甚至旅店也开设了茶馆，并对茶馆中赌博进行了描绘。从对茶馆的详细描写来看，读者会以为这个市镇很大，其实不然："和涪江流域各地的小市镇一样，我们只有一条正街，从东边栅门跑到西边栅门，包管你身上不会出汗，而且连横街也没有。"⑤ 由此可见，茶

① 李劼人：《暴风雨前》，《李劼人全集》第二卷，四川文艺出版社 2011 年版，第 51—52 页。

② 马识途：《盗官记》，《夜谭十记》，人民文学出版社 1983 年版，第 78—79 页。

③ 李怡：《鸦片茶馆川味——四川现代文学与巴蜀文化之三》，《宁德师专学报》（哲学社会科学版）1995 年第 4 期。

④ 沙汀：《沙汀自传：时代冲击圈》，北岳文艺出版社 1998 年版，第 97 页。

⑤ 沙汀：《某镇纪事》，《沙汀文集》第一卷，上海文艺出版社 1986 年版，第 318 页。

馆在川西北乡镇非常普遍。茶馆是消息的传播地与舆论集散地，在《丁跛公》中，丁跛公为打听开奖的事来到城里，首先就来到茶馆打听是否开奖的消息。《模范县长》中故事的叙述者回乡的重要生活即是"泡"茶馆，模范县长的故事即是通过在茶馆"摆龙门阵"的方式叙述出来。在沙汀的小说创作中，茶馆不仅仅是喝茶聊天的地方，它还进一步演绎出政治、经济等功能，这与茶馆主人以及进入茶馆茶客的地位、身份有重要关系。在《淘金记》中，茶馆分高低档次，开茶馆的主人与出入茶馆的茶客地位身份各不相同。"涌泉居"的主人是袍哥舵爷林幺长子，他在北斗镇属于在野派，已没有多少实权，出入"涌泉居"喝茶的茶客多是林幺长子江湖上的朋友如芥末公爷蒋青山、气包大爷万成福等。"畅和轩"的主人则是北斗镇的实力派龙哥，出入"畅和轩"的茶客则是白酱丹、彭尊三等北斗镇的"名流"。"畅和轩"成为北斗镇权力的象征，"这里闲谈中得出来的结论往往就是法律"①。因此，沙汀笔下的茶馆兼具政治功能，它甚至成为民国基层政府办公的地方。《还乡记》中乡长杨茂森办公的地方不是在乡镇府，而是在茶馆"广游居"。

沙汀小说中的茶馆兼具政治功能，袍哥与茶馆以及袍哥文化与茶馆文化的交融所形成的"吃讲茶"现象是巴蜀近现代独有的文化景观，也是沙汀乡镇叙事的重要表现。在近现代巴蜀，茶馆承载着其他地方的茶馆所没有的独特文化，袍哥文化就是其重要表现。在清代，作为一种民间帮会隐秘组织，袍哥常与清政府形成对峙关系，因此袍哥的活动多以隐秘的方式展开。茶馆由于其民间属性而成为清政府权力难以实施运行的边缘之地与真空地带，因此，茶馆成为袍哥活动的主要地方。因为在外"跑滩"，袍哥多无固定栖身之所，特别是一些"浑水"袍哥，巴蜀密布城区乡镇大街小巷的茶馆便成为他们最便捷的隐身之地，利用茶具和吃茶的动作姿势形成的特殊隐语"茶碗阵"也成为袍哥秘密交流的重要方式。保路运动后，巴蜀袍哥活动公开化，但其民间势力的依托地多是遍布城乡的茶馆。袍哥借用茶馆，甚至自己开设茶馆作为其公口所在地。李沐风曾说："每一个'堂口'大都开有茶馆，四川人称之曰：'社会茶馆'。四川一省茶馆特别发达，这就是一个原因。"② 保路运动既是袍哥逐渐走向公开化的一个分水岭，也是袍哥文化与茶馆文化交集的一个重要分水岭。据资料反映，保路运动期间，袍哥各码头都在茶馆插上保路同志会旗帜，一是因袍哥习惯坐茶馆，二是在人来人往的茶馆里汇集不惹人注意，三是在公共场所

---

① 沙汀：《淘金记》，《沙汀文集》第二卷，上海文艺出版社 1986 年版。
② 李沐风：《略谈四川的"袍哥"》，《茶话》1947 年第 12 期。

的茶馆里接待各路同志，出了事情不致连累家庭。民国时期，袍哥在茶馆里设立码头相当普遍，有的茶馆还不止一个码头，而是两三个袍哥码头。因此，袍哥们三五成群，在茶馆里"摆堆子"成为家常便饭。新中国成立前夕，成都有大大小小一千个以上的袍哥码头，百分之九十以上都在茶馆里"插旗子""摆堆子"。①

袍哥与茶馆联系紧密，这既是袍哥作为巴蜀人的普通生活属性，还包括从其特殊隐秘活动而衍生出大量"泡茶"之外的内容。"茶碗阵""吃讲茶"便是茶馆文化与袍哥文化交汇的独特文化现象。茶馆作为袍哥出入的公口，"茶碗阵"这一隐秘交流方式常能够发挥很好的效果。"袍哥相遇，不必问询，只看摆放茶碗的式样，便可知来人的用意了"②，仅靠他喝茶那一套熟练的动作，刚刚谋面的袍哥便能在瞬间会其意。在外"跑滩"的袍哥常以此作为联络的重要方式。这也是袍哥留恋于茶馆，并将公口开设于茶馆的重要原因。在近现代巴蜀城乡茶馆密集之地，实际也是袍哥汇集之地，并不时上演"茶碗阵"。"吃讲茶"是茶馆文化与袍哥文化衍生的另一文化样式，它起初只是解决袍哥内部纷争的重要方式。袍哥内部兄弟伙之间产生矛盾纠纷，常通过"吃讲茶"来解决。在"吃讲茶"中，要让本码头袍哥成员到茶馆汇集。一般由管事主持，让矛盾当事双方各自申述，然后由大家评理，最后由大爷裁决。"吃讲茶"的主要目的是平息双方矛盾纠纷，因此通过"吃讲茶"调解的最终结果，双方都应遵循。李沐风曾举一例："有一个弟兄被人欺侮，要到法院里去打官司，非但普通百姓弄不清法律，而且'讼则终凶'，结果是既费时又费钱。可是约期吃一次'讲茶'，请出'大哥'来评礼，无论天大的事情，'大哥'都有一言立决的力量，从来没看到'不服上诉'。"③ 由此可见，"吃讲茶"这一民间裁决的方式已经超过基层政府法律的力量。随着袍哥组织的公开化及其影响力、控制力的进一步增强，这种解决袍哥内部纷争的方式进一步演化为袍哥解决社会矛盾、干预地方社会秩序的重要方式。袍哥在巴蜀盛行的历史时期，"吃讲茶"也在巴蜀各地相当盛行。王笛指出："在成都，人们相互间有了冲突，一般不是上法庭，而是到茶馆评理和调解，称之为'吃讲茶'，或'茶馆讲理'，茶馆

---

① 陈茂昭：《成都的茶馆》，成都市政协文史资料委员会：《成都文史资料选辑》第四辑，1983年版，第189页。

② 王纯五：《袍哥探秘》，巴蜀书社1993年版，第65页。

③ 李沐风：《略谈四川的"袍哥"》，《茶话》1947年第12期。

便成为一个解决纠纷之地。"① 袍哥利用茶馆这一公共社会空间，形成独特的"吃讲茶"文化现象，参与民间社会秩序的治理与维护。"吃讲茶"成为袍哥解决民众争端的重要方式，事实上，在"吃讲茶"过程中，矛盾双方的调停者可以是袍哥，也可以是社会上其他有影响力的人。因此，"吃讲茶"成为近现代巴蜀民间社会秩序维护的重要方式，构成巴蜀独特的市井民俗。袍哥文化作为巴蜀近现代社会帮派文化，既具有帮派组织的神秘性，也因其与巴蜀近现代现实社会紧密相连和深度交融的世俗特征，成为观照晚清民国巴蜀社会的一面镜子，并成为巴蜀极具地域特色的民俗风情。在巴蜀现当代作家中，袍哥、茶馆及"吃讲茶"是他们文学创作反映的重要内容。

二、沙汀小说的"吃讲茶"叙事

巴蜀茶馆与袍哥的交集共同演绎出巴蜀地域独有的民间帮会习俗与独特的茶馆文化，这在沙汀小说创作中表现明显，其突出表现即是"吃讲茶"。"吃讲茶"在沙汀的《在其香居茶馆里》《兽道》《公道》《某镇纪事》《还乡记》《淘金记》等作品中时有上演。《在其香居茶馆里》讲述了因"抓壮丁"引发的民国政府基层兵役制度黑幕的故事。新上任的县长扬言要整顿兵役，联保主任方治国信以为真，告密将已经逃避两次兵役的邢幺吵吵的二儿子抓了壮丁。方治国无疑捅了马蜂窝，双方矛盾引发了在其香居茶馆里的一场"吃讲茶"。"吃讲茶"由陈新老爷主持，作为袍哥大爷，他已退休而很少过问镇上的事情，但他的意见在镇上有着重要影响。这次到其香居茶馆主要调解邢幺吵吵与方治国因"壮丁"引发的矛盾与冲突。当陈新老爷出现在其香居茶馆，茶客们都知道邢幺吵吵已经布置好一台"吃讲茶"，并响起一片"喊茶钱"的声音，由引发的"喊茶钱"的骚动可见陈新老爷在回龙镇民众中的威势与影响。在陈新老爷出现在茶馆之前，邢幺吵吵与方治国已经有一番争吵。在茶客们"喊茶钱"的骚动中，邢幺吵吵与方治国已经很平静了。

在这次"吃讲茶"中，陈新老爷是关键人物，方治国与邢幺吵吵都在权衡着他们与陈新老爷之间的亲疏关系。在方治国看来，他在收粮派款方面没有对不住陈新老爷的地方，但还是有几件小事上他开罪过新老爷，加上陈新老爷与邢家关系深厚，因此这次"吃讲茶"他胜算机会不是很大。在邢幺吵吵看来，他与陈新老爷关系好，但却很难找到一个能让他满意的调解方法：既不能道歉

① 王笛：《茶馆：成都的公共生活和微观世界（1900—1950）》，社会科学文献出版社 2010 年版，第 340 页。

了事，也不能用金钱赔偿来弥补，剩下来的只有上法庭起诉。但一想到上法庭，他立刻不安起来，因为决心要整顿兵役的县长是不会让他占上风！由此可以看出，是上法庭打官司，还是"吃讲茶"，当事双方会权衡利弊。就方治国而言，作为回龙镇的联保主任，国家基层权力的实施者，因为有扬言要整顿兵役的新任县长做后盾，上法庭打官司对他更为有利，但他还是坐在"其香居"茶馆接受"吃讲茶"的调解方式，由此可见"吃讲茶"方式在民国巴蜀民间很盛行。

按常规看来，既然是因方治国的告密造成了邢幺吵吵的儿子被抓，这理应由方治国负责想办法放出邢幺吵吵的儿子，这也是陈新老爷的调解意图。但这样的调解效果不是很好，方治国不接受。方治国的理由是违反兵役被查出是会杀头的，因为严惩兵役舞弊的严令已出三四次了，前任县长就是因兵役问题被革职，而新县长一上任就宣称他要革除役政上的积弊。他一口咬定自己没有告密。接下来是方治国与邢幺吵吵两人你来我往的争吵。在茶客们看来，"吃讲茶"的调解陷入了僵局，要么是双方继续谩骂，要么散场，据现在情形看，争吵的双方是不会动拳头的。面对这样的情势，陈新老爷正在努力进行一种新的调解，希望能找到一个顾全体面的办法。那就是钱由邢幺吵吵出，方治国到城里面想办法放人。对这样的调解结果，方治国还是不能接受。陈新老爷闷气地坐了下去，最后他还是耐着性子笑着劝说方治国不要担心钱的事情。方治国毫不答应，并尽显安闲与嘲弄的语气，邢幺吵吵终于爆发了，他冲过去将方治国拖到街上，两人由最初的争吵、谩骂终于大打出手。

陈新老爷主持的"吃讲茶"是失败的，原因之一是作为袍哥身份的陈新老爷已经退职在野，他的影响力、控制力明显不如以前，而更重要的原因是联保主任方治国作为基层权力的实施者，特别是他仗着新上任的县长要整顿兵役做保护伞，有恃无恐，不听取陈新老爷的劝告调解，而使双方矛盾冲突达到白热化，由谩骂、争吵，最终升级为扭打。具有喜剧色彩的结尾是，邢幺吵吵被抓壮丁的儿子因出操报数报错而被释放，新县长要整顿兵役也只是空话，回龙镇上两个地方实力派因抓壮丁产生的纠纷演变为双方谩骂扭打互殴不过是一场闹剧。

在长篇小说《淘金记》中，"吃讲茶"不时在北斗镇的茶馆里上演。联保主任龙哥开设的"畅和轩"即是"吃讲茶"的重要地方，北斗镇的村民们发生了矛盾纠纷一般都到此地解决，"畅和轩"宛然成了民间法庭。北斗镇的实力派袍哥人物，诸如龙哥、彭胖、白酱丹、季熨斗等，一般充当"吃讲茶"的主持者，白酱丹更是畅和轩"吃讲茶"的公断主任。每当临集市的日子，"畅和轩"就成了北斗镇"吃讲茶"最集中的日子，"有一批人在等候着讲礼信，公断处就设在这茶馆里的"①。这里所谓的在畅和轩"讲礼信"即是"吃讲茶"。作品中白酱丹因何寡母不同意筲箕背金矿开采之事到"畅和轩"找彭胖商量对策，他刚到"畅和轩"就有人在为他"喊茶钱"。白酱丹作为公断主任，他一走进"畅和轩"，那些庄稼汉就嚷叫起来，要他主持公道。由此可见，白酱丹在一般民众心目中分量很重。但白酱丹来"畅和轩"不是来当"吃讲茶"的公断者，当他发现彭胖不在，就立刻转身朝外面走，却被一个满脸皱纹的汉子拦住了，要请他做"吃讲茶"的公断者。拦住白酱丹不让走的是贫民王玉成，他认为他的冤屈只有白酱丹才能摆平。

按常规，"畅和轩"的另一位公断者季大爷也是北斗镇很受欢迎的角色，但白酱丹在北斗镇的威名远远高于季熨斗。一些较为棘手的"吃讲茶"公断，往往需要地方上的实力者，这也是王玉成要让白酱丹主持公道的重要原因。其纠纷缘由是王玉成的老婆被石缸坝的保长乔面娃给欺侮霸占了。乔面娃作为石缸坝的保长，该保的学校、壮丁以及一切男女老幼都归他管，他长得精强力壮，精于赌博，是一位很有权有势的人。面对这样的狠角色，季熨斗也在打退堂鼓。知道乔面娃的丑事后，白酱丹很是讨厌他，也希望借此整治整治他。但面对这场"吃讲茶"，乔面娃就是不露面。王玉成在街上找了很久，却一直不见乔面娃的身影。等了很久的白酱丹已经不耐烦了，提起烟袋准备走人。作为"吃讲茶"的公断主任白酱丹，他主要心思在筲箕背金矿的开采上，对贫民信奉的"吃讲茶"只是敷衍，而有权有势的保长乔面娃对"吃讲茶"这种"民间法庭"是公然蔑视且毫不在意，他拒绝到现场接受"吃讲茶"调解仲裁。甚至白酱丹也为季熨斗出主意："叫王玉成到城里去告他妈一状嘛！"②乔面娃拒绝到现场，公断者白酱丹也离开了"畅和轩"。作品没写"吃讲茶"的最终结果，但读者可以想象，有权有势的保长作恶后可以逍遥法外，贫民王玉成如果接受季熨斗的建议到县里去告作恶者的状，告状打官司的成本他能否承受？也许最终的结果就是被侮辱者王玉成面对有权有势的保长只能自认倒霉。一般底层民众期望通过"吃讲茶"的方式来为自己伸张冤屈，最终不能如愿。

沙汀的《还乡记》也写了底层贫民遭受屈辱后，不得已通过"吃讲茶"的方式来伸张正义。不同于《淘金记》中的王玉成，该作品的主人公冯大生在自己的妻子遭到保队副徐烂狗欺侮霸占后要勇敢机智得多。《还乡记》中的保队副徐烂狗，是一个甲长也是一个袍哥，虽然只是九排，但他却作为保长的帮凶

---

① 沙汀：《淘金记》，《沙汀文集》第二卷，上海文艺出版社 1986 年版，第 307 页。
② 沙汀：《淘金记》，《沙汀文集》第二卷，上海文艺出版社 1986 年版，第 311 页。

在林檎沟有较强势力,一切公事都由他发号施令。就是这样一个在袍哥中不起眼的角色,却凭借他在林檎沟的权势欺负冯大生一家。因冯大生一家欠了账,加上抓壮丁在林檎沟的紧张气氛,冯大生禁不住徐烂狗的怂恿去茂县替烟贩子当脚夫,生病后染上鸦片瘾,后来为戒掉鸦片烟被逼得卖了壮丁。冯大生留在家的妻子金大姐被保长与徐烂狗欺骗失身,最后不得不改嫁徐烂狗。徐烂狗不但霸占了金大姐,还霸占了金大姐陪嫁的田产。冯大生逃壮丁回家后知晓了徐烂狗的丑行,气愤地提着斧子找他算账,却被冯大生的父母死死拦住。找徐烂狗报仇不成,气愤不过的冯大生找保长告状,保长却与徐烂狗狼狈为奸,沆瀣一气,他们正为打笋子的利益谋划着。当保长的父亲罗敦五知道事情原委后劝说冯大生,既然生米已经煮成熟饭,最好不要纠缠此事了。这时冯大生才知道他们是一伙并串通一气来欺负他,在冯大生看来天地间没有这么便宜的事。他决定去找乡长评理,并相信乡长会为他主持公道。冯大生找到乡上那家著名茶馆"广游居",向乡长打过招呼后,接着就跪下去叩头。当乡长知道冯大生的老婆被徐烂狗霸占的经过也很是气愤。乡长与保长的父亲本来就很不和谐,现在又为"打笋子"的利益而相互纠缠,他想用保长与徐烂狗的丑事来要挟保长。乡长杨茂森让冯大生打一份报告,见乡长的态度与说话语气,冯大生感到申冤很有希望。冯大生找狗师爷写状子被乘机敲诈了一千元,但他认为能够为自己申冤这也值得。但乡长与保长打笋子的利益最终达成一致,他已暗中阻止了狗师爷为冯大生写状子。正为状子之事愤愤不平的冯大生与刘大发几个山民借酒浇愁,并采纳他们的建议去请求乡长做主,却正好遇见正在街上的徐烂狗,仇人相见,分外眼红。他们先是发生口角,然后扭打起来,并互相抓扯着向茶馆"广游居"走去。

一场"吃讲茶"开始了,徐烂狗的眼睛被打肿了,他抢先走向乡长,用地道的袍哥派头向乡长以及茶馆里各位大爷行礼叩头,并向周围的茶客拱手打上咐述说他遭冯大生殴打的经过。在乡长及众多茶客面前,冯大生既不行礼也不申辩。见他桀骜不驯的样子,茶馆里的几个袍哥愤愤不平起来,一齐嚷叫着:"这才怪呢,空子都把光棍打了……"甚至喊出:"揍他!""拖出去丢他的茅坑!"这次"吃讲茶"的公断者是乡长,见茶馆一时吵嚷不休,没个间断,乡长杨茂森生气了,说道:"这是狗粪市吗?"并严厉地四面扫了一眼,叫嚷声逐渐地低落。他狠狠望定两个打架的主角:"究竟是啥事情啊?不准抢话,你们一个一个地讲!"① 就现场情势看,冯大生桀骜不驯,既不叩头也不叫屈,毫

---

① 沙汀:《还乡记》,《沙汀选集》第二卷,四川人民出版社 1984 年版,第 772 页。

不在意乡长的什么威信。相反，理亏的保长不一定会吃亏。开始申诉的时候，两个当事人都不尊重乡长的指示，相互抢着说，秩序又混乱起来。乡长吩咐冯大生让保队副徐烂狗先讲话，因为他带有伤且有公事在身，更要紧的是在茶馆的几个袍哥都在替徐烂狗摇旗呐喊。而每当徐烂狗叙述事情经过时，冯大生反驳都会遭到旁人打岔。乡长连连制止，甚至威胁说他再说话就拿脚柞柞他。面对周围的指责，冯大生近乎呻吟地吁了口气，他拖来一把椅子坐了下去，双手捧着头，这既是赌气，又是愤恨，因为他对乡长以及周围的茶客们感到厌恶。

对冯大生的举动，几位袍哥们始而吃惊，接着就吼开了，仿佛冯大生做出了无法无天的事情。"起来！"一个袍哥冲了过去，不由分说地撤去了冯大生的椅子。保队副徐烂狗尽量隐藏自己的得意，紧接着说："我承认，是我先打了他一耳光。大小一个光棍，这点事都拉稀？笑话！可是他才狠不狠毒不毒呢，劈眼睛就给我一拳头！"冯大生切齿说："我打的是那个不要脸的！""倚势凌人！"冯大生举目四顾，眼睛里闪烁着惊异而又痛苦的火花，"我要问问大家，"他喘一口气，痛苦地接着说："我一没裁岩，二没给哪个盖脚模手印，嗨，胡胡涂涂就把我老婆接了！还红爷都不要，就象料定了你屁都不敢放样！"冯大生理强的情势显示出来，这时保长站起来指责冯大生卖了壮丁一不写信，也不兑一个钱回家，冯大生的老婆金大姐也以为他在外被打死了。冯大生要人对质，保长说是"大茶壶"，但大茶壶已卖壮丁了。乡长又怪冯大生没有写状纸，冯大生说师爷被人买通不给他写状纸了。乡长于是也借口说，他也不敢评断了，一不对劲，也会说他被买通了。冯大生悲愤地叫喊："我不要哪个断了！""我没有那么傻！""老子两个拼了好啦！"他迅速地转过身，揪着徐烂狗就打，但才打了两下就被周围的袍哥们拉开了，并被他们打了几拳。袍哥们还吆喝道："把他拖到河坝里去……""去他妈的，山猴子都撒野到街上来了！"① 见冯大生被几个袍哥攻击，张大爷也回敬道："山猴子不是人么？一样在纳粮完税呢。"刘大发几个山民一起拥了上去将冯大生拖开到旁边的空桌边坐下来，并守护着他免受几位袍哥的攻击，带冯大生离开，这场带闹剧性的"吃讲茶"才渐渐平息下来。

以上是《还乡记》中"吃讲茶"的精彩片段，这次"吃讲茶"带有偶然性，源于冯大生与徐烂狗街上扭打。作品叙及的这次"吃讲茶"有几个奇特之处：一是民众相互发生争端、冲突、纠纷，一般会选择走向茶馆，以"吃讲茶"方式来平息。二是乡长办公的地方不是乡政府，而是茶馆"广游居"，茶

---

① 沙汀：《还乡记》，《沙汀选集》第二卷，四川人民出版社 1984 年版，第 773—777 页。

馆取代了乡政府政治职能。由此可见,"吃讲茶"已成为解决乡民们争端的重要方式。三是"吃讲茶"的评断者多为袍哥大爷,而这次"吃讲茶"乡长成为评断者。民国政府基层权力的实施者一般具有袍哥身份,作品没叙及乡长是不是袍哥,这说明"吃讲茶"已成为民国基层权力实施者调解民间百姓争端的重要方式。四是民众争端有个理屈是非的问题,作为"吃讲茶"的评断者应该有其公正性,这是人们愿意接受"吃讲茶"作为解决争端的方式的重要原因。这次"吃讲茶"表面上很偶然,但其深层原因是袍哥兼保队副仗势霸占冯大生的妻子,冯大生四处申冤而无门。冯大生认为自己有理有据,当乡长让他写状纸似乎为他申冤带来了转机,他也相信乡长杨茂森会为他申冤,这是他扭着仇人徐烂狗走向茶馆"吃讲茶"的重要原因。但乡长已被打笋子的利益驱使,乡长、保长、保队副沆瀣一气,已经达成了利益联盟,尽管冯大生有老婆被欺侮霸占的天大冤屈,最终却难伸张。同时,"吃讲茶"过程中,"广游居"的袍哥们站在作恶者袍哥徐烂狗一边,替他摇旗呐喊,还在茶馆里殴打唾骂冯大生,因此,在地方实力派乡长、保长、袍哥为利益相互和盟时,一般民众只能遭殃。

在民国时期的巴蜀,底层民众遭受冤屈或底层民众之间的冲突与纠纷一般也通过"吃讲茶"的方式来解决,但解决的效果甚微,甚至使本来的悲剧进一步恶化,这在沙汀的《兽道》中有所反映。《兽道》讲的是民国兵荒马乱时期,大兵、袍哥、土匪遍地,在有钱人家做仆人的魏老婆子的儿媳刚生了小孩不久即被大兵轮奸了,她不堪受辱而上吊自杀。魏老婆子去衙门喊冤,要告发那群轮奸一个产妇的大兵们,但政府始终不肯接受魏老婆子的状纸。他们命令保长向施材局为她讨了一副棺材,甚至威胁她不要随便制造谣言来败坏风俗。可是魏老婆子并没有就此忘掉她儿媳遭受的侮辱与损害,她一有空闲就咒骂一通,从军队一直骂到县大老爷。魏老婆子的亲家母没有一起找悲剧的制造者报仇,而是将女儿的悲剧泄愤在魏老婆子身上。魏老婆子那体格高大的亲家母在她帮佣的家里把她揪向门外而嚎叫道:"就是把人给我煮起吃了,也该还我一根骨头!"①魏老婆子吃了亲家母一巴掌,互相揪打起来了。周围聚集起很多看热闹的闲人,他们纷纷赞成去"吃讲茶"来解决她们之间的纠纷。在"吃讲茶"过程中,她们争吵了很久才说到本题,魏老婆子的解说不时遭到她亲家母的打岔。她描绘那几个大兵的野蛮,她的亲家母忽地向她扑过去哭嚷道:"那你怎么不向他们说明?你的嘴巴是屁股吗?"魏老婆子不平地嚎叫:"我什么好

---

① 沙汀:《兽道》,《沙汀文集》第一卷,上海文艺出版社1986年版,第342页。

话没有说啊！"魏老婆子因为冤屈而瞪着眼睛："我说，'她身上不干净'，我说，'我跟你们来哩'……"① 这时茶客们突地掀起一阵惊呼。魏老婆子与她亲家母的这场"吃讲茶"效果并不明显。虽然"吃讲茶"的时间不短，但对这场悲剧她们本身不存在谁是谁非的问题。魏老婆子天黑时才回到她帮佣的家，她的衣领被扯破了，额头上带着伤痕。不久，她的那个奄奄一息没了母亲的孙儿也去世了，再后来，魏老婆子疯了。她下身赤裸，披散着头发在街上游荡，一只手拿着她的裤子，一只手探着一根破竹篙敲击着街道上的铺石，一面拖长了声调叫道："嗨！给你们说她身上不干净——我跟你们来呀……"② 作品的结尾恐怖而震撼，面对平民百姓所遭受的暴力侮辱与冤屈，民国政府权力的实施者县大老爷不但不去惩办凶手，还敷衍搪塞，甚至不让大兵们的丑行被传播，认为这有伤风俗。下层民众的是非、屈辱与纠纷只有通过"吃讲茶"的方式来评判，显然，在失掉秩序与公正的社会里，一般民众所信奉的"吃讲茶"的力量是多么微弱，它不能惩办悲剧的制造者，只是使两个真正的受害者与被侮辱者相互伤害，并使悲剧进一步恶化。

从《在其香居茶馆里》里联保主任与土豪士绅之间因抓壮丁产生纠纷的"吃讲茶"，我们可看出民国基层政府政治的黑暗腐败，而在《淘金记》《还乡记》《兽道》等作品中，平民百姓在遭受冤屈时，一般都会选择"吃讲茶"来为自己申冤，由此可看出这源自平息袍哥内部矛盾纠纷的方式在巴蜀民间的风行。产生矛盾冲突者有的是袍哥，但大多数为一般贫民，"吃讲茶"的主持者有的是袍哥大爷，但多为地方实力派。在沙汀笔下，这种解决矛盾争端的方式并没给这些平民百姓带来公平合理的结果，他们的冤屈并没能得到伸张，由此我们看到民国时期川西北乡镇社会的黑暗，民国基层政治秩序维护机制的缺失与羸弱。由袍哥文化与茶馆文化融合而形成的"吃讲茶"文化现象，成为沙汀社会批判与文化批判的重要对象。

---

① 沙汀：《兽道》，《沙汀文集》第一卷，上海文艺出版社1986年版，第343页。
② 沙汀：《兽道》，《沙汀文集》第一卷，上海文艺出版社1986年版，第347页。

第六章　阳翰笙的袍哥"草莽"书写

　　阳翰笙的故乡位于高县罗场，地处偏僻的川滇边境，明陈方绩《历代地理沿革表》卷三《郡表》十三记载："高州，古夜郎之属境。"高县现隶属宜宾，其东面为珙县、兴文，东北是长宁、江安，北面是宜宾，南面是筠连，西南是云南盐津。高县位于四川南端，是古代所谓的蛮夷之地与历史上僰、僚、彝、苗等少数民族聚集地。由此可见，这是一个不同于巴蜀川西平原、川东山地丘陵的地方，这里民风强悍，清康熙、乾隆年间，"湖广填四川"的大量移民集聚此地，他们是袍哥的重要来源。阳翰笙把他的家乡称为"水浒"似的故乡①，原因即在这里，这成为他"草莽英雄"书写的重要资源。阳翰笙的剧作《草莽英雄》带有鲜明的巴蜀地域特色，这是一部以四川保路运动为题材的剧作，以川南袍哥舵爷罗选青为人物原型，具有浓厚的袍哥文化色彩。

第一节　"川南"近现代社会与袍哥的发展

　　川南民风强悍。阳翰笙曾说，太平天国、哥老会、保路运动，是他儿时所耳闻目睹的改朝换代的大事件，是他人生启蒙时所读的几本大书。② 无论是太平天国农民起义，李永和、蓝朝鼎起义，以及袍哥参与的保路运动都是民间政治的强烈表现，这些事件对童年阳翰笙造成了根深蒂固的影响。阳翰笙从小就听祖母讲清廷知县丁良俊被太平军杀头，以及他的堂曾祖父因为科举失利而投在太平军门下之事。③ 由此可见太平军对清主流社会的冲击力、震慑力。川南宜宾是袍哥发生发展的重要地方，与袍哥相关的农民起义曾波及这里。正如前

---

①　阳翰笙：《阳翰笙日记选》，四川文艺出版社 1985 年版，第 191 页。
②　阳翰笙：《风雨五十年》，人民文学出版社 1986 年版，第 19 页。
③　阳翰笙：《风雨五十年》，人民文学出版社 1986 年版，第 7—10 页。

文所述，李蓝起义显示出袍哥对清政府的打击力、破坏力，并带来巴蜀袍哥的进一步发展与兴盛。清咸丰九年（1859）秋，云南大关县李永和、蓝朝鼎在牛皮寨（今云南盐津县）歃血为盟，聚众起义，其起义就借助了哥老会结盟方式。艾小惠在《新史学通讯》发文指出："蓝朝鼎遂通过哥老会的关系，与李永和联合，号召烟帮人员到云南永善开山堂（哥老聚义仪式），聚众起义。"①起义军定名顺天军，提出"不交租，不纳粮，不出苛捐杂税"的口号而顺应民心，深得劳苦大众的响应。起义军转战六省，影响全国。李蓝起义历时六年多，占领四川四十多个州县，对四川影响极大，尤其是得到四川袍哥的积极响应，它改变了袍哥被动挨打的局势，从者如云。当时四川民间流行这样的民谣："要想吃饱饭，跟着李短鞑鞑干！"下层民众"自发的就地组织成哥老会山头，与李蓝起义军互通声气，使四川袍哥进入一个活跃期"②。阳翰笙的家乡高县作为云南盐津比邻地，李蓝起义军入川，先就占了高县、筠连县。阳翰笙在回忆录中写到李蓝起义军在他家乡的活动情状："神出鬼没，日行两、三百里，起义军在川西南一带势如破竹，声威显赫，其人数曾达到三十万人。"③这支义军对川南的重要影响表现在两个方面，一是对清政府的打击，二是带来阳翰笙家乡袍哥势力的进一步兴盛与繁荣。

　　阳翰笙的家乡高县即是巴蜀袍哥发展的重要地方。清末民初，高县即有哥老会组织。"蕉村、罗场为集字，会口'在星明'，县城为'振兴元'，嘉乐为'永乐同'，随后逐渐发展到老王场（今仁爱乡）、沐爱（今筠连管辖），并在筠连、庆符县来复场、珙县巡场设立分会口。"④民国初期至中期，县城和各乡镇哥老会会口林立，"'汉流'仁字旗有'高会元'、'高大同'；义字旗有'天佑昌'；礼字旗有'会口'、集字旗有'振兴元'、'顺江同'、'协和公'；德字旗有'辅星明'、'德叙公'；孝字旗有'崇协公'。高县'汉流'、'会口'各堂口多不齐全，单独活动。后来，'汉流'、'会口'分堂联合，即'汉流'堂口的哥老会成员，也可是'会口'堂口的哥老会成员，俗称'双料袍哥'，称'仁集字'、'义集字'；礼字德字互进为'礼德字'"⑤。民国末年，"哥老会一些骨干与地方官吏互相勾结，窝匪纵匪，欺压群众，无恶不作。解放初期，又有一些骨干分子参加或支持土匪暴乱，也有个别代表人物曾协助人民政府征

---

① 胡汉生：《李蓝起义史稿》，重庆出版社 1983 年版，第 19 页。
② 王纯五：《袍哥探秘》，巴蜀书社 1993 年版，第 82 页。
③ 阳翰笙：《风雨五十年》，人民文学出版社 1986 年版，第 10 页。
④ 高县志编纂委员会：《高县志》，方志出版社 1998 年版，第 719 页。
⑤ 高县志编纂委员会：《高县志》，方志出版社 1998 年版，第 719 页。

粮、剿匪工作"①。由此可见阳翰笙家乡袍哥发展的兴盛。

有关家乡袍哥的发展情况，阳翰笙曾说："我们那个地方哥老会的势力很大，尤其是在保路运动中，成立同志军，更是威震川南。"② 在阳翰笙看来，巴蜀袍哥似梁山泊的英雄好汉，他们"把《水浒》人物挂在嘴边，说要'效法梁山，结义桃园'"。家里有家产的人也以柴进、宋江为榜样，"疏财仗义，济困扶危，路见不平，拔刀相助，颇有英雄豪杰味道"③。作为土生土长的四川人，阳翰笙对巴蜀袍哥分外了解。他曾叙及如下事件：在他离开重庆准备去拜访当时泸州川南师范学校的校长恽代英的路途中，就曾遇到操袍哥的同乡"五哥"，他对阳翰笙路途遭遇的苦衷不以为然："啥子兵呀匪的，都是我们的人。"这位同乡还说："老弟，在家靠父母，出门靠朋友。不论走到哪里，只要把言语拿顺，保管你有吃有喝，花钱不愁。"④ 以上发生在阳翰笙家乡的这些重要历史事件，以及他人生经历中遇到的袍哥无疑对其创作《草莽英雄》有重要影响。

第二节　阳翰笙笔下的"草莽"英雄书写

《草莽英雄》是一部有关阳翰笙家乡袍哥大爷罗选青在保路运动中号召川南六县袍哥开山立堂、抗击清兵的重要剧作，该剧作反映了袍哥民间政治对清政府的打击力、破坏力，同时也反映了这群袍哥的"草莽"习性，这是他们只能作为历史上的悲剧人物存在的重要原因。该剧具有浓厚的袍哥文化色彩。

一、"草莽"英雄群像

在巴蜀近现代史上，保路运动是重要的历史事件。在这场波澜壮阔的历史事件中，巴蜀袍哥起了重要的作用。阳翰笙的《草莽英雄》就是写川南袍哥组成同志军对保路运动的积极响应与起义。该剧本源自 1937 年 1 月他为联华公司所写电影剧本《草莽英雄》，后在此基础上重新加以提炼，写成话剧《草莽英雄》。⑤ 正如前文所述，就文学创作而言，在巴蜀作家中，刘长述的《松岗小史》、李劼人的长篇小说《大波》都对四川保路运动进行了文学书写，特别

---

① 高县志编纂委员会：《高县志》，方志出版社 1998 年版，第 720 页。

② 阳翰笙：《风雨五十年》，人民文学出版社 1986 年版，第 10 页。

③ 阳翰笙：《风雨五十年》，人民文学出版社 1986 年版，第 11 页。

④ 阳翰笙：《风雨五十年》，人民文学出版社 1986 年版，第 59 页。

⑤ 阳翰笙：《风雨五十年》，人民文学出版社 1986 年版，第 297 页。

是李劼人写出了巴蜀袍哥，尤其是成都袍哥在四川保路运动中的参与过程与影响。阳翰笙在创作该剧前夕，就曾研读过李劼人的《大波》，认为该书记录了不少的真实材料，对于他写《草莽英雄》将有不小的帮助。[①] 无疑，李劼人的《大波》对阳翰笙的创作有一定影响。《大波》在描写这一历史事件时，具体写出了其对成都上至官宦人家，下至一般市民日常生活的影响，并写出了保路运动中巴蜀袍哥民间势力对清政府的打击力、破坏力。不同于李劼人，阳翰笙以话剧的形式，以四川保路运动为背景，根据他的故乡高县罗场袍哥大爷罗选青号召川南六县袍哥开山立堂，并与清政府斗争的真实历史事件创作而成。该剧作是对巴蜀袍哥参与保路运动的直接描写，写出了袍哥们的英雄壮举。袍哥们是推动历史的英雄，但作者也反思批判了他们的"草莽"习气，这一习气注定他们只能是历史悲剧的扮演者。

图 6-1 《草莽英雄》书影

---

① 阳翰笙：《阳翰笙日记选》，四川文艺出版社 1985 年版，第 5、7、8 页。

（一）《草莽英雄》的创作背景

1911 年 9 月，阳翰笙 9 岁，当地流传着一首民谣："金鸡叫，天要明，罗选青带起义队伍打筠连。拢了筠连鸣三炮，吓得赃官颤栗栗。筠连城，全空空，赃官狗命要出脱。"① 由该民谣可知以罗选青为代表的袍哥对清廷的打击力以及他在民众中的影响力量。有关罗选青的这一历史事件在当地民间流传甚广，对阳翰笙的影响很大，这也是作家要把这一历史事件搬上舞台的重要原因。

阳翰笙的《草莽英雄》是有关袍哥罗选青抗击清廷的故事。他在构思写作《草莽英雄》时曾大量研读袍哥相关文献资料。据他所写的日记反映，1942 年 3 月 16 日晚，读完了《汉留必读》；② 3 月 17 日晨，又读完《中国秘密社会史》，并摘录了许多与《草莽英雄》相关的资料；3 月 18 日午后，记录了许多袍哥常用术语，并觉得那些语句颇有趣味。③ 汉留是民国时期巴蜀袍哥的另一称呼，带有强烈的民族革命性，《汉留必读》是袍哥的相关文献之一。《中国秘密社会史》由日本人平山周所著④，主要是对秘密组织白莲教、天地会、三合会、兴中会及同盟会等的研究，其中有一章专门叙述哥老会。这些都成为阳翰笙创作《草莽英雄》的知识资料，故而该剧具有浓厚的袍哥文化色彩。

1941 年春，在写作《草莽英雄》前夕，阳翰笙回家乡省亲时遇到许多当年曾参加过保路同志会的老前辈，因而收集到很多有关保路运动的新材料，特别是拜遇了罗选青的大管事邵玉庭老人⑤，并从他的口述中得到许多可贵的历史材料。作者在记述这些材料时非常兴奋，决定回重庆之后即开始动笔书写。⑥ 另据一些民国时期的文献资料反映，当邵玉庭知道阳翰笙要把罗选青的事迹编写成剧本时非常激动，并自愿做该剧的顾问。而当该剧初次在重庆上演时，邵玉庭与时三妹均前往观看。⑦ 同时，阳翰笙在创作《草莽英雄》时，曾

①　潘光武：《阳翰笙生平年表》，参见潘光武：《阳翰笙研究资料》，知识产权出版社 2010 年版，第 10 页。

②　阳翰笙：《阳翰笙日记选》，四川文艺出版社 1985 年版，第 29 页。

③　阳翰笙：《阳翰笙日记选》，四川文艺出版社 1985 年版，第 29—30 页。

④　平山周：《中国秘密社会史》，商务印书馆 1912 年版。

⑤　在民国时期的文献资料中，比如，纪华：《草莽英雄故事主角：何玉庭时三妹尚在人间》（《新上海》，1946 年第 46 期）；放山：《五哥何玉庭"草莽英雄"中仅存的活口》（《中央日报》1946 年 11 月 17 日第 9 版）均把罗选青的大管事称为何玉庭，阳翰笙的剧本《草莽英雄》也把罗选青的大管事称为何玉庭，但据阳翰笙当时的日记记载，罗选青的大管事为邵玉庭。为叙述方便，本书在叙及这位真实历史人物时，称作邵玉庭，在叙述剧作人物时则称为何玉庭，特此说明。

⑥　阳翰笙：《阳翰笙日记选》，四川文艺出版社 1985 年版，第 33 页。

⑦　纪华：《草莽英雄故事主角：何玉庭时三妹尚在人间》，《新上海》1946 年第 46 期。

拜访洪帮头目张树声。张树声对阳翰笙的到访表示感谢，并劝他别泄露其帮会秘密，在与朋友老瑞（王瑞麟）商谈该剧时提到此事，他朋友则主张别管，先写了再说。① 此外，据资料反映，阳翰笙的父亲也是袍哥中的大哥之一，所以对帮会内幕非常熟悉。② 由此可见，阳翰笙创作此剧时有意识地熟悉了解袍哥文化，包括阅读流行于当时的袍哥书籍，对家乡保路运动的参与者，特别是对罗选青身边的袍哥大管事进行走访，甚至对现实帮会内幕也有深入了解。这些材料成为他创作《草莽英雄》的背景资料。

阳翰笙的话剧《草莽英雄》主要写袍哥大爷罗选青号召川南六县袍哥响应四川保路运动，并积极参与其中。他带领袍哥组成的同志军开山立堂，围攻高县、叙府等，后来，罗选青被县令王云路假投降迷惑而被反击的清兵包围，受清兵炮火的重创而壮烈牺牲。据民国资料反映："《草莽英雄》的故事并非杜撰，不但实有其事，并且如罗选青、何玉庭都实有其人，非但实有其人，并且罗选青最后的得力助手何玉庭，女主角时三妹，现在还在人间，是该史籍中仅存的人物。"③ 剧本主要叙述了如下事件：时三妹从清差手中劫取革命党唐彬贤；罗选青联合川南六县袍哥开山立堂歃血为盟被清兵围困；罗选青为挽救其他保路同志会成员而被清兵逮捕入狱；罗选青的狱中生活，以及何玉庭带领袍哥兄弟攻克筠连、庆府、珙县、兴文，并配合罗选青越狱成功，抓获县令王云路与团练李成华；罗选青被假投降的王云路迷惑被围困的清军炮击重创而牺牲。

剧本开始即以少年甲与少年乙的打斗游戏牵引出四川保路运动的形成经过，包括赵尔丰抓捕保路运动的领袖，枪杀无辜群众，赵尔丰镇压同志军等事件。少年甲扮演卢八千岁，少年乙扮演赵尔丰，他们一来一往地在土坪上大战起来，坪下山路上甲乙两群少年也跟着激起了一场"恶战"游戏。据资料反映，以上少年的游戏就源自阳翰笙少年时与故乡小伙伴们的游戏。④ 由此可见，保路运动对当时巴蜀民众的影响非常深远，包括一般的少年儿童。少年甲与少年乙之间的游戏，特别是他们之间的对白，可看出当时保路运动的紧张情势，保路运动的火苗燃遍整个巴蜀大地。《草莽英雄》就反映了川南袍哥对保路运动的积极策应，以及他们对清廷的打击。

① 阳翰笙：《阳翰笙日记选》，四川文艺出版社 1985 年版，第 36 页。
② 纪华：《草莽英雄故事主角：何玉庭时三妹尚在人间》，《新上海》1946 年第 46 期。
③ 纪华：《草莽英雄故事主角：何玉庭时三妹尚在人间》，《新上海》1946 年第 46 期。
④ 阳翰笙：《风雨五十年》，人民文学出版社 1986 年版，第 29 页。

（二）袍哥核心人物——罗选青

巴蜀袍哥作为江湖隐秘组织，它之所以对清主流社会有强烈的打击力、破坏力，以及在民国时表现出强大的控制力、影响力，源于其严密的组织制度与组织形式。阅读剧本《草莽英雄》，会发现剧作中的袍哥人物即是按照袍哥组织结构来设置的：大哥即袍哥龙头大哥罗选青，行二即袍哥二哥魏明三，行三即袍哥三哥吴文波，行五即袍哥五哥何玉庭，行六即袍哥六哥骆小豪与汪六，行九即袍哥九哥朱老九，行十即袍哥中的十哥魏老幺，以及其他哥弟。剧中，革命者唐彬贤加入袍哥成为罗选青麾下重要一员，按照其智慧与才能，他完全可以成为一步登天的大爷，但罗选青为了锻炼他，把他提拔为行五，即袍哥中的五哥。以上剧作中的人物，除罗选青、何玉庭实有其人外，其余人物如时三妹的哥哥以佘竟成为原型，同盟会员唐彬贤则有熊克武和吴玉章的影子。[①] 该剧袍哥人物既有作者的虚构，又有其历史根据。

龙头大爷罗选青是袍哥圈层结构的核心人物，也是剧作《草莽英雄》的重要反映对象。据作者说，《草莽英雄》以"义"为核心来展现罗选青的性格。剧作塑造了罗选青作为川南六县袍哥总舵爷的豪侠、慷慨、仗义、坚毅等性格特征，以及他在四川保路运动中如何英雄了得。他敢作敢当，但也有盲目、自负、独断、专横等"草莽"习气，这是他最后惨烈牺牲的主要原因。剧本第一幕对人物进行介绍时有如下描绘："罗选青罗大爷，汉留中的龙头兼香主，他大约有四十二三岁的年纪，宽肩膀，高颧骨，体格魁梧，气度轩昂，那对炯炯有神的眼里，闪射着一种倔强的辉光。""他……鄙视那些'高高乎在上'的官吏，一有机会，他总要造些乱子来使得他们坐卧不宁。"[②] 罗选青有豪胆，肯冒险犯难，敢做敢当，"特别是他那种特有的侠义精神，常使他把金钱看成了粪土，把自己宝贵的生命，也看得十分轻微，却并不那样的值得去珍惜，因此他对在危难中的朋友常肯'济困扶危'，对受了屈辱的路人，心见不平，也常肯'拔刀相助'，哪怕因此他就倾家荡产，乃至于送掉自己的生命"[③]。这些正是袍哥典型精神特质的反映。巴蜀袍哥有他们的"草莽"习气，罗选青作为袍哥龙头老大也不例外：

> 他对于一件事情，是不肯轻易就作决定的，可是等他一作了决定，他的话就是"圣旨"，就是"命令"，是谁也不能使他动摇，谁也休想要他更

---

① 阳翰笙：《风雨五十年》，人民文学出版社1986年版，第13页。

② 阳翰笙：《草莽英雄》，群益出版社1949年版，第29页。

③ 阳翰笙：《草莽英雄》，群益出版社1949年版，第29页。

改，那怕分明是错了，但他却还是毅然决然的认为错就得错到底，干还是得坚定的干下去！他是从来不会在暴力面前低头屈膝的，可是谁要在他面前低头屈膝，即使是他的敌手，只要他觉得你是"降"了，而他确然也把你"收"了，他也就会宽恕你，善待你的。像他这种爱面子，好恭维，服软不服硬的性情，有时也就会被一些老奸巨猾的阴谋家，用种"软绳套猛虎"的办法，把他绊滚到暗设的陷阱里去的。[1]

以上这些行为、性格特征，是罗选青"草莽"习气的反映，也是他作为英雄背后的弱点。罗选青身上既有豪爽、侠义、坚毅的性格特征，也有盲目、自负、独断、专横等"草莽"习气，剧本就围绕这些特征来展开关于他的。

据民国资料反映，罗选青是当时四川省"洪门"大小十几个龙头大哥中的领导者，他为人果断英勇，慷慨好义，有"活宋江"之称。[2] 剧本中罗选青的这些特征就是通过川南袍哥对保路运动的响应所发生的一系列事件而反映出来的。当罗选青知道赵尔丰抓捕保路同志会正副会长，并下令让巡防兵向头顶光绪皇帝的牌位不顾死活往制台衙门里冲的成都民众开枪时，他非常愤怒："一省的封疆大吏竟敢做出这样伤天害理的事来，那还成什么体统！"[3] 何玉庭告诉他当时四川的情势：成都四门紧闭，邮电不通。嘉定叙府一带已经从府河里捞到了保路总会求救的"水电报"，金府二河的袍哥正准备跟赵尔丰对着干。叙府熊大爷派钱三哥拿着堂片来，就是想请罗选青做帅，领导川南六县同志会的弟兄们，赶快起来响应。何玉庭问他该怎么办，罗选青坚毅地回答："那还用得着问？玉庭！全川的哥弟们怎么样干，我姓罗的当然也得跟着怎样干！"[4] 朱老九因拦截革命党唐彬贤被清军抓走，袍哥二爷魏明三知晓后害怕大祸临头会危及自己及兄弟的身家性命，于是慌慌张张要带走他的兄弟们，并让罗选青取消开山立堂。罗选青厉声责问魏明三，并教训道：

> 我想请你把眼睛睁开来向四面八方的看看吧，你瞧：川东，川西，川南……内十六属，外十六属；请问：那个地方，没有我们汉留里的哥弟们在大闹着保路同志会……明三你要懂得，那我们就得把我们这周围几十个码头的哥弟们，捏做一团，打成一片，大家同心协力的来共建一座山堂，同烧一炷信香，那么我们才能轰轰烈烈的干得起来，像你这样，我们还没

① 阳翰笙：《草莽英雄》，群益出版社1949年版，第30页。
② 纪华：《草莽英雄故事主角：何玉庭时三妹尚在人间》，《新上海》1946年第46期。
③ 阳翰笙：《草莽英雄》，群益出版社1949年版，第32页。
④ 阳翰笙：《草莽英雄》，群益出版社1949年版，第32—33页。

有动手，你就先伸头缩尾，怕手怕脚。那还成么！①

　　魏明三认为不要与清兵硬碰并请求推迟开山立堂，罗选青坚毅地拒绝：要干，我们也得快！县官王云路与团练李成华来到罗家搜查革命党唐彬贤，并威胁他，让他们别私造武器，别带动各码头上的弟兄歃血为盟开山立堂。但这并没吓到罗选青，他按原计划与川南六县的袍哥首领歃血为盟开山立堂。在这过程中，因袍哥骆小豪告密，时三妹、朱老九等人被捕入狱，罗选青为救大家也被捕入狱。在狱中，监狱成了罗选青的公口码头，监管犯人的狱头汪六是他的手下。在狱中，罗选青受到狱友的热情拥戴，在狱外他是龙头老大，在狱中他也是龙头老大。作品中的人物冯杰，因在嘉定杀了一个恶霸，在滇边被捕而被押解到叙府，与罗选青关在同一监狱之中。他进监狱后知道罗选青也在此处，随即请狱中的朱老九带他拜见罗选青，并向汪六说："我们罗大哥真是万人头上一尊佛，恩高义厚，名不虚传，我冯老五能够见到这样的大拜兄，简直可说三生有幸，缘分不浅。"② 这是袍哥初到一个地方拜码头的表现，由此可见罗选青的声名影响。

　　作品赋予罗选青豪侠、仗义的性格特征。他的好朋友时竟成被清军抓去关在叙府监狱里，他曾经号召过川南几十个码头的哥弟，打算到叙府去打监狱，劫法场。当时竟成被清兵偷偷杀害后，他将时竟成的妹妹收留，对她照顾有加，把她当自己亲妹妹一样看待，并发誓要为她大哥报仇。③ 唐彬贤作为革命者，听说罗选青在川南六县办练同志军跟清政府对着干，冒险前来投靠他，却被清军抓捕。唐彬贤在盐津的朋友告知罗选青，被清军抓捕的唐彬贤将押送经过此地，他派人搭救唐彬贤。这是他与唐彬贤的对话："像你这样一个见多识广的革命党人，竟被那几个狗差，大摇大摆地，从我们这里押起就通过去了，那叫我们怎么可以对得起朋友！"唐彬贤也真挚地回答道："啊，真是感激得很，像您这样重义气的人，不仅彬贤万万分的感激，就是我们国内外的许多同志听到了，也一定非常的钦佩，非常的敬仰。"④ 有关罗选青的豪侠仗义，袍哥冯杰说："我冯老五虽然年轻骨嫩，从四川到云南，从云南回四川，溜过的

　　① 阳翰笙：《草莽英雄》，群益出版社1949年版，第75页。
　　② 阳翰笙：《草莽英雄》，群益出版社1949年版，第115页。
　　③ 就剧本反映的内容看，时三妹是作家虚构的一个人物，剧中她的哥哥时竟成，是以川南著名袍哥人物佘竟成为原型塑造的。新中国成立后《草莽英雄》剧本将时三妹这一人物改为陈三妹。分别参见阳翰笙：《草莽英雄》，群益出版社1949年版；阳翰笙：《阳翰笙剧作集》（下卷），中国戏剧出版社1982年版。
　　④ 阳翰笙：《草莽英雄》，群益出版社1949年版，第38—39页。

码头，却至少也在百好几十个以上……只要提起罗大哥的威名，却没有一个人不得意洋洋的交口称赞道：喝！高县城的罗选青罗大爷！有仁有义，有能有志，真是我们江湖上的及时雨——活宋江，你我弟兄只要肯去投奔他，那就一点儿也用不着愁穿愁吃，愁使愁用，愁没有事儿干……"① 由此可见罗选青的威名远扬与影响。

剧作还赋予罗选青果敢、英勇、敢作敢当、将生死置之度外的性格特征。当县令王云路与团总李成华带着清兵来到罗选青家中搜索革命党不得时，李成华指责保路同志会是些流民、痞子、无赖，罗选青忍无可忍，暴怒地回答："胡说！李成华！你别以为你身边带了几百条枪，你就竟敢这样的仗势欺人！"② 这表现出罗选青对官府势力的无所畏惧。在清兵搜索罗家时，罗选青的老母亲害怕儿子反清会带来满门抄斩，灭九族，开始哭闹，并责骂罗选青，何玉庭问他怎么办，罗选青坚定地回答道："玉庭你知道我罗选青说话是从来不改口的，开山立堂，还是照着原定计划干！"③ 当罗选青带着一群袍哥兄弟开山立堂时，李成华带着众多清兵把他们团团围住，他临危不惧，从容地指挥大家转移撤退，将危险留给自己，这充分表现了他的果敢和将生命置之度外的精神。他让清兵别伤其他兄弟，并向围困的清兵许诺："我姓罗的绝不使你们吃粮当兵的哥弟们交不了差，汉子做事汉子当，我罗选青绝不逃走，也绝不跟你们这些哥弟们交手，可是大家都是江湖上的人，够交情，讲义气的，就得跟我们这里的哥弟们让开一条去路！"④ 当何玉庭探监时，谈及狱中起义之事而担心他的安危，他说道："你跟了你大哥这么多年，怎么连我的脾气你都忘了，像干这样的事儿，那里还会有地方跟我们保险呢！你我弟兄要想干一番惊天动地的大事业，就得把自己身家性命丢得干干净净！"⑤ 在狱中，他既不接受王知事对他的招抚，也不害怕团练李成华的威胁。当团练李成华来到狱中威胁他只有两条路可走："一条是生，一条就是死！这得请你自己去选择！"但他毫不畏惧，冷笑地回答道："死么？那吓得了谁呢！"⑥

但罗选青也有"草莽"英雄的盲目、自负、独断等行为与性格特征。盲目使他只能看清楚直接对他耍狠的团练李成华，而不能认清耍阴谋诡计的王云路

---

① 阳翰笙：《草莽英雄》，群益出版社 1949 年版，第 117—118 页。

② 阳翰笙：《草莽英雄》，群益出版社 1949 年版，第 83 页。

③ 阳翰笙：《草莽英雄》，群益出版社 1949 年版，第 86 页。

④ 阳翰笙：《草莽英雄》，群益出版社 1949 年版，第 109 页。

⑤ 阳翰笙：《草莽英雄》，群益出版社 1949 年版，第 129 页。

⑥ 阳翰笙：《草莽英雄》，群益出版社 1949 年版，第 147 页。

的伎俩。当他被抓捕入狱时，县官王云路为要招抚他投降，对他使尽一切软化手段，但他却盲目地认为这是王云路对他的好与义气。王云路把罗大嫂从焦村迎到县衙门，又把时三妹从监狱里接了出来，并大摆筵席好酒好肉地招待她们。罗选青虽关在监狱中，但与一般犯人不同，别人都戴着镣枷，他却可以自由自在；别人的牢房都锁着，他的牢房却随时开着门出入自由；他请求准许给大家放风马上就准许大家放风，他请求准许大家洗澡马上就准许大家洗澡。他在狱中有特殊的权力与自由，王云路给他这些自由与特权是为了软化他，招抚他，但他对此认识不清楚。当王云路将罗大嫂请来劝说罗选青投降时，罗大嫂认为可以将计就计，逃出监狱后再做打算，但罗选青却坚决不答应。罗大嫂指责罗选青："在监牢里还要逞什么英雄呀？为什么不假心假意地设法跳出这虎口，然后再反过脸来，把他们抓来干掉！"罗选青则毅然地回答："那不行的！我那样干，一定会遭人家的耻笑！"罗大嫂质问耻笑他什么，罗选青回答说会笑他贪生怕死，会笑他竟那样无耻的去扯旗投降。罗大嫂："谁敢那么说，你又没有去替衙门里办事，也没有真的去招抚谁，那怎么好说是投降呢！"罗选青不快地说："告诉你，你答应了他，就是投降了他，不管是真是假，你总在粪池里去打了一个滚儿的，将来你就跳在黄河也洗不清，像这样的事儿，我姓罗的决不干！"由此可见，罗选青光明磊落，他把名誉看得比生命还重要，这是他的英雄行为与性格特征的反映，但他又不能变通地想想：好汉不吃眼前亏，识时务者为俊杰。见罗选青固执己见，罗大嫂焦心地说："哎呀，你这人真太刚直！名誉，哥弟，比你的性命都还要紧！人家说：好汉不吃眼前亏，你一定要等李成华那王八蛋来下你的毒手，你才好么！"罗选青坚毅地说："用不着这样！保路同志会不是土匪，不是强盗，是一种争路权，爱乡帮，清清白白，上可以通天，下可以通地的大团体！招抚什么？这简直把我们老百姓看得一文不值了！我就死也决不愿替谁去干这些勾当！"并让罗大嫂去告诉王知事："我罗选青做事，向来恩怨分明，别人给我八两，我一定还他半斤，别人跟我做朋友，我绝不会把他当仇敌，可是，别人偏要跟我做仇敌，我却也绝不把他当朋友。他对我的好意，我记得很清楚，礼尚往来，我们总后会有期，不过他得留意：他却绝不要逼着我去干那种我不能干，也不爱干的事！"[①]

当罗选青与保路同志会兄弟里应外合，越狱成功，并抓住县知事王云路时，王云路害怕地跪下向罗选青哀求，罗选青于是很大度地："王云路！你起来！别这样害怕，我罗选青做事向来恩怨分明。你对我的好处，我记得很清

---

① 阳翰笙：《草莽英雄》，群益出版社 1949 年版，第 137—139 页。

楚，你放心吧，你全家大小的性命，我都担保！"唐彬贤、时三妹觉得这样处理不妥，罗选青怒斥道："不要多嘴，现在李成华那小子已经逃跑了。那才是我们真正的大仇人，你们还不去追！"① 当唐彬贤从革命党内部探听到王云路、闻知府、周统领等几个假投降，正要阴谋诡计，很是担心，让罗选青防范他们，而罗选青则笑唐彬贤迂腐，生气他疑三疑四。当罗选青要到王云路他们的营盘开重要军事会议，何玉庭提出带一营弟兄保送他，罗选青豪侠地笑着："笑话，笑话，要那样多的人去干嘛，你们可忘了关公单刀赴会的故事了么，告诉你们；那边的营盘里去得，我也得去！去不得，我也还是得去，哪怕那儿就是龙潭虎穴，你大哥也得去撞上一撞！"② 当王云路带人挑着银子与枪支给罗选青送来，并以闻知事、周统领之名请求罗选青释放李成华时，罗选青愤怒地说道："请你别再说下去！'冤有头，债有主'，李成华那小子该杀该放我姓罗的心里有本血账，谁也休想来改掉我的念头！"③ 并让时三妹处决了李成华，为她的大哥时竟成报仇。他还拿出一百两银子与他的通行名片给王云路，让他回乡，对此唐彬贤极力反对，认为对王云路也应该像李成华那样一起杀掉。罗选青不大痛快地回答道："你懂什么！彬贤！你大哥做事都会错的么！错，我们也得向错里干？我看，你的洋书读得太迂了，你还得去多多的跑跑码头，到处去见识见识！"④ 就这样，失去防范警惕的保路同志军遭到周统领的大汉军、夏梯团援川军的包抄与突然袭击，何玉庭率领同志军仓促应战，罗选青被爆炸的榴弹击中负伤而惨烈牺牲。一代骁勇的袍哥舵爷，只能作为草莽英雄存在于保路风潮中，并以悲剧方式结束了他的历史使命。

欧阳山尊在《评〈草莽英雄〉》中指出："罗选青，剧中的英雄，保路同志会的领导者，就因为他缺乏这个冷静的头脑、锐利的眼光和明确的政治方向，以致使革命受到严重的损失。他爱面子，好恭维，所以就容易被胜利冲昏头脑和走上个人英雄主义的道路。他不肯虚心的承认和毅然地改正自己的错误，反而认为'错，我们也得向错里干'。他对人处事光凭感情和封建的个人恩怨，而忽略了一定的立场和政治警惕性。"⑤ 以罗选青为代表的袍哥群体是历史发展的重要推动者，但"草莽"的性格决定了其历史局限性，他们不会走得更

---

① 阳翰笙：《草莽英雄》，群益出版社 1949 年版，第 154—155 页。
② 阳翰笙：《草莽英雄》，群益出版社 1949 年版，第 176 页。
③ 阳翰笙：《草莽英雄》，群益出版社 1949 年版，第 199 页。
④ 阳翰笙：《草莽英雄》，群益出版社 1949 年版，第 206 页。
⑤ 欧阳山尊：《评〈草莽英雄〉》，《新华日报》1946 年 3 月 7 日。参见潘光武：《阳翰笙研究资料》，知识产权出版社 2010 年版，第 315—316 页。

远，最终只能以悲剧的方式结束历史使命。

（三）《草莽英雄》中的其他袍哥人物形象

剧本还塑造了其他的袍哥人物形象，诸如何玉庭、骆小豪、魏明三、冯杰，以及革命者唐彬贤罗大嫂、时三妹等，他们均是剧作中的重要人物。何玉庭是《草莽英雄》塑造的另一位重要袍哥人物。他作为汉留五哥，是保路同志军的大管带，即袍哥中的五排，在袍哥组织中称行五。据资料反映，袍哥五哥其职责是"掌内政外交，为承上转下之枢纽"[①]，由此可见五哥位置在袍哥组织内部的重要。因此，其所任的职务，"要算最繁忙，是最难的一个位置了，凡大哥的任务，在未实施通行前，需要五哥绞尽脑汁，为之预备，办理得舒舒齐齐，除此还有一件最繁重的事，假如外码头有兄弟的来往的招待，都得由他负责，交际应酬，送往迎来，成天都在忙得不亦乐乎"[②]。何玉庭即是这样一个人物，剧作对何玉庭有这样的描述："他在汉留中行五，是罗选青手下的承行大管带，他的职责很重要，他得'上辅拜兄，下管拜弟'，'上与拜兄伙分忧解愁，下与弟兄们铲高削平'。他大约有三十几岁的年纪，中等身材，精神饱满，他很精明，也很干练，他对人很周到，办事很稳当，他颇得罗的信任，因此他也就成了罗身边第一个大助手，他穿一身白大绸短衫裤，赤脚穿着一双新的线耳草鞋，头上盘着发辫，左手拿一顶草帽，右手拿着一把纸扇，急急忙忙的从山下走了上来，恰巧在坪路边碰着了朱老九。"[③] 他是罗选青麾下一个能处理袍哥内内外外上上下下事务的得力干将，他精明、强干，待人处事很周到稳妥，因此颇受罗选青的信任，成为罗选青身边的第一个得力大助手。连罗大嫂也半开玩笑半认真地赞美他："这正是我们大五哥能干的地方啰。要不然怎么可以当得了上辅拜兄，下管拜弟的，堂堂当家大管事呢？"[④] 正是因为他的精明强干，在他的辅佐下，罗选青成为川南六县的袍哥总舵爷。当罗选青被捕关在狱中，他能带领各码头的兄弟占领筠连，打下庆府，攻克珙县、兴文，攻取叙府，并能配合罗选青越狱成功，将罗选青推到大帅的位置。但何玉庭也脱不了袍哥的"草莽"习气，他与罗选青一样盲目，常常被胜利冲昏头脑，对王知事的认识也与罗选青一样，认为在官吏中像王云路这样深明大义的人实在难得。甚至在攻克成都后想向罗选青推荐他做县令。因此，当唐彬贤告知王云路

---

①　忒奥：《活跃于四川的哥老会》，《民意》1941年第1卷第10期。

②　诸葛吾：《四川袍哥》，《巨型》1947年创刊号。

③　阳翰笙：《草莽英雄》，群益出版社1949年版，第23—24页。

④　阳翰笙：《草莽英雄》，群益出版社1949年版，第24—25页。

一伙人正要阴谋诡计时，何玉庭并未上心，疏于防范，最终造成王云路一伙人阴谋得逞，罗选青惨烈牺牲。何玉庭这一人物形象源自罗选青的大管事邵玉廷，当重庆演出《草莽英雄》时，他特地到场观看，观看时笑了，也流下激动的眼泪，由此可知该剧演出时对他的触动。当上海剧艺社排演此剧时，编者与导演洪深联名给他写信，告知这一消息。① 由此可知，剧作中这一袍哥人物有真实的历史根据。

骆小豪是《草莽英雄》中另一个重要的袍哥形象，是作家塑造的袍哥组织中的叛徒与败类。作为袍哥组织中的行六，其职责为内护律（管理禁条）、外巡风（开山在外巡风）。剧作中对他的描写是："他人很瘦削，无光的脸上，惨白得发青。他很狡黠、很机灵，喜欢贪取不义之财，因而做人也就不很正派。"② 剧作开头，骆小豪蹦蹦跳跳地从左边山路上跑了出来，嘴里哼着川戏，看着小孩子们打闹嬉戏，他对着少年甲乙说道："你们这些小家伙真在造反了吗？"这些少年们听他的口气很像赵尔丰，于是他们把手中的枪对着骆小豪喊打。少年们把骆小豪当赵尔丰，这样的场景显然有喜剧闹剧的成分，但实际是对这一袍哥人物的讥讽。当他遇见猎人朱九要找罗会长，他即以六哥的身份对朱九旁敲侧击，向他打听各种消息，特别是诈取同志会劫取革命党唐彬贤之事，并用威胁的口气逼问他："（狡笑）哼！老九，你以为你们干的事儿，瞒得了我吗！"直到朱九很生气地回绝他："我们干过什么事要来瞒你呀！你这个人鬼头鬼脑的，我不高兴跟你说！"③ 他整天出入赌场赌博，这是他发财的重要方式，他对朱九怅叹道："唉，你老弟真是一个乡巴佬，只懂得打老虎，捉山羊，告诉你，输光了算得什么呢！我只要安上一铺色碗子，不到半天连本带利不又从头钱里抽转来了吗？（自得地）哼！等钱到了我手里的话，对不住，那可该我去过过神仙生活了！"④ 朱九说他"吹牛！"骆小豪索性吹下去："那才不吹牛呢！你听我说：每顿二两大曲，四两猪肝，八两肥肠，半斤半肥半瘦、不肥不瘦、又肥又瘦的肉一吃；跟着跑进烟馆里，大口大口地先抽他妈过十口'火炮连珠'，然后再慢慢地玩上几口'猴儿翻筋斗'，这样烟饭两饱，于是我便靠在床上两脚一伸，眯着眼睛仿佛腾云驾雾一般，早就飞上天空中去了。喝！老九！你跟我想想，这时候愚兄快乐不快乐，逍遥不逍遥？"⑤ 由骆小豪

---

① 放山：《五哥何玉庭"草莽英雄"中仅存的活口》，《中央日报》1946 年 11 月 17 日第 9 版。
② 阳翰笙：《草莽英雄》，群益出版社 1949 年版，第 5 页。
③ 阳翰笙：《草莽英雄》，群益出版社 1949 年版，第 11 页。
④ 阳翰笙：《草莽英雄》，群益出版社 1949 年版，第 14 页。
⑤ 阳翰笙：《草莽英雄》，群益出版社 1949 年版，第 14—15 页。

恬不知耻的话语可知，他嗜好赌博、讲吃讲喝、抽大烟，不以为耻，反以为荣，这为他后来为了钱而出卖兄弟叛变同志会埋下了伏笔。骆小豪凭着他的伎俩打听到时三妹劫取唐彬贤的事，以及保路同志会开山立堂的时间地点，并透露给清军。当保路同志军正在歃血为盟开山立堂时，被清军团团围住，罗选青为挽救其他保路同志会员而被清军逮捕入狱。罗选青被捕入狱后，已在衙门做事的骆小豪提着礼品去探访罗选青，他为自己出卖罗选青与其他袍哥兄弟的行为狡辩，受到罗选青的指责："你别要再说下去了！你那套花言巧语，骗得了谁！你以为你的行径，会没有人晓得，是不是？告诉你：你瞒得了天，却瞒不了地，我要你自己问问你自己的良心，我有什么地方对你不起？满堂的哥弟又有什么些地方对你不起？人家一千两白花花的银子就打黑了你的良心，你竟想来出卖我，出卖几十个码头的哥弟；好几百人的性命差点就全部送在你一人的手里！你想想，你这人多阴险！多歹毒！我不要看你这一个人面兽心！你给我滚！"并指给骆小豪一条路："你要是还算是一条英雄好汉的话，你立刻去把码头上的哥弟们约集起来。当众承认你自己的过错，'三刀六个孔'你自己一声不唤的扑在那刀尖上去结果你自己！"[1] 最后，骆小豪按照袍哥出卖帮内兄弟的规矩自绝而死。

魏明三在汉留中排行老二，即所谓圣贤二爷。他大约有四十多岁，脸长圆，体微胖，是一个胆小怕事的小财主。当朱老九因为横坎坡拦截革命党的事作为嫌疑犯被抓时，魏明三畏缩了，打算带他手下的几个兄弟离开。罗大嫂对此尖刻地说道："魏二哥，有几个钱的袍哥是要不同点呀，像你这样，人家收鬼的令牌还没有响，你却老早就把头一缩，车转身就开溜了，你可真聪明！真了不得，难怪人家要说你是巡司场码头上的'智多星'了！"[2] 但在魏明三看来，无论是拦截清廷要犯、开山立堂，还是大闹保路同志会，都是要命的，大家兄弟伙都是有身家性命的人，他害怕大祸临头，害怕被逼上梁山。他让罗选青对开山立堂之事好好斟酌，连何玉庭也不大满意地说道："哎呀，二哥，你怎么说出这些'拉稀摆带'的话来了，'光棍做事不掉底'，你'海'了这么多年的袍哥，怎么连这一点胆气都没有了啊？"[3] 就魏明三而言，他是一位靠金钱而一步登天的白棚大爷，参加袍哥带有投机性，因此当危难来临时，他会逃避躲闪，这贴合他的行为特征。

---

① 阳翰笙：《草莽英雄》，群益出版社 1949 年版，第 143—144 页。

② 阳翰笙：《草莽英雄》，群益出版社 1949 年版，第 72 页。

③ 阳翰笙：《草莽英雄》，群益出版社 1949 年版，第 74 页。

唐彬贤是剧作中的另一重要人物，不同于罗选青身边的袍哥草莽之徒，他是一个全身心投入反清的革命者，他勇敢、有胆识、有谋略，富有民族革命思想，信仰孙中山的三民主义。他一有机会就宣传推翻清政府，实行民族革命。赵尔丰很痛恨他，到处行文缉拿他。他在四川无法立足，于是悄悄逃往云南，一路经过川滇边境，在昭通听朋友说起罗选青联合川南六县的哥弟与清政府对着干，于是冒生命危险前来投奔罗选青，不幸在途中被清军缉拿，但有幸被罗选青知道而派时三妹及其他几位袍哥将他搭救出来。他拘谨，书卷气很浓，尤其是在时三妹、罗大嫂两位女性面前。当他刚到陌生环境时还不适应，时三妹、罗大嫂邀请他加入袍哥，他犹豫不决。当受到时三妹催促时，他回答什么都不懂，让他多想想，受到罗大嫂的抢白："唔，是该多多的去想一想啦，人家不是都在说汉留，哥老，袍哥，全都是那些不务正业的，九流三教里的人干的吗？"[1] 在她们的激将下，他答应她们加入袍哥，但有所犹豫与保留。当他真正认识到罗选青的反清大计与行动时，对加入袍哥就义无反顾了。在开山立堂加入袍哥的仪式中，唐彬贤走到神坛前跪下，并严肃地发誓："我唐彬贤进了汉留之后，如果所作所为，竟会不孝不悌，不仁不义，不遵守我们的十条十款，或竟敢私通码子，出卖梁山，日后甘愿死在枪炮之下！"[2] 唐彬贤加入袍哥，成为袍哥中的五哥，但他还是未能真正融入袍哥圈层中。不同于罗选青身边的"草莽"袍哥兄弟，他既能认识罗选青及其他兄弟们的侠气、义气、英雄气，也知晓他们的盲目、自负、独断，并对此忧心如焚但又无力阻止，特别是罗选青义释王云路，以及他告知罗选青、何玉庭防范王云路、闻知府、周统领等假投降、耍阴谋诡计伎俩，反而被他们看成是迂腐与书呆子气的反映。唐彬贤未能消除与改变他们的"草莽"行为与习气，这也是罗选青惨烈牺牲的重要原因。

剧作中冯杰、汪六、朱九是另外三个袍哥人物。囚犯冯杰在汉留中行五，他短小精干，敏捷泼辣，因为跑惯了江湖，喜打抱不平，自称是"白刀子进，红刀子出"，江湖上号称"活阎罗"。在狱中，他因看不惯汤法儒对罗选青的污蔑、诋毁，愤怒地叱骂汤法儒："你不认识我，是不是，告诉你：你爷爷就是江湖上的活阎罗冯老五！要不是在这儿碰到你这个臭王八蛋，当心，我白刀子进，红刀子出，老早在你身上就剁了几十个窟窿了！"[3] 狱卒汪六在袍哥中行

---

① 阳翰笙：《草莽英雄》，群益出版社 1949 年版，第 62—63 页。

② 阳翰笙：《草莽英雄》，群益出版社 1949 年版，第 102—103 页。

③ 阳翰笙：《草莽英雄》，群益出版社 1949 年版，第 120 页。

六，他身材高大，单纯，粗气，两眼闪着凶光，随时做出一副喜欢打骂人的样子。[①] 这两位袍哥人物的言谈举止深具江湖习气，当他们首次见面，冯杰与汪六一拱手："六哥！半年前兄弟在嘉定犯了杀人的重案，最近在滇边被捕，一两天内就要被押到叙府，这次兄弟初到贵龙码头，人地生疏，分不清东西，看不到南北，好在你我弟兄都是一派，江湖一家，我兄弟有哪些不周到的地方，总要望大六哥你黑旗一举，将兄弟高高举起，轻轻放下，到处都跟兄弟打一个好字旗。"[②] 汪六很豪气地笑了一笑："好说好说，冯五哥！你我都是自己弟兄，也就用不着客气了，我兄弟没有什么本领，才在这里吃上了这碗牢饭，你如果有什么事要办的，我汪六能够帮忙的，一定帮忙。"[③] 冯杰还进一步向汪六说道："请六哥在贵县列台哥弟面前，替小弟出一个满堂上覆，说我冯杰冯老五，道经贵龙码头，因为吃了官司，项上有枷，脚上有镣，身不能动，腿不能跑，所以没有法子来跟列台拜兄拜弟请安投到，诸事都还要望原谅、原谅、海涵、海涵。"[④] 剧作中的袍哥人物朱九在袍哥中排行第九，据袍哥组织职责，行九：挂牌，以提升或处罚，管其挂牌。[⑤] 剧作在人物介绍时对他有如下描绘："朱在汉留中行九，江湖上的人都叫他朱九哥，他的拜兄们便叫他做老九。他是一个猎人，他朴实、忠诚、壮健、没有什么多的言语，他穿一身蓝布短打，头上盘着发辫，戴着斗笠，脚下穿着草鞋，背上背了一杆前膛枪，腰间挂着一把大刀，手中拿着一张紧卷着的虎皮。"[⑥] 他勇敢，能一个人猎杀老虎，并将虎皮送给袍哥舵把子罗选青。作为袍哥中的行九，他能严守帮内规矩与秘密，当六哥骆小豪向他打听截取革命党唐彬贤的消息时，他守口如瓶。朱九也是剧作中不可或缺的袍哥形象。

罗大嫂与时三妹是剧作中的两位女性，一个是罗选青的妻子，一个是著名袍哥时竟成的妹妹，她们虽没有袍哥的身份，却具有袍哥的精神。她们的性格气质、言谈举止，完全类乎巴蜀的女袍哥。作品赋予罗大嫂泼辣、精明、干练的性格与行为特征。她是罗选青的贤内助，并不时帮助打理袍哥内部事务以及保路同志会诸事。当几十个码头的哥弟聚集在一起而开山立堂之时，光是吃住的问题都让大管带何玉庭焦头烂额，可罗大嫂却默默地安排了这一切，当何玉

---

①　阳翰笙：《草莽英雄》，群益出版社1949年版，第113页。

②　阳翰笙：《草莽英雄》，群益出版社1949年版，第113—114页。

③　阳翰笙：《草莽英雄》，群益出版社1949年版，第114页。

④　阳翰笙：《草莽英雄》，群益出版社1949年版，第114页。

⑤　卫大法师：《袍哥入门》，说文社1947年版，第7页。

⑥　阳翰笙：《草莽英雄》，群益出版社1949年版，第8页。

庭知道时，他感激涕零溢于言表："啊！大嫂！你真能干！我们大哥有了你这样一位贤惠的夫人，还愁不能在梁山泊上扯旗挂帅么！"① 她在袍哥兄弟们面前有崇高威信，当她发现罗选青手下的弟兄骆小豪向朱老九打听截获革命党唐彬贤的消息时，便毫不留情地教训道："告诉你，老六！你是吃江湖饭的人，你要在码头上耍得开，溜得响，这种事情吹到了你的耳朵里，你就只能当做一阵耳边风！千万不可疑神疑鬼，随便跟着别人去兴风作浪，你听到没有？"② 她泼辣任性，当她与时三妹要去看袍哥开山立堂而受到五哥何玉庭的阻拦时，罗大嫂假装生气地说道：

> 什么规矩，我不懂！（责问）好，老五，你把我们当成是外人，是倥子，是玲珑马子！是你说的呀，你记清楚，（转而自负地）哼！这有什么稀奇，等到下半年，瞧你大嫂约集周围几十个码头的姊妹们来开座女山堂给你看看，你别以为只有你们男人才能"海"，我们女人就不能"海"。③

她用激将法就轻易让唐彬贤加入袍哥，成为罗选青麾下的重要人物与得力干将；当罗选青带领弟兄们开山立堂被清军围住，他为救各位弟兄而关在监狱中后，她为丈夫的安危而担心；对王云路的劝降，她劝罗选青可以将计就计，离开监狱后再另做打算等，这些均可看出她作为一位女性的精明、强干，但她也摆脱不了"草莽"习气的盲目性。刚开始时，她很担心开山立堂中几十个码头的兄弟对罗选青是否心悦诚服，并担心自己的丈夫究竟有何德何能能轻易让周围码头上的弟兄推举他稳坐第一把交椅。当何玉庭告知她周围码头上的弟兄都佩服罗大哥的贤德，并对罗选青心悦诚服时，她又说道："话不能这样说，你要知道，别的码头上有仁有义的大哥也很多。"何玉庭回答道："可是得要有人来抬举呀，现在江湖上的人，都尊称我们大哥是'活宋江'，你以为这块金字招牌，是容易争得的吗？"④ 随着同志军的节节胜利，她被这些来得容易的胜利冲昏了头脑，更看不清王云路一伙人的阴谋诡计，并对唐彬贤的劝告置若罔闻。她最担心的是罗选青能否坐稳龙头老大的交椅，以及各路同志军是否都愿意推罗选青做大帅，并督促五哥何玉庭、三哥吴文波去办理。当吴文波告知她："一切的事情都弄妥当了，各路同志军的头脑都一致表示愿意拥戴我们

---

① 阳翰笙：《草莽英雄》，群益出版社 1949 年版，第 27 页。
② 阳翰笙：《草莽英雄》，群益出版社 1949 年版，第 17 页。
③ 阳翰笙：《草莽英雄》，群益出版社 1949 年版，第 91 页。
④ 阳翰笙：《草莽英雄》，群益出版社 1949 年版，第 27 页。

大哥做首领。"她高兴地说道："你真不愧是你大哥的心腹兄弟!"① 因此，她虽然是罗选青的贤内助，对罗选青的事业忧心，她精明、强干，但她的眼界与行为不可能推动罗选青走得更远，更不能避免罗选青的悲剧命运。

时三妹是剧作中的另外一位女性，是袍哥大爷兼革命者时竟成的妹妹。该人物凝聚了四川屏山女袍哥时三妹的影子。据资料反映，时三妹其兄为犍为、峨边一带的"浑水"袍哥，被清地方官杀害，三妹立志报仇，继承其兄拖棚子，发展女袍哥百余人，啸聚一方，辛亥革命时率众起义。② 但从剧作内容看，时三妹的哥哥时竟成明显有川南袍哥首领佘竟成的影子。③ 佘竟成，原名佘俊英，号竟成，川南袍哥著名首领，受孙中山三民主义的影响而参加同盟会，曾多次在川南率众起义。最后在一次起义中与清兵英勇厮杀，终因寡不敌众，被清兵追至云南边境豆沙关附近山头名叫"断蛇坡"处被捕，后被清军杀害。有关佘竟成参加同盟会的情况，据熊克武回忆说："佘本是有民族思想的汉子……自他在东京会见中山先生付予重任后，更为积极活跃，奔走革命。这是同盟会可以直接运用指挥的一股力量。"④ 阳翰笙也曾叙及佘竟成的情况，以及他对自己家乡的影响："佘竟成是哥老会舵把子大爷，武秀才。他武艺出众，豪侠好义，待人以诚，接纳四方朋友，名声传遍泸州、叙府、重庆一带。只要佘大哥一张名片，或者带一句话，就是命令，没有二话好说。"作家还叙及"佘竟成的弟兄们到高县、罗场都来过。大家给他取绰号叫'老梭'"，他后来在起事中牺牲，"头挂在叙府城楼，血滴三天，非常壮烈"⑤。由此可见佘竟成以袍哥与同盟会员双重身份起事革命，导致清政府对他恨之入骨，采用一切办法捕捉他。清宣统元年（1909）九月二十二日，《署嘉定知府段友兰为遵饬密拿革党佘俊臣事致总督禀》：

> 伏查该匪佘俊臣即佘敬臣，籍居泸州小市，初原上流会党，因上年潜入革党，图谋滋事未遂，被拿逃逸，与嘉定各处会党声息相通，遂窜匿嘉、雅、眉各处。本年五月内，知府风闻该匪在洪雅、荥经交界之铜厂沟一带藏匿，即借查属为名，拟出其不意，前往捕拿。讵该匪闻风，即由僻

---

① 阳翰笙：《草莽英雄》，群益出版社1949年版，第185页。

② 参见刘延刚等：《四川袍哥史稿》，四川教育出版社2015年版，第161页。

③ 佘竟成是川南著名袍哥人物，由于民间读音的差异，文献资料常书写成佘竟成、佘英、佘俊臣等，本书在引用具体历史文献时均遵从原文献对该人物名称的书写，在正文中叙述这一人物时，统一写成佘竟成，特此说明。

④ 熊克武：《辛亥前我参加的四川几次武装起义》，中国人民政治协商会议全国委员会文史资料研究委员会：《辛亥革命回忆录》第三集，文史资料出版社1981年版，第6页。

⑤ 阳翰笙：《风雨五十年》，人民文学出版社1986年版，第13页。

径窜入宁远以内。八月又风闻该匪支使党羽，传有秘密口号，在嘉定等处煽惑勾结，业已派人密访。惟该匪在外日久，已与下等会匪为伍，到处有匪容留，踪迹极为诡秘，耳目又多，查拿颇不容易，非先将其口号探得，不能使人混入彼党，非使人混入彼党，不能侦探佘俊臣踪迹之所在，筹划半月有余，尚未得手。现又密饬周令广设方略，以期必获。①

清宣统二年（1910）正月十二日，《四川总督赵尔巽奏佘俊臣起事犍为派兵击散片》写道："该匪竟于去年十二月十三日在井研、乐山交界起事，党羽约有百余人，部署伪职，张贴逆示，抢夺乡团枪械，裹胁渐多，意图劫掠犍厂，窜往屏山滇边等处。"② 由这些官方档案资料可知，佘竟成作为袍哥大爷与革命者在川南的反清活动与影响。阳翰笙在剧作中塑造这一人物有其历史根据，丰富了剧作内容。

由以上叙述可知，剧作中的人物时三妹应该为屏山女袍哥时三妹，剧作中提及被清军杀害的时竟成，应该指川南著名袍哥首领佘竟成。剧作中当时竟成被杀害后，时三妹受到罗选青两夫妇的关照。她出身山间野地，质朴、天真、泼辣，为人爽快。剧作中描绘："一个刚到二十岁的大姑娘，鹅蛋脸，大眼睛，纯朴天真，健丽坦直，活像在崇山峻岭里，扑扑跳跳的一头野猫。她很热情，一点也不虚伪，旧的礼教不大束缚得了她，当她感情奔放起来的时候，她要哭就哭，要骂就骂，要行动就行动，谁也不能劝阻得了她。"③ 她乔装劫取革命者唐彬贤，清廷以一千两银子的赏钱通缉她，当何玉庭告知她这一切时，她爽朗地笑道："哈，哈，哈！没想到我时三妹也可以值一千两银子。"④ 并将通缉她的告示撕碎。她为人爽快、干脆，她邀请唐彬贤加入袍哥，见他犹豫不决，她说道："唐先生，我时三妹是一个一干二脆的人，有话就说，你听我讲：你们要造反要闹革命，要替我哥哥报仇，你就得学我哥哥的样，加进哥老会里边去，跟那些舍死忘生的弟兄们拉起手来一道干！我真不懂，你还要想什么呢？（冷笑）哼，你们读洋书的人，真噜苏！"⑤ 她疾恶如仇，她告诉唐彬贤："我现在没有别的想头，却只有一个大大的心愿，那就是我要替我哥哥报仇，我早

---

① 中国第一历史档案馆、北京师范大学历史系：《辛亥革命前十年间民变档案史料》（下册），中华书局1985年版，第789—790页。
② 中国第一历史档案馆、北京师范大学历史系：《辛亥革命前十年间民变档案史料》（下册），中华书局1985年版，第796页。
③ 阳翰笙：《草莽英雄》，群益出版社1949年版，第35页。
④ 阳翰笙：《草莽英雄》，群益出版社1949年版，第40页。
⑤ 阳翰笙：《草莽英雄》，群益出版社1949年版，第62—63页。

迟总要杀死李成华那小子，杀尽杀绝清朝那些贪官污吏。"① 因此，她活着的主要目的就是为她的大哥报仇。但她过于单纯，很容易就被狡诈的骆小豪所利用。作为剧作重要的女性形象，时三妹与罗大嫂一样，有着巴蜀女袍哥的精神特质。

有关《草莽英雄》中的袍哥群像，欧阳山尊指出："在人物刻画上，作者是有着他独到的地方的，同时由于作者对于这一题材熟悉，所以汉留哥弟在他的笔尖下就得以生气勃勃的突了出来。在这些人物中，罗选青、何玉庭、骆小豪、罗大嫂，都是写得比较成功。对于时三妹这个角色，作者是想把她写成一个带野猫性格的女孩子……可是当她手刃李成华后，变成十分歇斯特底的味道。这似乎是不大调和。"② 应该说剧作对上述袍哥人物的刻画较为成功，但这些袍哥群像明显不如李劼人、沙汀笔下的袍哥形象那样鲜活而生动。

二、开山立堂：袍哥的重要礼仪

开山立堂是巴蜀袍哥成立的重要仪式，庄严、肃穆、隆重是其重要表现。任乃强叙及幼时亲眼所见袍哥开山立堂的仪式：

> 余幼时，曾亲见袍哥开山仪式，威严整肃，至今不忘。堂内灯烛辉煌，各排首领，依次就位，其下立者数百人，有缙绅，农夫，商贾，胥吏，差役，舆台，优戏，各色人物。问答进退，庄敬肃穆，若演剧然。堂外刀仗巡逻，彻夜未懈。为防官府逮捕，放哨远达十余里外，皆由会员义务担任。③

袍哥开山立堂，歃血为盟是其组织成立的重要形式。因为受到清廷的查禁，袍哥开山立堂的仪式多在人迹罕至的荒僻之地秘密进行。《草莽英雄》对袍哥开山立堂有重要表现。在剧作中，骆小豪为探听罗选青开山立堂的情况，故意向时三妹叙述开山立堂的场景："遍山遍野都挂着灯笼，树林子里处处都吊着明亮亮的尖刀，到场守卫的哥弟，有的横着刀在东辕门这样的站着，有的提着剑在西辕门那样的守着，喝，三妹！你想：那多有趣味，多好看呀！"④ 他此举是为激起时三妹对罗选青开山立堂的好奇之心，然后怂恿时三妹邀约罗

---

① 阳翰笙：《草莽英雄》，群益出版社1949年版，第61页。

② 欧阳山尊：《评〈草莽英雄〉》，《新华日报》1946年3月7日。参见潘光武：《阳翰笙研究资料》，知识产权出版社2010年版，第318页。

③ 任乃强：《哥老会之策源地——雅州》，《新西康》1946年第4卷第5、6期。

④ 阳翰笙：《草莽英雄》，群益出版社1949年版，第47页。

大嫂去观看开山立堂的仪式。

罗选青联合川南六县的袍哥，歃血为盟，开山立堂。"其开山立堂之地较为荒僻，为人迹罕至的深山荒野：山上岩石嶙峋，地下劲草横生；远处群山耸峙，冈峦层叠；近处荒木林立，枝干参天。"以上是开山立堂的山野环境，以下是开山立堂的布景：

> 在野地高处的正中，设有一大神坛，坛中供奉关帝圣座，始祖郑成功，五祖蔡德英、方大成、马超兴、胡德帝、李式开等的神座，两旁案上更拱了有功汉留的诸死者的灵位——时竟成的灵位，即供奉在左边案上。
>
> 神坛上置一大木斗，灵位前摆着几座小香炉，斗中炉内都满燃着香烛，神坛前面高挂着一座红灯，灯下横插着七星宝剑一把，两边排立着一尺、一秤、一明镜，及刻画着龙凤的棍棒一对。①

《草莽英雄》还注重开山立堂氛围的渲染："一个没有星光月影的暗夜，神坛上，光摇烛头，灯雾迷离，四周围冷森森，阴沉沉的，充满了异常庄严和神秘的气氛。"②袍哥开山立堂多在夜深人静之时，《草莽英雄》所写的开山立堂之时辰亦是如此。此时，夜更深，烛将残，灯快灭，四周形成一种庄严、阴森、神秘的气氛。在这野地上的所谓"山堂之内"，到了这儿的汉留的哥弟们，都"长幼有序"地依着步法排列着。在山堂两侧的路边，挺立四个彪形大汉，手里横着明晃晃的宝刀，如临大敌似的，把山下的来路虎视着。开山立堂依照相应的程序进行着，当接近尾声时，龙头兼香主罗选青虔诚地向神灵宣读用大红纸写的"出山柬"：

> 外侮烂入，内灾叠滋，钟铭之凋敝，不忍言也，时局之濒危，不堪问也，选青少读诗书，粗知礼养，飘零山岳，寄迹江湖，观此世变时艰，焉能旁观袖手，乃集天下英雄豪杰，共图匡救危亡之方，济济一堂，誓无二志，因效桃园以结义，决法梁山而拜盟，爰定山名振国山，堂名兴汉堂，香名远溢香，水名长清水，务使英雄同心，山河整顿，豪杰合志，碎砺精神，化去私衷，同伸公愤，庶几不负我辈结会拜盟之义云耳。③

据相关资料反映，"出山柬"是作家根据罗选青当年开山立堂时所用的文字加以修正而成。该文出自一廪生之手，阳翰笙细细读了两遍，觉得并不高

---

① 阳翰笙：《草莽英雄》，群益出版社 1949 年版，第 88—89 页。
② 阳翰笙：《草莽英雄》，群益出版社 1949 年版，第 89 页。
③ 阳翰笙：《草莽英雄》，群益出版社 1949 年版，第 100 页。

明，故将它改了一改。^① 以上罗选青宣读的"出山柬"包含了所处时局背景，开山立堂的原因，以及"山""堂""香""水"之名。罗选青念毕，随即率众一齐对神坛行礼，然后又相对互行一礼，整个开山立堂的礼仪结束。以上对开山立堂的书写，使该剧作具浓厚的袍哥文化色彩。

在袍哥礼仪中，新加入袍哥将开香堂，需恩、承、保、引几位拜兄保举引荐。在剧作中，吴文波是唐彬贤的保举人。吴文波在袍哥里行三，约有四十多岁年纪，清瘦，沉稳，是一个老江湖。唐彬贤加入袍哥是《草莽英雄》的重要内容，其中写了他加入袍哥的礼仪。当五哥何玉庭大喊："请新兄弟进山！"吴文波导引着唐彬贤走进山堂，接着是何玉庭与吴文波程式性的礼仪对话，吴文波向何玉庭说："新兄弟唐彬贤来到山堂，礼仪不周，香规不熟，三十六本天书不晓，七十二本地书不知，还求何大五哥高抬一膀，多多的指教！指教！"^②然后是五哥何玉庭与唐彬贤之间的对话，该对话依照《海底》开香堂的既有程式，即对新入袍哥者的一种考验式问答：

> 何玉庭：（转向唐，严肃地）彬贤，你到我们这儿来干什么？
>
> 唐彬贤：（庄重地）我来入汉留。
>
> 何玉庭：是谁的保举？
>
> 唐彬贤：保举人就是吴文波吴三哥。
>
> 何玉庭：（转对吴认真地）三哥！你可真是他的保举？
>
> 吴文波：是的！
>
> 何玉庭：那好极了，不过，彬贤！你可知道我们汉留里边的规矩？
>
> 唐彬贤：（真挚地）不大知道！
>
> 何玉庭：（探问地）那你为什么要来？
>
> 唐彬贤：（坦率地）我为了要想跟天下的英雄豪杰们同心协力的去推翻满洲鞑子，所以我才来加入汉留。
>
> 何玉庭：（故意问难）可是万一你被满洲鞑子们知道了，却随时都有性命的危险，你不怕么？
>
> 唐彬贤：我唐彬贤投身革命多年，生死早已置之度外，万一事机不密，有什么危险到来，那我一身做事一身当，也绝不会连累别的兄弟。
>
> 何玉庭：（再进一步的难问）可是我们的规矩很大，万一你不真心，冒犯了我们自己里边的条款，可也一样的有性命的危险，那你也不会失

---

① 阳翰笙：《阳翰笙日记选》，四川文艺出版社1985年版，第52页。
② 阳翰笙：《草莽英雄》，群益出版社1949年版，第101页。

悔么？

唐彬贤：（诚挚地）请五哥放心，我如果犯了什么条规，便甘愿受什么惩罚，我决不失悔，也绝不抵赖！

何玉庭：（痛快地）好，彬贤，口说无凭，那就请你赶快对神发誓！

唐彬贤走到神坛前跪下发誓。当立誓完毕后，何玉庭和吴文波连忙奔过去扶着他的肩头，齐声地："好彬贤！你真不愧是我们的好兄弟！"他们一下就把唐扶了起来。何玉庭转身对着罗选青："新兄弟唐彬贤有能有志，小弟特来代他请求大哥的封赠。"罗选青转身对唐彬贤很和悦地说："彬贤！我知道你的学问很好，德行不错，本来你是可以'一步登天'当大哥的，可是我们这儿却没有这样的例子，再说也对你的前程不利，我看，你还是先在我们山堂里当一个红旗老五吧！"唐彬贤对罗选青行礼："谢谢大哥的恩典。"罗选青很得意地笑着说："老弟，'万丈高楼从地起'，你好好儿的干吧！"① 自此，唐彬贤加入哥老会，以及开山立堂的礼仪告一段落。

接着是何玉庭对罗选青的请示："大哥！我们的山堂新开，龙会将毕，到了这儿的哥弟们，都想听大哥的训示，就请大哥，你多多的赐教吧。"罗选青从汉留"反清复明"的宗旨，讲到时竟成与孙中山会晤后受孙中山影响，汉留宗旨改为"排满兴汉"，并阐释道："弟兄们！我们要排满兴汉，首先就得要生死同心！大家可知道，我们为什么要效法桃园，就因为桃园结义的刘关张，是不顾同年同月同日同时生，只顾同年同月同日同时死！我们又为什么要效法梁山？也就因为梁山泊上八拜结交的那百零八条好汉，能够同生死，共患难，重义气，讲交情，疏财仗义，济困扶危……"② 接着是罗选青将当前赵尔丰向同志军开刀，并说这时正是汉留哥弟报仇雪恨的好时候。众哥弟都吼着响应，罗选青说："好！好极了！可是弟兄们，这事情可不是儿戏，干我们大家就得一条心，生要同生，死要同死，谁要是半途缩脚反水降仇，竟还敢来出卖自己兄弟！没有说的，那我们就该罚他死在乱刀之下！"何玉庭斩杀一只白鸡，并接着罗选青的话厉声地说："那就跟这雄鸡一样！"③ 将喷流的鸡血滴入神坛面前的大酒杯中，众位袍哥兄弟开始共饮血酒。由以上《草莽英雄》开山立堂的礼仪可看出，该剧具有浓厚的袍哥文化。

---

① 阳翰笙：《草莽英雄》，群益出版社 1949 年版，第 103 页。
② 阳翰笙：《草莽英雄》，群益出版社 1949 年版，第 104—105 页。
③ 阳翰笙：《草莽英雄》，群益出版社 1949 年版，第 105—106 页。

三、袍哥文化的消长与《草莽英雄》的版本变迁

在巴蜀现当代作家的袍哥书写中，各版本删改幅度最大的当属阳翰笙的剧本《草莽英雄》。在不同历史时期，《草莽英雄》各版本所蕴含的袍哥文化内容截然不同。剧本《草莽英雄》源自1937年1月阳翰笙为联华公司所写的电影剧本《草莽英雄》，联华公司准备让孙瑜导演拍摄，后因抗日战争爆发未能实现，作者便把这个孕育已久的题材重新写成话剧《草莽英雄》。[①]　就电影剧本的故事梗概来看，它与话剧无论在内容还是作品人物上均相差较大。故事以清兵入关，明末义士奋起抗清为背景，在扬州十日、嘉定三屠，经过数十次恶战之后，大好河山全被清军占领，抗清民族义士要光复汉族，"只有从下层社会中去努力组织秘密会社开始"[②]。于是这些抗清民族义士持着象征民族革命的火炬悲壮地道别，这是该电影故事的序幕。该电影剧本主要写川南抗清民族义士费静厂组织会党抗清的故事，贫苦农民罗平青在生活无望的情况下加入会党，费静厂在与团练总局局长李荣华的一次激战中牺牲，罗平青被大家推举为会党领袖。他率领众弟兄专与清政府对着干，抢粮银、劫囚犯、杀贪官、打土豪、救贫苦、抚老幼，威震四川省。在四川保路风潮中，革命者杨彬对罗平青晓以民族大义，罗因此而积极参加保路运动，带领众弟兄围困叙府，斩杀李荣华，并释放周知礼。后来他被假投降的县官周知礼迷惑疏于防范，被巡防军围困偷袭，被炮弹击中而惨烈牺牲。该电影故事中袍哥文化色彩分外浓厚，故事中反清会党组织主要指哥老会，而会党中人即四川袍哥。其中罗平青的入会仪式，即袍哥开香堂。该故事中费静厂给罗平青举行入会仪式，并在费静厂的部下刘成指导下练习各种刀枪拳棒，学习会党的各种规矩。[③]　会党中人冯杰到李家寨拜码头，来到茶馆以"茶碗阵"方式联络他们。[④]　何小豪见状知道冯杰是会党中人，然后带他去见费静厂，告知革命党杨彬被清兵捕获途经此地，恳求他设法搭救。费静厂的堂妹若男与罗平青成婚之日，各地众多会党前来贺喜。[⑤]　李荣华知悉后招募数百名敢死队员乔装贺喜者乘夜袭击，费静厂在与李荣华的敢死队交战中身负重伤，他在生命垂危之际，命令众弟兄推举贤能代替其职位，大家异口同声推举罗平青，费静厂首肯，将秘密文书（即会党规章

①　阳翰笙：《风雨五十年》，人民文学出版社1986年版，第297页。
②　阳翰笙：《草莽英雄本事》，《阳翰笙选集》第三卷，四川文艺出版社1989年版，第677页。
③　阳翰笙：《草莽英雄本事》，《阳翰笙选集》第三卷，四川文艺出版社1989年版，第681页。
④　阳翰笙：《草莽英雄本事》，《阳翰笙选集》第三卷，四川文艺出版社1989年版，第681页。
⑤　阳翰笙：《草莽英雄本事》，《阳翰笙选集》第三卷，四川文艺出版社1989年版，第682页。

《海底》）授予罗平青，叮嘱数语后溘然长逝。① 贪杯滥赌的何小豪被李荣华收买叛变，按照帮规要遭受惩罚，其中叙及惩办何小豪的细节："平青始集众开会于森林中，刀光火光，把那座山林渲染得十分森严、神秘。会议开始，便将小豪提出审问。审问结果，小豪自知违反了会党中最严重的戒条，也就很痛快地自己去扑尖刀而死。"② 惩办了何小豪后，罗平青将会党规章简述了一遍，并将这次聚义兴师光复汉族的要义加以扼要说明，然后誓师发炮，向县城浩浩荡荡开去。③

由电影故事提炼升华的话剧《草莽英雄》改动较大，人物名称、剧本内容均有较大改变。就人物看，主角罗平青改称罗选青，革命党杨彬改称唐彬贤，费静厂的部下刘成，变成了罗选青的大管事何玉庭，叛徒何小豪变成骆小豪，没有了费静厂这一袍哥领袖，若男变成了罗大嫂，并增加了时竟成的妹妹时三妹。由此可见，话剧《草莽英雄》的描写更接近阳翰笙故乡罗选青这一真实人物及其事迹。相比电影剧本，话剧《草莽英雄》具有更浓厚的袍哥文化色彩。据作者的日记反映，该剧本原计划由六幕八场组成：（1）序幕，金台山上郑成功送别汉留前五祖。（2）辛亥年夏，罗选青及其左右筹划开山立堂——分两场。（3）罗开山堂时为其兄弟骆某所卖，被捕。（4）狱中罗选青的活动——分两场；（5）胜利后罗编练部队，义释王知事，及高县人民狂欢。（6）罗在叙府翠屏山上被害。④ 从以上分幕、分场可看出该剧具有浓厚的袍哥文化色彩，其中序幕部分——金台山上郑成功送别汉留前五祖，一般被视为袍哥的起源，这在袍哥文献《海底》《汉留全史》中均有记载。直到 1942 年 10 月 20 日《草莽英雄》才最终脱稿。该剧前后跨度的时间长，被认为是阳翰笙最成功之作。洪深认为这剧没有一个多的人物，没有一个多的场面，也没有一件多的事件，是一部很完整的艺术品。⑤ 但该剧作却遭到国民党当局查禁。中央图书杂志审查委员会于民国三十二年（1943）四月二十六日发出禁令："查该剧本（一）有类于为帮会作反宣传，在原则上与现行功令抵触，（二）技术上亦欠斟酌，所串插故事，抑党人而扬帮会殊属无理。"⑥ 该剧本被"禁止出版，禁止演出，没收原稿"，其罪名是"鼓动四川人民起来暴动，妄图推翻国民党政府，所以

---

① 阳翰笙：《草莽英雄本事》，《阳翰笙选集》第三卷，四川文艺出版社 1989 年版，第 683 页。
② 阳翰笙：《草莽英雄本事》，《阳翰笙选集》第三卷，四川文艺出版社 1989 年版，第 685 页。
③ 阳翰笙：《草莽英雄本事》，《阳翰笙选集》第三卷，四川文艺出版社 1989 年版，第 685 页。
④ 阳翰笙：《阳翰笙日记选》，四川文艺出版社 1985 年版，第 30 页。
⑤ 阳翰笙：《阳翰笙日记选》，四川文艺出版社 1985 年版，第 147 页。
⑥ 阳翰笙：《阳翰笙日记选》，四川文艺出版社 1985 年版，第 148—149 页。

非严禁不可!"① 当然,就目前所能见的资料而言,已无从阅读阳翰笙该剧作的原稿,但作者当时的日记反映,该剧本原计划的六幕八场中,有很多与袍哥文化相关的内容,特别是国民党图书审查委员会禁止该剧出版、上演及没收原稿的原因"为帮会作反宣传"与"抑党人而扬帮会",可知该剧本应具有浓厚的袍哥文化色彩。

　　1945年8月,抗日战争胜利后,毛泽东到重庆与蒋介石谈判,签订"双十协定"。《草莽英雄》得以上演与出版。1946年,该剧陆续在重庆、上海、成都等城市上演。在上海,由洪深导演该戏,为了解"洪门"礼节规矩,他专门向杜月笙求助,杜月笙派"洪门"大哥亲临现场指导,第三幕开山立堂,进香堂唱词之老么,为真正"洪门"弟兄所客串;在排练开山立堂一节时,导演洪深亲自拈香,对关云长像行三鞠躬礼,类似平剧串关公戏时,先行举香礼拜之虔诚一般。② 因为该剧本涉及袍哥"洪门"的秘密内幕,为进一步增强该剧的历史性、真实性,排演时涉及几大段袍哥"切口"(隐语),以及袍哥礼仪"作揖"(丢歪子)的身形、动作与手势,洪深都让演员反复练习,绝不含糊。③ 另据当时资料反映,上海光华剧院上演第四幕开山立堂之时,甚至在舞台上现场宰杀活鸡,以增强袍哥开山立堂歃血盟誓的逼真性、鲜活性。④ 因为演员在生活中没宰杀过活鸡,加上灯光、道具配备不是很好等原因,演出没达到预期效果,但可以想象,该剧上演时袍哥文化色彩十分浓厚。再看《草莽英雄》剧本,1942年7月完成的剧本原稿内容已不得而知,但从1946年2月上海群益出版社出版的剧作《草莽英雄》的单行本可知,该剧本对有关袍哥文化的内容做了进一步删减。如序幕中的金台山郑成功送别汉留前五祖被删去,罗选青开山立堂等内容被进一步删减,但该版本还是具有浓厚的袍哥文化色彩。比如,剧本中各类袍哥人物的塑造,开山立堂的过程,袍哥败类的惩办等,均依照袍哥相关礼仪与袍哥规矩。可以说,在巴蜀现当代作家中,这样直接描写袍哥历史事件,展示袍哥文化的,阳翰笙当属第一人。

　　新中国成立后,剧作《草莽英雄》做了很大改动⑤,以1982年12月,中

---

　　① 阳翰笙:《〈草莽英雄〉再版序》,《阳翰笙剧作集》(下卷),中国戏剧出版社1982年版,第127页。

　　② 夏仲春:《草莽英雄幕后花絮》,《上海特写》1946年第26期。

　　③ 青:《草莽英雄排演点滴》,《星光》1946年第19期。

　　④ 阿茜:《草莽英雄的网外新闻:杀活鸡弄巧成拙》,《春海》1947年第1期。

　　⑤ 1957年2月,人民文学出版社出版了《阳翰笙剧作选》,剧作《草莽英雄》收入其中。1982年12月中国戏剧出版社出版了《阳翰笙剧作集》,该剧亦被收入。1983年3月,四川人民出版社出版了《阳翰笙选集》,亦收入《草莽英雄》。

国戏剧出版社出版的《阳翰笙剧作集》（下卷）所收剧作《草莽英雄》为例，其中袍哥文化色彩大大减弱。相对于民国时期的版本，主要有如下改变：就人物名称而言，时三妹改为陈三妹。就人物称谓而言，罗选青由"汉留中的龙头大哥"，改称为"高县保路同志会会长"；魏明三由"袍哥中的行二二哥"，改称为"保路同志会会员"；吴文波由"袍哥中的行三三哥"，改称为"保路同志会会员"；何玉庭由"袍哥中的行五五哥"，改称为"保路同志军大管带"；唐彬贤由"袍哥中的行五五哥，革命党"，改称为"革命同盟会会员"；冯杰由"袍哥中的行五五哥"，改称"囚犯"；汪六由"袍哥中的行六六哥"，改称"禁子"；骆小豪由"袍哥中的行六六哥"，改称"叛徒"；朱老九由"袍哥中的行九九哥"，改称"猎人"；魏老幺在改版本中没有了身份。此外，民国时期版本中的其他人物，如汉留哥弟甲、乙、丙、丁等均已删除。由剧作人物称谓变化可知，剧中人物已经去掉了袍哥这一重要身份。在对具体人物的介绍上，有关袍哥的身份的内容也都删除了，比如民国时期的版本对罗选青的介绍"罗选青罗大爷，汉留中的龙头兼香主"，以及其作为袍哥大爷性格特征描绘的一些关键词如倔强、傲然、豪胆、侠义、敢作敢当、济困扶危、拔刀相助、义之所至等①，都进行了删除。何玉庭作为罗选青的得力助手，袍哥中的大管事，民国时期的版本这样描述："他在汉留中行五，是罗选青手下的承行大管带，他的责职很重要，他得'上辅拜兄，下管拜弟'，'上与拜兄伙分忧解愁，下与弟兄们铲高削平'。"②新版本删改成："他是保路同志军中的大管带。"③民国时期的版本对骆小豪的介绍是："他在汉留里行六，江湖上的人都叫他骆六哥。"④新版本删改成："他是保路同志会的会员。"⑤开山立堂是剧本《草莽英雄》第三幕的重要内容，包括场景的设置和具体仪式等，新版本虽然还保留该部分，但许多布景被删减。比如，民国时期的版本中，开山立堂的布景有："在野地高处的正中，设有一大神坛，坛中供奉关帝圣座，始祖郑成功，五祖蔡德英、方大成、马超兴、胡德帝、李式开等的神座"，两旁案上供奉"有功汉留的诸死者的灵位：时竟成的灵位，即供奉在左边案上。"而在"神坛上置一大木斗，灵位前摆着几座小香炉，斗中炉内都满燃着香烛，神坛前面高挂着一座红灯，灯下横插着七星宝剑一把，两边排立着一尺、一秤、一明镜，及刻画着龙凤的

---

① 阳翰笙：《草莽英雄》，群益出版社 1949 年版，第 29—30 页。
② 阳翰笙：《草莽英雄》，群益出版社 1949 年版，第 23 页。
③ 阳翰笙：《草莽英雄》，《阳翰笙剧作集》（下卷），中国戏剧出版社 1982 年版，第 17 页。
④ 阳翰笙：《草莽英雄》，群益出版社 1949 年版，第 5 页。
⑤ 阳翰笙：《草莽英雄》，《阳翰笙剧作集》（下卷），中国戏剧出版社 1982 年版，第 6 页。

棍棒一对"①。但这些内容并未出现在新版剧作中。此外，罗选青朗诵的"出山柬"，以及唐彬贤加入袍哥的烦琐礼仪也都被删减了。

为何阳翰笙民国时期所写的《草莽英雄》具有浓厚的袍哥文化色彩，而新中国成立后的版本中袍哥文化大大减弱，甚至全面删除呢？这与作家作为职业革命家的身份与经历有重要关系。在巴蜀现当代作家中，阳翰笙的袍哥书写不同于其他作家，袍哥一般是以正面的形象出现在他的戏剧创作中。阳翰笙作为左翼作家的著名代表，是以职业革命家的身份来进行文学创作的，这使他的袍哥书写显然不同于李劼人、魏明伦的袍哥书写，即使是同为左联作家的沙汀，包括同样是地下革命工作者的马识途，阳翰笙与他们的袍哥书写都差异较大。总观阳翰笙的文学创作，无论是他的小说《十姑的悲愁》《义勇军》，长篇小说《地泉》（由《深入》《转换》《复兴》组成），还是电影剧本《生死同心》《夜奔》《八百壮士》《万家灯火》，以及话剧《塞上风云》《李秀成之死》《草莽英雄》《天国春秋》等，均具有强烈的意识形态导向，且服务于现实的政治功利性较为突出。他历史题材的创作更有影射现实与讽喻现实的目的。《草莽英雄本事》具有浓厚的阶级色彩，其中写道："正值川南大饥，李家寨一带的村民，大都日以菜皮、草根拌米糠、山芋饱腹，本是为穷困所苦的平青，当然就无法为老母求医药了。"② 李家寨的数百村民到大佃东李荣华家借租米以度荒年，李荣华不但不施救，反而抓捕并以棍棒驱散饥民，罗平青请去给自己母亲看病的医生也被李荣华的团丁强拉去为李荣华的母亲看病。当罗平青回到家中，他病危的母亲已气绝身亡多时。罗平青在会党帮助下才能葬母，在生活无着落的情况下加入会党是他不得已的选择。该电影故事百姓揭竿而起有深厚的阶级原因。

话剧《草莽英雄》同样具有强烈的政治意识。该剧本创作刚刚结束时，周总理对剧本的历史背景曾作精辟分析：保路运动和辛亥革命的胜利果实先后被摇身一变的保皇党和袁世凯为首的封建军阀所篡夺，这一惨痛教训是值得记取的。历史证明，资产阶级民主革命只有在无产阶级领导下才能取得成功。③ 应该说，剧作《草莽英雄》很好地体现了这一意识形态，并很好地服务了这一现实目的。因此，袍哥大爷罗选青倒在了假投降的官兵炮火之中。保路运动在李劼人的《大波》、郭沫若的《反正前后》等作品中都有叙述。在这次保路运动

① 阳翰笙：《草莽英雄》，群益出版社1949年版，第88—89页。
② 阳翰笙：《草莽英雄本事》，《阳翰笙选集》第三卷，四川文艺出版社1989年版，第679页。
③ 阳翰笙：《〈阳翰笙选集〉话剧剧本集自序》，潘光武：《阳翰笙研究资料》，知识产权出版社2010年版，第249页。

中，巴蜀袍哥担当了重要历史使命并起了重要历史作用。但李劼人的《大波》、郭沫若的《反正前后》均没有对袍哥在这次保路运动中的贡献作直接描写，而阳翰笙的《草莽英雄》则对参加保路运动的袍哥罗选青等给予了直接正面描写。《草莽英雄》中的袍哥群体是以正面的形象出现在保路运动这一历史事件中，并对历史进程有重要的推动作用与贡献，就此而言他们是英雄人物。但他们却有着自身的"草莽"特征与历史局限性，即使是作为同盟会会员的革命者唐彬贤，在这一历史使命中所发挥的作用都非常有限，因此，他在剧作中书呆子迂腐气较为浓厚，他的建议很难让罗选青相信与采纳。因此，国民党图书审查委员会以该剧本"所串插故事，抑党人而扬帮会殊属无理"为重要原因查禁该剧作。① 以罗选青为代表的"草莽英雄"只能以悲剧性的结局收场，这也正迎合了周总理的精辟观点："资产阶级的民主革命只有在无产阶级领导下才能取得成功。"新中国成立后，在巴蜀近现代史上喧嚣辉煌一时的袍哥组织被取缔，与此相联系，在新中国成立后的新版《草莽英雄》中，主要人物的袍哥身份被删除，袍哥文化大大减弱，这实际与阳翰笙"文学创作要符合新中国主流意识形态，要符合新中国历史使命"的观点相一致。由阳翰笙《草莽英雄》版本的历史变迁，可看出袍哥文化演绎的历史轨迹。

---

① 阳翰笙:《阳翰笙日记选》，四川文艺出版社 1985 年版，第 148—149 页。

第七章　马识途小说创作与袍哥文化

新中国成立后，一些罪大恶极的袍哥被处决，袍哥组织被取缔、解散，曾活跃于巴蜀近现代社会的江湖帮会组织宣告终结。因此，当代作家的袍哥书写语境显然不同于民国时期巴蜀现代作家的袍哥书写语境，与巴蜀其他现当代作家相比，马识途主要根据曾经的地下革命工作者与中共地下党员的身份经历进行小说创作，因此，他的袍哥书写显然不同于巴蜀其他现当代作家。曾经革命的传奇经历成为马识途小说创作的重要资源，"不想当作家，只想革命，结果他反倒当成了革命作家"①。由此可见，马识途曾经的革命经历对他的小说创作有重要影响，他曾经的地下党工作与巴蜀袍哥有紧密联系，并将其具体表现在小说创作中。

第一节　马识途与巴蜀袍哥

马识途的家乡忠县位于重庆东部，东界万县，南界石柱，西界丰都，北界梁平、垫江。忠县自古以来民风剽勇、淳朴，该地的忠烈人物巴曼子即是明证："周末，曼子以忠县人为巴国将军，驻节忠县，时巴国内乱，曼子求救于楚，许以三城，巴国既宁，楚使请城，曼子曰，吾头可断，城不可给，遂于是年三月初四日自刎，以头授使，楚王叹曰，'使吾得臣如曼子，用城何为？'忠县人感其忠烈，立祠奉祀，迄今不衰。"② 为祭奠巴曼子的忠勇，他们每年在他殉节的那一天，扎彩亭彩龙，杂以鼓乐，举着巴曼子夫妇塑像，绕城一周，以示纪念。三国时期，忠县另一重要人物严颜也表现出其忠勇性格："三国时，县人严颜，奉刘璋令守巴郡，为张飞所获，呵之曰，'何以不降？'颜曰：'我

---

① 马识途：《学习创作的体会》，陆之璧：《马识途专集》，四川文艺出版社 1988 年版，第 37 页。
② 陈德甫：《忠县乡土志》，墨家轩 1949 年版，第 29 页。

州有断头将军，无降将军。'"① 之后，张飞感其忠烈而释之。忠县得名与其民风忠勇有重要关联，由此亦可见，忠县民风强悍忠勇自古皆然。

马识途的家乡，袍哥发展繁盛，据《忠县志》记载："袍哥何时传入忠县无考，但在清末已遍及城乡。"② 保路运动后，忠县的袍哥更得到前所未有的发展，主要为"仁义礼智"四堂袍哥，据《忠县城的袍哥组织》一文记载：

> 忠县城袍哥共分四大堂，也称仁、义、礼、智四竿旗。仁字旗建立较早，先成立八个小堂口，后来合并称为"忠孝社"，最早的领导人是杨少斋、柳惠卿，继起者是杨星五、柳植五、吴泽三、秦月浦、朱耀廷、熊实之、周首民、黄德斋等，所接纳兄弟，多是有门第士绅与财主的子弟；义字旗原分上、中、下三个小堂口，后合并称为"建忠社"，领导人有谢锡九、蔡泽三、彭定堪、袁树臣、毛亚藩、杨绰如、周达福等，接纳兄弟多属中层人士子弟；礼字旗先亦分上、中、下三个堂口，后合并称为"精诚社"，领导人有张少房、张玉清、张碧清、陈励、吴国璋、秦齐三等，接纳兄弟以小商小贩为多；智字旗又称四喜堂，也是三个小堂口，后合并称为"智维社"，也称民主社，领导人有岳俊臣、汪侠、龚荣生、陈成熙等，接纳的兄弟多为平民青年，即所谓下层活跃人物。③

忠县袍哥四大堂口之间，一般说来是和睦相处的。为争入社兄弟偶尔发生一些小纠纷，但很快就解决了。1946 年秋，忠县城区发生了轰动一时的"义"字袍哥熊正汉受"仁"字大爷朱耀廷夺产、戏妻之辱，愤而枪杀朱耀廷未果而自杀的案件，引起一、二竿旗之间的尖锐斗争。后来经邻县丰都的"义"字大爷汪海泉从中调解，始得和平息事。④ 谢天开讲述马识途、罗广斌两家世交时也曾提及此事。民国时期，忠县"杏花村"酒楼发生了"义"字袍哥红旗管事二爷熊正汉向"仁"字袍哥舵把子朱耀廷连开五枪，然后自杀而死之事。其原因与上文的叙述有差异。此事起因于朱耀廷在县城西山筑西山公园时，无意间将熊正汉家的祖坟掘平。熊正汉决定为其祖宗报仇，于是在"杏花村"酒楼对朱耀廷连开五枪将其击倒，然后当着"仁""义"两堂袍哥兄弟的面开枪自杀而死。大难不死的朱耀廷向忠县各袍哥组织宣布，他敬佩熊正汉的侠义之举，

---

① 陈德甫：《忠县乡土志》，墨家轩 1949 年版，第 29—30 页。

② 忠县志编纂委员会：《忠县志》，四川辞书出版社 1994 年版，第 664 页。

③ 谢树：《忠县城的袍哥组织》，忠县政协学习文史工作委员会：《忠县文史·资料选编》第一辑，1991 年版，第 42—43 页。

④ 谢树：《忠县城的袍哥组织》，忠县政协学习文史工作委员会：《忠县文史·资料选编》第一辑，1991 年版，第 43 页。

愿意献出为家父备办的上等楠木棺材，厚葬熊正汉，并亲为熊正汉披麻戴孝，在西山公园"耀亭"旁边为其树碑，以宣扬忠县袍哥人家的侠义之风。① 由此可见忠县袍哥的血性。"四海之内皆兄弟。由于最初袍哥人家具有水浒英雄的豪侠义气，因此对于未成年渴望男子气的青少年来说，具有很强很浪漫的吸引力，也从另一方塑造了长江三峡地域民众的彪猛悍霸之气。"②

在当时的忠县，袍哥势力非常强盛。辛亥年间，县城附近袍哥大爷刘永祯的母亲辞世，他为母亲治丧，当时前往吊唁者络绎不绝，绵延 30 余华里。③ 由此可见袍哥大爷刘永祯在当地的影响力。袍哥还参与民间社会秩序的维护，民众之间发生纠纷讼事，多由当地袍哥大爷在堂口茶馆断理调解。④ 在忠县，袍哥不但在民间有强烈的控制力、影响力，主流社会亦受其控制影响。据说："当时外来县长上任时，要先拜访有声望的袍哥大爷，县政府处理地方重大问题，要请有关的袍哥大爷到场。"⑤ 袍哥的力量还表现在对政府行政的把持、控制上，民国三十四年（1945），抗战著名将领罗广文之父罗宇涵与"义"字袍哥大爷谢锡九竞选省参议员，谢锡九依靠"仁""义""礼""智"四堂袍哥的支持，竟击败罗广文之父罗宇涵，当上省参议员。⑥ 民国晚期，忠县"仁"字袍哥大爷杨国琛之子杨星五当上大爷后，将"仁"字堂口合为"忠孝社"，统驭了县城袍哥绅商各界及地方武装势力，左右县政直至忠县解放。⑦ 从以上事例可窥见袍哥势力对忠县的影响与控制。

可以说，马识途家乡忠县的袍哥发展情况只是巴蜀近现代社会的小小缩影，土生土长的马识途对此了然于心。就在四川解放前夕，当贺龙带领人民解放军挺进四川时，马识途即向贺龙汇报当时四川土匪、袍哥的猖獗："特务土匪遍地皆是，地主豪绅势力强大。特别是袍哥势力，深入到城乡的三教九流中去，可以裹胁和欺骗群众，地主联盟的武装大多掌握在这些袍哥大爷手里。他们又是地头蛇，熟悉地理民情，又善于打游击。"他还提及四川解放前夕的几次暴动，不怕国民党的正规军和保安团队，"唯独怕这些穿着便衣到处乱窜的

---

① 谢天开：《国共兄弟：马识途、马士弘，罗广斌、罗广文兄弟纪实》，中国文史出版社 2010 年版，第 84 页。

② 谢天开：《国共兄弟：马识途、马士弘，罗广斌、罗广文兄弟纪实》，中国文史出版社 2010 年版，第 85 页。

③ 忠县志编纂委员会：《忠县志》，四川辞书出版社 1994 年版，第 664 页。

④ 忠县志编纂委员会：《忠县志》，四川辞书出版社 1994 年版，第 664 页。

⑤ 忠县志编纂委员会：《忠县志》，四川辞书出版社 1994 年版，第 664 页。

⑥ 忠县志编纂委员会：《忠县志》，四川辞书出版社 1994 年版，第 664 页。

⑦ 忠县志编纂委员会：《忠县志》，四川辞书出版社 1994 年版，第 664 页。

地头蛇——袍哥武装"①。贺龙听到这一情况后,十分重视,他吩咐马识途给入川的军人做报告时,强调注意对付四川的袍哥势力。后来也证明了这一事实,当时出现了几十万土匪,一些县城沦陷,有的甚至打到了成都城外,而这股邪恶力量正是地主、特务和袍哥势力的联合。一些人因为没有重视马识途报告中注意对付四川袍哥势力而付出了生命代价。② 由此可见马识途对巴蜀袍哥情状的熟悉。

马识途还叙及他在扬州求学时,因宣传抗日与校方发生冲突而被关进监狱。在狱中,他以巴蜀袍哥的江湖规矩与犯人头目交涉起来:"我虽然没有跑过江湖,在家乡却也听说过。到了这里也只好学起江湖派头,向那个看来是老大的犯人拱拱手,在胸前用小指比画一下,开口说:'山不转路转,石头不转磨子转,兄弟是四川袍哥码头上跑腿的小老幺,转到哥子们面前来了。礼节不到的地方,还请包涵。'说罢我把香烟拿出来,先给那个老大一包,又从另外一包里抽出一支,送到他嘴边,擦火柴替他点燃,接着见人送一支。"③ 由此可见马识途对家乡袍哥礼仪的熟悉。更不用说,在他的革命经历中,还经常遭遇真正的袍哥人事。当马识途在成都进行地下工作时,有两次组织领导学生的事件即与袍哥相关,其一是反抗国民党抓捕官箴予事件:"官箴予是成都一个有名的袍哥大爷,掌戏吃黑的舵把子",他因和地方势力联系紧密而混进成都政治舞台。"当时任成都市参议会议员的官箴予,为了竞选国大代表,竟同国民党反动当局唱反调,公开骂国民党。其本意是想捞取政治资本,但却被国民党警察逮捕了。"当时川康特委及时决定,抓住这个事件,搞一个争民主、争民权的群众运动,揭露国民党违反宪法反民主的面目。经研究决定,发动一次学生上街的示威游行,川大带头一呼,其余各校即刻响应。最后四川省主席被迫答应释放官箴予。这次斗争"巧妙利用敌人营垒的矛盾,紧紧对准国民党反动派,重点揭露蒋介石的伪宪法和假民主"④。其二是动员学生、知识分子到农村去发动农民搞武装斗争。当时由李维嘉等同志带四川大学的一批学生和骨干到大邑深入到农民中去,减租减息,组织游击队,"他们把刘文彩的武装缴了械,要他拿银圆来换回缴了械的枪,要他减租减息。"⑤ 刘文彩正是四川著名的袍哥舵爷,依仗他的弟弟著名军阀刘文辉,他在大邑、宜宾、雅安、乐

---

① 马识途:《贺龙在成都》,《景行集》,四川人民出版社 1980 年版,第 14 页。
② 马识途:《记贺龙》,《景行集》,四川人民出版社 1980 年版,第 14—15 页。
③ 马识途:《在地下》,人民文学出版社 2005 年版,第 76 页。
④ 马识途:《在地下》,人民文学出版社 2005 年版,第 503—504 页。
⑤ 马识途:《在地下》,人民文学出版社 2005 年版,第 507 页。

山、成都等地有强烈的影响力、控制力。马识途还叙及营救被捕的籍田铺暴动领导人陈俊卿时，他让自己人装扮成本地的袍哥，把守渡口检查鸦片烟贩，趁此击毙押送特务，救出陈俊卿。① 此外，马识途还谈到他在西昌经历的一场奇特而危险的旅行，在他所乘的"老爷车"去雅安的路上，经过袍哥刘大爷的地界，刘大爷强行坐"老爷车"到雅安，乘客因祸得福，正是有这位袍哥大爷的"保驾"，一车人才顺利到达雅安。从雅安到西昌的沿路都是由袍哥大爷掌控的独立王国，他们常常为运营鸦片而打仗，于是马识途装扮成专门调解这些袍哥大爷纠纷的"调解委员"，一路上与这些掌红吃黑的袍哥舵把子们周旋。他首先遇到吴舵把子手下的盘问与检查，这个吴舵把子当了政府的区长，但他们不认省政府县政府的官员，"只认他们袍哥界的舵把子，龙头大爷"②。因此，马识途伪造了成都冷总舵把子的名片，声称要去拜访富林羊总舵爷，故而通行无阻，并在吴舵把子的公馆里受到热情款待，走时还送他二百大洋表示对"张委员"的孝敬③，这些独特经历在他的小说《西昌行》中多有反映。可以这样说，马识途在地下革命经历中遭遇的这些袍哥人事无疑对他的创作有重要影响，并与他写"新传奇"的文学观念相融合，形成马识途小说创作独特的袍哥叙事。

第二节　马识途的江湖"传奇"书写

马识途的小说创作具有浓厚的意识形态色彩，他找到了袍哥书写与江湖"传奇"相匹配的叙事形式。马识途曾说："用摆龙门阵的方法写起我的小说来，尽量把民间艺人的长处，吸收到我的作品里去，甚至我乐意把我写的某些革命斗争故事叫做'新评书'或者'新传奇'。"④ 可以说，用"摆龙门阵"的叙述方式来写"新评书""新传奇"，这种带有江湖意味的"传奇"形式是马识途小说的重要表现方式，也是其袍哥书写的重要表现方式。

一、意识形态与江湖"传奇"

马识途小说创作风格的形成与他自小受民间艺术熏陶、他的革命经历以及

① 马识途：《在地下》，人民文学出版社 2005 年版，第 520 页。
② 马识途：《在地下》，人民文学出版社 2005 年版，第 535 页。
③ 马识途：《在地下》，人民文学出版社 2005 年版，第 537 页。
④ 马识途：《我追求中国作风和中国气派》，陆之璧：《马识途专集》，四川文艺出版社 1988 年版，第 34 页。

他所经历的巴蜀袍哥人事有重要关系，也与巴蜀民间江湖文化有关。马识途自小接触江湖民间文化，从民间艺术以及古典传奇小说中吸取了营养。他曾叙及幼时逢年过节的夜晚，他就是不吃晚饭打起火把跑十几里路，也要通夜站着欣赏那震耳欲聋的高腔。最让马识途着迷的是那些走乡串院的说书人所讲的评书，他曾论及说书艺术的引人入胜："在故事情节的安排上，力求曲折神奇，扑朔迷离，神龙见首不见尾，决不让你一览无余。"① 他从民间说书艺术中找到了用"摆龙门阵"的叙事方式来写"新评书""新传奇"的方法，具体表现为注重情节曲折性、生动性与传奇性，这与袍哥文化具有的神秘性、传奇性有契合之处，这也是马识途小说创作中深具袍哥文化色彩的重要原因。

作为地下革命工作者的马识途，由于其革命经历的影响，他的创作多选择革命斗争相关的题材，深具政治意识形态性。因此，马识途的袍哥书写不同于李劼人、沙汀、魏明伦，甚至与同样具有丰富革命经历的阳翰笙的袍哥书写也有所差异。他曾说："我们搞的是社会主义文学，是为人民服务的，应该让更多的群众从我们的作品中受到潜移默化的积极影响。"② 20 世纪 80 年代初期，武侠、言情等通俗文学创作潮流充斥文坛，马识途深感忧虑，在他看来："社会主义的出版和发行，除开也要赚一点钱外，还有更重要的向人民提供更美好的精神食粮的原则，而绝没有为了赚钱不惜污染人民灵魂的权利。"③ 这也反映在他的文学创作中，他努力使文学创作服务于社会主义广大人民群众，并给予他们潜移默化的深刻影响。因此，马识途的小说创作多选择革命历史题材如《清江壮歌》《巴蜀女杰》《三战华园》《魔窟十年》《京华夜谭》等。《清江壮歌》写贺国威、柳一清在鄂西恩施清江河畔开展秘密地下工作，后因叛徒出卖被捕入狱而壮烈牺牲。两位主人公是以烈士何功伟、刘惠馨（马识途的妻子）为原型而塑造的。《巴蜀女杰》以张爱萍等七位革命女烈士为原型，结合作家地下工作中所熟悉的人和事，描写了女地下革命工作者张萍潜入军统做译电员而最后英勇牺牲的传奇故事。正如作者指出，该小说要让读者悟出："我们现在这个幸福的或者还不够幸福的社会不是从天上掉下来的，而是革命者前仆后继，英勇斗争，壮烈牺牲得来的。"④ 并指出"象张萍那样毫无个人的私心杂

---

① 马识途：《我追求中国作风和中国气派》，陆之璧：《马识途专集》，四川文艺出版社 1988 年版，第 32 页。

② 马识途：《谈谈雅文学与俗文学——在〈华子良传奇〉作品讨论会上的讲话》，《当代文坛》1987 年第 5 期。

③ 马识途：《后记》，《三战华园》，四川人民出版社 1982 年版，第 86 页。

④ 马识途：《后记》，《巴蜀女杰》，中国青年出版社 1986 年版，第 431—432 页。

念，把自己的每一个细胞、每一滴血都毫无保留地、心甘情愿地贡献给革命的青年，真是成千累万，成千累万！而且我敢断定，如果没有他们，就没有今天的中国"①。由此可见，马识途的小说创作带有意识形态导向，他要讴歌那些挽救民族危亡，忠于共产主义信仰，饥寒交迫、颠沛流离、妻离子散，乃至壮烈牺牲的地下革命工作者，以对读者大众达到教育作用，可以说这是马识途小说创作的思想内核。

革命斗争题材的相关内容与广大读者喜闻乐见的江湖"传奇"形式是马识途文学创作的重要内容与表现方式。他的小说与一般的革命历史小说不同，其独特性在于将意识形态的导向性与读者喜闻乐见的形式相结合。他这样的举措无疑是与当时充斥于文坛的"庸俗小说"争夺阵地、争夺读者。他说："当八十年代的中国出现了各种牌号的庸俗小说，它汹涌而来，不断地冲击雅文学的堤坝。……当此之际，许多小说家坚持雅文学的阵地，固守小说的宫殿，从事代表文学水平的'阳春白雪'的创作。我对他们表示尊敬。然而我却乐意于从事通俗故事的制作，立意去迎合那些'下里巴人'这么一个广大读者群，企图和那些不健康的庸俗小说去争夺阵地，争夺群众。"② 马识途的小说创作一方面具有强烈的意识形态性，以达到教育读者的目的；另一方面，采用巴蜀民间"摆龙门阵"的叙述方式，成为读者喜欢的"新评书""新传奇"，即带江湖意味的"传奇"形式。他多以民间江湖为背景，以巴蜀"摆龙门阵"的叙述方式来叙写革命的江湖"传奇"故事。

马识途的《三战华园》属革命历史题材小说，该作具有浓厚的江湖传奇特征。革命者洪英汉受党组织的委派回四川从事秘密地下工作。他从重庆出发到成都东大街华园茶馆与成都地下党组织接头。成都敌特组织截取了该秘密信息，他们采取放长线钓大鱼，然后一网打尽的诡计，决定在华园茶馆抓捕从重庆来的革命者洪英汉和前来接头的地下党组织成员。于是，成都地下党组织与成都敌特组织在华园茶馆斗智斗勇。整个作品采取说评书讲故事的形式，情节曲折跌宕，具有很强可读性。《找红军》讲的是穷苦百姓寻找红军救星的故事，深具民间江湖传奇色彩。作品中王天林与其他几个穷苦百姓在找红军的路上被国民党中央军拦截无法前行，还被抓了壮丁，最后他们杀掉押送他们的营长，自己成立红军队伍。故事采用了官逼民反的核心主题。他们以歃血盟誓的方式结盟，作品叙述道："大家七嘴八舌地商量了一阵，都说要成事，要紧的是大

---

① 马识途：《后记》，《巴蜀女杰》，中国青年出版社1986年版，第432页。

② 马识途：《后记》，《京华夜谭》，四川文艺出版社1987年版，第477页。

家一条心，都主张到庙里磕头赌咒，砍断头香。我们就在附近找了一个破庙，也不知道是什么菩萨，我们七个人一字儿跪下，赌咒发誓，要当红军，谁要变心，天诛地灭。一起砍了断头香才站起来。"① 在结盟中，年龄最大的以及找红军的发起人被推为"大哥"，并选出了军师与管事。这种江湖结盟的方式，类乎巴蜀袍哥的民间结拜方式。他们成立队伍后袭击了一个国民党的落伍队伍，并用缴来的枪壮大自己。他们在大山里迂回游荡，专打地主豪绅，拉土老财的"肥猪"，打富济贫的名声远播。

《夜谭十记》采用了"夜谭"形式，让十个衙门小科员每天晚上摆"龙门阵"，轮流讲一个"传奇"故事，其故事具有浓厚的江湖味。其中的《破城记》也是革命历史题材的故事，讲的是共产党游击队申队长借新生活视察团要到县衙视察新生活之机，假扮新生活视察委员来到县衙门，将县太爷、县党部书记长、银行朱行长、中学校长以及县里面各色体面人物要得团团转，并用县太爷贿赂给"新生活视察委员"的三万块钱的"包袱"，以及高老太爷给的五十两烟土在高队长那里换得了游击队急需的武器枪支，并救走被抓去的共产党人。作品把国民党县级政府的腐败，县长的弄虚作假、贪赃枉法，高老太爷的外强中干，高队长徇私贪赃，以及共产党游击队长的机智勇敢鲜活地表现了出来，具有浓厚的江湖传奇性。

二、民间权力与江湖"传奇"

正如前文所述，民间权力常与主流社会的权力形成对立的作用与反作用关系。马识途的小说创作中对此有重要描绘，他笔下的绿林好汉、袍哥正是民间权力的实施者。他的小说《盗官记》中的张牧之既是一位绿林好汉，也是一位袍哥人物。《雷神传奇》中的雷神也是一位绿林好汉。无论是张牧之还是雷神，他们都与主流社会有着强烈的阶级对立性，他们选择为匪正是官逼民反，最终被"逼上梁山"的结果。《盗官记》是一篇描绘民间政治与江湖传奇的重要作品，作品写买官赴任的县长王家宾带着家眷与随从走马上任，县长王家宾在下船时掉入江中死去。随从会计主任当机立断，让随从秘书顶替县长，并与县长夫人成为夫妻，然后走马上任。走马上任后，新的县长大量搜刮民财，在捞够民财后逃之夭夭，在逃跑途中被绿林好汉张牧之劫获。经拷问，张牧之知道了买官卖官的底细，突发奇想为何自己不去买一个县官来当当，以救民于水火。果然，他用从逃跑的假县令处劫取来的钱财买了个县令委任状。当他走马上任

---

① 马识途：《找红军》，四川人民出版社 1961 年版，第 54 页。

后，专门惩治以黄天榜为首的恶霸，让老百姓拍手称快。张牧之的几个兄弟伙见土豪劣绅和地主老爷作威作福，欺压百姓，但又不能公开打抱不平，于是决定晚上行动，专门惩治那些欺压百姓的土豪劣绅。张牧之为官后，虽然赢得了老百姓的拥护爱戴，却越来越清楚地认识到，仅靠他一个青天大老爷很难救民于水火，倒不如学范哈儿建立自己的独立王国，打出一个小小的江山，和兄弟伙们大碗喝酒，大块吃肉，称兄道弟，公平分钱，这样来得更痛快。《盗官记》中的人物可以分为两类，一是以黄天榜为首的绅粮、老爷们，二是以张牧之为代表的绿林好汉们。张牧之以县长身份走马上任，并对以黄天榜为代表的势力给予打击，这显示出江湖民间政治的威力。作家赋予该作品浓厚的阶级意识，以黄天榜为代表的官绅富人阶层为富不仁。黄天榜危害一方，他是造成张牧之家破人亡的罪魁祸首。张牧之到西山为匪而成为绿林好汉，实际是地主老爷们将他"逼上梁山"。张牧之出生于穷苦农民家庭，他的妹妹被地主老爷强奸而跳水自杀，他父亲与这位作恶的地主打官司，但黄天榜给县太爷的一张名片就叫张牧之家破人亡。张牧之召集一伙长工杀了这个作恶多端的地主而被逼上西山"落草"。张牧之"落草"后专与地主老爷贪官作对，他吃掉黄天榜放在西山的"棚子"①，在西山的势力越来越强大。在买了"县长"而走马上任后，他又集绿林好汉、强盗、袍哥、县令于一身，专门惩治贪官污吏、土豪劣绅，为老百姓申冤做主。

《雷神传奇》具有强烈的阶级性与江湖传奇性。该小说讲述了县太爷巴到烂、王老太爷、王老大爷、申老太爷和他们的对立者雷神之间的矛盾斗争的故事。巴山县城有一位县太爷巴道南，老百姓给他取了个外号叫"巴到烂"。把"巴到烂"推上县太爷宝座的是被老百姓称为"巴山虎"的王老太爷王承恩以及他的儿子王老大爷。王老太爷是前清举人和"赐进士出身"，做过几任县官后告老还乡。谣传他的儿子王老大爷是他的小姨太和王老太爷一个年轻力壮的马弁所生。这些官绅的死对头雷神是一位在大巴山被百姓广泛传颂的传奇人物。他骑一匹快马火龙驹、带一把大刀、一支手枪，专打人间不平事，杀富济贫。这是一位与地主老爷、达官贵人对着干的绿林英雄，巴山城里那些作恶多端的老爷都会被雷神砍掉脑袋。这位传说中的雷神名叫李天林，虽只是一个普通农民，但他身上有一股英武豪迈之气，并经历了不少人世沧桑。"巴到烂"

---

① 像黄大老爷这样当权的地主，嫌地租、高利贷和各种捐税盘剥老百姓太轻微，便把自己的武装偷地放进山里，拦路抢劫行人，私种私运鸦片，拉土老财的"肥猪"，以这些等手段来加速自己财富的积累，干这种勾当就叫"放棚子"。参见马识途：《夜谭十记》，人民文学出版社1983年版，第85页。

无意碰见雷神，并发现他原来只是一个青年农民，并不是有三头六臂，可以扯雷打闪、呼风唤雨的天神。雷神与王老太爷有阶级对立之争与杀父之仇。他的父亲李老陕在陕南杀了财主逃到大巴山打猎为生，受到王老太爷的无理盘剥。一次他的父亲被王老太爷骗进公馆招认陕南杀人命案，他父亲要与仇人以及王老太爷拼命而被马弁开枪打死。因此，雷神回到巴山就是要为他父亲报仇。李天林从小定亲的女子秋香出身贫困，因为长得漂亮被一家财主看上弄去当丫头，后被那家少爷强奸后跳水而死。因此，李天林与为富不仁的官绅、财主作对，有着浓厚的阶级对立性。

马识途小说创作中强烈的意识形态性与江湖"传奇"特征常常完美融合在一起。《盗官记》采用了官逼民反的江湖"传奇"模式，故事的主角是集贫民、土匪、强盗、袍哥身份于一身的传奇英雄人物，这使该小说具有浓厚的江湖传奇色彩。就其内容看，买官卖官本就具有传奇性，而一个绿林好汉买官更具有传奇性。作品中这些绿林好汉们锄强扶弱、杀富济贫，具有飞檐走壁的本领。因此，当张牧之的兄弟伙晚上做锄强扶弱、杀富济贫之事时，街头巷尾就会出现神奇的传闻，说是从天上降下神灵来专门惩恶扬善，或说是几个侠客深夜进城，他们都飞檐走壁，来无影去无踪，专门扶弱济贫惩治强霸。由此可见该作品浓厚的江湖"传奇"特征。

马识途的《雷神传奇》深具江湖"传奇"特征。在该作品中，雷神在民众心目中本身即是一个传奇。老百姓赋予雷神以如下传奇特征："这个雷神从天上下来，就住在笔架山顶上那个雷神殿里，他每次下山来办事都是在黑夜。他下山来可是威风得很，大雷大雨伴着他下山，那炸雷就从雷神殿打起，震天动地，一路上轰轰隆隆地打下山来，好不吓人！"雷神骑着火龙驹，颜色火红，奔跑如飞，蹄上生出火花，脚下一步一个炸雷。再看民众赋予雷神的外形特征："红头发，红眉毛，红靠衣，手里拿着一把大砍刀，亮晃晃的大砍刀上还系得有一根红带子像火烧着的一样，这就和雷种殿上坐在神龛上的那位雷神菩萨一模一样，还有一个吐火的尖嘴巴，他只要把手一挥，打出闪电，接着就响起炸雷，劈里啪啦，一眨眼就到了山下。"[①]

马识途《雷神传奇》中描绘的大巴山是一个神奇的江湖世界，活跃于大巴山的都是一些绿林江湖人物。救过雷神的丁元平走投无路被迫上大巴山为匪。因为人少成不了气候，他决定去投靠"神兵"王神仙。他们见面时，王神仙问："这位大哥从哪里来，找贫道有何见教？"丁元平一听他说话，知道他是走

---

① 马识途：《雷神传奇》，人民文学出版社1992年版，第6页。

过江湖的人，他便学着江湖的规矩，向王神仙一拱手说："无事不登三宝殿，兄弟是山外的猎户，敝姓丁，草字符平，原是'齐天大圣齐大爷'公馆上跑幺排的，现在山上打猎为生，今天闯了神仙的山门，是有要事特来相告。"王神仙一听丁元平说的这一套，知道他也是一个久闯江湖的人，而且是在大巴山上杀人如麻，有名的"浑水"袍哥"齐天大圣"的兄弟伙，加上丁元平身上还带着硬家伙，王神仙便客气地说："丁兄远道上山，未曾远迎，失敬失敬。"[①] 并向丁元平发出邀请的姿势。仅从以上两人对话看，江湖味十足。

李天林来往于陕南与大巴山做生意，正遇见老相识谭鹰眼。谭鹰眼为了在李天林面前夸耀自己的威风，也为了在那些绿林好汉面前夸师弟李天林的本事，便把附近传得到的山大王都请了来。作为大巴山北面的山大王谭鹰眼野心蓬勃，他对李天林纵论起整个大巴山的形势："现在来说，大巴山北面的各路英雄好汉，可以说都站在我这杆旗子下面来，可以听我的统一号令。南面那边，就不知道是哪一位大哥能够发号施令？原来听说从东路那边来了一个王神仙带的神兵队伍，那恐怕也不过是凭刀枪戈矛在打仗。最近才听说出了一个雷神，很有几下子。不知道他能不能号令各路英雄？说实在的，我们这些人凭地势在大巴山里称王称霸，算得是一条龙，要走出山外去，就只是一条虫了。如果想成大气候，那就要把山北山南的各路英雄都拉起联手来，统一行动，才敢打出山外去。"[②] 作品叙及的山大王谭鹰眼及他宴请的这些山大王和那些喽罗们，都活跃于大巴山这一神奇的江湖世界中。

第三节　革命、江湖"传奇"与袍哥书写

正如前文所述，政治意识形态与江湖传奇是马识途小说创作的重要特征，他的袍哥书写正是这一特征的重要表现。在马识途的文学创作中，袍哥要么是江湖绿林好汉借以增强自己实力的重要手段，要么是革命者为了革命目的的另一重要身份。袍哥大爷的头衔可成为革命者化险为夷的一张关键名片，因为革命者在革命过程中不得不与袍哥大爷打交道。这些都成为马识途袍哥书写的重要内容，使他的小说具有浓厚的江湖传奇性。

一、马识途的江湖"传奇"叙事

马识途的《盗官记》是其脍炙人口的重要作品。在该作中，绿林好汉张牧

---

① 马识途：《雷神传奇》，人民文学出版社 1992 年版，第 164 页。

② 马识途：《雷神传奇》，人民文学出版社 1992 年版，第 189—190 页。

之为了能顺利实施惩治贪官污吏、锄强扶弱、杀富济贫等行为，和陈师爷赶到省城用钱打通门路，拜省上一位最有势力的袍哥大爷刘总舵把子做靠山。这位总舵爷也高兴收这位县太爷当门生，随时能三五千地得点孝顺钱，这是典型的江湖交易。在张牧之与黄天榜的争斗中，黄天榜让他在省政府当官的儿子去探访县太爷张牧之的底细，原来张牧之确实是刘总舵把子的门生弟子。刘总舵把子不但能呼唤近半个省的袍哥和土匪，而且他的哥哥还是本省有名的军阀，连蒋介石对他都莫可奈何。① 黄天榜只能自认倒霉，输了这口气。张牧之为老百姓伸张正义，锄强扶弱，这让黄天榜怀疑他是共产党。他们暗中到省党部调查统计室请来两个特务调查张牧之的真实身份，但他们的方法对付共产党有效，对付张牧之却不行。《盗官记》是马识途的重要作品，袍哥书写的江湖传奇色彩增强了作品的传播与接受力，这也是姜文导演将其改编为电影《让子弹飞》并大获票房的重要原因。

袍哥书写是马识途小说创作江湖传奇性的重要表现。在该类小说中，袍哥大爷的一张名片，常成为革命者从事地下工作的重要工具或化险为夷的重要手段。马识途的《西昌行》讲述了地下革命工作者张子平在前往西昌途中与袍哥大爷们机智周旋的故事，江湖"传奇"味较为浓厚。地下工作者张子平接受地下党特委书记老王的派遣去西昌执行紧急任务，党准备在西昌乡下暴动。据从敌特内部得到的消息，此事已被那里的特务发觉并上报给省里的特务机关，且已经命令西昌的特务加紧侦察，企图把那里的地下工作者一网打尽。情况十分危急，必须立刻通知这些地下工作者转移，暂时推迟暴动，这一项特殊而危急的任务需张子平亲自去口头传达。从成都到西昌路途遥远，交通不便。张子平带着紧急使命向西昌进发，从成都到雅安，汽车一路颠簸着艰难前行。他首先遇到了强行坐车的袍哥舵爷刘大爷。刘大爷宛若这一独立王国的太上皇，出行时前呼后拥："他就是这一带的无上权威，生杀予夺的大权全操在他的手里，他要把你拿来红烧，你是不敢要求清炖的。"② 一车的乘客却因祸得福，因为刘大爷坐在车上，车一路畅行，没有土匪骚扰，更没有土匪拦路抢劫，汽车一路平安到达了雅安。从雅安到富林一路都是袍哥的势力范围，张子平不得不与这些袍哥大爷巧妙周旋。这些袍哥大爷为了贩卖鸦片的利益而争战，一路上的商人几乎绝迹，雅安去富林的路艰难无比。张子平于是以调解委员的身份，来

---

① 作品中的刘总舵把子应该有刘文彩的影子，刘文彩（1887—1949），成都大邑安仁镇人，著名袍哥人物，其弟刘文辉，其侄刘湘，均是四川著名军阀，是蒋介石惧怕的军阀人物，刘文彩的发迹与他的弟弟刘文辉有重要关系。

② 马识途：《西昌行》，王祥：《马识途短篇小说选》，四川少年儿童出版社 1984 年版，第 9 页。

调解这些地头蛇袍哥大爷们贩运鸦片的冲突纠纷。他只管坐上滑竿带上跟班，大摇大摆，扯起旗号说是专程前往富林，去请杨总舵把子出来"拿言语"。交通员小孙为张子平伪造调解员身份铺平道路，为他假造省调解罗委员的身份，向张子平介绍这一路袍哥大小头目的情况和袍哥们之间的冲突，还教张子平说几句不可少的袍哥黑话，并带上仿造的成都总舵把子林总爷的名片和去富林找杨总爷的介绍信。他们一路前行，经过一些袍哥舵把子主宰的独立王国，却在一个地方受到检察大兵的拦截，即使拿出官方文件对方也不让通行。张子平知道这些袍哥舵爷实际就是土霸王，也不管省政府、县政府，但是作为袍哥大爷，都会买总舵把子的账。张子平于是拿出准备好的袍哥大爷的名片，小孙把名片递给拦截检察的大兵时说道："哥子，你们大爷是哪杆旗的？成都的林舵爷他不认得，总认得富林的杨总舵爷吧？我们就是杨总舵爷的客人。你回去问他，他还想在江湖上走不走路？"成都林总舵爷他不晓得，但富林的杨总舵爷他却熟知，他们的吴舵把子经常提起，这是几百里地界里，一呼百应，山摇地动的总舵爷。得罪了他老人家那还了得，他一下子就认怂了，对滑竿上的张子平毕恭毕敬地站着，又对小孙说："这位小兄弟替我美言两句：我吴二有眼不识泰山，冒犯了委员，得罪得罪！"[1] 当这位袍哥排行老二的吴二哥去给他们的吴总舵把子报告后，吴总舵把子亲自带着他的兄弟伙来给张子平赔礼道歉，并在他的府上前呼后拥地款待张子平，让他们抽最好的大烟，并请他们在成都的林总舵把子面前美言，还拿出一百块大洋与上好的大烟给小孙，让他们在杨总舵把子面前多多美言，好让自己在贩卖鸦片中多得利益。除与这些袍哥大爷们打交道外，张子平从泸沽进山，过彝族地区往富林去的路上土匪很多。这种土匪其实就是当地袍哥大爷和恶霸放出来的"棚子"。这些地主恶霸、袍哥大爷们除了向农民重租勒索外，还把带着枪的弟兄伙放在别的恶霸或袍哥管辖的地区的要道口，向来往商人勒索买路钱。有时干脆抢夺东西，甚至把过路的"拉肥猪"，通知家里拿银圆或鸦片烟来赎取。从以上叙述可看出，袍哥大爷的头衔成为张子平地下革命工作的重要手段，这篇小说素材源自马识途真实的革命经历，只是作品中的人物做了改变。[2]

二、《魔窟十年》的袍哥书写

在马识途的袍哥书写中，加入袍哥或伪造袍哥身份成为地下革命工作者打

---

①　马识途：《西昌行》，王祥：《马识途短篇小说选》，四川少年儿童出版社1984年版，第26—27页。

②　马识途：《在地下》，人民文学出版社2005年版，第528—550页。

入敌特内部从事地下秘密工作性的重要手段，这是马识途小说中江湖传奇的重要表现。马识途的《京华夜谭》讲述了地下革命工作者李亨化名肖强打入国民党内部的革命传奇故事，他从事地下秘密工作的保护色就是袍哥身份。作者在有关《京华夜谭》的创作缘起中说："正当在我国书林中'剑仙与奇侠共舞，蝴蝶共鸳鸯齐飞'的时候，我下决心从我的脑海里钩沉，写这么一部传奇式通俗小说《京华夜谭》。就是说用我的'夜谭文学'的格调，给大家摆一个传奇式的龙门阵。"① 有关肖强的革命传奇故事，马识途还以章回小说的形式给予表现，并以《魔窟十年》为书名出版。② 在该传奇故事中，肖强的父亲是著名的袍哥大爷，党组织看中他的袍哥出身与复杂的社会关系，委派他从事地下秘密工作。肖强凭借自己的机智勇敢，顺利地打进敌特心脏，一次又一次地完成党的地下工作，依仗的正是他的袍哥身份，借助了有重要关系的袍哥人物的力量：一是他的父亲袍哥大爷李长龙，二是他的岳丈袍哥大爷陆开德，以及他们的拜把子袍哥兄弟们。

肖强的父亲李长龙是著名的袍哥大爷，其袍哥出身是从土匪"棒老二"开始，然后接受军阀的招安。李长龙从小无家无业，约了几个流氓拦路抢劫而上山为匪，绑票、贩运鸦片、占山为王，拉起几百人队伍。之后，他被一个打垮了的老军阀看中，委他个不大不小的司令，开到一个县城里割据做一县之主，再一混竟然成了旅长。肖强父亲军阀兼袍哥大爷的身份在民国四川军阀中有一定普遍性，"要当官，杀人放火候治安"。据资料反映，川军第五师熊克武部官兵大多是辛亥民军中的袍哥队伍改编而成，之后熊克武部扩编为川军第一军，其第六师中杨春芳、陈兰亭、范吉祥、刘鹏程 4 个团皆是川东的袍哥队伍。川军第二军杨森部范绍增、乔得寿、曾子唯等为"袍哥师"。第三军刘成勋部有何鼎臣、郑慕周等"袍哥旅"；邓锡侯部有魏甫臣、邓国璋等"袍哥师"；刘文辉有覃筱楼、羊仁安、石肇武等"袍哥旅"。利用袍哥拖滩成军是四川军阀割据一方拥兵自重的主要手段。这些"袍哥司令"多有"浑水"袍哥的经历，比如，范绍增最先是当土匪、嗨袍哥后被军阀收编。③ 肖强的父亲李长龙在四川军阀混战中，被进川的国民党军队收拾后，他将搜刮来的金银搬回安乐镇，修公馆，买田置地，在县城里开杂货铺、旅馆、烟馆、酒楼，等等，结交县里三教九流的人物，于是大家推举他做了县里的龙头大爷，在县设立总社。他手下

---

① 马识途：《开场白》，《京华夜谭》，四川文艺出版社 1987 年版，第 1 页。

② 马识途：《魔窟十年》，重庆出版社 1990 年版。

③ 四川省地方志编纂委员会：《四川省志·民俗志》，四川人民出版社 2000 年版，第 320－321 页。

的袍哥都是些为非作歹掌红吃黑的人物。李长龙一方面广交天下英雄好汉，他凭借过去的关系，广结重庆、成都的军阀和码头上的袍哥大爷；另一方面，他还不惜以大把钞票，广交三教九流人物，利用这些人给他提供情报。作为袍哥舵爷，李长龙思想开通，他识字不多，但他订了一份《大公报》，叫人读给他听；他还拿出大量钱财创办学校，资助乡里子弟出外留学，特别要他的儿女努力读书，出去闯荡江湖，靠自己的本事建功立业。由此看出，李长龙是一个思想开明、眼光长远的袍哥舵爷。

肖强就出生在这样的环境中，他是李家的三少爷，也是李长龙最喜欢的儿子，李舵爷一心想让他来接替龙头宝座，所以从小对他严格要求，并让他好好读书。肖强 18 岁考上了四川大学。卢沟桥事变后，抗日怒潮席卷全国，肖强一天天进步，他加入共产党领导的秘密组织"民先"，开始从事秘密革命工作。因为知道他父亲栽培袍哥赌咒发誓喝血酒的经历，因此，对于"民先"严格的纪律，他很容易接受并很快得到组织的信任。肖强被组织批准到延安学习，并奉命利用他父亲袍哥舵爷的身份回老家弄路费和他父亲作为袍哥舵爷的名片，这些却被他聪明的父亲识破，肖强因露出马脚而慌张，他父亲反倒宽慰道："现在的青年嘛，人各有志，要走自己的路。到延安也是一条路嘛。这个江山到底将来是姓蒋还是姓毛，我看也说不一定。你要去延安，我也不拦你。蒋介石坐天下，这边有我；毛泽东得天下，那边有你。两边都有人，还好一些。"[1]这正是袍哥的处世哲学：一只脚踏两只船，两边吃糖，无往不胜。在四川军阀和地方势力的倾轧争斗之中，袍哥很懂得"改换门庭"的办法，一切以个人的利益为出发点，这也正是巴蜀袍哥的处事原则。

在延安学习后，肖强接受组织的安排回到四川从事秘密工作。他神不知鬼不觉地从延安来到重庆南方局报道，和党组织接头后，组织上让他恢复李亨的名字，他的首要任务就是回到老家去，充分利用他父亲袍哥大爷的地位在家乡站稳脚跟。他穿着组织上给他的国民党军队上尉衔的军官制服，去拜访他父亲的结拜兄弟袍哥大爷龙大泽。龙大泽是重庆"嗨"得开的总舵把子，自己开了山堂，名叫宏泽社，下面在各处设了支社，占了不少"码头"，兄弟伙三教九流的人都有。凭他的一张名片，可以走通三江四海，就是掌握军政大权的地方官僚和警察、宪兵、特务也要和他"联络联络"不敢拿架子。肖强离开南方局到龙大爷府中的行踪受到军统特务的注意，正是借助龙大爷的权势，肖强也才得以脱身，并凭借他的名片顺利回到家中。

---

[1]　马识途：《魔窟十年》，重庆出版社 1990 年版，第 20 页。

肖强的父亲李长龙是县城的总舵爷，他要把权力移交给肖强。肖强按照他父亲为他设计的道路进行着，他被带到县里三教九流人物中去拜访，他们都认为肖强年少英俊，仪表非凡，大有出息。肖强慢慢地和县政府县党部以及各种法团的头脑们都有了往来。肖强知道，这一切都源自他父亲在县城里的声望，那些袍哥大爷们也知道，肖强父亲的意图是要把他推上龙头宝座。按照"嗨"袍哥的正常程序，肖强要从老幺开始，一步一步地往上爬，爬上管事，才有资格"嗨"大爷。于是大家向李长龙提出，把肖强提升为"一步登天"的大爷，李长龙为此让下面的管事四处活动。肖强也不惜大把花钱招揽兄弟结纳袍哥，终于得到各公口大爷的同意，开香立堂，肖强"嗨"成一步登天的大爷。在李长龙势力影响下，肖强在县城里慢慢吃得开来，他可以坐茶馆"吃讲茶"断公案了。经李长龙的努力，他也被纳入县国民党兵团的建制，并被委派到县立中学里去担任军事教官。他结交了省特务机关系统下派的县特务头子胡以德，挤走军统特务县党部书记长许云寿，并铲除许云寿安插在共产党内部的眼线张云杰，这为他后来到成都打入敌特机关打开入口。

肖强还借为他父亲做六十大寿之机，广泛结交天下袍哥舵爷，进一步加强他在袍哥中的势力，提升他的威望。他请来了两个重要袍哥人物，一是重庆的总舵爷龙大泽，二是成都总舵爷陆开德。在袍哥大爷李长龙看来，现在年逢花甲，在江湖上跑了几十年，上上下下的码头结识的人不少，就是大小官府和地方军队里也有好多熟人，连那些运鸦片烟的，拉棚子"捉肥猪"的，以及三教九流之人，他都有一些交情，可以说他年满六十，登上了他一生事业的顶点。现在借六十大寿会一会各路朋友，显一显他的势派，从此以后，他就准备"关山门"，他的山堂也不再收徒弟而闭门谢客，养老归终。他这次做寿的主要意图是把肖强推出来亮一亮相，要肖强来承接他的香堂，赢得各路码头的支持。李长龙告诉肖强，哪怕把田产卖掉一半也要办得风风光光。在李长龙看来，附近县各码头的舵把子会来给他做寿，片子发出去就行。他最关心的是要把他在江湖上结交得好的两个总舵爷请来，一个是肖强在重庆去拜望的龙大泽，一个是成都的陆开德。他在前几个月就派了得力管事，采办了大量山珍海味和本地土特产，送到重庆和成都去拜会他们，请他们到安乐镇来耍一耍。两个月以前，他还亲自去重庆和成都走了一趟。两个总舵爷都赏了他的面子，愿意亲自来给他挂寿匾。李长龙回到家里，高兴得连嘴都合不拢了。他告诉肖强："这是光耀我家门庭的事，同时也是你借此'出山'的机会啊。"[1] 李长龙做六十

---

① 马识途：《魔窟十年》，重庆出版社 1990 年版，第 69 页。

大寿的主要意图也正与肖强的意图相同，由此看出袍哥民间权力互相利用的复杂关系。

成都舵把子陆开德身边管交际的秘书周武哲正是肖强的上级①，周武哲成为袍哥舵爷陆开德的秘书，可看出党组织秘密工作的开展很好地利用了袍哥的身份与社会权势关系。周武哲指示肖强："为了让你到成都去吃得开，你去成都以前，要借你父亲在袍哥中的势力，把你引荐给陆总舵爷，陆总舵爷在成都袍哥界是有势力的人物，你靠上这一棵大树，就好乘凉了。"② 因此，陆总舵爷来为他父亲做寿时，肖强拜在陆总舵爷门下。在拜门仪式上，陆总舵爷叫他的跟班从他的提箱里取出一把折扇来，他亲手交到肖强手里。那扇子上有陆总舵爷的名讳，拿出这把扇子在江湖上作照会，便知道他是陆总舵爷的贴心人了。这消息被肖强的父亲大肆张扬出去，那些码头上的人又来给肖强的父亲道喜，县城里更是传开了，都知道肖强是一个在上下码头上"吃得开"的人。当肖强接到去成都打入敌特内部的任务后，就动身去了成都。临行前他的父亲四处散播消息，说他的儿子要到大码头去干大事了。码头上的熟人都知道肖强到成都去找陆总舵爷做靠山，一定大有出息，都来向他祝贺。胡以德也热心地给肖强写了去成都的引见信，这是肖强去成都发展的敲门砖。这时肖强的上级周武哲对他说：

> 虽然组织上急切需要有人打进特务里面去获取情报，但是又不能操之过急。必须把工作做得扎扎实实的，一步一个脚印……我看你还是先到陆总舵把子家里去拜门，在他的门下站稳脚跟，在成都袍哥界里"海"开了，你才能够拿起你的敲门砖，伸手去敲特务的门。要知道，特务和袍哥常常是拉了连襟的，特务很喜欢从袍哥里去物色特务，认为那样可靠。你要让特务上门来找你，你不要急于去找特务……你越对他们冷，他们才能和你热乎起来。③

由此可见，党组织很好地利用了敌特与袍哥的相互关系。于是肖强去拜见陆总舵爷，陆总舵爷见肖强想跟他"嗨"袍哥很是高兴，开始把肖强带到他的社交活动中去，就像他原来带周武哲一样。有了肖强这么一个大学生当秘书，

---

① 据资料反映，李长亨化名黎强打入中统敌特组织，与他接头的是南方局的刘文哲，马识途小说中的周武哲有当时南方局刘文哲的影子。参见陈稻心：《地下尖兵黎强》，成都市地方志纂委员会编：《成都市志·公安志》，四川人民出版社1999年版，第558页。

② 马识途：《魔窟十年》，重庆出版社1990年版，第77页。

③ 马识途：《魔窟十年》，重庆出版社1990年版，第90—91页。

在他活动的三教九流的圈子里也算是一种光彩。准备文稿、发表讲话、办交涉、出点子，等等，陆总舵爷越发离不开肖强，他被认为是总舵爷的影子和代理人。那些码头上的权势人物，那些三教九流的头脑们，要想把事情通到总舵爷这个权势中心来，必须依靠肖强。肖强在大茶馆里也算是说得起话的人物，可以随便"拿言语"。他身边有一群狐朋狗党，可以随意驱使。为了进一步增进关系，肖强更成了陆总舵爷的女婿。肖强和陆淑芬的订婚仪式举行得相当有派头，陆总舵爷本来说不要张扬，可是在码头上的头面人物还是来了不少。连肖强家乡码头上的一些人，也跟着肖强的父亲到成都祝贺来了。秘书加上女婿的身份，肖强身价愈发高涨，三教九流来找他说合的事更多了。肖强越是在袍哥社会中吃得开，中统越是看重他，越想提拔和重用他，肖强以中统上尉通讯员资格被保送进中央军校特别班受训。特别班毕业后，又以密报川军贩运鸦片、走私银圆立功而逐渐取得中统的信任。肖强的努力并没能使他进入省党部调统室工作，他很是着急泄气，这时周武哲告诫他，让他好好操袍哥，学会特务们应具的处事行为，要学得精，操得亮，组织上批准你和他们同流，你只要不合污就可以了。真正要做到出淤泥而不染，也不是容易的事，在社会上"玩滚龙"，过特务们的腐化生活，在码头上掌红吃黑、在堂子里吃花酒、打晕麻将、调戏妇女……肖强很是厌烦这些生活，喝酒划拳，吸鸦片，就这样"鬼混"与"堕落"下去，他的妻子陆淑芬亦非常心痛，劝他不要这样醉生梦死，做一个规矩人。他的岳丈也劝他："逢场作戏而已，不要过了份。"[1] 他也害怕自己陷进堕落的泥坑而不能自拔，但中统的人却越来越欣赏他。后来肖强通过了试探考验，取得了中统的进一步信任，终于打进中统核心层，并轻而易举地获得了情报。这时周武哲批评他不要小有胜利便得意忘形。现在的任务是如何站稳脚跟巩固地位，要真像一个特务那么行事、说话和生活，不露形迹，而不是着急地抄出那些情报。眼前的任务是认真了解中统机关情况，了解周围的社会环境，和上级、平级、下级搞好关系，并且要进一步靠拢陆总舵把子，在码头上更吃得开，这对巩固在特务机关的地位很有关系。生活上还要更随便一些，保持和他们差不多的腐化外表。

就这样，肖强一步一步地，终于打入敌特内部最核心层，凭借他的机智勇敢，为党传递情报，并利用魔窟中敌特间的矛盾与利益纠葛，使军统、中统、袍哥大爷等相互争斗，纠缠厮杀，保护党内同志，传递敌特情报。肖强从延安回到四川，利用他父亲袍哥大爷的身份"嗨"袍哥，当一

---

[1] 马识途：《魔窟十年》，重庆出版社 1990 年版，第 104 页。

步登天的大爷。后又通过他父亲的引荐，到成都拜在袍哥大爷陆总舵把子的门下，让陆总舵爷赏识。由此看出，肖强作为地下革命工作者，利用他父亲的袍哥身份与地位，利用重庆袍哥大爷龙大泽的身份与影响，利用成都袍哥总舵爷陆开德的权势与影响，打入了敌特中心。因此，他作为地下革命工作者打入敌特内部核心层，袍哥以及与袍哥的相互关系起到相当重要的作用。

肖强这一人物是马识途以真实的地下革命工作者为原型塑造而成。马识途曾叙及，国民党于 1947 年 3 月进攻延安，大打内战后，在大后方大搞白色恐怖，并决定于同年 6 月 1 日在全国统一行动，抓捕共产党和进步分子，"敌人在成都没有抓到一个真正的党员，就是因为我们有埋伏在特务机关的黎强同志"①。黎强本名李长亨，地下党组织让李长亨化名黎强打入敌特内部展开地下工作套取情报。马识途的小说《魔窟十年》将这位打入敌特内部的地下工作者黎强改名为肖强，书中的肖强本名为李亨。地下革命工作者肖强为打入敌特内部，借助他父亲在家乡的势力，自己也"嗨"袍哥，并借助重庆、成都两位袍哥大爷的权势与影响，过着"同流而不合污"的生活，终于打进敌特核心阶层。马识途说："黎强原姓李，是四川大学的学生，思想进步，却比较灰色。他后来悄悄去了延安，上了陕北公学研究班。他在那里入党，并被秘密派遣回四川。在南方局由董必武老亲自安排，要他利用他的社会关系，设法打进中统特务里去。长期埋伏，由南方局单线联系。抗战胜利后才把他的关系交给川康特委。"② 我们完全可以推知，这里所说的"利用他的社会关系"设法打进中统特务里去，应该主要指利用袍哥身份以及袍哥社会关系打入敌特内部核心层。另据陈稻心写的有关黎强的采访稿《地下尖兵黎强》，李长亨为安岳人，党组织让他化名黎强打入中统敌特组织。该文未曾叙及他的父亲、他的岳父袍哥大爷的身份与社会关系，只是黎强在政研班"受训"时，同政研班同学中的中统骨干廖振华、郑政等交往，同他们一起拜把子，操袍哥，不久就当上了"仁字大爷"。中统袍哥大爷刘国辉（叛徒，川调室视察兼成都区区长）、军统袍哥大爷叶国良（成都稽查处行动组长）等都成了他的酒肉朋友，他也学会了他们的行话黑话。③ 因此，有关肖强操袍哥的经历，并利用他父亲、岳父袍哥大爷的权势与影响的情节，更符合一个土生土长的四川人的人设，以及当时四

---

① 马识途：《在地下》，人民文学出版社 2005 年版，第 500 页。
② 马识途：《在地下》，人民文学出版社 2005 年版，第 500 页。
③ 陈稻心：《地下尖兵黎强》，成都市地方志编纂委员会：《成都市志·公安志》，四川人民出版社 1999 年版，第 559 页。

川袍哥遍地，袍哥势力强盛的社会情状。除此而外，马识途的袍哥书写实际也是他江湖"传奇"的重要表现，地下革命工作者、袍哥、谍战，这些元素增强了其小说创作的传奇性与可读性。

第八章　魏明伦戏剧创作与袍哥文化

在巴蜀现当代作家中，魏明伦的创作巴蜀地域色彩较为浓厚，其剧作《巴山秀才》《变脸》《易胆大》《四姑娘》等，具有浓厚的巴蜀文化特色。《变脸》《易胆大》《好女人·坏女人》等剧作，更具有浓厚的袍哥文化色彩。作为巴蜀当代剧作家，其作品中的袍哥文化因子源自巴蜀整体袍哥文化背景，也源自魏明伦的出生地四川内江以及他生活工作的地方——自贡浓厚的袍哥文化氛围，还与剧作家幼时川剧演出经历中遭遇的袍哥人事有重要关联。

第一节　"川中南"近现代社会与袍哥的发展

内江与自贡作为"川中南"重要地域，是魏明伦出生与生活的地方，也是巴蜀袍哥发生发展活动的重要地方。就作家的出生地内江而言，它位于沱江下游中段，东连重庆，西接成都，南靠自贡、宜宾、泸州，北通资阳、遂宁，是连接古蜀国与古巴国的中间地带。因位于"川中"特殊的地理位置，该地域成为各种资源的重要集散地。内江是巴蜀袍哥形成较早的地方之一，据当地文献资料反映：清中叶，公元1800年左右，内江张家乡农民刘全，农闲时来往于袍哥起源地永宁当脚力采买耕牛，后在张家乡狮子山开山立堂，成立第一个袍哥"仁"字码头。随后参加人数增多，势力壮大，又由张家乡人甘东山，从"仁"字码头开拔出"义"字码头，之后，随着袍哥势力的进一步壮大，进一步扩展为"仁、义、礼、智、信"五面公口。张家乡狮子山成为川中袍哥的策源地，后来被称为"川中"袍哥组织的"老码头"。① 刘全在狮子山建立"川中"第一个"仁"字袍哥码头后，接着又在张家场、张家寺、龚家乡三处成立"仁"字码头，他被推为袍哥"总舵把子"。他的得力弟兄，有智勇双全的四大

---

① 高伯华等：《狮子山袍哥老码头与刘全：四川内江"哥老会"史话之一》，内江县县志委员会等：《内江县文史资料》，1983年1月第3期，第34—35页。

金刚："玲珑心"刘智、"飞毛腿"李勇、"弓箭手"张成、"大刀手"黄杰。四人都是袍哥中的骨干力量，也是刘全的得力助手。[1] 有关刘全在张家乡狮子山开山立堂创立袍哥码头在《内江县志》亦有记载：1800年，张家乡刘全从永宁带回哥老会组织条规，在狮子山开山立堂成立内江县第一个"仁"字码头。后来参加的人愈来愈多，便由甘东山另组"义""礼"公口。农闲时设棚练武，其口号是保卫乡里，实图推翻清政府，从者不下万人。[2]

内江张家乡狮子山是不是"川中"袍哥最早发源地不能确定，但内江袍哥起源历史较早可以肯定。《内江县志》另有记载：1820年，内江石子镇李某从云南引回"汉流"关系，于石龙山开山立堂，称"仁"字码头。相继在吴家铺、金堂、赵家渡等地分设码头，称"连丰码头"。[3] 辛亥革命前夕，内江城区又建立"仁"字公口八个，"义"字公口两个，"礼"字公口一个。1911年，内江军政府成立，本地袍哥头面人物朱章甫、夏石鼎、朱治平、马心斋参与军政府负责对外交涉联络。辛亥革命后，1913年，袁世凯下令取缔四川袍哥，内江袍哥首领朱章甫被杀。袁世凯倒台后，内江袍哥再次兴起。四川军阀混战期间，内江袍哥性质发生分化：一是所谓"中带皮"，自称"清水"袍哥；二是与滥兵结伙行劫，亦盗亦匪，社会上称"浑水"袍哥。一些善良百姓，积极加入"清水"袍哥，他们因为白棚（无袍哥身份者）受气，被恶势力当成"弯毛根"（盘发守旧的人）。[4] 1930年，内江城区有"汉安""永江""玉贤""久成""花萼""金玉"等二十三面公口，加上各乡的公口，总公口有一百三十多个，约五万多人。[5] 1936年，四川省政府颁布查禁哥老会条例，资中专员公署，指令内江县长盛一晋查禁哥老会，定哥老会为非法组织。盛一晋以后的两任县长，以哥老会是"割不尽的草"，表面上禁止，但以不出乱子为原则，实际不禁。抗日战争爆发后，官府不再提查禁哥老一事，袍哥组织遍及城乡，但多被地方势力利用，成为地方权力争夺的摇旗呐喊者。凡选举保民代表、乡民代表、县参议员，袍哥势力在其中起到"拉票"作用。1946年，内江国民代表大会代表选举，袍哥成为竞选者的重要支撑力量。[6]

以上是近现代内江袍哥的发展情况。该地是魏明伦的出生地，也是他自小

① 高伯华等：《狮子山袍哥老码头与刘全：四川内江"哥老会"史话之一》，内江县县志委员会等：《内江县文史资料》，1983年1月第3期，第35页。
② 四川省内江市东兴区县志编纂委员会：《内江县志》，巴蜀书社1994年版，第743页。
③ 四川省内江市东兴区县志编纂委员会：《内江县志》，巴蜀书社1994年版，第743页。
④ 四川省内江市东兴区县志编纂委员会：《内江县志》，巴蜀书社1994年版，第743页。
⑤ 四川省内江市东兴区县志编纂委员会：《内江县志》，巴蜀书社1994年版，第744页。
⑥ 四川省内江市东兴区县志编纂委员会：《内江县志》，巴蜀书社1994年版，第744页。

唱戏跑滩的地方，他少不了与地头蛇袍哥们打交道，遭遇的袍哥人事自然反映在他的戏剧创作中。自贡作为巴蜀中部偏南的地域，也是魏明伦生活过的地方，相对于内江，自贡区域袍哥发展情况较晚一些。据地方志记载，道光元年（1821），富顺县始有仁字哥老会组织，其成员多系衙门胥吏、差役和兵勇等下层人物。[①] 道光二十六年（1846），荣县始有袍哥。咸丰元年（1851），涂昆山在自贡开创西北堂码头，吸收军政商界人士，组织仁字从善会。[②] 据该地文献资料记载，清咸丰、同治年间，自贡即开始有哥老会。此时自贡盐业正处于发展时期，人口激增，涂昆山开西北堂码头，组织"仁"字从善会，成为自贡第一个袍哥龙头大爷，继任的大爷名叫廖四安。光绪年间，从善会的舵把子为常让侯、李玉清，他们积极"栽培兄弟"，发展袍哥组织。[③] 随着从善会的不断发展，约在清光绪二十年（1894年），王竹溪（曾在从善会当大管事多年）在大坟包、凉高山等地另立"仁"字码头，称为集贤会。从此自流井地区的"仁"字旗袍哥分成两个码头。该地地方志有如下记载：清光绪二十年，从善会大管事王竹溪在大坟堡、凉高山创立"仁"字集贤会。之后，余标、杨富廷在自流井地区创立"义"字孝义会，在贡井地区组建"仁"字码头。[④] 地方文史资料也有如下记载：在"仁"字分裂出集贤会之后，自流井地区又有余标、杨福廷等组建"义"字旗码头，称为孝义会。后来"礼"字旗袍哥也组建了礼贤会，龙头大爷为王德臣。[⑤]

　　清末，袍哥在巴蜀城乡属于半公开民间组织。辛亥革命后，贡井的"仁"字袍哥联合组成同仁社，分为四公段二十四个码头，有会员7000多人。[⑥] 另有资料记载，辛亥革命后，袍哥组织顿时兴旺起来，贡井方面"仁"字联合起来组成了同仁社，舵把子是黄象权，下设四十二个码头，声势浩大。[⑦] 其码头数量各资料记载不一致，但可看出贡井袍哥发展的规模。抗日战争开始后，盐场日趋发展，人口增加，袍哥得到了前所未有的发展。"智""信"两字旗分别

---

　　① 自贡市地方志编纂委员会：《自贡市志》，方志出版社1997年版，第1020页。
　　② 自贡市地方志编纂委员会：《自贡市志》，方志出版社1997年版，第1021页。
　　③ 罗筱元等：《自贡地方的哥老会》，中国人民政治协商会议四川省自贡市委员会文史资料研究委员会：《自贡文史资料选辑》第十二辑，1981年版，第89—90页。
　　④ 自贡市地方志编纂委员会：《自贡市志》，方志出版社1997年版，第1021页。
　　⑤ 罗筱元等：《自贡地方的哥老会》，中国人民政治协商会议四川省自贡市委员会文史资料研究委员会：《自贡文史资料选辑》第十二辑，1981年版，第91页。
　　⑥ 自贡市地方志编纂委员会：《自贡市志》，方志出版社1997年版，第1021页。
　　⑦ 罗筱元等：《自贡地方的哥老会》，中国人民政治协商会议四川省自贡市委员会文史资料研究委员会：《自贡文史资料选辑》第十二辑，1981年版，第91页。

创立了智全会、信远会，自此之后，"仁""义""礼""智""信"五字旗应有尽有，各自独立，但仍以"仁"字旗从善会人多势众，拥有会员一万人以上。其总会设在张爷庙，下有 81 个分会。① 从善会曾受到国民党利用而改称为"从善福利会"，并宣称为"合法"团体。② 1949 年，富顺县有各类袍哥堂口近1000 个，最大的哥老会团体是参议长简湘为社长的"仁"字永善会（有分会13 个）和地方实力派首领刘庸熙为社长的"仁"字两议公（有分社 15 个），各有成员 3000 人左右，名蜚川南各县。③ 由此可见自贡袍哥的迅速发展。

魏明伦 1941 年出生，正值四川内江、自贡袍哥发展的重要历史时期，内江、自贡等地的袍哥人事他有所耳闻。再加上魏明伦的父亲魏楷儒是当地著名川剧鼓师，兼通文墨，常为戏班编写新戏，为了生活，跟随川剧剧团走南闯北，少不了与巴蜀各地的袍哥人物打交道。川剧剧团在外打拼，以及他们演出成功与否，当地的袍哥起着至关重要的作用，因此，一些艺人参加袍哥，甚至最后成为袍哥大爷。

据采访对象金堂邱姓老人说，当时一些跑江湖的戏班子、商贩等都要拿财礼先去拜访当地"清水""浑水"袍哥舵把子，把言语拿顺，才能免去麻烦。魏明伦的戏剧作品《易胆大》中的川剧艺人受到地头蛇袍哥的刁难，不得不与他们周旋斗争。《变脸》中一个民间艺人为了走南闯北演出的顺利而"嗨"了袍哥。《好女人·坏女人》虽取材自布莱希特的剧作《四川好人》，但突出反映巴蜀生活，展示了近现代巴蜀生活情境，袍哥人物也出现在剧作中。可以说，魏明伦剧作中的袍哥书写，既源自内江、自贡等地近现代社会袍哥的发展情况，也源自作家儿时演出中遭遇的袍哥人事场景。

---

① 罗筱元等：《自贡地方的哥老会》，中国人民政治协商会议四川省自贡市委员会文史资料研究委员会：《自贡文史资料选辑》第十二辑，1981 年版，第 92 页。

② 据资料反映，民国二十八年（1939），四川省政府批准从善会为"合法"团体，改称为从善福利会。第一任会长是李绍庚，副会长李怀初、李松山、黄象权。总会设在湖广庙坎下，另在八店街福华茶、旅馆设接洽处。该会设有理事会，由行一的闲大爷充当。干事会由五排大管事充当。辕门会由十排老幺组成，听候差遣。从善福利会取得正式团体地位后不久，就由总会中分裂出一个小团体，取名自治社；集贤会分裂出一个小团体取名互助会；孝义会分裂出一个大同协进社。这些小团体拼命抓取地方政权，如从善福利会分离出的自治社负责人李敬素当了自流井区的区长。参见罗筱元等：《自贡地方的哥老会》，中国人民政治协商会议四川省自贡市委员会文史资料研究委员会：《自贡文史资料选辑》第十二辑，1981 年版，第 92—93 页。

③ 自贡市地方志编纂委员会：《自贡市志》，方志出版社 1997 年版，第 1021 页。

第二节　魏明伦的戏剧创作与袍哥书写

川剧作为巴蜀地方剧种，它在发展过程中吸收巴蜀文化的精华，是最能体现巴蜀文化精神的艺术样式。魏明伦曾在《川剧恋》一文中形象地谈到川剧的特征，他与川剧的血肉关系，以及川剧怎样渗入他的灵魂深处："她的绝妙，她的丰富，她的天然蜀籁，地道川味，早已化入我的潜意识。就连我'荒诞'的思维方式，和笔下这点幽默，也来自她的遗传基因。"他称川剧为"孕我的胞胎，养我的摇篮。""我的保姆！"① 作为典型的四川人，魏明伦对川剧的热爱使他的剧作在题材的选择上多以巴蜀为主，他创作的《易胆大》《巴山秀才》《四姑娘》《变脸》，以及他取材于布莱希特的《四川好人》而创作的《好女人·坏女人》都是反映巴蜀独特地域生活的剧作，具有浓厚的巴蜀文化特征。巴蜀近现代社会繁盛的袍哥文化也是其剧作反映的重要内容，《易胆大》《好女人·坏女人》《变脸》等是有关袍哥题材的剧作，具有浓厚的袍哥文化特色。

一、地方邪恶势力："清水"与"浑水"

魏明伦的剧作反映了袍哥民间权力在巴蜀社会的重要影响，但主要是作为一种地方邪恶势力，对地方民众生活产生控制影响。保路运动后，袍哥这一隐秘的帮派社会组织公开化，虽曾遭到政府查禁，但还是得到前所未有的发展。袍哥势力渗透于巴蜀社会各阶层中，甚至成为社会邪恶势力，影响着当时巴蜀社会的政治、经济、文化等方方面面。魏明伦出生的年代正是民国后期，也正是巴蜀袍哥繁盛的重要历史时期，巴蜀袍哥遍及城乡，在社会各个层面均有重要影响。

（一）"清水"袍哥与"浑水"袍哥

巴蜀袍哥在形成初期只是下层平民互助组织，但在进一步发展过程中，尤其是进入民国后，一些地位较高的官绅、商人、知识分子等也加入其中，袍哥组织原初互助的性质开始发生变化。根据袍哥的形成与社会影响可分成"清水"袍哥与"浑水"袍哥。其中"清水"袍哥又称"清水皮"："清水皮所宗为桃园羊左等，加入分子以有正当职业者为最多，加入之用意，大概是表示自己有为袍哥的资格，并且还可借此得着彼此扶助的好处。所谓'一个光棍，十家帮衬'，就是彼此扶助的意思。"相反，"浑水"袍哥又称"浑水皮"："浑水皮

---

① 魏明伦：《川剧恋》，《中国戏剧》1999 年第 2 期。

所宗为梁山瓦岗兄弟，加入分子，以无业浪游之人为最多，其用意即是借此号召多数同类，为匪为盗，或专做以强凌弱的不正当谋生事业；蜀中之盗匪，恐无一不属会中哥弟。"① 因此，"清水"袍哥与"浑水"袍哥成员的职业、身份、地位各不相同，其社会行为与性质也良莠不齐。"清水"袍哥一般有固定正当职业，是有一定身份、地位、教养者，比如当地有权有钱有势的官僚士绅及知识分子等，他们一般在民间社会扮演扶危济困、维持社会秩序等重要角色。相反，"浑水"袍哥多为土匪、强盗，他们多以非正当职业为生，杀人越货、打家劫舍或贩毒走私等。晚清至民国时期巴蜀土匪猖獗，与"浑水"袍哥有重要关系。由以上叙述似乎可推知，"清水"袍哥在巴蜀近现代社会的存在有其正义性、合理性，但事实并非如此。沙铁帆指出："当明清之际，是会固有其正当之作用，民国以来宗旨废弛，正义湮灭，遂于无形中，分为清水浑水二派。在清水皮者，借以笼络分子，豢养爪牙，把持地方，鱼肉乡里，擅作威福，各地方劣绅土豪，皆类之，然间亦有卓识之士，同流而不合污者，盖多用以为护符。"② 笔者的采访对象南充嘉陵区礼乐乡的青桂芳老人谈及民国时期的四川，无论城镇乡村，社会各阶层均有袍哥渗透，当时袍哥人口的比重相当大，当时的"清水"袍哥虽不明目张胆地干些杀人越货的勾当，但掌握着地方权力；"浑水"袍哥则杀人放火，鱼肉乡里，无恶不作。由此可知，无论是"清水"还是"浑水"袍哥都曾作为巴蜀地方"邪恶"势力而对民众造成负面影响。

有关巴蜀袍哥中的"清水"袍哥与"浑水"袍哥，沙汀在他的"川西北"乡镇叙事中有所表现，而魏明伦的川剧《易胆大》则对巴蜀"清水"袍哥与"浑水"袍哥进行直接描写，具有浓厚的民间江湖传奇色彩。③ 剧作中的两个重要人物骆善人与麻大胆分别是龙门镇的"清水"袍哥与"浑水"袍哥。魏明伦在谈到该剧的创作缘起时提及，他从七岁起开始学唱川戏，新中国成立前夕曾到沱江沿岸一个叫龙门镇的码头唱"围鼓"。当地有个"麻大胆"式的浑水袍哥，点草台班子的坤角与魏明伦合唱，先派个"幺爸"领他到班子上去和坤角对对"私码口"。女艺人刚刚下妆，一面忙着给婴儿喂奶，一面和年幼的魏明伦对词。可码头上忽又变卦，派人来说："舵把子赏示下来，《下游庵》改为《上游庵》！"这一字之改，却别有用心，《下游庵》是儿子认母亲，《上游庵》

---

① 沙铁帆：《四川之哥老会》，《四川县训》1936年第3卷第6、7期。
② 沙铁帆：《四川之哥老会》，《四川县训》1936年第3卷第6、7期。
③ 《易胆大》原剧本名《啼笑江湖》，由此可见其巴蜀江湖传奇色彩，后改名为《易胆大》。参见魏明伦：《魏明伦随笔选》，陕西师范大学出版社2009年版，第133页。

是公子奸尼姑。那浑水袍哥分明是故意刁难女艺人，逼她同几岁的娃娃打情骂俏。在场一位"绞腿武行"愤愤不平，嘀咕着："龙门镇的饭碗搁得高！"幺爸一听却大发脾气："唱戏的，变泥鳅还怕泥湖，谨防老子把你毛了。"女艺人害怕事情闹大，只好赔着笑，放下怀中婴儿，牵着年幼的魏明伦去唱"围鼓"。魏明伦的上述亲身遭遇是当时民间艺人的家常便饭。作家表示他亲眼见过"麻五爷"式的恶霸砸戏园，"骆善人"式的绅士收"干女"，"易胆大"式的武行弟兄保护坤角逃走；亲耳听过仁、义几堂袍哥断事评理的绕口令，"麻五娘"式的太太边吸烟边号丧；小至堂倌吆喝，轿夫唱道，小贩叫卖之类，他均有直接感受。他间接听来的艺人轶事、袍哥丑闻就更为丰富。[①] 由此可知，作品中的"清水"袍哥骆善人、"浑水"袍哥麻大胆以及他们的种种恶行，均来自作家的亲身经历，且他间接听来的袍哥丑闻更为丰富，这些都成为川剧《易胆大》袍哥书写的源泉。

《易胆大》是有关川剧艺人的悲剧故事，造成他们悲剧的则是龙门镇的"清水"袍哥与"浑水"袍哥们。剧作《易胆大》中塑造了两位袍哥人物：麻大胆与骆善人，讲述了他们作为"邪恶"势力对龙门镇的控制影响以及他们对川剧艺人的迫害。剧作涉及三种力量的较量与相互制衡：一是"浑水"袍哥麻大胆与三和班艺人之间的控制与反控制；二是"清水"袍哥骆善人与三和班艺人的控制与反控制；三是"浑水"袍哥麻大胆与"清水"袍哥骆善人之间的较量与相互制衡。剧作中，无论是"浑水"袍哥麻大胆还是"清水"袍哥骆善人，他们都觊觎三和班女艺人花想容的美色，因此这三股力量是围绕女艺人花想容而展开较量与制衡的。"浑水"袍哥麻大胆与"清水"袍哥骆善人是龙门镇两股重要力量，显示出袍哥在龙门镇的控制力、影响力，这具体就表现在对来龙门镇演出的三和班艺人的控制力量。

麻大胆俗名麻老五，是龙门镇的恶棍，也是一位土匪出身的"浑水"袍哥。当年官兵穷追匪首，匪首亡命逃上龙门镇舍身崖。因为舍身崖上闹鬼，官兵怕鬼不敢上舍身崖追剿。在重赏之下，麻老五反水上舍身崖暗杀匪首，两手带着血腥下得山来。从此麻老五声名远播，人称麻大胆。他受到官府的表彰，披红挂彩，领赏游长街。从此以后，土匪"浑水"袍哥麻大胆开始依仗衙门，成为龙门镇的邪恶势力，为害乡里，百姓遭殃。甚至龙门镇的另一重要袍哥人物骆善人他也不放在眼里，正如他的自夸："笑话，哥子们凭着一身胆量，占

---

① 魏明伦：《多存芝麻好打油——〈易胆大〉创作散记》，《戏海弄潮》，文汇出版社 2001 年版，第 21—22 页。

了龙门镇半边地盘。姓骆的只会'之乎者也'，想同我麻大胆掰手劲吗？请他陪老子上舍身崖？"①

剧作第一幕，川剧三和班来到龙门镇演出。三和班台柱子花想容的丈夫文武小生九龄童因劳累过度正吐血生病，不能唱麻大胆之前点的《八阵图》，而临时改唱《秋江》，麻大胆很是气愤："码头上点的《八阵图》，你们唱《秋江》。老子不看。弟兄伙，打上台去！"② 他带着手下的兄弟伙打上台去。麻大胆生气是"醉翁之意不在酒"，他让九龄童唱《八阵图》的主要意图是想害死九龄童，最后霸占花想容。因此，当花想容哭着向麻大胆求情时，他答应九龄童可以不唱《八阵图》，但前提条件是花想容随他回麻记茶馆陪他唱《游龙戏凤》，并动手调戏花想容。这时九龄童撩开马门大喝："住手！戏班子人穷骨头硬，卖艺不卖身！"③ 并挣扎上前保护他的妻子花想容。最终，九龄童与麻大胆达成协议，让他的师兄易胆大代替他唱《八阵图》，易胆大若不能按时来唱《八阵图》，九龄童只能带病唱《八阵图》。麻大胆于是让他的兄弟伙在龙门镇各路口拦截，阻碍易胆大进入龙门镇。因此，易胆大并没能按约定的时间到场，九龄童只能带病扮唱《八阵图》。九龄童趟马、困阵、一根翎子凤点头，麻大胆等怪声叫好，鼓掌"捧杀"，九龄童豁出命来"摔背壳""倒硬人"，最终倒在舞台上气绝身亡。九龄童身亡后，麻大胆对花想容步步紧逼，点名要让花想容到麻记茶馆唱《吊孝思春》。麻大胆谋夫霸妻，逼死九龄童，由此可见麻大胆作为一名"浑水"袍哥对川剧艺人的作恶与歹毒。

再看"清水"袍哥骆善人，他是一位士绅，官宦世家。不同于麻大胆在龙门镇的肆无忌惮、蛮横无理与作恶多端，他善于伪装，主要以一副和善、斯文、正直善良、济困扶危的面孔出现在三和班川剧艺人们面前。他觊觎花想容的美色，但他是借麻大胆之手来达到他邪恶的目的。他两面三刀，阳奉阴违，当九龄童劳累过度生病不能唱《八阵图》，麻大胆寻衅闹事要打砸三和班时，他站出来阻止麻大胆不能动武，给三和班的印象是一个好人，连三和班的小丑也向打杂师说："骆老太爷才是善人伯伯呀。"④ 但他对麻大胆说的又是另一套。骆善人向麻大胆唱道："稍安勿躁，老弟心事我明了。醉翁不在杯杯酒，意在佳人步步娇……"⑤ 其实，他照样贪恋花想容的美色，他是想借麻大胆的

① 魏明伦：《易胆大》，《魏明伦剧作精品集》，东方出版中心 2007 年版，第 4 页。
② 魏明伦：《易胆大》，《魏明伦剧作精品集》，东方出版中心 2007 年版，第 3 页。
③ 魏明伦：《易胆大》，《魏明伦剧作精品集》，东方出版中心 2007 年版，第 6 页。
④ 魏明伦：《易胆大》，《魏明伦剧作精品集》，东方出版中心 2007 年版，第 3 页。
⑤ 魏明伦：《易胆大》，《魏明伦剧作精品集》，东方出版中心 2007 年版，第 4 页。

手来达到他霸占花想容的目的。他给麻大胆耳语出主意，对骆善人的妙计麻大胆连连直呼："高见，高见！"当麻大胆依照他的诡计逼死九龄童后，他又以正直的面孔出现在三和班艺人们面前，并送上祭幛与挽联祭奠九龄童，祭幛上写"广陵散绝"，挽联"功高三和班，名成八阵图"①。骆善人来三和班有两个真正意图：一是得到花想容，二是借三和班对麻大胆的仇恨铲除异己麻大胆。由此可见"清水"袍哥骆善人的狡诈与歹毒。三和班艺人则将计就计，他们借骆善人的手来实施复仇的目的。以下是骆善人与易胆大的对话：

> 骆善人：老朽偶感小疾，谢门未出。本镇那位暴发户提劲打靶，惹是生非。致使九龄童壮年夭折，惜哉，痛呼！
>
> 易胆大：死者含冤，新寡孤伶；麻家虎视眈眈，骆老太爷理应济困扶危哟！②

易胆大抓住骆善人觊觎花想容美色之心，让花想容拜骆善人为干爹，这正中骆善人心意。花想容欠身施礼，骆善人求之不得，甚是高兴，并夸下海口："哈哈……从此情同骨肉。麻家再敢欺负我女儿，为父帮你扎起！"易大嫂趁机激将道："噫，你老人家斯文呆呆，对方是赫赫有名的麻大胆，恐怕不是他的下饭菜吧？"骆善人被激怒了："哼！老夫官宦出身，门前桃李遍布川南，何惧一个小小的浑水乌棒！"并道出麻大胆那段不光彩的发家史。最后说道："小人沐猴而冠，炫耀匹夫之勇，威胁正人君子。老夫久欲与他决一雌雄，奈无契机。如今他逼死名优，引起公愤，老夫正好约集仁、义、礼、智、信几堂贤达，鸣鼓而攻之！"③ 由此引发"清水"袍哥骆善人与"浑水"袍哥麻大胆之间的力量较量。

易胆大与骆善人商定，接受麻五爷让花想容到麻记茶馆唱《吊孝思春》的要求，并借机对付麻大胆。花想容与易胆大在麻记茶馆所唱的并非麻大胆所期望的《吊孝思春》，而是花想容对作恶者的血泪控诉："风萧萧，望夫招魂魂不返，雨绵绵，抛妻别戏戏未完……艺高难谋三餐饭，名优不值半文钱。沟死沟埋葬，路死插标签。病卧高台夫遇难，月冷黄昏鬼喊冤！"易胆大（边打边唱）："冤、冤、冤！惨、惨、惨！半支残烛，几片纸钱，一抔黄土，七尺黑棺，千行血泪红斑斑……"花想容血泪控诉，易胆大慷慨悲歌，三和班艺人及堂倌、小贩等随之呜咽。麻大胆如坐针毡，几欲打断，又被骆善人等劝阻而骑

① 魏明伦：《易胆大》，《魏明伦剧作精品集》，东方出版中心2007年版，第16页。
② 魏明伦：《易胆大》，《魏明伦剧作精品集》，东方出版中心2007年版，第17页。
③ 魏明伦：《易胆大》，《魏明伦剧作精品集》，东方出版中心2007年版，第17—18页。

虎难下。最后，花想容与易胆大合唱："空留下：无廉无耻，无道无理，无诗无画，无歌无舞的万恶人间！"① 三和班群起应和，观众掌声如雷。麻大胆暴跳如雷，一气之下吆喝手下的兄弟伙把易胆大"毛了"，把花想容"抓了"。麻老幺要上台抓人，受到骆善人手下红旗管事与家丁的阻扰，这时麻大胆恍然大悟，原来是骆老太爷在为花想容撑腰。骆善人站了出来，开始正面与麻大胆发生冲突：

> 骆善人：济困扶危，圣人之教；平风息浪个，中庸之道。骆某倒要看看，光天化日之下，谁敢动我干女儿一根毫毛！
>
> 麻大胆：袍哥人，月亮坝耍刀——明砍！这个女人，小弟早就看上了。她不是骆老干女，我要讨；是骆府千金，我也要讨！②

"清水"袍哥骆善人回敬道："老夫好打抱不平，她不是骆府螟蛉，我要保；是老夫义女，非保不可！"一个要讨，一个要保，二人僵持不下，由此引发龙门镇上"清水"袍哥与"浑水"袍哥两股势力的激烈冲突，最终达到白热化。这时龙头大爷作为中间人，一副评理的腔调："慢仗些！袍哥不开花，开花就分家。高抬龙头，赦个左右。双方坐下来叫言语，断公道！"③ 调解的最后结果是由易胆大与麻大胆深夜上舍身崖采摘牡丹作为他们的比拼。麻大胆输了当众叩响头，易胆大输了，骆老就把花想容送上麻家，任凭麻大胆施为。在舍身崖上，易胆大乔装成九龄童，重现《八阵图》情景，麻五爷惊吓得跳下舍身崖逃命而去，易胆大摘取舍身崖牡丹。逃回家的麻大胆经过惊吓只剩下半条小命，为躲避当众叩头的耻辱假装死去，易胆大又将计就计，以三闹灵堂，麻五娘真哭《吊孝思春》等巧计，让麻大胆最终小命归天。

除掉龙门镇"浑水"袍哥麻大胆后，"清水"袍哥骆善人终于露出霸占花想容的本性："借刀除去麻大胆，反手威胁三和班。善人坐收渔人利，时机成熟摘'牡丹'！"④ 骆善人威胁花想容要么顺从他，要么把易胆大打上公堂而投入监狱。骆善人对花想容动手动脚挥扇调戏，并唱道："老夫聊发少年狂，黄梅更比青梅香。救你兄妹出罗网，龙门善人苦奔忙。感恩者自开红绡帐，多情人自作嫁衣裳……小娘行，自思量，两条路究竟走哪方？一条路绿油油桑间濮

---

① 魏明伦：《易胆大》，《魏明伦剧作精品集》，东方出版中心 2007 年版，第 22—23 页。
② 魏明伦：《易胆大》，《魏明伦剧作精品集》，东方出版中心 2007 年版，第 24 页。
③ 魏明伦：《易胆大》，《魏明伦剧作精品集》，东方出版中心 2007 年版，第 24 页。
④ 魏明伦：《易胆大》，《魏明伦剧作精品集》，东方出版中心 2007 年版，第 38 页。

上，一条路黑沉沉监狱公堂。快伴老爷调风月，莫随师兄赴杀场！"① 花想容在报仇雪恨后，本想尽快向骆善人辞行离开龙门镇，不料却受到骆善人的调戏与威胁，这犹如晴天霹雳，她不想连累师兄，也不愿遂骆善人的愿："左边一碗辣子汤，右边一碗砒霜糖。雅词儿，更显他肮脏本相，纸扇儿，逼得我进退仓惶……火辣辣，脸儿烫！冷冰冰，手儿僵！水汪汪，泪儿淌！乱纷纷，心儿慌！偌大个乾坤世界白茫茫，无有我女艺人立脚地方！罢罢罢救师兄逃出魔掌，花想容舍身顺从笑面狼！"② 花想容为救易胆大与三和班，她以三个条件表面答应了骆善人，而最后以死殉夫。易胆大以刚死去丈夫的麻五娘想嫁给骆善人为计，最终让麻老幺将骆善人刺死。龙门镇上围绕三和班女艺人花想容而展开的"清水"袍哥与"浑水"袍哥的力量制衡终于尘埃落定。以骆善人与麻大胆为代表的邪恶势力展现出当时袍哥所带来的负面影响。

（二）《易胆大》中的袍哥文化

据相关资料显示，"浑水"袍哥一般为非作歹，而"清水"袍哥一般讲义气，都是有头有脸的正直人。但在魏明伦笔下，无论是"清水"袍哥，还是"浑水"袍哥，都是龙门镇邪恶势力的代表，他们在龙门镇一手遮天，是造成三和班川剧艺人苦难与悲剧的重要原因，也是祸及龙门镇的重要根源。《易胆大》的题材除源自作家幼年演出时遭遇的袍哥人事外，还源自川剧艺人的真实事件与民间传说。一是康芷林之死：川剧"圣人"康芷林，身怀绝技，品德高尚，早年创办三庆会，培养人才，晚年受军需处长冯什竹之骗，带三庆会赴重庆献技。冯什竹只顾中饱私囊，不顾康芷林年老体衰，逼其演唱《八阵图》，康芷林为保全三庆会声誉，带病献艺，活活累死台上。③ 冯什竹就是重庆著名的袍哥大爷，曾经当过江津征收局长，是潘文华师部多年的军需处长，后成为重庆袍哥"义"字总社的舵把子。④ 二是周竹凤的凄惨故事：川南著名文生周竹凤偕其妻竹芳沦落自贡附近乡镇，饥寒交迫病死后台，当地恶棍逼竹芳面对尸骨未寒的丈夫演唱《吊孝思春》。竹芳被迫登场，几度昏厥，惨不忍睹。⑤ 三是著名旦角黄佩莲陪地头蛇裘子昆打牌而受到调戏，黄佩莲一怒之下将裘子

---

① 魏明伦：《易胆大》，《魏明伦剧作精品集》，东方出版中心2007年版，第41—42页。

② 魏明伦：《易胆大》，《魏明伦剧作精品集》，东方出版中心2007年版，第42页。

③ 魏明伦：《多存芝麻好打油——〈易胆大〉创作散记》，《戏海弄潮》，文汇出版社2001年版，第23页。

④ 唐绍武等：《解放前重庆的袍哥》，中国人民政治协商会议重庆市委员会文史资料委员会：《重庆文史资料》第三十一辑，西南师范大学出版社1989年版，第159—186页。

⑤ 魏明伦：《多存芝麻好打油——〈易胆大〉创作散记》，《戏海弄潮》，文汇出版社2001年版，第23页。

昆打翻在地。裴子昆满城追拿她,黄佩莲投奔黄老太爷公馆藏身,借黄府势力制服裴家。裴子昆作为袍哥由黄老太爷栽培,裴子昆莫可奈何,只好自认晦气。① 由此可见袍哥作为邪恶势力的代表对川剧艺人的迫害。根据以上这些川剧艺人的凄惨遭遇,加上魏明伦幼时川剧演出的经历,《易胆大》囊括了康芷林之死、竹芳受辱、黄佩莲巧制裴子昆以及李小钟和李淑卿之死等川剧艺人经历,再加上剧作家本人经历的"上下游庵"之改,"加以综合、提炼、改造"而成。② 这就不难理解《易胆大》的主题:"暴露旧社会摧残艺人,歌颂艺人自我反抗,揭示艺人斗争的历史局限性。"③ 在剧作家笔下,无论是"浑水"袍哥,还是"清水"袍哥,都是旧社会邪恶势力的代表,是摧残川剧艺人的罪魁祸首。魏明伦《易胆大》中所写的"清水""浑水"袍哥为恶的情形,在民国时期的巴蜀有真实的历史根据。

除揭示"清水"袍哥与"浑水"袍哥的作恶外,该剧作更具有浓厚的巴蜀文化与袍哥文化色彩。在剧作第三幕"一闹茶馆"中,首先描绘的是喧嚣的麻记茶馆,茶馆的吆喝声"沱茶,毛尖,开水……"茶客们喊茶钱的声音"张大爷茶钱,王大爷开了",以及穿插其中的小贩们的呼声"瓜子,纸烟,椒盐花生米,五香豆腐干……"④ 这是巴蜀茶馆的典型场景,体现了浓厚的巴蜀民俗与风情。在麻记茶馆正要上演的是麻大胆指名花想容唱的《吊孝思春》。茶馆内高朋满座,龙门镇上仁、义、礼、智、信五堂有头有脸的人物骆善人与其他龙头大爷、圣贤二爷、桓侯三爷等都前来捧场。"浑水"袍哥麻大胆端坐在自己的茶馆中,他自我感觉良好,以为龙门镇的袍哥大爷们对他是众星拱月,不禁心花怒放。只见麻老幺喊道:

> 哑静哑静。今天是堂口麻五爷点三和班名角花想容唱《吊孝思春》,承蒙仁义礼智信五堂龙头大爷、圣贤二爷、桓侯三爷前来捧场。围鼓散后,对门馆子的酒席,麻五爷包了!⑤

花想容与易胆大并没有按《吊孝思春》的内容演唱,而是变成对川剧艺人

---

① 魏明伦:《多存芝麻好打油——〈易胆大〉创作散记》,《戏海弄潮》,文汇出版社 2001 年版,第 23—24 页。
② 魏明伦:《多存芝麻好打油——〈易胆大〉创作散记》,《戏海弄潮》,文汇出版社 2001 年版,第 25 页。
③ 魏明伦:《多存芝麻好打油——〈易胆大〉创作散记》,《戏海弄潮》,文汇出版社 2001 年版,第 25 页。
④ 魏明伦:《易胆大》,《魏明伦剧作精品集》,东方出版中心 2007 年版,第 21 页。
⑤ 魏明伦:《易胆大》,《魏明伦剧作精品集》,东方出版中心 2007 年版,第 21 页。

九龄童惨死舞台的血泪控诉，"浑水"袍哥麻大胆暴跳如雷，要上台打人抓人，却受到骆善人手下的红旗管事及家丁阻扰。当麻大胆最终明白是骆善人为三和班撑腰时，双方发生激烈冲突。龙门镇上仁、义、礼、智、信五堂口的袍哥龙头大爷，圣贤二爷，桓侯三爷，红旗管事等，以"拿言语"的方式从中调解，显示出袍哥对龙门镇事务的干预，并以"吃讲茶"的调解方式处理矛盾纠纷。除此之外，易胆大急匆匆来到龙门镇要代他师弟唱《八阵图》时，却受到"浑水"袍哥麻大胆手下袍哥们的百般阻扰，当三和班报仇雪恨要离开龙门镇时，必须要有骆善人的大红名片（通关文牒），等等，这些情节无不体现了龙门镇袍哥的控制影响范围，使该剧具有浓厚的袍哥文化色彩。

二、"魔鬼""天使"与"小老幺"

在魏明伦剧作中，袍哥民间权力的影响还表现在《好女人·坏女人》中"浑水"袍哥苏福以及剧本《变脸》中走南闯北的民间艺人"水上漂"身上。由"浑水"袍哥苏福，我们可看出袍哥民间权力的负面性。在民间艺人"水上漂"身上，则可以看出袍哥小老幺的身份并不能改变他的悲剧命运。

（一）"魔鬼"与"天使"

剧作《好女人·坏女人》改编自布莱希特的《四川好人》，布莱希特的剧作主要围绕着风尘女子沈黛（隋达）、卖水者老王、三个神仙、失业飞行员杨森、寡妇邢氏、理发者苏富等人物展开，是一个有关人性中的善良与邪恶的故事。三个神仙来到四川的省府寻找"好人"，在卖水人老王的帮助下终于找到神仙们认可的好人风尘女子沈黛，并资助她一千块银圆让她做一个永远的好人。沈黛用这笔钱开了一个小香烟店，广行善事，来帮助那些需要帮助的穷人。她的善行大家有目共睹，正如老王向神仙们叙说的："大家伙都说她是一个好姑娘，都说她真是个观音菩萨。"[①] 连过去为恶的理发师苏富也为她的善良所感染，愿意为她的善念义举提供帮助。可她帮助的人们在邪恶的意念驱使下，产生越来越多的要求，导致她所开的小烟店难以为继，甚至面临倒闭。沈黛只好化身隋达，以她表哥的身份出现，采取以恶制恶的手段，最终才能应对这一切。这是一个好人难做的世界，连神仙们最后都很茫然："善良的愿望会使他们走上悬崖，乐善好施把他们推入深渊。"布莱希特的《四川好人》作为著名的譬喻剧，充满了深刻的寓意与哲理。

魏明伦的《好女人·坏女人》将之改编为人性中"魔鬼与天使"纠缠的故

---

① 布莱希特：《四川好人》，丁杨忠译，上海译文出版社 2012 年版，第 65 页。

事。在布莱希特的剧作中，苏富只算一个不起眼的角色，他是一位拥有十二座房产与一房老妻的富有理发师。他曾为富不仁，一次用手中的钳子将卖水老王的一只手打成重伤，但他却被沈黛的乐善好施与善良感染，对沈黛充满了爱意。他提供自己的棚屋给沈黛收留那些无家可归的人，并愿意拿出巨额支票帮助沈黛度过困境。魏明伦的《好女人·坏女人》中的苏福却以巴蜀"浑水"袍哥的身份出现，"魔鬼"的本性在他身上得到淋漓尽致的展现。在剧作《好女人·坏女人》中，苏福作为"浑水"袍哥，鱼肉百姓，为害乡里，独霸一方。剧作开场时，财神爷光临四川。神仙是贵客，很受人喜欢，小贩老王奔走相告。在小贩老王的吆喝下，众人蜂拥而来迎接财神，"浑水"袍哥苏福引颈望天，众人也都伸脖望天，盼望着财神爷出现。众人没见着财神却见着三个要饭的乞丐。这时"浑水"袍哥苏福向小贩老王发怒道："混蛋！老子以为出来沾福喜，原来你在发梦癫。过来，今天见不了财神，老子送你见阎王！"① 苏福开始毒打小贩老王。老财神喝道："住手，不准打人！"进宝女也说道："老王没说假话，我们三位就是天上神仙！"苏福不相信，在他看来财神菩萨都面带金相，手捧元宝，"怎么会是你们这副穷破烂？"苏福不相信他们是真的神仙，并说这年头只有骗子才是真的，并故作敬神状说道："活神仙，请来考察。我们四川袍哥，仁义礼智信五美俱全，算是大好人吧！"② 神仙们却说苏福是好人中的人渣。苏福很是气愤，让他手底下的袍哥们吊打这些神仙变成的乞丐们。面对袍哥们的行凶，风尘女子沈黛挺身而出，制止他们行凶打人。周围的看客们袖手旁观，一些人敢怒不敢言。沈黛开始与"浑水"袍哥苏福周旋，并说道："袍哥好汉更要讲义嘛……"苏福斥责道："沈黛，这里有鼻子有脸面的人多。袍哥好汉把着关口，与你这窑姐儿有何相关？"沈黛说这三个乞丐是来投靠她的亲戚，要救他们："请苏大爷高抬贵手，请诸位袍哥赏我一个面子。"③ 苏福却无赖到底，他敲诈勒索沈黛：要么给他一大笔钱，要么笑着陪他睡一晚才能释放这三位乞丐。其他袍哥们也淫笑着为之附和。袍哥们还放出恶狗扑向乞丐，恶狗对乞丐狂吠乱咬，三位乞丐惨痛呼救，沈黛不忍目睹，直呼答应苏福要求。苏福抱起沈黛欲行不轨，忽然除暴安良的雷霆之声响起，三位乞丐现出财神原形救下沈黛，以苏福为首的"浑水"袍哥们狼狈逃跑。剧作中沈黛只是一风尘女子，但她却能仗义执言、济困扶危，袍哥江湖侠义的美德

---

① 魏明伦：《好女人·坏女人》，《四川戏剧》，2002 年第 3 期。
② 魏明伦：《好女人·坏女人》，《四川戏剧》，2002 年第 3 期。
③ 魏明伦：《好女人·坏女人》，《四川戏剧》，2002 年第 3 期。

在一位弱女子身上得以表现，相反"浑水"袍哥苏福却是一身的无赖邪恶行径，巴蜀袍哥曾有的美德日益消失殆尽，由苏福为首的袍哥们的蛮横霸道，可知他们作为地方邪恶势力为害一方的巴蜀社会现实。

剧作《好女人·坏女人》同样充满了寓意与哲理。如剧作开始即是好人沈黛、坏人隋达的混合留言："人的灵魂里，藏着一个天使，一个魔鬼。有时天使出来，有时魔鬼出来，有时天使与魔鬼打架。没有永远完美的好人，也没有一成不变的坏人。"① 第一幕中沈黛虽是一风尘弱女子，却敢仗义执言、济困扶危，对弱者充满着怜爱与仁慈，她是"天使"的化身。沈黛作为四川好人，好人有好报，神仙们赠予她财富与智慧，希望她今后继续做好人。相反，巴蜀袍哥虽然秉持仁、义、礼、智、信等信条，但"浑水"袍哥苏福并不讲义气，而是恃强凌弱，蛮横霸道，他们无疑是"魔鬼"的譬喻，是地方邪恶势力的代表，这是袍哥民间权力的负面表现。但在他们身上"魔鬼"与"天使"在互相转化。

沈黛用神灵赐予的钱财开了慈善商店，"浑水"袍哥苏福一改过去凶神恶煞的面孔而弃恶从善，沈黛请他作为慈善商店的管事，最后他成为新生活检察官员，一步一步变成正人君子。相反，沈黛所开的慈善商店却被欲壑难填的顾客们以及估吃霸赊的吃客们纠缠得难以运转，沈黛只得隐身，换装成坏人隋达——以沈黛表哥的身份，另成立"天霸"公司。隋达再不是过去正直仁慈善良的沈黛，她变得心狠手辣，为了金钱不择手段，"天使"变成了"魔鬼"。当年的"浑水"袍哥，则金盆洗手，摇身一变检察官员，"魔鬼"变成了"天使"。"天霸"公司承建的妇产科医院大楼偷工减料的消息在外流传，检查验收工作由苏福担任。隋达拿钱财贿赂苏福，希望他验收合格，而苏福秉持正义必须让她返工。隋达隐没，换装成沈黛飘然而出，色诱苏福，并让他签字验收合格。苏福禁不住沈黛诱惑，"浑水"袍哥"魔鬼"的天性又出现。"天霸"公司承建的妇产科医院大楼在一个暴风雨之夜坍塌，沈黛刚生的小孩也在这次坍塌事故中丧生而自食恶果。

剧作《好女人·坏女人》蕴含深刻寓意，每个人身上都藏着一个"天使"与"魔鬼"，"天使"与"魔鬼"的本性轮番在沈黛、苏福身上出现。有趣的是，"浑水"袍哥成为剧作重要主题符号。剧作第一幕，苏福作为"浑水"袍哥无恶不作，小贩老王他要欺负，乞丐他要殴打辱骂，对风尘弱女子他不会放过能凌辱的一切机会，是"魔鬼"的化身。但随着剧情的发展，沈黛开了慈善

---

① 　魏明伦：《好女人·坏女人》，《四川戏剧》2002 年第 3 期。

商店后，苏福弃恶从善而成为慈善商店的管事，他身上"魔鬼"的天性逐渐隐去，"天使"本性逐渐占上风，直至成为新生活检察员，正义的执行者。他以检察官的身份要严查"天霸"公司承建的妇产科医院，面对隋达的贿赂，他不为所动。但他却禁不住沈黛美色的诱惑，"魔鬼"的天性再一次呈现，本来是偷工减料的妇产科医院他签字验收合格过关。"浑水"袍哥为恶的行为与"魔鬼"的天性是相通的，"浑水"袍哥苏福成为剧作"魔鬼"寓意的重要符号。

（二）"小老幺"的悲剧命运

随着袍哥组织的进一步发展，官绅商地主等地位较高者加入袍哥组织，这改变了初期袍哥组织作为下层贫民互助组织的性质，而成为巴蜀近现代社会具有广泛控制力与影响力的民间社会组织。因此，一些人，尤其是一些地位较低的人积极加入袍哥，借以在社会上生存立足。魏明伦的《变脸》中的川剧艺人水上漂加入袍哥组织成为"小老幺"即是为了"跑滩"的方便，以便在社会上生存立足。该剧是对川剧艺人辛酸悲剧命运的反映，也是对袍哥小人物辛酸悲剧命运的反映。水上漂年轻时娶了老婆生了儿子，但儿子出天花死了，老婆也跟野男人跑了，他发誓不再跟女人打交道。他靠变脸的绝技与一只小船，走南闯北，浪荡江湖。为了在江湖上生存立足，他加入了袍哥，成为袍哥中的"小老幺"。在剧作的开头，他在卖艺时的开场白完全是一副闯荡江湖的架势与派头："兄弟我外号水上漂。承蒙青龙背上的弟兄伙瞧得起，独架扁舟一叶，在川江两岸混碗饭吃。今天初到贵龙码头，拜会仁义几堂、中左几社、士农工商带袍哥，外加天主耶稣教……"[①] 水上漂不仅在演出时有袍哥言行，还自觉、不自觉地以袍哥的方式来待人接物。同是江湖民间艺人，活观音很欣赏水上漂的变脸绝技，他邀请水上漂上茶馆喝茶攀谈，并以"茶碗阵"表示对水上漂的亲近。但水上漂误解了活观音，以为活观音看中了他的变脸绝技，于是以谨遵祖上传男不传女的遗训为由，以袍哥待人接物的方式婉拒活观音。活观音的主要目的是想把水上漂拉入川戏班子，好让变脸绝技进一步发扬光大。活观音见水上漂婉拒，只好以盘缠相送，水上漂行袍哥礼仪表示感谢：

> 水上漂：多谢梁老板开茶钱，送盘缠。袍哥人家，两下一请。
>
> 活观音：不敢当，不敢当，我没资格"嗨"袍哥！
>
> 水上漂：（顿悟对方隐讳）打嘴打嘴，失口失口。[②]

---

① 魏明伦：《变脸》，《四川戏剧》1997 年第 3 期。
② 魏明伦：《变脸》，《四川戏剧》1997 年第 3 期。

活观音因为唱小旦，属半个女儿家，没有资格"嗨"袍哥。同是民间艺人，不一定都有资格参加袍哥。据资料反映，袍哥组织对戏剧艺人有严格规定："戏剧艺员不得加入，清末才允许加入，但唱旦角的仍不能参加。唱其他角色的，如戏中必须反串旦角，不能包头贴片，否则被人当场放鞭炮，就要被取消袍哥资格。重庆旦角行颇不服气，也曾自行秘设公口，执事大爷为范月仙，管事有王焕章、幺师弟罗琼香等，不与各堂袍哥来往。据说旦行公口也有限制，即旦角与旦角互相猥亵者不得加入。"① 剧作中的活观音梁素兰，虽然名气很大，但因为他唱小旦，不能参加袍哥。因此，剧作中活观音对水上漂的袍哥言语与袍哥礼仪很是忌讳。《哥老会的透视》一文中的"尖口令"也有相关记载："王八戏子吹鼓手，修脚剃刀下九流，要想入流不能够，除非二世把胎投。"② 由此可见，袍哥规章对演剧艺人是否能加入袍哥有相关规定。

水上漂为了传承变脸绝技并延续香火，从人贩子手中买了一个小孩狗娃。但狗娃却是一位女孩，令水上漂大失所望。乖巧勤奋的狗娃学会了翻跟头扯场子等本领而成为水上漂难得的帮手，但无论狗娃怎样努力，水上漂都不愿把变脸的技艺教给她。狗娃好奇，取出面谱比画，不小心让灯火引燃面谱，水上漂大骂狗娃。狗娃离开水上漂在外流浪却被人贩子捉去，并让她照看绑票回来的小少爷天赐。狗娃见天赐是个男孩，为了报恩将天赐悄悄带走而放在水上漂船上。水上漂非常高兴，认为这是上天赐予他承续香火的小孙子。但水上漂却被当成绑票小少爷的土匪而被抓进警察局。在审讯时，水上漂的江湖袍哥言行又表现了出来，他向警察局长、警察科长不自觉地"拿言语"，不料却弄巧成拙：

　　水上漂：不敢不敢，凭，凭手艺吃饭，靠本事跑滩。（下意识行袍哥礼）

　　科长：嘿，丢"歪子"！你"嗨"过袍哥？

　　水上漂："嗨"过"嗨"过，兄弟我早在青龙背上虚占义字一名幺大，仰仗拜兄栽培提拔。③

警察局长见他行袍哥礼，并自称是袍哥中的小老幺，想顺藤摸瓜抓住匪首："谁是你的拜兄？哪路浑水袍哥？同伙有多少？棚口在何方？快说，快

---

① 唐绍武等：《解放前重庆的袍哥》，中国人民政治协商会议重庆市委员会文史资料委员会：《重庆文史资料》第三十一辑，西南师范大学出版社 1989 年版，第 126 页。

② 《哥老会的透视》，《新新新闻·每旬增刊》1939 年第 2 卷第 17 期。

③ 魏明伦：《变脸》，《四川戏剧》1997 年第 3 期。

招?"① 水上漂的袍哥言行与他"小老幺"的袍哥身份并没给他带来好处，警察把他当成拐骗绑架儿童的"浑水"袍哥，让他招出同伙，并要水上漂让他的铁杆弟兄拿出钱来画押取保。见榨不出什么油水，水上漂被关在监狱中受尽了苦难。最后，狗娃找到活观音梁素兰，并以死相胁请求带兵的师长出面干预救救身在狱中的水上漂，这才避免一场劫难。川剧《变脸》中的主要人物水上漂，"嗨"袍哥成为"小老幺"，只是为了在江湖上立足，为他走南闯北的演出带来方便，但事实上，袍哥"小老幺"的身份并没给他带来多大好处。

综观魏明伦的戏剧创作，袍哥书写是其剧作主题表达的重要方式。在魏明伦的作品中，巴蜀袍哥曾有的美德已消失殆尽。无论是"清水"袍哥，还是"浑水"袍哥，他们都是巴蜀社会邪恶势力的代表，是袍哥民间权力的负面反映，这尤其表现在魏明伦对"浑水"袍哥的书写上。袍哥在巴蜀现代社会表现出强烈的影响力、控制力，因此一些地位卑微的小人物要在社会上生存立足，加入袍哥是他们不得已的选择。《变脸》的主题是川剧民间艺人的辛酸，"嗨"袍哥是民间艺人为更好地在江湖上生存立足，为闯荡江湖带来方便而不得已的选择，这是民国时期小人物加入袍哥以求安身立命的真实写照。笔者的采访对象、宜宾筠连的闫绍田老人曾谈及他"嗨"袍哥的经历，为了在社会上生存立足，他加入了袍哥，但他只是袍哥中的"小老幺"，这对他及他家里虽有一定保护作用，但要缴纳的保护费反而给他家里带来了经济负担。

---

① 魏明伦：《变脸》，《四川戏剧》1997年第3期。

结　语

　　由以上各章节的论述可知，袍哥文化已形成一种复杂的江湖帮派文化系统，对巴蜀近现代社会造成了深远影响。它与晚清主流社会对峙抗衡，对清主流社会进行打击破坏。四川保路运动后，袍哥组织由秘密逐渐走向公开化，并渗透于当时巴蜀社会的各个角落，对巴蜀地区政治、经济、文化以及一般民众的日常生活等产生控制与影响，显示出强大的社会力量。作为一种江湖帮派文化，它表现出浓厚的江湖性、神秘性、传奇性、侠义性等特征。袍哥文化在其发展过程中也逐步与巴蜀民众世俗生活、民风民情相交汇，与巴蜀文化相交融，最终成为巴蜀文化的重要组成部分。巴蜀文化、袍哥文化及精神特质影响着巴蜀现当代作家，特别是以袍哥为代表的民间权力对巴蜀近现代社会造成了深远影响，成为巴蜀现当代作家文学创作的重要资源，这在李劼人、沙汀、阳翰笙、马识途、魏明伦等的创作中有突出表现。现当代作家如萧军、沈从文、莫言、贾平凹、陈忠实、苏童等的"土匪"叙事无不具有江湖文化与民间权力特征。

一、袍哥文化、民间权力与巴蜀现当代文学

　　近现代是中国社会转型的重要历史时期，是各种民间隐秘组织最兴盛的历史时期，也是民间江湖组织打击力、破坏力、控制力、影响力最强的历史时期。近现代巴蜀社会既有晚清民国的一般社会特征，也有巴蜀独特的地域特征。在清政府的民族高压政策下，民族矛盾不断激化，民间秘密结社即是在这一大背景下出现。袍哥文化作为民间帮会文化正产生于这一历史背景，其发展过程中借鉴天地会、白莲教等秘密社会的组织形式，逐渐形成成熟的江湖帮派文化。袍哥文化在巴蜀近现代社会发展、壮大，渗透于巴蜀近现代社会各个角落与日常生活，逐渐形成一个袍哥社会。辛亥革命前，袍哥迫于清政府的打击、压制，还是一民间隐秘组织，而辛亥革命后，鉴于袍哥在保路运动、辛亥革命中的重要作用，过去这一隐秘的帮会组织最终走向公开化，成为一种重要

的社会力量。袍哥文化在巴蜀近现代社会也逐渐成为一种强势文化，与巴蜀民风、民俗交融渗透，成为巴蜀文化的重要组成部分。袍哥在巴蜀近现代社会表现出的打击力、破坏力、控制力与影响力，成为巴蜀现当代作家文学创作的重要资源。

根据袍哥文化、袍哥民间权力在巴蜀近现代社会的情状，巴蜀现当代作家应该多关涉袍哥题材，对袍哥文化、袍哥民间权力给予肯定等。根据袍哥文化作为江湖文化的地域表现、巴蜀袍哥的文学江湖想象与读者的期待视野，其神秘性、传奇性等应该是巴蜀现当代作家袍哥书写的重要特征。但事实并非如此。正如前文所述，巴蜀现当代作家作为精英知识分子，他们既能看清楚巴蜀袍哥在巴蜀近现代历史上的正义性、进步性，也能看清楚巴蜀袍哥邪恶、丑陋的反动性。一部分作家，如郭沫若、巴金、艾芜、罗淑、周文等，他们要么不涉足袍哥题材，要么很少涉足这一题材。而另一部分作家较多涉足该类题材，如李劼人、沙汀、阳翰笙、马识途、魏明伦等，他们常以精英知识分子，或左翼作家的立场来评判与展示袍哥文化，尤其是对袍哥文化、袍哥民间权力等所显示的负面性、丑陋性给予毫不留情的讥讽、批判，他们在具体创作中表现出差异性、独特性。

李劼人是巴蜀现当代作家中涉足袍哥题材较多的作家，他的袍哥书写可纳入他的巴蜀近代历史书写这一整体系列中。李劼人在作品中并不对以上历史事件进行直接描写，而是侧重于展现历史事件怎样冲击巴蜀民众的日常世俗生活，甚至将其与巴蜀民风民俗融汇在一起，以显示出袍哥民间政治对晚清主流社会的打击力、破坏力，以及对普通民众生活的影响力、控制力。《死水微澜》中，作者并未直接描写袍哥罗歪嘴、张占魁、田长子、朱大爷等人如何参与打洋教，而是把教民与袍哥的冲突，通过他们的情爱纠葛与日常生活反映出来。此外，该作品还写了袍哥大爷余树南公开在衙门让李老九"调包"袍哥大爷王立堂，以这些传奇性的事件来显示袍哥的威力。李劼人的《大波》对保路运动这一历史事件不做直接描绘，而是描绘了参与这次历史事件的真实的袍哥人物侯保斋、张捷先、秦载赓等，通过虚构的袍哥人物吴凤梧，把保路运动这一轰轰烈烈的历史事件细枝末节地呈现在读者面前。李劼人一贯的写实主义立场以及他耳濡目染的袍哥人事，还有他知识分子精英的立场，决定了他袍哥书写的伦理观、价值观念。他曾深受土匪"浑水"袍哥之害，他的小儿远岑，"竟为匪人勾结保姆掳去，举室皇急欲死，幸后托有力袍哥多方说合，越二十四日始以六百元赎回"。这次掳掠事件对李劼人及其家人肉体与精神的冲击可以想象："成都社会如此，若不幸所遭，真是家常之至，盖军匪合作，且有政府保障，人民非听其鱼肉，革命则无所措其卒也！终是以暴易暴，种性如此，不亡何待。远道辗转，或有讹闻，特函告其略，俾知社会败坏至于此，极治哲理，谈国事者稍有所警惕耳！"①由此可见当时成都袍哥社会"军匪合作""以暴易暴"的混乱失序状态。在他的创作中，袍哥自然成了邪恶势力的代表，这在长篇小说《死水微澜》《暴风雨前》有明确表现。

沙汀、魏明伦的袍哥书写与李劼人有类似性，都写出了袍哥作为邪恶势力对巴蜀现代社会的控制、影响，但也存在明显差异。沙汀写出了袍哥对当时社会的渗透力、控制力与影响力，尤其是袍哥民间权力与民国巴蜀基层政府权力的交织与制衡状态。在其作品中，袍哥参与巴蜀社会基层权力的实施，其中一种方式是"吃讲茶"，如《在其香居茶馆里》土豪邢幺吵吵与联保主任方治国因抓壮丁问题产生内讧，这次冲突纠纷的调停者即是袍哥陈新老爷，《淘金记》中，"吃讲茶"不时在北斗镇的茶馆里上演，"畅和轩"宛然成了民间法庭，北斗镇的实力派袍哥人物龙哥、彭胖、白酱丹、季熨斗等，一般充当"吃讲茶"的主持者，白酱丹更是"吃讲茶"的公断主任，《还乡记》中乡长办公的地方，不是乡政府，而是茶馆，而他由民国政府基层权力的实施者变成了"吃讲茶"的主持者，百姓纠纷的调停者。由此看出，"吃讲茶"不但影响着百姓的日常生活，还改变着民国基层政权的运行方式。《淘金记》中的龙哥，身为北斗镇的联保主任，他的另一身份是却袍哥大爷，他宛如北斗镇的"土皇帝"，主宰控制着北斗镇的一切。《红石滩》中的胖爷作为一步登天的袍哥大爷，他主动与官府及有权力的人物结交以增强自己的势力，轻而易举地挤垮了另一位袍哥大爷唐简斋，甚至与"浑水"袍哥相勾结，由此可见民国巴蜀袍哥民间权力与国民党基层权力的纠缠，以及由此带来的黑暗腐败。沙汀主要以精英知识分子的眼光，站在左翼作家的立场，对民国巴蜀的这一社会痼疾给予讽刺与批判。

魏明伦的剧作中，袍哥被作为巴蜀邪恶势力来表现，剧作主要展示了巴蜀袍哥的丑陋性及其社会的负面影响。在魏明伦笔下，无论是《易胆大》中的"浑水"袍哥麻五爷，还是"清水"袍哥骆善人，抑或《好女人·坏女人》中的"浑水"袍哥苏福，他们都是地方上邪恶势力的代表。《易胆大》中的袍哥们控制着龙门镇的一切，肆意折磨来龙门镇演出的川剧艺人，特别是他们看上女艺人花想容后，不惜采取一切卑鄙手段，逼死其丈夫，想霸占花想容。川剧艺人易胆大不得不与他们周旋而斗智斗勇，以报仇雪恨。《好女人·坏女人》中的"浑水"袍哥苏福作威作福，成为一方恶霸，连乞丐也是他欺负的对象，

① 李劼人：《李劼人全集》第十卷，四川文艺出版社 2011 年版，第 25 页。

看上了风尘女子沈黛，不放过一切机会与要挟手段调戏沈黛。从魏明伦剧作中的袍哥人物描写，可知民国时期袍哥组织强大的社会控制力，他们成为地方邪恶势力，鱼肉百姓，在这种历史条件下，一些小人物为了在社会生存立足，不得不加入袍哥组织而寻求保护，如《变脸》中的民间艺人水上漂为了在社会上生存立足，加入袍哥成为一名小老幺。魏明伦的袍哥书写也显示了精英知识分子的立场，他把袍哥及袍哥民间权力当作巴蜀近现代社会的痼疾给予批判，这源自他童年时的戏剧演出经历以及当时川剧艺人遭受袍哥欺负折磨的黑暗现实。

不同于以上几位作家，阳翰笙在巴蜀袍哥身上看到了正面积极的力量，这与他的创作观念与创作目的相联系，他在作品中描写了袍哥民间政治对晚清主流社会的打击。《草莽英雄》是阳翰笙涉足袍哥题材的唯一剧作，显示了阳翰笙对巴蜀袍哥正义性与历史进步意义的肯定。但新中国成立后，该剧作大量删改，袍哥文化被大大削弱，这固然与他"文学创作要符合新中国主流意识形态，要符合新中国历史使命"的创作观念有重要关系，但从侧面亦看出在新的历史语境下，阳翰笙对巴蜀袍哥的否定态度。

马识途与阳翰笙同为革命者，他们的袍哥书写均带有强烈的意识形态色彩。马识途选取与袍哥相关的革命题材以教育读者大众，革命、江湖、土匪、袍哥是他袍哥书写的几个关键词。他笔下无论是绿林好汉，还是地下革命工作者，都很好地运用了袍哥的控制力与影响力，最终达到杀富济贫、惩治贪官污吏，或从事地下革命工作的目的。

除以上作家外，非巴蜀籍作家的路翎，在抗日战争期间受巴蜀文化的滋润，对当时重庆袍哥的情状熟悉了解而深谙巴蜀袍哥文化，创作了《燃烧的荒地》等袍哥题材的作品。《燃烧的荒地》中的主要人物郭子龙狂妄、放荡、聪明，信奉袍哥的"英雄主义"。[①] 年少气盛的他与地主少爷吴顺广发生冲突，他为解恨而杀掉吴顺广的狗腿子而逃离家乡，但他的父亲却为此吃了官司，田地大部分落到了吴顺广家里。二十年后，这位兵痞回到了家乡兴隆场，开始实施对地主吴顺广的复仇。当他被吴顺广收买后又对底层民众奴役欺凌，这样一位恶毒人物正是当时巴蜀袍哥的真实写照。该作品具有浓厚的袍哥文化色彩。由此可见，袍哥文化作为一种文学资源，不仅仅是巴蜀作家对之感兴趣。鄢国培的《长江三部曲》，由《漩流》《巴山月》《沧海浮云》三部组成，描绘了川江两岸人民的生活与斗争，具有较浓厚的袍哥文化色彩。此外，还有欧阳玉澄

---

① 路翎：《燃烧的荒地》，作家出版社 1987 年版，第 13 页。

的《巴水苍茫》，魏继新的《辛亥风云路》，邹廷清的《金枪》，曾刚的《大码头》，戴善奎的《女袍哥》，罗学蓬的《万灵女汉子》，赵应的《盐马帮》等，这些作品多以通俗小说的形式，对巴蜀袍哥进行了直接或间接的书写，袍哥文化色彩浓厚。这些创作现象说明，袍哥文化正在引起作家们的关注，其作为一种文学创作资源正在被发掘。

二、土匪叙事、袍哥书写与现当代中国文学

将袍哥文化以及巴蜀现当代作家的袍哥书写情况放入现当代中国文学的大视野中，会发现江湖文化所张扬的民间权力在现当代中国文学书写中具有一定的普遍性，但这与巴蜀袍哥文化所张扬的民间权力有所差异。我国历史上每当社会失衡、纲纪废弛、民不聊生之时，就是土匪滋生泛滥之时，近代以来更是如此，土匪遍及大江南北。"土匪叙事"在现当代中国文学作品中具有一定普遍性，如东北作家群中的萧军、端木蕻良等的土匪叙事，沈从文的湘西土匪叙事，巴蜀作家李劼人、沙汀、艾芜、马识途、魏明伦等的土匪叙事，新时期以来莫言、贾平凹、苏童、杨争光、尤凤伟等的土匪叙事，等等。由于地域、历史、社会、文化，以及作家文学观念的差异，以上作家的土匪叙事各有其特征。

（一）现当代中国文学中的土匪叙事

东北作家群萧军、端木蕻良等人的土匪叙事作品滋生于东北浓厚的"土匪"文化背景中。这里山高林密，荒无人烟，广袤的雪原等蛮荒的自然地理环境为这些土匪提供了易于啸聚的"绿林"环境。由于远离中原，这里较少受主流文化约束，叛逆、独立、随性的文化环境易于土匪文化滋生和发展。因此，无论是东北原著居民还是闯关东流入此地谋生之人，一旦外在生存条件被剥夺，当"胡子"就是他们最理想的选择。事实上，选择土匪之路还有多种原因。在当时的东北，选择做土匪并不是一件很丢人的事，正如在当时西南的巴蜀之地，选择加入袍哥也是一件很时髦的事。"袍哥气"是巴蜀地域文化的一种特质，"胡子气"则是东北地域文化的一种特质。萧军好武功，身上具有浓厚的"胡子气"。他曾叙及学武的目的："一旦武艺学成了之后，就可以背插单刀一把，闯荡江湖，杀贪官，劫污吏，打土豪，除恶霸，救弱小，路见不平，拔刀相助……"[1] 丁帆叙及萧军的《八月的乡村》时说："小说中的反抗者，不论他们最初的身份是农民、苦工、胡子、旧军人，还是知识分子，都有东北

---

① 萧军：《我的文学生涯简述》，《萧军全集》第一集，华夏出版社 2008 年版，第 11 页。

的‘胡子气’。"① 东北作家群的土匪叙事有两大语境：一是"左翼"文学，二是"九一八"民族危亡，这两大语境将东北作家群的土匪叙事纳入时代洪流中。东北作家群的土匪叙事体现为两种"力"：一是阶级仇恨的"力"，地主对农民的剥削、掠夺使他们失去了土地、失去了生存的条件，他们选择当"胡子"，来实施他们的复仇与斗争；二是民族仇恨之"力"，日本帝国主义的侵略，亡国灭家，剥夺了他们最基本的生存权利与条件，于是选择"胡子"之路，与日寇斗争，誓死捍卫自己的家园。除以上两种语境外，作家们在创作中多张扬生命之力，因此笔下的土匪都洋溢着生命活力，而这种活力正是当时中华民族未来出路与新生所必需的重要条件。这在萧军、端木蕻良、骆宾基、舒群等作家的土匪叙事中都有明显体现。

历史上的湘西地区多土匪。湘西是湖南、湖北、贵州、四川（今天的重庆）的交界之地。此地崇山峻岭，地势复杂险要，洞穴相连，这些条件为历史上的土匪盘踞提供了重要环境。据资料反映："湘西是湖南省匪患最严重的地区，全境有土匪武装 10 万之众。"② 由此可见湘西土匪的情况，这为沈从文的湘西土匪叙事提供了重要文学资源。在沈从文的文学作品中，湘西人性的美好与都市人性的病态与畸形形成鲜明对照。沈从文的土匪叙事也属于他整个湘西文学世界的一部分。他笔下的土匪有情有义，并非十恶不赦、凶恶残暴之人。沈从文《喽啰》中的"肥羊"落入土匪窟中，他感觉比在自己的家里还自由。而当土匪的四傩比看牛小子还驯善，他生来爱说笑，这一才能在上山做了土匪后未曾失去反而得到了发挥。《在别一个国度里》中的土匪大王是一个体型彪壮，但又知书识礼、温文尔雅之人，拖队伍落草为寇非出于本意，他心存爱国之心，要杀贪官污吏，要赶杀洋鬼子。他杀杨壳子是因为其平日无恶不作，还去省军营告密将麾下两弟兄捉去，砍头示众并开腔破腹。他看中某女性，便到她家去提亲，并承诺会给她幸福，而这位女性结婚后觉得很幸福，他什么事都能体贴，对外是一只虎，谁都怕他，在她面前却只是一匹羊，她在山寨中所见的一切，与小说《七侠五义》上所看到的人物景致一致。沈从文笔下的女土匪美丽、强悍，充满传奇的魅力。《说故事人的故事》里的传奇女匪首被捉住关在监牢里，她像花一般美丽，是一个少奶奶性格的人物，更像贤妻良母，简直想不出她是位能带两百支枪，打家劫舍出没山中的土匪首领。做官的把她捉来

---

① 丁帆：《中国乡土小说史》，北京大学出版社 2007 年版，第 141 页。

② 黄远炽等：《扫灭湘匪十八万》，《河北文史资料》编辑部：《近代中国土匪实录》（下），群众出版社 1992 年版，第 404 页。

也不敢接近她，这样一个杀人不露声色的女人却与一弁目相爱。但最后这个神奇的女匪首与弁目都被官军处死了。《一个大王》中被官军抓到的女土匪，十八岁就做了匪首，年轻军官全为她的美丽而发疯，两个小军官为她互相残杀而死。她唯独相中了曾经做过土匪的弁目刘云亭，他买通监牢看守到监牢与她相亲相爱，并商议把埋藏的枪支掘出一同上山落草。这事被军官发现后，女匪首第二天便被砍头。当得知女匪首被斩首后，刚强的刘云亭躺在床上哭了七天七夜。弁目刘云亭最终也以黑夜到监牢里去奸淫女犯并预备拐走良家妇女回家去拖队伍的罪名被处死。由于沈从文独特的文学观念，他的土匪叙事与东北作家群的土匪叙事有明显差异，注重去发掘土匪身上的人性，甚至是血性的美好。

当代文学中的土匪叙事兴起于新中国成立之初，中华人民共和国成立后，土匪成为被打击镇压的对象，此时期的土匪叙事具有强烈的意识形态性。在相关作品中，土匪的凶残、嗜杀、罪恶滔天是其被打击剿灭的重要原因。例如曲波的《林海雪原》一开头即把土匪的血腥罪行展示在读者面前：村民被土匪用铡刀凶残杀害，被杀害者有老人、小孩，绝大多数是妇女，还有一个被活活摔死的婴儿，"用铁丝穿着耳朵，吊着血淋淋的九颗人头"。其描绘的场景血腥而恐怖，极力渲染土匪的罪恶。在血淋淋人头旁边悬挂的一块大木板上写了八个字："穷棒子翻身的下场。"[①] 由这八个字可见穷凶极恶的土匪与被杀害的村民有着血淋淋的阶级对立性，这也是要彻底剿灭土匪的重要原因。因此，《林海雪原》的土匪叙事带有强烈的意识形态性。而制造这场血债的杀人恶魔，其面目狰狞、恐怖："许大马棒在火堆旁瞪着马一样的眼睛，双手叉腰，满脸胡髭有半寸多长，高大肥壮的身体在火光闪照下一晃一晃的像个凶神。"与此男土匪相联系的另一女土匪蝴蝶迷的外形特征："从许大马棒背后钻出一个女妖精，她的脸像一穗带毛的干苞米，又长又瘦又黄，镶着满口的大金牙，屁股扭了两扭，这是谁都知道的蝴蝶迷。"[②] 与以上匪徒相对照，担当剿匪领导的少剑波的外形特征是："精悍俏爽，健美英俊。"[③] 参与剿匪任务的女卫生员白茹也是能歌善舞，"像随风浮动的芙蓉花一样青春美丽"。由上述人物的外貌描写可看出，该时期的作品重在突出剿匪的正义性与土匪的反动性，正面人物与反面人物的形象形成鲜明对比，这与 20 世纪 50 年代中国文学的时代叙事特征相一致，具有浓厚的意识形态色彩。

---

① 曲波：《林海雪原》，人民文学出版社 1957 年版，第 5—6 页。
② 曲波：《林海雪原》，人民文学出版社 1957 年版，第 19—20 页。
③ 曲波：《林海雪原》，人民文学出版社 1957 年版，第 1 页。

　　新时期以来的土匪叙事一是源于当时的文化"反思"背景，由此而引发文化寻根的小说创作热潮，一些作家将土匪叙事融入文化"寻根"这一叙述语境中。二是五四新文学"人学"主题的回归与反映，作家从这些一度被描写为面目狰狞、十恶不赦、凶狠残酷的土匪身上寻找到民族生命力与人性复杂的主题。因此，这一时期作家笔下的土匪已完全颠覆了20世纪50年代以来的土匪叙事特征。莫言《红高粱》中的余占鳌粗犷、豪放，他尽显生命之力，高粱地里与戴凤莲野合出于人的本性的爱，这种狂野的爱促使他杀掉了戴凤莲要嫁的麻风病男人及其父亲，走上了为匪之路。但抗日的时代民族背景又使他的血性、匪性与民族正义性相交融，显示了人性的复杂性。贾平凹的"匪事"系列小说也以男女之爱来彰显匪性、人性的生命主题。《白朗》中为匪的白朗面相俊秀如女人，他本是一和尚，因发现寺庙住持将前来烧香供佛的年轻女子藏于地洞行淫乐之事，在住持企图对他不轨之后杀掉住持，与这些年轻女子上山为匪，从此开始了他一生惊天动地的土匪事业。白朗不近女色使他与手下弟兄反目，失掉这两个得力干将后他落入土匪头子黑老七之手，黑老七的压寨夫人——那位他曾经救过的女子却爱上了他，与这位女性的短暂相处激起了白朗的男女之爱，最后这位女性的死以及为救白朗众兄弟之死，让一代枭雄白朗看破红尘归隐了。这种由男女之爱探讨人性、匪性的主题在贾平凹的《美穴地》中也有明显表现。而苏童的土匪叙事却显示出人性的卑微与丑陋。他的《十九间房》中的春麦为生活所逼上山当了土匪，干的是为土匪头子金豹倒屎倒尿之事。在春麦心中土匪头子金豹是权威的象征，金豹抢的赃物藏于他的家中不敢丢弃销毁，他知道这会给他家及十九间房带来灾难。春麦在金豹面前卑微，但在老婆六娥面前却体现出男性的无上权威，他因怀疑老婆不贞洁而残酷地砍掉她的一只手臂。但春麦卑微的人性最终有所转变，在带着老婆儿子逃跑的过程中，为救老婆儿子他跳船进入滚滚洪流中。《米》中的五龙只是一农民，因为家乡遭水灾无法生存而逃到城里，他选择了留在米行做苦力以便能有饭吃。进入米行后他受到老板的盘剥与两个女儿的侮辱，他在米行能够吃饱饭并一步步立足后，"匪性"张扬而暴虐，他开始实施疯狂报复。他杀死米行老板，占有米行，还一步步霸占了米行两姐妹的肉体。尤凤伟的《石门夜话》中土匪头子二爷生得细皮嫩面仪表堂堂，说话也是满口斯文，这颠覆了土匪凶残的形象。与一般土匪爱财不同，二爷喜爱女色，他对女人宽大仁慈从不胁迫成奸。他有感化那些被挟持到他寨中女人的手段，直至女人心甘情愿与他同床共眠。杨争光的土匪叙事也充满了对人性的深入探讨。《黑风景》中的土匪因口渴摘瓜引发与种瓜人的冲突，土匪一气之下威胁村民给他送一个女人，否则就血洗整个村子。这使村民们如临大敌。六姥是村里的权威人物，村民们与她商量选谁家的女人送去，最终选择了来米。来米的父亲并不担心女儿进入匪穴的可怕命运，反而高兴村上每家能将一袋袋大米扛入他家中。就在鳖娃与不愿出大米的仁义送来米去匪穴的途中，村民却开始与六姥酝酿并实施杀死来米父亲夺回大米的阴谋。鳖娃一行人到了匪穴，发现这些土匪们并不是传说中的青面獠牙，十恶不赦，他们只是一群贩马的勤奋汉子。六姥授意鳖娃杀死土匪头子，他很为难，但还是杀死了土匪头子逃回村中。村上的人并没有为鳖娃的英雄壮举所感动，而是与六姥商量如何实施杀死鳖娃的阴谋。鳖娃在不知不觉中被村民杀死了，正如他在六姥授意下杀死土匪头子一样。《黑风景》通过土匪叙事探讨人性的阴暗、丑陋与邪恶，在作家笔下，土匪们为人豪爽、正直、和善，而小村的村民反而愚昧自私，邪恶、阴暗而丑陋。由以上几位作家的土匪叙事可看出新时期以来的土匪叙事的复杂性，它被纳入文化"寻根"与人性探寻的生命主题中。

（二）巴蜀现当代文学作品中的土匪叙事

袍哥书写是巴蜀现当代作家的重要表现，但袍哥书写却与上述中国现当代作家的土匪叙事有着重要差异。巴蜀现当代作家的作品中也不乏土匪叙事，但明显不同于东北作家群的土匪叙事、沈从文湘西的土匪叙事以及曲波等作家的土匪书写，也不同于新时期以来贾平凹、莫言、苏童、尤凤伟、杨争光等作家的土匪叙事。近现代以来，四川土匪猖獗，这在巴蜀现当代作家如李开先、陈炜谟、李劼人、沙汀、艾芜、马识途、魏明伦等人的作品中多有反映。他们的土匪叙事与袍哥书写既有联系，又有其独特的差异性。前面曾论及，民国以来，巴蜀袍哥依照其社会行为与性质分为"清水"袍哥与"浑水"袍哥，其中的"浑水"袍哥多是土匪。近现代以来，巴蜀盗匪猖獗即与"浑水"袍哥有重要关系。有资料叙及"浑水"袍哥为盗为匪的具体活动：其一，盗的活动，首先需探查，他们白天化装成小贩，深入富人宅第，探查财物数量及处所，然后实行偷盗。其二，匪的活动，他们一般会收买卖客，"匪人以金钱于各地结识卖客，托其调查肥主之姓名，住址，财产及行踪，然后匪人定期出劫，并由卖客充当引线，到肥主住地，实行拉劫。肥主拉得后，即由匪内大爷，着大老幺暗地投信于肥主家属，约明一定时间地点及所赎价格。肥主家属取人时，即由匪内外管事，照函约一切，人钱两交"。其三，市井无赖之徒的活动。一些"浑水"袍哥多为市井无赖之徒，他们常常聚赌抽头，窝藏匪类，掌红吃黑。[①]

---

① 　沙铁帆：《四川之哥老会》，《四川县训》1936 年第 3 卷第 6、7 期。

他们一般会经过歃血为盟的结拜仪式而成群结队，有一定的规模。事实上，在近现代巴蜀还有一部分零散的土匪，他们并未加入袍哥组织，当外界生存条件被剥夺，或有其他外在因素影响时，他们铤而走险，为匪为盗。因此，近现代巴蜀土匪相对于其他地域而言，有其独特性、复杂性，这也反映在巴蜀现当代作家的创作中。

李开先的《埂子上的一夜》写出了巴蜀土匪的猖獗。作品中描写了一伙成群结队的土匪，他们的头上勒着高高的盖布头巾，或衬着高高的遮阳帽，或将寻常礼帽横搁在脑后，将冒顶压成半凹形，他们的手里总是不离物件，或是手里擎着枪不时向天空无目标射击，或是握着明晃晃的刺刀向绑票吆喝着。这些土匪装备不一，装备好的有快枪，装备差一点的有刀矛，以及乡间用来打鸟雀的鸟枪等。作品中的"我"连同另外几个人被这群土匪绑票，被他们当作"姜娃子"驱赶着，关在挖煤的窑洞中以换取赎金。这些土匪之前并非十恶不赦，当土匪是他们不得已的选择，其中一个土匪，原来是勤劳节俭的土佃户，家里遭了土匪的抢劫，老母亲在抢劫中拖跌而死，连家里床铺上的草席也被土匪卷裹而去。由此可见，参加土匪是不得已的选择。该作品夹杂了不少巴蜀方言土语，还使用了一些土匪隐语，比如，土匪被称作"大哥""老二"，他们把去某地方抢劫称为"出差"，把绑票称为"提姜子"①，有"卖客"②、醋酰子、窖基、挖黄丝、灯笼等袍哥语汇③，加上土匪们成群结队的活动，他们明显是巴蜀近现代社会有组织的"浑水"袍哥。

不同于李开先，陈炜谟的土匪叙事常将兵燹与匪患相交织。他的《烽火嘹唳》中的故事发生在川军、滇军交战的背景下，土匪横行与猖獗，在外求学的雨京、紫笙逃难回家，一路劳顿惶恐。他们在茶馆里听到伙计谈论正要经过的龙滚溪匪势猖獗："前晚新房子朱家，半夜遭劫，绑票绑去三个。昨夜九点钟，有人说在乱石山见有二三十个结背丝帕的大汉，恐怕是来劫场的。这消息传播后，全场人心惶惶，茫无所主，幸亏发觉得早，从别处调来团练，才保无事。但棚栏还是通宵守着呢。"④ 相对于土匪来说，拿枪的军人最能主宰他人的命运，因此逃难的雨京在梦中和五六个同学都参军做了军人，雨京还幸运地做了

---

① 李开先：《埂子上的一夜》，《小说月报》1922年第13卷第3期。

② "绑票匪"在未提姜以前先要一个介绍人，这个介绍人叫"卖客"。参见李开先：《埂子上的一夜》，《小说月报》1922年第13卷第3期。

③ "醋酰子"指"读书人"，"窖基"指"房子"，"挖黄丝"指"抽烟"，"灯笼"指"眼睛"。参见李开先：《埂子上的一夜》，《小说月报》1922年第13卷第3期。

④ 陈炜谟：《烽火嘹唳》，《浅草》1923年1卷4期。

A军排长，他们抢掠周围农民的牲畜，晚上去嫖土娼，陪女人睡觉……直到他在军阀激烈的战火中被吓醒。陈炜谟的《狼筅将军》也写出了当时巴蜀军阀混战、土匪猖獗的情状。当时巴蜀民众不仅遭受土匪之患，更受到军阀兵燹的威胁。作品中赵惕甫一家的遭遇即是如此。首先是他的长女，年仅十八岁，一天下午走人户回家的途中被军士们掳去，两年来无任何消息；不久，他的长子因为城里派军款期限太急迫，缴款不及在狱中死去；接着又是他的叔父，为人热心，因办团种下恶根被土匪捉去挖出心肝。遭受如此打击的赵惕甫性情大变，为应对兵燹匪难，他建立起他的独立王国，给全家都封起官来，次子为陆军少将，季子为参议，次女为谘议，幼女为秘书，而他自己则自封为狼筅将军，一有不是便在家中升堂问案。显然，赵惕甫的行为带有喜剧性，但这喜剧的内核却是赵惕甫一家遭遇兵燹匪难的悲剧现实，这也是巴蜀近代社会的缩影。上面叙及的李开先、陈炜谟，他们的创作鲜有对袍哥的直接书写，但他们笔下的土匪实际是前面论及的有组织的"浑水"袍哥。

　　注重以"写实"为创作特征的李劼人，在描写巴蜀袍哥的同时，也写出了当时巴蜀土匪的猖獗，以及民不聊生的情形。《大波》中叙及保路运动中乡下土匪棒客猖獗的情形："乡坝头简直住不得了，到处都是棒客。白天都还好，还可以做点活路，一到太阳偏西，你们听啦，这儿也在打呼哨，那儿也在打呼哨。"① 显然，以上危及巴蜀民众的多为"浑水"袍哥。李劼人的小说还写出了农民被匪抢劫后不得已为匪以及兵匪一家的畸形情状。《强盗真诠》中，一个被官兵捕获的强盗被审时说道："……在前，我本是安分良民，家里也还薄有点产业，哪里会当强盗，一连抢我二十多次，家里什么都抢光了……"由此可见，当时的巴蜀土匪遍地，民不聊生。绿林好汉一般都劫富济贫、行侠仗义，但这些土匪当强盗只为了填饱肚皮，"没有快枪同炮火，不少大户庄家有防备，不敢去送死，只好寻些有气无力的穷人家……"② 因此，在当时的匪乱世界最遭殃的是一般百姓。在该作品中，捕获强盗的官兵，其实才是烧杀淫掠的土匪强盗，他们一会是兵，一会是匪，小说深刻揭示了当时巴蜀官、兵、匪一家的黑暗现实。

　　沙汀在他的小说创作中写出了川西北袍哥势力的肆虐，也写出了土匪的横行。正如他在《某镇纪事》中所写："和四川别的区域一样，我们这地方也出产土匪。大家随常听见的，不是某某人下了水，便是松林口又出了抢案。这是

---

① 李劼人：《大波》（下），四川文艺出版社2012年版，第407页。
② 李劼人：《强盗真诠》，《李劼人选集》第四卷，四川人民出版社1984年版，第207页。

同志会反正留给我们的一笔还没结束的烂账。那时以前的情形我不大知道，但自从哥老会公开在关帝庙开山以后，我们这镇上卡起牛耳朵大刀的人就多起来了。随后显然曾经官厅大批的杀，还用木笼盛了脑袋示众，但是始终掳不干净。"①沙汀笔下的土匪分为"聚匪"与"散匪"，其中的"聚匪"多为袍哥，即是前面论及的所谓"浑水"袍哥。如果遇到大批的"浑水"袍哥清洗小镇，只需镇上"清水"袍哥派出红旗管事，送上一点"盘缠"，他们"就会绕向别场去看财喜"。在沙汀笔下，"最常见的是散匪。他们抢劫的范围不大，目的也小，常常为了几串钱在大路边杀死那些倒霉的花椒贩子。但有时也抢劫体面人。因为散匪大都不曾参加过哥老会，没有给'掐过眼睛'，因而没有任何迷信"②。《丁跛公》中的主人公丁跛公加入袍哥并没有给他带来实际的好处，甚至从那些农民手中得来的奖券所中的奖也被征收局扣留了。绝望中的丁跛公甚至想到，倒是做土匪都比这好些。沙汀笔下的一些袍哥，诸如《淘金记》中的袍哥舵爷龙哥、林幺长子，都曾有为土匪的经历。特别是龙哥，当他还在二大爷家里当长工的时候，在镇外碰见军队拉夫，他用扁担打死那位追踪者，从此开始了土匪生涯。他拦路抢劫了很多过往的客商，并结果了不少碱贩子和药客的性命，由此可见龙哥血淋淋的土匪生涯。

同样是巴蜀现当代作家，艾芜的袍哥书写较少，但不乏土匪叙事，且与李劼人、沙汀的土匪叙事截然不同。艾芜在作品中塑造了被剥夺土地的农民，他们只能选择当强盗、做贼。《山峡中》中的小黑牛不能忍受张大爷的盘剥，选择加入强盗群体讨生活。《偷马贼》中的阿三本是一个憨厚朴实的农民，因地主剥夺了他的土地，于是选择做偷马贼为生，并且专门偷劫有钱人的马匹。《山峡中》是艾芜的重要作品，一群被世界抛弃的人以偷劫行骗为生，其中的小黑牛在一次行劫中被打成重伤，能经受住打是他们为生的本钱，但因小黑牛负伤成了他们的累赘，他们只能把他丢在咆哮的江中。在这个世界里有他们残酷的人生逻辑："懦弱的人是不配活的！"③ 小黑牛躲避了张大爷的拳击，逃到这个土匪的世界但仍免不了江流的吞食，穷苦人的生活本身便是这样悲惨而残酷。在这群盗贼中，作家塑造了"野猫子"这一复杂的女土匪形象，她行窃、撒谎来得那样自然，参与抛弃负伤的小黑牛于江中一点不心软，但她又是一个

① 沙汀：《某镇纪事》，《沙汀文集》第一卷，上海文艺出版社1986年版，第321页。

② "掐过眼睛"：指参加了袍哥的人，在同志会反正期间，凡是新加入哥老会的就叫"掐过眼睛"，意即加入了哥老会，才算得一个像样的人。参见沙汀：《某镇纪事》，《沙汀文集》第一卷，上海文艺出版社1986年版，第322页。

③ 艾芜：《山峡中》，《南行记》，人民文学出版社1980年版，第33页。

还未长大的天真女孩，有着人性的纯真美好，喜欢唱："江水呵，慢慢流，流呀流，流到东边大海头，那儿呀，没有忧！那儿呀，没有愁！"① 由"野猫子"这一形象会联想到沈从文笔下刁蛮美丽的女土匪，艾芜从这些"正常轨道之外"的人身上看到了人性的美好。

马识途、魏明伦的创作中既有袍哥书写也不乏土匪叙事。马识途的《盗官记》中的张牧之是因为地主老爷剥夺了他的生存条件而上山为匪，因此该作品具有浓厚的阶级色彩。张牧之虽然属于"浑水"袍哥，却是绿林好汉，他杀富济贫、惩治贪官污吏而赢得老百姓的拥护与爱戴。《魔窟十年》中肖强的父亲李长龙是家乡著名的袍哥人物，其袍哥生涯即是从土匪"棒老二"开始，而后接受军阀的招安。马识途《雷神传奇》中描绘的大巴山是一神奇的江湖世界，而活跃于大巴山的都是一些占山为王的土匪，这些土匪的生活具有浓厚的绿林江湖特征。相对于以上作家的土匪叙事，魏明伦的剧作《易胆大》中的麻大胆是一位土匪出身的"浑水"袍哥，当年官兵清剿土匪时，匪首亡命逃上龙门镇舍身崖，身为土匪的麻老五反水上舍身崖暗杀匪首，从此声名远播，后来依仗衙门，成为龙门镇的"邪恶势力"而为害乡里。

由上面论及的巴蜀现当代作家的土匪叙事可看出，其与现当代中国文学中东北作家群、沈从文以及曲波、贾平凹、莫言等作家的土匪叙事有着地域差异，这尤其表现在与"浑水"袍哥相关的土匪书写中。正如前文所述，"浑水"袍哥多为土匪，但土匪不一定就是"浑水"袍哥。一些学者将巴蜀现当代作家的袍哥书写，包括李劼人的袍哥书写全部纳入"土匪"叙事范畴予以研究②，实值得商榷，将巴蜀袍哥等同于土匪也太简单化、太想当然。李怡先生曾叙及巴蜀袍哥与土匪的差异："四川袍哥人数之多，分布之广，势力之大，是外省所不能比的。与一般的土匪不同，四川袍哥的最大特点是它与世俗社会融为一体，力量渗透到了包括官、兵、绅、商在内各种'体面'的阶层，甚至知识分子。在更多的时候，它是以公开半公开的方式直接参与社会事务而无需啸聚老林。"③ 李怡说的主要是巴蜀"清水"袍哥，事实上，还有巴蜀"浑水"袍哥为匪为盗的情形。知晓了巴蜀袍哥与一般土匪的差异后，我们再把巴蜀现当代作家的袍哥书写纳入现当代中国文学中，并与现当代中国文学中的土匪叙事相比较，会发现巴蜀现当代作家袍哥书写的独特性、复杂性。

---

① 艾芜：《山峡中》，《南行记》，人民文学出版社1980年版，第35页。

② 罗维：《百年文学匪类叙事研究》，知识产权出版社2011年版。

③ 李怡：《论现代巴蜀文学的生态背景》，《西南师范大学学报》（哲学社会科学版）1995年第3期。

主要参考资料

一、晚清民国时期资料

《巴九寨》，说文社（出版日期不详）。

［日］平山周：《中国秘密社会史》，商务印书馆 1927 年版。

《安定西南的首要工作，袍哥力量满川西：他们想出保卫家乡口号，能因势利用可安定地方》，《珠江报》1949 年 5 月 31 日新 184 号。

《川康边之哥老会：晞云楼随笔》，《上海洪声》1948 年第 2 卷第 6 期。

《哥老会的透视》，《新新新闻》1939 年第 2 卷第 17 期。

《哥老会组织一瞥》，《四川月报》1935 年第 7 卷第 6 期。

《湖南近事：闻湖南有不法匪徒暗结哥老会》，《中国教会新报》1870 年第 112 期。

《江夏县抄奉谕禁哥老会告示》，《万国公报》1876 年第 8 卷第 393 期。

《禁成立哥老会》，《成都市市政公报》1929 年第 11 期。

《禁哥老会示》，《教会新报》1872 年第 218 期。

《陕西哥老会之运动》，《鹭江报》1904 年第 87 期。

《省府取缔哥老会》，《四川月报》1936 年第 9 卷第 4 期。

《四川尹都督电：为剿平哥老会匪事》，《江苏省公报》1912 年第 12 期。

《通令各区长官严行查禁哥老会》，《云南省政府公报》1932 年第 603 期。

《行营严令解散川西各县哥老会》，《四川月报》1936 年第 8 卷第 5 期。

《训令：各县认真查缉哥老会匪并发布告由》，《贵州省政府公报》1930 年第 9 期。

阿茜：《草莽英雄的网外新闻：杀活鸡弄巧成拙》，《春海》1947 年第 1 期。

卞之琳：《读沙汀〈淘金记〉》，《文哨》1945 年第 1 卷第 3 期。

陈德甫：《忠县乡土志》，墨家轩 1949 年版。

邓潮浚：《汉留研究》，说文社 1947 年版。

放山：《五哥何玉庭"草莽英雄"中仅存的活口》，《中央日报》1946 年 11 月 17 日第 9 版。

冠群：《成都的"袍哥"》，《周末观察》1948 年第 3 卷第 7 期。

汉民：《晋省哥老会记事》，《民报》1906 年第 2 期。

黄应乾：《哥老会之客观的研究》（下），《民族魂》1934 年第 1 卷第 5 期。

黄应乾：《哥老会之客观的研究》（中），《民族魂》1934 年第 1 卷第 4 期。

纪华：《草莽英雄故事主角：何玉庭时三妹尚在人间》，《新上海》1946 年第 46 期。

金海如：《汉留组织之史的研究》，《文化批判》1936 年第 3 卷第 2 期。

觉奴氏：《松岗小史》，昌福公司 1915 年版。

康白情：《草儿》，亚东图书馆 1923 年版。

康白情：《草儿在前集》，亚东图书馆 1929 年版。

李长之：《书评副刊：淘金记》，《时与潮文艺》1944 年第 4 卷第 2 期。

李沐风：《略谈四川的"袍哥"》，《茶话》1947 年第 12 期。

李耘夫：《汉留全史》，星星书报杂志社 1938 年版。

李子峰：《海底》，《民国丛书》第一编（16），上海书店 1989 年版（据 1940 年版影印）。

刘师亮：《汉留史》，上海中外印刷公司 1935 年版。

罗淑：《鱼儿坳》，上海文化生活出版社 1941 年版。

青：《草莽英雄排演点滴》，《星光》1946 年第 19 期。

任乃强：《哥老会之策源地——雅州》，《新西康》1946 年第 4 卷第 5、6 期。

沙铁帆：《四川之哥老会》，《四川县训》1936 年第 3 卷第 6、7 期。

山逸：《袍哥内幕》，重庆民间书报社 1946 年版。

绍虞：《辛亥冬季成都哥老会之疯狂状态》，《民意周刊》1941 年第 14 卷第 165 期。

忒奥：《活跃于四川的哥老会》，《民意》1941 年第 1 卷第 10 期。

卫大法师：《帮》，说文社 1946 年版。

卫大法师：《袍哥入门》，说文社 1947 年版。

吴伧：《四川袍哥与青红帮帮》，《快活林》1946 年第 22 期。

夏仲春：《草莽英雄幕后花絮》，《上海特写》1946 年第 26 期。

萧吉成：《补续汉留海底书》，（出版地不详）1946 年版。

啸：《山西哥老会要滋事》，《地方白话报》1907 年第 14 期。

熊希龄，等：《大总统令：严禁哥老会匪》，《政府公报分类汇编》1915 年第 37 期。

严如煜：《三省边防备览》卷十一（出版地及出版时间不详）。

妍：《什么是"袍哥"》，《海滨》1946 年第 1 期。

阳翰笙：《草莽英雄》，群益出版社 1949 年版。

彧黍：《杂谈四川的哥老会》，《统一评论》1937 年第 3 卷第 11 期。

张三：《重庆的参议员》，《星光》1946 年第 3 期。

张志鯀：《袍哥研究》，《嵊风》1946 年第 4 期。

周文：《爱》，开明书店 1949 年版。

周文：《烟苗季》，文化生活出版社 1937 年版。

诸葛吾：《四川袍哥》，《巨型》1947 年第 1 期（创刊号）。

二、新中国成立以后资料

艾芜：《艾芜文集》（第 1 卷），四川人民出版社 1981 年版。

艾芜：《艾芜文集》（第 2、3 卷），四川人民出版社 1984 年版。

艾芜：《艾芜文集》（第 4、5 卷），四川人民出版社 1986 年版。

艾芜：《艾芜文集》（第 6、7、8、9 卷），四川人民出版社 1989 年版。

艾以，等：《罗淑研究资料》，知识产权出版社 2010 年版。

巴金：《巴金全集》（第 1—21 卷），人民文学出版社 1986－1993 年版。

蔡少卿：《中国近代会党史研究》，中华书局 1987 年版。

曹正文：《中国侠文化史》，上海文艺出版社 1994 年版。

陈平原：《千古文人侠客梦》，人民文学出版社 1992 年版。

成都市地方志编纂委员会：《成都市志·公安志》，四川人民出版社 1999 年版。

成都市地方志编纂委员会：《成都市志·民俗方言志》，方志出版社 2006 年版。

成都市群众艺术馆：《成都掌故》，四川大学出版社 2007 年版。

成都市政协文史资料委员会：《成都文史资料选辑》第四辑，1983 年版。

戴善奎：《女袍哥》，四川人民出版社 2014 年版。

邓经武：《大盆地的生命记忆：巴蜀文化与文学》，电子科技大学出版社 2005 年版。

邓之诚：《骨董琐记全编》，中华书局 2008 年版。

丁帆：《中国乡土小说史》，北京大学出版社 2007 年版。

窦昌荣：《天地会诗歌选》，中华书局 1962 年版。

恩希特·卡西尔：《神话思维》，黄龙保，等译，中国社会科学出版社 1992 年版。

高县志编纂委员会：《高县志》，方志出版社 1998 年版。

葛剑雄：《中国移民史》（第 1 卷），福建人民出版社 1997 年版。

官晋东：《跋涉与寻觅——沙汀评传》，云南大学出版社 1993 年版。

郭沫若：《郭沫若全集》（第六、七卷），人民文学出版社 1986 年版。

郭沫若：《郭沫若全集》（第三卷），人民文学出版社 1983 年版。

郭沫若：《郭沫若全集》（第十一、十二卷），人民文学出版社 1992 年版。

郭沫若：《郭沫若全集》（第一、二卷），人民文学出版社 1982 年版。

郭绪印：《洪帮秘史》，上海人民出版社 1996 年版。

河北文史资料编辑部：《近代中国土匪实录》（下），群众出版社 1992 年版。

胡汉生：《李蓝起义史稿》，重庆出版社 1983 年版。

黄曼君，等：《沙汀研究资料》，中国社会科学出版社 1986 年版。

金冲及，等：《辛亥革命史稿》（第三卷），上海人民出版社 1991 年版。

金葵：《沙汀研究专集》，浙江文艺出版社 1983 年版。

蓝勇，等：《"湖广填四川"与清代四川社会》，西南师范大学出版社 2009 年版。

乐山市地方志编纂委员会：《乐山市志》（下册），巴蜀书社 2001 年版。

冷学人：《江湖隐语行话的神秘世界》，河北人民出版社 1992 年版。

李劼人：《暴风雨前》，人民文学出版社 1982 年版。

李劼人：《大波》，四川文艺出版社 2012 年版。

李劼人：《李劼人全集》，四川文艺出版社 2011 年版。

李劼人：《李劼人选集》（第三卷），四川人民出版社 1981 年版。

李劼人：《李劼人选集》（第四卷），四川人民出版社 1984 年版。

李劼人：《李劼人选集》（第五卷），四川人民出版社 1986 年版。

李劼人：《李劼人选集》（第一、二卷），四川人民出版社 1980 年版。

李劼人：《死水微澜》（汇校本），四川文艺出版社 1987 年版。

李怡：《现代四川文学的巴蜀文化阐释》，湖南教育出版社 1995 年版。

李子峰：《海底》，河北人民出版社 1990 年版。

连阔如：《江湖丛谈》，中华书局 2010 年版。

刘联珂：《中国帮会三百年革命史》，河北人民出版社 1990 年版。

刘延刚，等：《四川袍哥史稿》，四川教育出版社 2015 年版。

鲁迅：《鲁迅全集》（第九卷），人民文学出版社 2005 年版。

陆之璧：《马识途专集》，四川文艺出版社 1988 年版。

罗淑：《罗淑选集》，四川人民出版社 1980 年版。

罗淑：《生人妻》，花城出版社 1981 年版。

罗维：《百年文学匪类叙事研究》，知识产权出版社 2011 年版。

罗学蓬：《万灵女汉子》，重庆出版社 2014 年版。

马建石，等：《大清律例通考校注》，中国政法大学出版社 1992 年版。

马识途：《巴蜀女杰》，中国青年出版社 1986 年版。

马识途：《京华夜谭》，四川文艺出版社 1987 年版。

马识途：《景行集》，四川人民出版社 1980 年版。

马识途：《雷神传奇》，人民文学出版社 1992 年版。

马识途：《魔窟十年》，重庆出版社 1990 年版。

马识途：《三战华园》，四川人民出版社 1982 年版。

马识途：《夜谭十记》，人民文学出版社 1983 年版。

马识途：《在地下》，人民文学出版社 2005 年版。

内江县县志委员会，等：《内江县文史资料》1983 年 1 月第 3 期。

欧阳恩良：《西南袍哥与辛亥革命》，中国致公出版社 2011 年版。

欧阳玉澄：《巴水苍茫》，重庆出版社 2002 年版。

潘光武：《阳翰笙研究资料》，知识产权出版社 2010 年版。

秦宝琦，等：《秘密结社与清代社会》，天津古籍出版社 2008 年版。

秦宝琦，等：《中国秘密社会》（第一卷），福建人民出版社 2002 年版。

秦宝琦：《清末民初秘密社会的蜕变》，中国人民大学出版社 2004 年版。

秦宝琦：《中国地下社会》（第一、二卷），学苑出版社 2004 年版。

闰泉：《江湖文化》，中国经济出版社 1995 年版。

萨孟武：《水浒传与中国社会》，北京出版社 2005 年版。

沙汀：《红石滩》，湖南文艺出版社 1987 年版。

沙汀：《沙汀文集》（第六卷），上海文艺出版社 1991 年版。

沙汀：《沙汀文集》（第七卷），上海文艺出版社 1992 年版。

沙汀：《沙汀文集》（第三卷），上海文艺出版社 1987 年版。

沙汀：《沙汀文集》（第四卷），上海文艺出版社 1988 年版。

沙汀：《沙汀文集》（第五卷），上海文艺出版社 1990 年版。

沙汀：《沙汀文集》（第一、二卷），上海文艺出版社 1986 年版。

沙汀：《沙汀自传：时代冲击圈》，北岳文艺出版社 1998 年版。

施列格：《天地会研究》，薛澄清，译，上海人民出版社 1991 年版。

四川省安县志编纂委员会：《安县志》，巴蜀书社 1991 年版。

四川省安岳县志编纂委员会：《安岳县志》，四川人民出版社 1993 年版。

四川省档案馆：《清代巴县档案汇编·乾隆卷》，档案出版社 1991 年版。

四川省地方志编纂委员会：《四川省志·民俗志》，四川人民出版社 2000 年版。

四川省乐山市沙湾区地方志编纂委员会：《沙湾区志》，四川人民出版社 2001 年版。

四川省内江市东兴区县志编纂委员会：《内江县志》，巴蜀书社 1994 年版。

四川省五通桥区志编纂委员会：《五通桥区志》，巴蜀书社 1992 年版。

四川省新津县志编纂委员会：《新津县志》，四川人民出版社 1989 年版。

谭红：《巴蜀移民史》，巴蜀书社 2006 年版。

谭松林：《中国秘密社会》（第一、四、六卷），福建人民出版社 2002 年版。

谭兴国：《艾芜的生平和创作》，重庆出版社 1985 年版。

汪涌豪：《中国游侠史》，复旦大学出版社 2001 年版。

王纯五：《洪门·青帮·袍哥——中国旧时民间黑社会习俗》，四川人民出版社 1993 年版。

王纯五：《袍哥探秘》，巴蜀书社 1993 年版。

王大为：《兄弟结拜与秘密会党——一种传统的形成》，刘平，译，商务印书馆 2009 年版。

王笛：《茶馆：成都的公共生活和微观世界（1900—1950)》，社会科学文献出版社 2010 年版。

王笛：《跨出封闭的世界：长江上游区域社会研究（1644—1911)》，中华书局 2001 年版。

王洪林：《四川方言会通》，巴蜀书社 2008 年版。

王祥：《马识途短篇小说选》，四川少年儿童出版社 1984 年版。

王学泰：《游民文化与中国社会》，学苑出版社 1999 年版。

魏继新：《辛亥风云路》，四川文艺出版社 2011 年版。

魏明伦：《魏明伦剧作精品集》，上海古籍出版社 1998 年版。

魏明伦：《魏明伦随笔选》，陕西师范大学出版社 2009 年版。

魏明伦：《魏明伦戏剧》，四川文艺出版社 2018 年版。

魏明伦：《戏海弄潮》，文汇出版社 2001 年版。

吴福辉：《沙汀传》，北京十月文艺出版社 1990 年版。

吴善中：《晚清哥老会研究》，吉林人民出版社 2003 年版。

吴松，等：《饮冰室文集点校》（第二集），云南教育出版 2001 年版。

夏春涛：《教案史话》，社会科学文献出版社 2000 年版。

萧军：《萧军全集》（第一集），华夏出版社 2008 年版。

萧一山：《近代秘密社会史料》，岳麓书社 1986 年版。

谢天开：《国共兄弟：马识途、马士弘，罗广斌、罗广文兄弟纪实》，中国文史出版社 2010 年版。

许苏民：《文化哲学》，上海人民出版社 1990 年版。

鄢国培：《巴山月》，长江文艺出版社 1981 年出版。

鄢国培：《沧海浮云》，长江文艺出版社 1986 年出版。

鄢国培：《漩流》，长江文艺出版社 1979 年出版。

阳翰笙：《风雨五十年》，人民文学出版社 1986 年版。

阳翰笙：《阳翰笙剧作集》，中国戏剧出版社 1982 年版。

阳翰笙：《阳翰笙日记选》，四川文艺出版社 1985 年版。

阳翰笙：《阳翰笙选集》（第三卷），四川文艺出版社 1989 年版。

易水寒：《中国江湖揭秘》，社会科学文献出版社 1993 年版。

于洋：《江湖中国：一个非正式制度在中国的起因》，当代中国出版社 2006 年版。

张集馨：《道咸宦海见闻录》，中华书局 1981 年版。

赵清：《袍哥与土匪》，天津人民出版社 1990 年版。

赵毅衡：《对岸的诱惑：中西文化交流记》，上海人民出版社 2007 年版。

赵应：《盐马帮》，中国言实出版社 2014 年版。

郑光路：《四川保路运动历史真相——炸响辛亥革命的惊雷》，四川民族出版社 2011 年版。

政协四川省自贡市委员会文史资料研究委员会：《自贡文史资料选辑》（第十六辑），内部资料，1986 年版。

中国第一历史档案馆，等：《辛亥革命前十年间民变档案史料》（下册），中华书局 1985 年版。

中国人民政治协商会议全国委员会文史资料研究委员会：《辛亥革命回忆录》（第三卷），文史资料出版社 1981 年版。

中国人民政治协商会议四川省自贡市委员会文史资料研究委员会：《自贡文史资料选辑》（第十二辑），1981年版。

中国人民政治协商会议重庆市委员会文史资料委员会：《重庆文史资料》（第三十一辑），西南师范大学出版社1989年版。

忠县政协学习文史工作委员会：《忠县文史·资料选编》（第一辑），内部资料，1991年版。

忠县志编纂委员会：《忠县志》，四川辞书出版社1994年版。

周文：《周文文集》，线装书局2009年版。

周文：《周文选集》，四川人民出版社1980年版。

周育民，等：《中国帮会史》，上海人民出版社1993年版。

自贡市地方志编纂委员会：《自贡市志》，方志出版社1997年版。

附录一

调查问卷：巴蜀袍哥，渐行渐远的历史碎片

作为巴蜀江湖帮派组织，袍哥曾参与巴蜀近现代历史事件，对当时一般民众的生活造成深远影响。有关袍哥这一江湖帮派组织的历史文献，主要是流行于民间的该帮派经典文书《海底》，一些官方档案、官方文书，以及近现代的一些报纸杂志等。为了进一步还原这一帮派组织的历史情况，并对袍哥文化做进一步了解，笔者特制定了有关巴蜀袍哥、袍哥文化的调查问卷，问卷对象为70岁以上的巴蜀民间老人。为让这一调查工作更好更广泛地开展，笔者让自己所教授的成都大学汉语言文学专业本科学生协助参与，并力求问卷的客观性、真实性、准确性。在采访过程中，调查人员注明了对象的身份信息，包括姓名、年龄、性别、职业、区域等。共采访了约150位巴蜀民间老人，其中近80％的问卷真实有效。从职业看，70％以上为农民，其他有退休教师、退休工人、退役军人、茶铺老板、小商贩、无职业者等。问卷调查的地域主要涉及今天的四川、重庆所属市县区乡镇，涵盖了近现代巴蜀所辖区域，有一定代表性。由于问卷对象年龄、健康状况、思维状况和语言表达能力等原因，特别是年龄较大的农村老人，其思维、叙述不是很清晰，因此在采访过程中，调查人员尽量唤起他们所经历过的事情，或是他们对那段历史的记忆。为保护受访者隐私，文中对受访老人均只注明姓氏。

为理清袍哥文化与巴蜀民众生活的关系，调查问卷主要涉及如下问题：

1. 您经历（或听说）过发生在晚清、民国时期巴蜀（今天四川、重庆）的江湖帮派组织袍哥吗？请据您了解的情况做简单叙述。

2. 请列举您所知道（城市、县、镇、乡、村）的袍哥人物，包括他们的姓名，职业，是"清水"袍哥还是"浑水"袍哥，以及他在袍哥组织中的地位等。（袍哥大爷、二爷、三爷、五爷、六爷、老么，等等）。

3. 请列举你生活的地域（城市、县、镇、乡、村）发生的与袍哥相关的事件。发生的是好事还是坏事？事情经过是怎样的？

4. 请列举您所知道的袍哥开设的茶馆，以及他们的公口（堂口）名称。请描述您曾见过或听说过的"吃讲茶"和"茶碗阵"现象。

5. 请列举您所知道的袍哥行话（袍哥隐语），包括现在还流行于四川、重庆等地的袍哥行话。

6. 袍哥帮派组织对当时社会（居住生活地），以及您的家庭和个人生活有怎样的关系与影响？

针对以上问卷问题，特将具体调查情况整理概述如下：

一、巴蜀袍哥的陈年往事

人们对巴蜀袍哥人物多从历史文献，特别是地方历史文献中了解，再则是民间百姓的口耳相传。在有关袍哥文化的问卷调研中，据采访的老人回忆，民国时期能够参加袍哥者，尤其是在袍哥中有一定地位之人，大都是地方上有一定身份、地位，有较强活动能力之人。其他成员的身份较为复杂，有乡绅土豪、地痞流氓无赖、无业闲杂人员，以及一些地位低微的手工业者、小商贩、农民，等等，而地位较低微的手工业者、小商贩、农民，加入袍哥多是为寻求保护。

笔者问卷调查中涉及的袍哥人物可分为两类：一类是巴蜀近现代史上真实存在的历史人物，且是该地域人们比较熟悉的著名袍哥人物；另一类是名不见经传，却是该地域民众口耳相传的袍哥人物。第一类人物，彭州的何姓老人谈及当地著名袍哥人物尹昌衡，因为袍哥在保路运动中独特的历史作用，尹昌衡利用袍哥势力，作为新政权的支柱，成立了全省袍哥总码头"大汉公"并自认舵把子，这影响了尹昌衡的家乡彭县袍哥组织的发展，参加袍哥的人数大增。广元旺苍的吴姓老人提到杨晒轩，他曾任国民党 95 军新编第九师师长及广元警备司令，也是一位袍哥。[①] 广安的唐姓老人提到秦炳，广安龙台人，曾加入当地袍哥组织孝义会，是一位著名袍哥[②]；杨森，广安龙台人，曾是袍哥舵爷。渠县邱姓老人提到范绍增（当地人习惯叫范哈儿、范傻儿）[③]，曾为绿林

① 杨晒轩（1892—1965），四川岳池人，陆军少将，民国川军邓锡侯部将领。
② 秦炳（1883—1911），四川广安龙台人，辛亥革命先驱、黄花岗七十二烈士之一。
③ 范绍增（1894—1977），详见本书第 87 页注释③。曾以他为原型改编系列电视剧《傻儿师长》《傻儿军长》《傻儿司令》等。

"浑水"袍哥，大竹县清河镇人，常活动于渠县一带，今天的渠县二中曾是他当时的练兵场。凉山会东姜州镇的李姓老人谈及岭邦正，他是凉山甘洛的"黑彝"（奴隶主或贵族），当地人称他为"岭蛮子""岭司令"，是凉山几个县的总舵把子，是一位"清水"袍哥。① 宜宾屏山黄姓老人提到覃筱楼，他是著名袍哥，家境贫寒，后投靠柏溪袍哥大爷罗卓清操袍哥，在四川保路运动时曾加入同志军参与攻打犍为战役②。该老人还提到凌友臣，他是当时宜宾袍哥堂口"叙荣乐"里的二排，吃喝嫖赌俱全，其继女凌君如是著名袍哥刘文彩的三姨太。宜宾高县李姓老人提到罗鲜清，高县焦村人，袍哥大爷，乡人称"小宋江"，为人仗义，生性豪爽，川南保路运动同志军首领，阳翰笙曾以他的事迹创作出话剧《草莽英雄》。泸县张姓老人提到佘英（佘竟成），泸州著名袍哥人物，曾在川南举行两次起义，1910 年被清军杀害于宜宾。三台陈姓老人提到何鼎臣，当地人们叫他"何天王"，很讲义气，喜接济穷人。成都双流彭镇的王姓老人提到徐茂森，双流擦耳镇人，经营茶盐店生意，其性格豪爽侠义，喜结交朋友，加入袍哥后从小老幺做起，后来成为"全福社"袍哥大爷。他曾掩护地下党从事革命工作，后加入共产党，成为著名的"红色"袍哥，后被国民党杀害。③

第二类袍哥人物多是名不见经传者，加上采访对象的年龄、文化水平、健康状态等原因，所述袍哥人物的姓名的准确性不能确定（可能多为大家口耳相传的同音字，或当地人叫喊的浑名），且对他们在袍哥中的地位一般不是很清楚。渠县肖姓老人叙及渠县袍哥大爷雍绍文，为地方集资办学，建来仪中学，在袍哥雍绍文犯事后，周围民众掩护其逃遁。绵竹彭姓老人提到钟子元，他是孝泉镇的霸头，还有谭真武、曾道镇，他们是土匪出身，为"浑水"袍哥。苍溪王姓老人列举了苍溪袍哥陶友三、陶邦杰、陶淑良、陶泽祥等，其中陶友三拜"义"字大爷张和斋为大哥，曾创办平民夜校，与地下党接触，资助青年进步学生等。威远王姓老人列举了袍哥人物焦达峰、杨庆山。资中马姓老人列举了李二爷、张勇，他们是资中有名的袍哥，为人耿直，讲义气，好打抱不平。阆中郑姓老人列举了阆中老关镇袍哥苟正银、郑天全、张中杰。三台渝姓老人

---

① 岭邦正（1912—1977），彝族，四川省甘洛县人，1939 年被省任命为西昌、昭觉、越西三县少将彝务总指挥、保安司令等职，为凉山斯兹土司的末代土司。

② 覃筱楼（1888—?），宜宾屏山人，著名"浑水"袍哥人物，后受刘文辉招安。

③ 徐茂森（1916—1949），双流县擦耳乡人，对人诚信忠厚，豪侠尚义，"全福社"袍哥大爷，后加入共产党，1949 年 12 月 7 日被国民党杀害于十二桥。参见刘延刚等：《四川袍哥史稿》，四川教育出版社 2015 年版，第 270 页。

叙及镇上袍哥人物陈需知。龙泉书房村邹姓老人提到洛带袍哥舵爷刘团总、龙泉镇袍哥舵爷叶国祠、平安场平安乡袍哥舵爷林步云。夹江的申姓老人叙及三洞镇三位袍哥人物：徐伯奎，地主，"仁"字辈"清水"袍哥舵把子；赵福山，地主，"义"字辈"清水"袍哥舵把子；费侦云，"义"字辈"清水"袍哥，红旗管事。成都双流彭镇的王姓老人还列举了蒋光捷，他是"清水"袍哥，开栈房的老板，为袍哥中的六爷（六排）。宜宾翠屏区邱场乡的彭姓老人列举了陈杰、龙长春、张银华等人，均是当地较有名的袍哥，他们性格豪爽，很讲义气，对当地社会秩序的维护有重要作用。

在问卷调查中，一些老人还列举了一些袍哥的事迹，诸如救济百姓、创办学校，也有的打着为百姓利益的幌子而牟利，收取保护费。采访对象们认为袍哥对百姓日常生活及社会秩序起了维护作用。广安唐姓老人提到白被农，广安岳池人，曾以袍哥大爷的身份广招亲朋为自己做五十大寿，但将所收寿款全部捐出，资助学校办学。资中马姓老人提到，当地乡路不通，过河无桥，袍哥大爷张勇号召大家出力出钱修路、修桥，后来民众将修的这座桥命名为张家桥。巴中韩姓老人，曾听老一辈叙述1934年红军经过通江时，当地很多袍哥参加了红军，并参加了抗日战争。自贡罗姓老人叙及当地袍哥人物李振亨、曾稚松，李振亨自建山寨于牛口山，并在此架枪设炮，控制着内江、威远、富顺一带，雄霸一方；曾稚松掘井挖盐，富庶一方，投资自贡"裕商银行"，一跃成为董事长。渠县熊姓老人叙及他家乡的两位袍哥：一位外号为"扯麻子"，是袍哥中的小老么，能说会道，他看上了邻村一位已结婚的很漂亮的女性，在他的要挟下这位女性与她老实憨厚的丈夫离婚，这是袍哥霸占人妻的行径，但在当时的巴蜀，对于一个柔弱的女性而言，她反而借此找到了一把保护伞，"扯麻子"与这位女性结婚后，生了6个儿女，据说他们的婚姻还很幸福。另一位外号为"二莽子"，是"浑水"袍哥，据传被他小舅子告密而被处决，事后，"二莽子"的儿女们与他们这位告密的舅舅一家世代为仇，老死不相往来。眉山洪雅县三宝镇的周姓老人曾听上辈人谈及周占鳌（音）是一位"清水"袍哥，听说他是三宝镇的总舵把子。该老人还提及三宝镇另外两位袍哥：周家富是一位乡长，也是一位舵把子，经常干些拉壮丁、勒索派款之事；周汉阳是一位"浑水"袍哥，经常干些杀人越货、打家劫舍的勾当，但一般都在外地作恶，因为"兔子不吃窝边草"。四川蓬安的何姓老人叙及袍哥人物吕臣之，是一位跑滩匠，"义"字袍哥，在外卖假药为生，赚了很多钱，在当地有一定知名度，后回老家买田修房。

此外，袍哥还卷入民族矛盾与纠纷中，凉山州西昌玉龙乡高姓老人谈到沈言甫、高少强两位袍哥，他们在协调民族冲突，保卫地方平安上作用很大。凉山会东姜州镇李姓老人谈及会东袍哥人物张文林，他曾在国民党军队当过排长，是会东的袍哥大爷，当地老百姓都叫他"八大王"（在家排行老八），他常带着兄弟与袍哥们打击来抢粮食、牛羊牲畜的彝族人。由以上事例可知，当地袍哥充当了民族冲突与矛盾的调解者、干预者。

二、巴蜀袍哥与民众的日常生活

袍哥与巴蜀民众日常生活联系紧密，甚至干预百姓日常生活。茶馆是与袍哥活动密切相关的地方，袍哥充分利用茶馆鱼龙混杂的特性而从事秘密活动，借助茶具进行秘密交流，"茶碗阵"即是明显表现。袍哥还开设茶馆，并把茶馆作为其活动的公口（或堂口）。当时，假如百姓邻里发生了矛盾纠纷，他们多寻求当地有声望的袍哥大爷出面解决，即"吃讲茶"。解决方式是把矛盾双方都请到茶馆，面对面陈述纠纷缘由，根据是非曲直给予仲裁，然后由理亏的人支付茶钱。对于仲裁结果，冲突双方一般都必须服从。成都双流彭镇的王姓老人叙及，当时袍哥开设的茶馆较多，很多茶馆就是袍哥码头，如成都西御街的安澜茶社、双流彭镇的观音阁茶馆等，听老辈人说在这里时有"吃讲茶""茶碗阵"。华蓥市王姓老人曾听上辈老人说，市里的"杜记"茶馆（又叫杜大爷茶馆、杜老板茶馆），就是一位姓杜的袍哥大爷所开设的，经常有"吃讲茶"在这里进行。隆昌金鹅镇的郑姓老人曾谈及，隆昌盐道街的百年老茶馆即是袍哥组织"鼎和公"重要码头，在这里"吃讲茶"很盛行。"吃讲茶"在巴蜀近现代社会中有着广泛影响，这种解决民间纠纷的形式即使在小乡镇上也普遍存在，兴文县太平镇的张姓老人（以打铁为生）回忆说："当人们发生冲突，尽管村上没有茶馆，但是袍哥会让他们到观音庙，摆上桌子，泡上茶，双方面对面解决问题。"可以说，这是茶馆"吃讲茶"方式在民间的进一步演绎与扩大。

从袍哥语言在巴蜀的流行，可看出袍哥与民众日常生活的紧密联系。由于袍哥最初是隐秘帮会组织，为了防止他人窥破其秘密，尤其是要躲避官方的查禁，因此在发展过程中形成了一套独特的语汇系统，这成为他们从事秘密活动交流的工具。这些语汇有着强烈的影响渗透力，至今巴蜀民众语汇中还可窥见其影子。接受采访的老人们列举了诸多袍哥语汇，现汇总如下：

> 点水（告密）、划盘子（毁容、将面部用刀划伤）、臊皮（丢脸面、丢面子）、天棒（性格野蛮顽劣之人）、哥佬倌（兄弟伙）、兄弟伙（兄弟几个）、落教（办事讲规矩）、拉肥猪（绑票）、踩水（侦查）、挟磨（折磨之意）、吃欺头（捡便宜、捡耙和）、放黄（失约）、开黄腔（说外行话）、吃

通（行得通）、抽底火（揭露底细）、拉稀（胆怯）、操社会（参加袍哥、后演变为在社会上混）、摆尾子（鱼）、船帮子（鞋）、土条子（蛇）、讨口子（乞丐）、莲花子（饭碗）、黑心符（后母）、阐条子（说话）、乘火（顶住）、书房（监牢）、扎起（大力相助、加油）、顺风（耳朵）、皮包水（泡茶）、提口袋（掌管钱财）、搁平（把事情处理好）、雄起（打起精神、提起精神、加油）、关火（起作用）、结梁子（结仇结怨）、叫梁子（叫阵报仇）、搭台子（调解冤仇）、阐条子（介绍情况）、搭把手（相助）、冒皮皮（假冒、张扬）、说聊斋（扯皮）、绷劲仗（冒充好汉）、下矮桩（认错、说软话）、包袱（笑话）、过草（打架）、打平伙（分担伙食费）、赶水（中途加入行劫）、坐堂（开会）、挂彩（受伤），等等。

以上大多数袍哥语言至今还在巴蜀民众中自觉、不自觉地使用，由此可见袍哥文化与巴蜀民众生活的紧密联系。

袍哥对巴蜀近现代社会一般民众的生活造成了重要影响，有些是正面的，有些是负面的。成都双流彭镇的王姓老人叙及袍哥徐茂森，豪爽仗义，济困扶危。据说，曾有一小股兵痞窜到擦耳岩为非作歹，徐茂森带领兄弟伙前去制止，士兵头目下令开枪打伤民众数人，他被迫还击并将兵痞头目击毙，因此深得当地民众爱戴。隆昌金鹅镇的郑姓老人谈及，她的大哥与一位袍哥很有交情，并立下誓言：兄弟有难必出手相助。一次她大哥被人欺负，这位袍哥兄弟很守信用，很讲义气，对他出手相助。四川夹江的申姓老人叙及三洞镇"仁"字辈"清水"袍哥舵把子徐伯奎，经常帮助、救济穷人。该老人还叙及夹江三洞镇与吴场镇的袍哥为争夺地盘和势力双方"械斗"，以及他年轻时曾订过一门亲事，因退亲时双方发生纠纷，后由三洞镇"义"字辈"清水"袍哥、红旗管事费侦云出面调停解决。他还说，当时袍哥舵把子赵福山要"栽培"他，他因为操袍哥要经常开会害怕耽误农事而最终放弃操袍哥。

一部分袍哥成为地方一霸而危害乡邻，还有一部分袍哥从事抢劫、贩毒、聚赌的勾当，特别是"浑水"袍哥，他们常常打家劫舍、绑架勒索，给民众日常生活带来灾难。凉山州会东县铅锌镇迎春村的唐姓老人明确指出，袍哥就是当地地痞恶棍惯匪为主体的组织，他们为害乡邻，欺压百姓，是地方公害。广汉高坪镇江一位老人谈及，他们家曾遭受"浑水"袍哥的抢劫，当时土匪几乎洗劫了他们家所有财物，给他们一家造成了重创，邻里也常被袍哥绑架、抢劫。四川资阳的付姓老人提到资阳新渡口的袍哥人物陈井，他是一个地痞，"浑水"袍哥，在资阳新渡口很有势力，凡是经过的船只都需向他交保护费，否则船只就会受到土匪洗劫。据传说，刚开始时他只身一人勒索船只，一边与船主交涉、勒索，一边让他的兄弟伙在附近放鞭炮以冒充放枪的声音，让船家误认为土匪人多势众而勒索成功。新中国成立后，他被判刑几年，出狱后以撑渡船为生。四川金堂的邱姓老人叙及袍哥大爷朱海环依仗在某军阀处任参谋长的哥哥朱吉生而称霸乡里。她说，当时一些跑江湖的戏班子、商贩等都要拿财礼先去拜访"清水""浑水"袍哥舵把子，把言语拿顺，即使是赶鸭棚子的农民也要拿两只鸭子孝敬该码头的舵把子，才能免去麻烦。由此可见，当时袍哥对巴蜀民众生活的负面影响是相当大的。该老人还叙及，新中国成立前夕，成都各地的一些袍哥大爷、匪首、地方恶霸等相继发生武装暴乱，当时人们都躲在家里不敢外出，直到新的人民政府镇压了他们，老百姓才开始过上正常生活。

还有一部分老人谈及因为家庭富裕，较少受到袍哥的骚扰。绵竹彭姓老人叙及，他出自大户人家，高墙大院，内有家丁若干，与袍哥一般井水不犯河水，因为是书香门第，不屑与袍哥往来。只是他们家独立出户的七叔一家，平日里做些小买卖，故加入袍哥。一部分受访老人谈及他们曾"嗨"过袍哥，比如宜宾筠连的闫姓老人曾是袍哥中的小老幺，这一身份对家里有保护作用，但因要缴纳一定费用反而给家里带来经济负担。

以上是笔者问卷调查的大致情形。受访老人们的回答，反映了民国时期，尤其是民国晚期巴蜀袍哥的历史情形。笔者的调查从2012年年底开始，直至2020年底，一些受访老人已相继仙逝，近现代巴蜀社会的袍哥人事，已成为渐行渐远的历史记忆。

（以上内容由笔者根据调查问卷整理）

附录二

民国巴蜀"乱世"的江湖传奇
——刘仲《在河之洲》的袍哥书写①

文学创作是作家对客观现实世界的描绘与想象，主流社会自然深受作家的关注，游离于主流社会之外的江湖同样是作家关注的重要领域，后者成为作家文学想象的重要天地。中国传统文学《水浒传》《三国演义》，以及"说唐"系列小说、各种武侠小说等，就是对江湖社会的独特描绘。20世纪中国文学中，江湖社会也成为作家关注的对象，东北作家群的"胡子"书写，沈从文的湘西"土匪"书写，巴蜀现当代作家的"袍哥"书写等就是代表。民国巴蜀社会，军阀征战，土匪、袍哥横行，刘仲的长篇历史叙事诗《在河之洲》前三卷所书写的"川中"晚清民国社会，带有"乱世"江湖传奇特征，相对整部洋洋巨著而言，所占篇幅不是很大，但其中对民国"乱世"的袍哥书写，具有浓厚的江湖传奇特征。

一

袍哥是清代巴蜀社会大量移民异姓结拜而逐渐形成的江湖隐秘帮派组织。他们是当时巴蜀社会重要的民间势力，产生了重要影响。② 袍哥书写是巴蜀现当代作家李劼人、沙汀、阳翰笙、马识途、魏明伦等创作的重要特征，四川当代诗人刘仲的《在河之洲》对此亦有突出表现。该作品所写的德字社就是"川中"著名袍哥组织，而下山虎骆彪就是威震绿林江湖的"浑水"袍哥。作品中

---

① 本文系笔者参加四川大学中国诗歌研究院、西华大学文学与新闻传播学院联合主办的四川资阳诗人刘仲的巴蜀地域特色（"川中"地域特色）史诗《在河之洲》学术研讨会会议论文。

② 参见胡希东：《袍哥民间政治与巴蜀近现代社会》，《成都大学学报》（社会科学版）2020年第6期。

269

的刘老幺、简大爷是袍哥舵把子，他们锄强扶弱、快意恩仇，使作品具有浓厚的江湖传奇特征。

晚清、民国正是巴蜀袍哥发展及繁盛之时。《在河之洲》所描绘的"川中"内江、自贡、安岳等地，均是巴蜀袍哥较早形成之地，据地方文献资料记载，清中叶，内江张家乡农民刘全在狮子山开山立堂，成立第一个袍哥"仁"字码头。张家乡狮子山成为"川中"袍哥的策源地，后来张家场和狮子山被称为"川中"袍哥组织的"老码头"。① 此后在不同历史时期，袍哥组织虽屡遭政府查禁，但内江袍哥发展迅速。1930年，内江城区有二十三面公口，加上各乡的公口，总公口在一百三十个以上，约五万多人。② 抗日战争全面爆发后，政府不再查禁袍哥，袍哥组织遍及城乡。内江奇人刘师亮（1876—1939）曾以专著形式叙述袍哥起源、定义、沿革、海底、组织，以及汉留（袍哥）的中落、复兴等，而以《汉留史》（又名《汉留大观》）出版，③ 他还另署名李耘夫出版《汉留全史》④，等等。相对于内江，自贡袍哥发展较晚一些。据地方志记载，咸丰元年（1851），涂昆山在自贡开创西北堂码头，吸收军政商界人士，组织"仁"字从善会。⑤ 此后，由于自贡盐业的发展，人口激增，袍哥更得到了前所未有的发展。安岳袍哥发展同样迅猛而繁盛，据资料反映："清至民国，全县52个乡镇共有仁、义、礼字号袍哥154个公口，各行业约6万多人参加。"⑥出生在安岳的现代著名诗人康白情因受袍哥江湖义气影响，读小学时便和同学们异姓结拜⑦，九岁便加入了袍哥"仁"字义安公⑧，二十五岁已成为义安公舵把子。由此可见安岳袍哥势力的强盛。

以上是晚清、民国时期"川中"袍哥的发展情况，这些成为刘仲《在河之洲》"川中"袍哥书写的历史根据。该巨著的袍哥书写主要集中在第二卷《乱世人生》与第三卷《苦海》中，作品叙写了民国巴蜀"乱世"社会失序袍哥盛行的历史情状，"中华民国，一间建在一片千年腐土上的房"，老百姓能指望谁

---

① 高伯华等：《狮子山袍哥老码头与刘全：四川内江"哥老会"史话之一》，内江县志委员会等：《内江县文史资料》1983年1月第3期，第34—35页。

② 四川省内江市东兴区县志编纂委员会：《内江县志》，巴蜀书社1994年版，第744页。

③ 刘师亮：《汉留史》，上海中外印刷公司1935年版。

④ 李耘夫：《汉留全史》，星星书报社1938年版。

⑤ 自贡市地方志编纂委员会：《自贡市志》，方志出版社1997年版，第1021页。

⑥ 四川省安岳县志编纂委员会：《安岳县志》，四川人民出版社1993年版，第811页。

⑦ 丘立才等：《矛盾而复杂的五四诗人——康白情》，《新文学史料》1990年第2期。

⑧ 赵毅衡在《留学而断送前程的康白情》一文中曾叙及康白情11岁加入帮会（袍哥组织），参见赵毅衡：《对岸的诱惑：中西文化交流记》，上海人民出版社2007年版，第69页。

给他们以白日青天？不是政府，只有袍哥才是社会的中坚！"入门的袍泽要互帮互助，人多势众就不怕天管地管！"① 正是这样的原因，巴蜀袍哥发展迅速，特别是抗日战争时期，袍哥成为可以运用的力量，冷僻的袍哥码头又热闹起来，久闭的香堂开始打出帮旗。作品对此描绘道："袍哥——快来入袍哥成为兄弟，/入了袍哥你就是歪人不再受欺。/不入袍哥你散眼子没有依靠，/不入袍哥你迟早要遇到祸事……/在这时，袍哥无疑是老百姓/救命的组织，/甚至还可以成为升官发财/走捷径的天梯。/各公口都忙于开会接待新人：/有财主有土匪军阀还有官吏。/都想在前三排占一把交椅。"② 可以说，这些是巴蜀民众争先恐后加入袍哥的重要原因，反映了民国时期巴蜀袍哥繁盛的历史情状。

刘仲《在河之洲》主要围绕骆彪、赖心辉、刘老幺、简大爷等几位袍哥人事写起。骆彪与赖心辉为结拜兄弟，骆彪为"浑水"袍哥驰骋于江湖，赖心辉则混迹于四川军阀征战中。在晚清民国时期的巴蜀，根据袍哥的性质与行为，常分为"清水"袍哥与"浑水"袍哥。"清水"袍哥一般由当地有权势的官绅组成，而"浑水"袍哥一般是一些杀人越货、打家劫舍的土匪。当时的巴蜀土匪猖獗，民间俗称"棒客""棒老二"，这多与"浑水"袍哥有重要关系。沙铁帆《四川之哥老会》一文中叙及"浑水皮"即所谓的"浑水"袍哥："浑水皮所宗为梁山瓦岗兄弟，加入分子，以无业浪游之人为最多，其用意即是借此号召多数同类，为匪为盗，或专做以强凌弱的不正当谋生事业；蜀中之盗匪，恐无一不为会中哥弟。"③ 四川曾流行如下民谚："仁字讲顶子，义字讲银子，礼字讲刀子"④，李沐风先生也曾说，在袍哥内部有这样的说法："仁字号讲理讲法，礼字号讲打讲杀。"⑤ 由此可见"浑水"袍哥为匪为盗的情形。作品中在绿林威震四方的"下山虎"骆彪就是这样一位"浑水"袍哥。他本是有钱的大户人家子弟，因为他的父亲赌博输光了钱庄的血本而迫使他行走江湖，劫富济贫。他过的生活"一时是赌博场上一掷千金，/潇洒豪放朋党济济，/一时是月黑风高在山林中聚集"⑥，他是绿林中打家劫舍的强人首领，其名号家喻户晓，江湖上传扬着他显赫的名声。豪放不羁慷慨大方，朋党众多酒友如云。但他表面上却是开钱庄开当铺兼营粮米做着正当生意，对他操"浑水"袍哥没有人相

① 刘仲：《在河之洲·乱世人生》，华文国际出版社 2020 年版，第 309 页。
② 刘仲：《在河之洲·苦海》，华文国际出版社 2020 年版，第 413 页。
③ 沙铁帆：《四川之哥老会》，《四川县训》1936 年第 3 卷第 6、7 期。
④ 四川省地方志编纂委员会：《四川省志·民俗志》，四川人民出版社 2000 年版，第 320 页。
⑤ 李沐风：《略谈四川的"袍哥"》，《茶话》1947 年第 12 期。
⑥ 刘仲：《在河之洲·乱世人生》，华文国际出版社 2020 年版，第 154 页。

信，官府想拿办他却没有证据。他的父亲骆二爷从不招惹官府，骆彪却敢劫持县保安司令的烟土被施毒刑打断了腿而扔进大牢中。骆彪被他的把弟赖心辉营救出狱后继续驰骋江湖，统领绿林而控制着地方秩序，地方上都仰仗他给的一份太平，不管是县太爷、区乡长还是保安，不讨他骆彪的喜欢便坐不安稳。出狱后变成"跛脚虎"的骆彪更显示出他响亮的江湖威名。

袍哥异姓兄弟结拜是出于江湖义气、英雄相惜，刘老幺是作品描绘的主要袍哥人物，年纪轻轻却深具古道热肠，在监狱中见到被打断腿的骆彪伤势严重便出手相救，当他知道救治的人正是绿林江湖上赫赫有名的"下山虎"骆彪，而骆彪也知道他正是靠赌技而驰名江湖的刘根娃的儿子时，二人不计上辈的赌博恩怨，相谈甚欢，骆彪便要与刘老幺赌一赌谁先走出监狱，并发誓出监狱后报仇。刘老幺见骆彪被打成重伤还那样乐观自信，更敬佩他是顶天立地的豪杰。二人决计结拜为异姓兄弟，骆彪向刘老幺道："我观你虽年轻却是侠肝义胆，/道一声英雄相惜绝对不算错。/人生在世当纵横天下快意恩仇，/顺天意你我结为金兰意下如何？/……只要你不惧我下山虎的恶名，/我骆彪发誓要让你做个福人。"① 于是二人在监狱中撮土为香对天盟誓，结拜为异姓兄弟。二人在赖心辉的营救下出狱，刘老幺在骆彪的举荐下跟随赖心辉驰骋沙场。他死心塌地为二哥赖心辉卖命，报答二哥，这是出于兄弟江湖情义。后来他逐渐厌倦了军阀之间的厮杀以及军阀征战草菅人命，特别是在新婚之夜听从赖心辉的召唤亡命征战负伤却无人搭救，他对赖心辉把他当炮灰感到绝望，离开了赖心辉。刘老幺对这段军旅生涯的反思："统帅？政治家？人中龙凤？弟兄情义？什么玩艺儿？在隆昌当炮灰是吸引敌军火力的诱饵活靶，在凤凰山的荨麻丛中有谁来找过亡命英雄？一门心思只在战后分肥——何曾想过亲戚情深弟兄义重！"再看大哥骆彪："虽是草莽，刀口舔血却活得象条龙！男子汉立身处事理当如斯，犯不着在官场勾心斗角费那些心胸……"② 军阀征战后，赖心辉做了省长，他要扫清黑道，骆彪说他是痴人说梦："只许你军阀混战造成尸山血海，令生灵涂炭，不许我江湖好汉绿林中讨生活，这事说不通！你做你的省长我操我的江湖，从此不相往来恩竭义穷！"③ 显示了异姓兄弟因义气相投走在一起而亡命江湖，唇齿相依，若无情无义只能恩断义绝各奔东西。

① 刘仲：《在河之洲·乱世人生》，华文国际出版社 2020 年版，第 160 页。
② 刘仲：《在河之洲·乱世人生》，华文国际出版社 2020 年版，第 253 页。
③ 刘仲：《在河之洲·乱世人生》，华文国际出版社 2020 年版，第 253 页。

二

刘仲《在河之洲》的袍哥书写主要表现在对袍哥们锄强扶弱、拔刀相助，打抱不平的侠肝义胆与快意恩仇的描写。安岳地痞恶霸周大爷，为霸一方，贪恋女色，对他而言，"人生在世酒色财气，女人乃是我之最爱！"他看戏时贪恋川剧玉廷班小旦刘幺妹的美色，点戏故意刁难玉廷班，并让自己保镖强抢刘幺妹。刘老幺豪气涌上心头，即使这小旦不是他刘老幺的堂妹，他也要拔刀相助。他狠揍抢人的两位保镖，恼羞成怒的周大爷掏出手枪打伤了刘老幺的手臂，刘幺妹在混乱中拉着刘老幺逃离。刘老幺义愤填膺，许下诺言七天取恶霸周大爷的性命。周大爷欺男霸女的行径违背了江湖道义，这更是在袍哥头上动土。骆彪本已金盆洗手，退出江湖，但为自己的结拜兄弟决意重出江湖，"我骆彪这一回不得不毁誓——/该当啥子报应由我来担戴，/不除掉周恶霸我是他孙子！"并对义弟赞美有加："老幺啊，你有种——真不愧是/刘氏门中的英才汉高祖的后裔，/安岳地盘上敢出头臊恶霸脸皮。/单枪匹马英雄本色，/舍死忘生行侠仗义！一身武功最是了得——/安岳人的口碑中成了传奇。"并对比自己："我这个土匪，操了半世江湖/只挣下恶名让老百姓恐惧。/这一回机会实在难得：大哥我/也想当一回英雄留下业绩。"[①] 他召集江湖豪杰们商量怎样惩治周大爷。就在刘老幺许下诺言的第七天晚上，作恶多端贪恋美色的恶霸周大爷在去相好谭寡妇家的路上，被袍哥们活活地卸掉四肢，挖掉双眼，剜掉鼻子而死。锄强扶弱、打抱不平、惩治恶霸无疑是诗人笔下最精彩的细节之一，带有浓厚的江湖传奇特征。他们惩治恶霸的手段无疑很血腥、很残暴，但相对于周大爷来说却又是罪有应得，这就是袍哥遵循信奉的江湖法则。

刘仲《在河之洲》的袍哥江湖传奇书写还表现在"德"字社袍哥为刘老幺的儿子锄强扶弱、打抱不平上。袍哥舵爷刘老幺去世后，他的妻子与儿子刘春娃艰难度日，相依为命，却遭受刘老幺妻子的妹妹夫妇的欺骗，卖光三家铺面与居住的房屋，所卖的钱财却被他们夫妇欺骗占有，还遭受他们的虐待、欺侮，打官司失败而无家可归。为了养活儿子，刘老幺的妻子改嫁王家，刘春娃不堪忍受继父的打骂与王家祠堂小孩们的欺侮逃出王家，到谢二爷家当放牛娃。为了挣得工钱，他在谢家拼命苦干，可贪婪的谢二爷却毫无信义，两年后他不但不给工钱，还把讨要工钱的刘春娃打得耳膜破裂致残。诗作对刘老幺的妻子与儿子刘春娃的苦难书写带有为富不仁的阶级对立与阶级压迫等特征，更

---

① 刘仲：《在河之洲·乱世人生》，华文国际出版社 2020 年版，第 293 页。

有对这些为富不仁者违背起码江湖道义，以及他们背信弃义、欺负弱小行为的唾弃。贪婪的谢二爷为此付出了沉重代价，最终招致"德"字社袍哥们的疯狂报复。

甘家坳"德"字社的龙头舵爷简大爷原本是刘老幺的管事，在甘家坳开茶馆多年。当他做袍哥二排时就济公好义颇有声望，维护刘老幺在码头上执掌大权，做了舵爷以后更是八面威风，在甘家坳一带撑起"洪门"江山。简大爷听了刘春娃的遭遇后勃然大怒，他立即召集"德"字社袍哥们商量对策。袍哥们对谢二爷的行径义愤填膺："春娃受这么大的气，我们作长辈的惭愧。都记得刘大爷临终的托咐，可不想侄儿受这么多的罪！且不说刘老幺曾是龙头舵爷，码头上挣下功劳好大一截。"① "德"字社袍哥在刘老幺死后境况一落千丈，袍哥的戒律规章早已忘掉，百姓背地里都骂他们土匪地痞。"德"字社这次正好拿谢二爷来伸张正义，锄强扶弱，在老百姓面前挣点面子，于是"德"字社袍哥们秣马厉兵定下"吃大户"的复仇大计。先是让两个烟鬼袍哥去谢二爷家赖着不走，第二天、第三天、第四天……袍哥们接二连三地来到谢二爷家，他们在谢家杀猪宰牛，吃完大米开仓碾黄谷，烧完了柴火再拆房屋。谢二爷家像炸开的蜂桶，女眷们早就吓得去投奔亲戚。谢二爷被气得病卧床榻，到此时他才知道自己是袍哥砧板上的鱼肉，任凭他们宰割！"吃大户"吃得谢二爷叫天天不应，叫地地不灵。直到"德"字社总舵把子简大爷坐着滑竿姗姗到来，听着谢二爷的诉苦，欣赏着弟兄们"吃大户"的杰作，他惬意地巡视着谢家庄院。悲痛欲绝的谢二爷涕泪横流，强忍心头仇恨与怒火，请求简大爷高抬贵手，给他一条生路。最后，简大爷让谢二爷准备四十块大洋，两套新棉货，四十桌酒席到甘家坳，给刘春娃叩二十个响头赔礼道歉。谢二爷捶胸顿足跪在地上恳请简大爷从轻发落，简大爷沉下脸来拂袖而去，"吃大户"的袍哥们见舵把子出门便胡乱扔下碗筷收兵。三天后，谢二爷不得不按照"德"字社袍哥的要求筹备四十块大洋，两套新棉货，四十桌酒席，在甘家坳众目睽睽之下给刘春娃叩二十个响头才算了事。"德"字社袍哥们疯狂惩治贪婪的谢二爷固然痛快淋漓，有其锄强扶弱打抱不平的正义性表现，但也昭示出袍哥作为社会"毒瘤"可怕的腐蚀性。

刘仲的《在河之洲》写出了袍哥们的惩恶扬善、快意恩仇，也写出了袍哥作为社会"毒瘤"与社会垃圾的存在，想要改变这一历史状况弃恶从善而不能，以及他们最终的悲剧结局，带有强烈的反思批判色彩。刘老幺惩治恶霸周

---

① 刘仲：《在河之洲·苦海》，华文国际出版社 2020 年版，第 414 页。

大爷令民众拍手称快，他的英雄名声四处传扬，川中"德"字社袍哥于是借此重振"洪门"雄风。一段时间来"德"字社袍哥发展很不顺遂，如散沙一盘，需要一位总舵把子把他们团聚在一起。由于刘老幺惩恶扬善的威名，他被推举为"德"字社袍哥总舵把子。他做了总舵把子后，决定整顿袍哥秩序。

民国以来，随着时代的发展，袍哥作为底层民众互助组织的属性被改变，加上袍哥规章制度的松懈，一些财主军阀趁机加入，地痞流氓更成了袍哥组织的核心，无论是"清水"袍哥还是"浑水"袍哥都贻害百。刘老幺不相信袍哥已无药可救，决计把袍哥改造成政党，他要让袍哥为老百姓造福，要像惩治恶霸周大爷那样除暴安良，让"浑水"停止土匪强盗行为，让袍哥弟兄弃恶从善，最终还老百姓朗朗乾坤。但刘老幺这些举措不能改变袍哥鱼龙混杂、泥沙俱下，以及袍哥已蜕变为社会垃圾、社会"毒瘤"的现实，"浑水依旧是乱世黑道杀人放火，/清水依旧是白道捞金祸害百姓"[1]，他改造袍哥的努力付诸东流，而操袍哥总舵爷仗义疏财使他散尽家财，还拖累大哥骆彪落得家破人亡，正如骆彪临终前拉着他的手所言："老幺啊，干不得了——德字辈/不如我们干绿林……来劲……/无底洞……害人……"[2]刘老幺最后在对袍哥的失望与绝望中沉迷于烟、酒与女色，耗尽自己的生命，一代枭雄袍哥总舵把子刘老幺的结局，带有强烈的震撼性与悲剧性。

再看简大爷，他惩治谢二爷的手段固然让百姓拍手称快，但简大爷与谢二爷所结下的恩怨并没结束，谢二爷对袍哥舵把子简大爷的仇恨刻骨铭心。土改时谢二爷因为被袍哥吃大户家财耗尽，作为破产户划为贫农，他的女婿成了县长的秘书，他也作为贫协副主席积极参加反霸斗争，他开始运用手中的权力疯狂报复袍哥舵把子简大爷。尽管简大爷一贯仗义疏财，主持正义，锄强扶弱，专打抱不平，在袍哥自行解散后金盆洗手，洁身自好回家种地，但还是作为袍哥舵爷落在了谢二爷手上，并被折磨致死。而已作为土改副大队长的刘春娃在知晓简大爷的悲剧结局与谢二爷的行径后义愤填膺，谢二爷也被为简大爷复仇的刘春娃给活活逼死，他们的悲剧结局成为曾风行于晚清民国巴蜀的袍哥三十年河东三十年河西历史轮回的缩影。

结 语

由于晚清民国社会的失序，袍哥文化在巴蜀"乱世"中形成一种强势文

---

① 刘仲：《在河之洲·乱世人生》，华文国际出版社 2020 年版，第 318 页。
② 刘仲：《在河之洲·乱世人生》，华文国际出版社 2020 年版，第 320 页。

化，袍哥书写成为巴蜀现当代作家的重要创作特征，他们的创作中，对袍哥题材的选择、袍哥人物的塑造，以及袍哥价值观的表现等方面均有代表性。作为知识分子，巴蜀现当代作家一方面能看清楚巴蜀袍哥在巴蜀近现代历史上的正义性、进步性，但他们更能超越一般民众，看清巴蜀袍哥邪恶、丑陋的反动性。他们常以精英知识分子的立场来进行评判与取舍，巴蜀袍哥的负面性、丑陋性作为近现代社会的痼疾，在他们的作品中给予毫不留情的讥讽、批判。李劼人、阳翰笙等写出了巴蜀袍哥在保路运动中的历史正义性，但李劼人更写出了巴蜀袍哥作为民间"邪恶"势力的反动性存在；沙汀则写出了巴蜀袍哥作为民间"邪恶"势力的种种恶劣行径，以及袍哥势力与民国基层权力的纠缠与制衡；而在魏明伦的笔下，无论是"清水"袍哥还是"浑水"袍哥，都是民间的"邪恶"势力。刘仲作为巴蜀当代诗人，与李劼人、沙汀、魏明伦等不同，他未曾亲身经历晚清、民国"乱世"，虽然他笔下的袍哥刘老幺就是以诗人爷爷为原型而塑造，但他笔下的袍哥书写更多是一种想象性追忆。一方面，他以精英知识分子的眼光来评判巴蜀袍哥作为民国"乱世"的存在，对其作为社会垃圾与"毒瘤"的邪恶、丑陋性，给予毫不留情的讥讽。另一方面，由于《在河之洲》是叙事史诗，传奇性是史诗重要的文体特征，因此，作品中的民国"乱世"江湖袍哥书写更注重江湖传奇性，在对巴蜀袍哥的污秽丑陋给予批判的同时，他也凸显了巴蜀袍哥锄强扶弱、疾恶如仇、快意恩仇的正义性和江湖传奇性，这显示出刘仲袍哥书写的独特性。

后　记

　　说起来真惭愧，有关巴蜀文化与巴蜀现当代文学的研究起步较晚，2010年 8 月进入成都大学后，我才接触该领域。当时成都大学的邓经武教授是享誉学界的巴蜀文化、巴蜀文学的著名学者，受他的激励，我在翻阅资料与阅读巴蜀现当代文学作品时发现了袍哥文化与巴蜀现当代文学的紧密联系，2012 年 6 月以"袍哥文化与巴蜀现当代文学书写研究"立项国家社科项目，由此才开始该领域的真正研究。从 2010 年 8 月进入成都大学开始，到本书的付梓，已历经十余年，常有"十年磨一剑"之说，但本书的最终价值还有待后来研究者去评说。令人欣慰的是该项目顺利结题，并以研究报告的形式荣获第十九届四川省人文社科优秀成果二等奖，这无疑是对本书内容的肯定与我十余年来心血的激励。

　　就我这一辈而言，应该算是土生土长的四川人，曾听父亲言及，我们家原籍湖北麻城，我的祖先经历了"湖广填四川"这一历史过程，亦经历了巴蜀移民异姓结拜与巴蜀袍哥兴起这段历史。曾听父亲说，我的祖父在民国时期常往来于重庆与家乡川东北一代，为了经营小本生意的方便，他加入了袍哥。我的大伯也曾言及，早年间为了生活他曾打算加入袍哥，但中华人民共和国的成立改变了他的人生轨迹。这成为本书的历史根据之一。

　　在项目具体实施中，我所教授的成都大学文新学院汉语言文学专业部分学生，受我委托，曾以实践活动的方式，回到家乡采访当时健在的巴蜀民间老人，调查有关巴蜀袍哥活动的情况，相关成果内容已经我整理为本书附录一，非常感谢这些同学以及他们所采访的这些老人们，他们的辛劳付出与认真努力，为本书提供了又一历史根据。

　　本书虽由我独立完成，但也凝聚了他人的智慧与心血。项目成果初评与匿名外审时，西南交通大学段从学教授、四川师范大学白浩教授、四川大学陈思广教授，以及其他匿名外审专家们，给予了大量或肯定，或赞赏，或批评的建设性意见，在此表示由衷的感谢！此外，本书的顺利出版得到成都大学杨玉华副校长、文新学院谭筱玲院长等领导的关心与支持，以及学院项目经费的部分资助，在此一并致谢！

胡希东

2023 年春于青龙湖畔成大花园

2